LE LIVRE
DE LA
JUNGLE

Couverture : Camille Dubreuil
Création de la maquette : Hung Ho Thanh
Illustrations : Alix d'Anselme
Mise en page : PCA

11 rue Paul Bert, 92240 Malakoff
www.dunod.com
ISBN : 978-2-10-078897-2

Younès Rharbaoui Annabelle Bignon

LE LIVRE DE LA JUNGLE

Les secrets des meilleures startups pour prendre en main ta carrière

Préface d'**Oussama Ammar**

DUNOD

SOMMAIRE

PARTIE 3

LE SAVOIR-FAIRE DES MEILLEURES STARTUPS

PRÉFACE

À l'occasion de la sixième saison de la formation Lion, je me suis entretenu en privé avec une soixantaine de participants. J'ai toujours aimé jouer le conseiller d'orientation et mon but était de faire de mon mieux pour les mettre sur les bons rails. C'était aussi un moment privilégié où j'ai répondu aux questions que les Lions n'avaient pas osé poser pendant les cours.

Je réalise aujourd'hui que pendant ces entretiens, j'ai bien plus appris des Lions qu'eux de moi. D'abord, j'ai pris conscience de l'absence totale de stratégie dans leur gestion de carrière. À tel point que cela m'a conduit à repenser complètement le contenu de mes interventions. Aider les Lions à prendre en main leur carrière était devenu pour moi une priorité.

Une autre chose m'a stupéfié : le sentiment d'infériorité que beaucoup ressentaient par rapport aux fondateurs de startups, les entrepreneurs. Je pense que c'est ce malaise qui explique que tant de gens exceptionnels, qui pourraient devenir d'excellents employés de startups, s'obstinent à vouloir créer eux-mêmes une startup. Mais je les comprends. Quand ils réussissent, les entrepreneurs sont considérés comme des héros, et qui n'a pas envie d'être un héros ? Les entrepreneurs à succès sont dépeints par la presse comme des personnages charismatiques, à qui tout réussit, dont le courage et les idées ont permis de changer le monde. Mais pendant ce temps, les employés, ceux qui exécutent dans l'arrière-boutique, où sont-ils dans les journaux ?

Bien sûr, les entrepreneurs alimentent eux-mêmes cette supercherie. Pour frapper les esprits dans un article de presse, pour présenter sa startup à des investisseurs, pour être crédible sur un plateau télévisé et surtout pour vaincre le scepticisme que nous avons tous face à la nouveauté, un entrepreneur a besoin d'incarner un personnage. Un personnage dont on comprend rapidement la mission, dont on se souvient facilement, dont on peut rire aussi. En un mot, il faut être *caricatural*. Pour y arriver, les entrepreneurs doivent devenir de vrais experts du *storytelling*. Moi-même, je les y encourage avec malice chaque jour !

Heureusement, la réalité est infiniment plus intéressante et complexe. Ce sont les employés qui sont au cœur des startups, au cœur de l'action, qui font que les objectifs sont atteints. Tandis que les entrepreneurs sont des meneurs et des touche-à-tout, les employés détiennent le véritable savoir-faire.

Cela peut paraître contre-intuitif, mais un bon entrepreneur embauche des gens meilleurs que lui, dans un domaine précis : des spécialistes ou de futurs spécialistes. Rapidement, ce sont les employés qui apprennent des choses à l'entrepreneur et le font progresser sur un sujet donné. Puis c'est un cercle vertueux : plus l'entreprise grandit, plus l'entrepreneur met la barre haute en matière de recrutement. Moi-même, je pense que je ne serais pas embauché par The Family aujourd'hui, tant les exigences sont devenues élevées !

J'irais même plus loin : on mesure la vraie valeur d'un entrepreneur à la qualité de tous ces inconscients qu'il convainc de le rejoindre. Je dis « inconscients », car, au fond, qui est le plus fou ? Le rêveur incompétent, obsédé par un problème fondamental qui ne semble tourmenter personne d'autre que lui ? Ou bien celui, plus sage et qualifié, qui le rejoint ?

Les entrepreneurs n'ont pas le monopole de l'action entreprenante. Par nature, les employés de startups sont entreprenants eux aussi. Ou plutôt, plus ils le sont, mieux ils s'épanouissent dans le monde des startups. Car il y a toujours trop à faire et tellement peu de moyens. C'est l'occasion ou jamais de se montrer créatif et débrouillard et surtout d'apprendre à reconnaître les priorités. C'est plus que de l'impact qu'on trouve en startup ; c'est un travail qui a toujours du sens.

Malheureusement, personne n'a le temps de guider précisément les nouveaux dans une startup et, le plus souvent, il n'y a pas encore de *process* pour orchestrer le travail quotidien. Il est très facile de se perdre dans cette jungle. Pour survivre dans ce chaos, on compte sur les employés pour être autonomes. Avoir le sens de l'orientation en startup consiste avant tout à avoir la passion du résultat : tester, reconnaître la fausse route, corriger, se corriger puis recommencer à tester. Dans la trousse de survie de l'employé-aventurier : humilité, lucidité et courage.

La raison du chaos, c'est que les startups, par définition, ne connaissent pas la façon pour elles de faire des bénéfices. Pour trouver leur *business model*, elles jettent sans remords le résultat de mois de travail et repartent plusieurs fois de zéro. On comprend alors pourquoi les entrepreneurs recrutent leurs employés moins pour leurs compétences que pour leurs aptitudes. Les startups sont l'environnement idéal pour ceux qui aiment apprendre sur le tas et se réinventer, pour ceux qui fuient les carcans, qui ne se reposent pas sur leur diplôme ou qui ne s'embarrassent pas trop de considérations théoriques. Cette flexibilité est une opportunité en or pour les employés. On leur confie des tâches tellement nouvelles ou inattendues qu'ils ne sont pas toujours *a priori* à la hauteur de ces responsabilités. *A posteriori* ils peuvent le devenir et mériter la confiance accordée. Et je pense que c'est l'une des expériences les plus gratifiantes dans une vie.

Pour une startup, il est très rare de réussir. Le succès est même l'exception. Chez The Family, neuf startups de notre portefeuille sur dix ferment boutique chaque année. Alors, pour les employés, l'aventure est réelle : on ne sait pas de quoi demain sera fait et on ne perd jamais de vue que chaque jour de travail peut être le dernier. C'est un bel endroit pour les amateurs de sensations fortes.

Parce que tant de startups échouent, si celle que vous avez rejointe décolle, les parts que vous en détenez ont une chance de vous faire gagner le *jackpot*. Et si vous avez rejoint cette startup très tôt, vous aurez appris quantité de choses pour n'importe lequel de vos futurs postes!

En attendant, on n'est pas si mal payé en startup. Après une levée de fonds en *series B*, on peut même y être très bien payé. Mais pour être honnête, il y a encore un peu d'effort à faire pour que le travail des employés soit valorisé à sa juste mesure dans les startups françaises. Je m'en suis rendu compte lors des entretiens avec les Lions car j'ai parfois été scandalisé de voir tant de gens brillants se faire exploiter sans vergogne par des entrepreneurs. Nous travaillons chaque jour chez The Family pour faire changer les choses dans les startups de notre portefeuille. Mais les employés, eux aussi, doivent prendre conscience de leur valeur et la défendre s'il le faut. J'espère vraiment que ce livre les y aidera.

Pour vivre au mieux l'expérience startup et ne pas se laisser dévorer, il faut comprendre qu'une startup n'est pas une entreprise comme les autres. Il s'y passe des choses qui n'arrivent nulle part ailleurs. Et mieux vaut comprendre cela avant de se lancer! Car une fois dans l'aventure, on n'a pas le temps d'en apprendre les subtilités - tout va très vite. Je ne parle pas de compétences en particulier, mais d'un état d'esprit, de non-dits. Et c'est justement le but de ce livre: vous livrer les secrets de l'attitude à adopter pour être à l'aise dès le premier jour en startup.

Le *Livre de la jungle* n'aurait pas été possible sans les milliers de participants aux formations Lion, qui depuis trois ans, nous ont fait confiance et ont participé à améliorer la qualité des cours; ni sans les entrepreneurs de The Family, qui ont généreusement donné de leur temps et se sont improvisés professeurs, s'exprimant toujours avec franchise. Je les en remercie!

Je voudrais enfin féliciter Younès Rharbaoui et Annabelle Bignon, coauteurs de ce livre, qui m'ont impressionné chaque jour depuis leurs débuts chez The Family. Il y a plus d'un an, Annabelle a repris le flambeau de Lion et j'ai un plaisir immense à voir comment Lion prend avec elle une nouvelle identité et part sans cesse à la conquête de nouveaux territoires. En la rejoignant, Younès a trouvé un lieu foisonnant où exprimer sa passion pour la transmission et la pédagogie. Sous l'œil attentif et bienveillant d'Annabelle, lui seul était capable de coucher sur papier et de compiler avec autant de justesse tout ce savoir oral et inédit, ces secrets, ces histoires incroyables.

Je voudrais finir par quelques recommandations pour mieux frayer votre chemin dans la jungle des startups. Car ce que j'ai oublié de vous dire, c'est que vous allez stresser un max - grande maladie de ce siècle -, que votre emploi va sans doute empiéter sur votre vie personnelle et que certains jours, vous pourrez être submergés par le sentiment de ne pas être à la hauteur.

- D'abord, **ne vous prenez pas trop au sérieux**. C'est le meilleur moyen d'être plus à l'écoute des critiques, de rebondir après un échec et de prendre de la distance avec votre travail. Cette humilité de rire de soi, voilà ce qui vous fera sincèrement apprécier de vos collègues. Et il n'est pas rare qu'en startup, ils finissent par devenir vos amis.
- **Apprenez, apprenez et apprenez encore**. Ne cessez jamais de grandir, ne tenez jamais rien pour acquis, surtout pas dans le monde actuel - et encore moins dans celui des startups. Aujourd'hui, tout le savoir dont vous avez besoin est sur Internet. Et le meilleur moyen - contre-intuitif - d'apprendre, c'est de transmettre son savoir et son expérience aux autres, de les éclairer du mieux qu'on peut.
- Et puis surtout, **amusez-vous**. Allez au travail comme sur un terrain de jeu, expérimentez, testez des choses, cherchez-y du plaisir. Trouvez ce qui vous amuse vraiment et spécialisez-vous là-dedans. D'après mon expérience, tel est le secret de tous ceux qui deviennent vraiment exceptionnels dans leur domaine.

Oussama Ammar
Cofondateur de The Family

BIENVENUE DANS LA JUNGLE !

Chère lectrice, cher lecteur,

Nous sommes très heureux de t'accueillir dans la jungle.

À ce propos, tu te demandes peut-être pourquoi nous parlons de jungle alors que - en toute vraisemblance - c'est de startups qu'il s'agira dans ces pages. C'est bien simple. L'univers que tu t'apprêtes à (re)découvrir est luxuriant ; les startups y poussent et y grandissent à vue d'œil. Il foisonne d'éléments et de personnages dont tu ne sais pas vraiment s'ils sont amicaux ou hostiles. Ses contours sont mal définis et tu peux facilement t'y perdre. Heureusement, ce livre te servira de guide pour survivre dans la jungle des startups, t'y orienter et en dompter la faune et la flore.

D'ailleurs, pour que tu comprennes bien à quel point cette jungle peut être à la fois terrible et excitante, nous allons te raconter la genèse de ce livre. Tous les samedis, chez Lion, nous recevons gratuitement une centaine d'élèves qui souhaitent se former à la culture startup. Notre pédagogie est avant-gardiste : nous mettons en face d'eux des entrepreneurs et des employés chevronnés qui leur livrent sans détours les secrets de leurs entreprises. Surtout, nous les poussons à apprendre de manière pragmatique : rien de tel que la pratique pour assimiler un savoir.

Lors de la septième saison, nous avons mis au défi un groupe d'élèves de jauger l'intérêt du public pour un livre qui compilerait les meilleurs cours donnés par Lion pendant deux ans. Si l'ère industrielle a son *Strategor*, l'ère numérique attend son *Livre de la Jungle*. Carton plein. Leurs idées ont fourmillé et leur enthousiasme débordant nous a subjugués - nous les en remercions tous. En particulier, un groupe a eu l'idée de réaliser une prévente du livre sur la plateforme Kickstarter, alors qu'aucune ligne n'était écrite. C'est la première leçon que tu peux retenir du monde des startups : *fake it until you make it*. 927 exemplaires vendus plus tard, nous n'avions plus le choix, et c'est grâce à l'effort de nos élèves que tu tiens ce livre entre tes mains.

Nous sommes d'ailleurs très fiers de pouvoir te le présenter. La raison pour laquelle nous avons souhaité l'écrire est simple et trop souvent négligée. Dans le monde des startups, beaucoup de ressources sont adressées aux entrepreneurs, aux créateurs d'entreprise. On leur explique comment lancer leur projet, comment lever des fonds, comment vendre, comment recruter.

Et les ressources pour les employés ? Rien, nada, zéro. Pourtant, les employés représentent - évidemment - la majeure partie de la force de travail en startup et sont tout aussi en proie que les fondateurs à des interrogations et des doutes, que ce soit au sujet de leur salaire ou des postes qui existent, ou à propos des chances de succès de l'entreprise où ils travaillent ou encore des manières de s'améliorer. Ce livre est un moyen de pallier ce déséquilibre et d'offrir aux employés une ressource qui les éclaire, en prenant appui sur ce que les meilleures startups ont à partager.

Il s'adresse à tous les employés : ceux qui travaillent en startup et les autres. En effet, nous sommes convaincus que les startups sont à l'avant-garde de la transition numérique de l'économie et imposent de nouveaux modèles de travail. Dès lors, s'inspirer des startups, c'est s'inspirer des organisations qui donnent le *tempo* du monde économique et qui créent de nouveaux paradigmes. C'est une réalité qui nous concerne tous et un enjeu pour tous les employés qui souhaitent rester efficaces, pertinents et autonomes dans leurs postes futurs.

Ce livre compile donc les meilleures anecdotes, astuces, outils, méthodes et savoir-faire que les professeurs-entrepreneurs de Lion sont venus partager lors des sept premières saisons. Il s'agit d'un concentré de la stratégie et des procédés opérationnels des startups : l'avenir de la gestion des entreprises. À tous les entrepreneurs que tu retrouveras dans ces pages et aux autres, nous adressons un immense merci. Nous ne pourrions pas continuer à armer les employés pour l'ère numérique sans leur concours.

TON PARCOURS D'EXPLORATEUR

Partie 1. Nous quittons les pistes bien tracées pour nous enfoncer dans la jungle. C'est l'occasion de lever le voile sur ce que sont les startups, de rencontrer les drôles d'oiseaux qui les fabriquent et de découvrir l'écosystème dans lequel elles vivent. Bien sûr, tu ne pourrais pas t'attarder dans cet univers sans un kit de survie adapté. Nous te proposons donc une panoplie complète pour t'armer et faire face à la jungle : des réponses aux questions que tu te poses sur les carrières en startups, les métiers qu'on y trouve et ce à quoi tu as le droit en tant qu'employé.

Partie 2. Nous te révélons un secret bien gardé : survivre dans la jungle est une question de mental. En effet, plus que les savoir-faire, c'est le savoir-être qui distingue les employés de startups. Nous décrivons l'état d'esprit à adopter pour s'épanouir en tant qu'employé et les techniques que tu peux mettre en place pour prendre en main ton aventure dans une startup.

Partie 3. Nous te présentons 30 études de cas regroupées selon les grandes disciplines que l'on retrouve en startup. Que tu souhaites découvrir les spécificités du *product management*, du *growth hacking* ou de la vente dans les startups, tu seras amplement servi. Le mieux ? Nul besoin d'être un spécialiste pour t'intéresser à chaque sujet : les astuces de survie dans la jungle s'appliquent autant aux néophytes qu'aux experts.

Partie 4. C'est le moment de faire une pause et de digérer ton voyage. Quelles leçons peux-tu tirer de cette exploration ? Nous aiderons ceux qui ne travaillent pas en startup à déceler les éléments qu'ils peuvent retenir et transposer dans leur quotidien, ou à franchir le cap et venir s'installer dans la jungle. On y est bien.

« NOUS ENTENDEZ-VOUS ? BONNE CHASSE À TOUS QUI GARDEZ LA LOI DE LA JUNGLE »

Rudyard Kipling

PARTIE 1

LES STARTUPS ET LEURS EMPLOYÉS

CHAPITRE 1

COMPRENDRE LES STARTUPS

« IF YOU START ME UP, I'LL NEVER STOP »

The Rolling Stones

QU'EST-CE QU'UNE STARTUP ?

Si tu tiens ce livre entre les mains à cet instant, ce n'est pas un secret pour toi : on va parler de startup. La première chose à faire consiste peut-être à mettre au clair ce qu'on veut dire en utilisant ce terme car, au final, ce n'est pas si évident.

STARTUP, GLOIRE ET BEAUTÉ

Définir ce qu'est une startup n'est pas évident, d'abord, parce que ce monde est devenu très à la mode en France. Trop à la mode, peut-être, car cet effet affuble cet univers de représentations qui le déforment et en rendent la compréhension difficile. Il est assez simple de comprendre d'où vient tout cet engouement :

- En premier lieu, il ne s'agit pas d'un mouvement franco-français, mais d'une lame de fond à l'échelle planétaire. Les réussites éclatantes d'entreprises comme Facebook, Tesla ou Uber et la mise en avant de leurs créateurs (qui n'a pas vu *The Social Network* ?) ont contribué à pousser des dizaines de milliers de personnes à se lancer dans l'entrepreneuriat. Les entrepreneurs à succès sont les nouvelles *rock stars*, et la création de startup est la nouvelle ruée vers l'or.
- La voie a été ouverte par les succès de certaines entreprises françaises ces dernières années : Blablacar, une valorisation qui a dépassé le milliard en 2015 ; Criteo introduite en bourse sur le Nasdaq en 2013 ; ou, plus récemment, le rachat de Zenly par Snap pour plus de 250 millions de dollars. Xavier Niel se détache comme l'exemple incontournable de l'entrepreneur français qui réussit contre vents et marées. Tous ces exemples montrent qu'ici aussi, il est possible de réussir dans l'entrepreneuriat. Par magnétisme, ils attirent du monde vers l'écosystème startup.
- L'élection d'Emmanuel Macron à la présidence de la République en mai 2017 a elle aussi provoqué un sursaut dans cette mode des startups. En plus d'un symbolisme puissant – beaucoup ayant comparé le fonctionnement de la campagne d'En Marche à celui d'une startup[1] –, le gouvernement et le président lui-même affichent leur volontarisme pour soutenir l'écosystème de l'innovation et souhaitent faire de la France une « startup nation »[2].
- L'univers startup s'organise en France et des infrastructures lui donnent une visibilité sans précédent : le salon VivaTech organisé depuis 2016 par *Les Échos* et le groupe Publicis, ou encore le campus Station F, ouvert en

1. En Marche ! : la startup de Macron vue de l'intérieur, *Le Point*, 15 mars 2018.
2. https://twitter.com/emmanuelmacron/status/852561494810251264

2017 (le «plus grand campus de startups au monde»), sont des exemples évidents. Dans le même temps, les incubateurs et accélérateurs de startups poussent comme des champignons; les structures pour aider les entrepreneurs à recruter, à se financer ou à communiquer se multiplient.

- Les médias, friands des phénomènes de mode, servent de porte-voix aux entrepreneurs et amplifient le mouvement. Les pages des journaux *business* se remplissent d'articles sur les levées de fonds des startups françaises, les expressions pour les désigner fleurissent («jeune pousse», «pépite», etc.) et les créateurs d'entreprises à succès défilent sur les plateaux de télévision.
- Ce phénomène de mode est également prégnant parce que les startups apparaissent comme le fer de lance de nouvelles méthodes de travail. Les startups ont l'air cool, sexy et en rupture avec les modèles traditionnels. Jean-baskets au bureau, baby-foot dans la cafétéria, travail de chez soi: autant de façons de travailler qui attirent.

Tous ces ingrédients ont sûrement contribué à créer cette mode. Et comme toutes les modes, elle est entourée en France d'un épais voile de mystère et de fascination qui conduit à créer des légendes et des mythologies, et surtout à déformer la réalité. La mode, en outre, est cyclique: on aime détester ce qu'on avait adoré quelque temps auparavant. Il suffit de voir les réactions épidermiques aux moindres nouvelles de la Silicon Valley en 2017-2018. Certaines étaient légitimes: les faillites scandaleuses de Juicero[1] ou Theranos[2], le récit de l'année 2017 cauchemardesque[3] pour Uber. D'autres étaient contestables: les commentaires sur la rationalité du monde des cryptomonnaies[4], le rôle de Facebook dans l'affaire Cambridge Analytica et l'élection de Donald Trump[5]. D'autres, enfin, relevaient plus du lynchage ou du brûlot, par exemple certains reportages d'investigation sur les mœurs légères et les parties fines des magnats de la *tech*[6]. Entre adulation effrénée et *techlash* (nom donné à ces réactions violentes à la puissance des boîtes *tech*), les startups sont incontestablement un objet de mode.

Le groupe Public Enemy nous avait déjà prévenus en 1988: *Don't believe the hype* - il ne faut pas croire les choses trop belles que l'on nous raconte. Les startups fascinent, et cela complique leur définition. C'est pourquoi ce livre s'attache à démêler le vrai du faux et à déconstruire les représentations erronées que l'on peut avoir de l'univers startup. Pour être juste et précis, il faudra aller au-delà de l'image cool renvoyée par ces entreprises et comprendre ce qui en fait l'essence.

1. *Squeezed out: widely mocked startup Juicero is shutting down*, *The Guardian*, 1er septembre 2017.
2. *Theranos' Fatal Flaws were in plain sight*, *Bloomberg*, 30 mai 2018.
3. *Everything you need to know about Uber's turbulent* 2017, *Recode*, 20 août 2017.
4. *Jamie Dimon: "I regret" calling bitcoin a fraud*, *Financial Times*, 9 janvier 2018.
5. *Enough with the Facebook bashing*, Nicolas Colin, 28 mars 2018, Hedge Newsletter.
6. *"Oh my God, this is so f-ed up": Inside Silicon Valley's Dark Side*, *Vanity Fair*, 2 janvier 2018.

BRISONS LES MYTHES : UN PEU DE THÉORIE

Décrire ce qu'est une startup est d'autant moins évident que personne n'est vraiment d'accord sur la définition à adopter. Chez les non-spécialistes, la confusion règne. L'un des *icebreakers* favoris de Younes pour débuter un cours sur l'entrepreneuriat est de demander aux élèves de donner leur définition d'une startup. Immanquablement, les réponses sont similaires: c'est une entreprise jeune (voire créée par des jeunes), de petite taille, technologique, innovante, cool où on travaille différemment… « Deux branleurs qui se grattent la tête dans un garage » est sûrement la plus drôle. Toutes ces réponses disent quelque chose de la réalité des startups - en tout cas la réalité perçue - sans pourtant mettre le doigt sur l'essentiel.

Chez les spécialistes, la confusion existe aussi. Beaucoup d'experts ont planché sur la question[1], et donnent des définitions composites qui mettent en valeur des aspects très différents des startups. Loin de nous l'envie d'en ajouter une supplémentaire. Il nous semble que la définition qui fonctionne le mieux pour expliquer ce qu'est une startup, mais aussi pour apprendre comment construire une startup, est celle de Steve Blank, légèrement amendée[2] :

une startup est une organisation temporaire à la recherche d'un *business model scalable*, répétable et profitable.

CE QUI NE FAIT PAS UNE STARTUP

Avant de disséquer cette définition pour bien la comprendre, utilisons-la pour défaire les idées reçues sur les startups. Autant en connaître la réalité si tu souhaites en rejoindre une.

UNE STARTUP N'EST PAS FORCÉMENT UNE ENTREPRISE

Au départ, une startup est souvent l'affaire de deux ou trois personnes qui développent une application dans leur chambre. Les meilleurs fondateurs savent qu'il n'est pas utile de s'encombrer avec des procédures formelles et bureaucratiques quand le projet est à un stade embryonnaire. Mieux vaut se concentrer sur le développement du produit et la recherche des premiers utilisateurs. De plus, commencer à travailler ensemble sans attaches permet de s'assurer que l'équipe ne dysfonctionnera pas sur le long terme. Ceux qui commencent leur aventure startup par les formalités *paraissent* sérieux. Ceux qui commencent par construire un produit et parler à leurs utilisateurs *sont* sérieux. Eh oui, les « deux branleurs dans un garage » sont bien les plus crédibles !

1. De l'auteur Eric Ries au *business angel* Dave McClure en passant par le professeur Aswath Damodaran et bien d'autres.
2. *What's a startup? First principles*, Steve Blank, 25 janvier 2010, steveblank.com.

UNE STARTUP N'EST PAS FORCÉMENT JEUNE OU PETITE

Il y a des vieilles startups. Snapchat en est un bon exemple : l'entreprise n'a toujours pas stabilisé son *business model*[1]. Sa stratégie ne cesse de changer et son cours boursier en pâtit. Pourtant, cette entreprise a plus de 7 ans et plus de 3 000 employés. C'est surtout la réciproque qui est vraie : une jeune entreprise n'est pas nécessairement une startup. Le terme est galvaudé par un ensemble de créateurs d'entreprises qui l'utilisent pour avoir l'air cool et innovants, alors qu'ils créent des sociétés non *scalables* (nous y reviendrons). Au choix : agences de *design*, cabinets de conseil, prestataires de développement web, boulangers du coin de la rue, etc., sont bien des entreprises de petite taille, mais ce ne sont pas des startups.

FIGURE 1.1. STARTUPS ET PME, PAS TOUT À FAIT LES MÊMES ENTREPRISES[2]

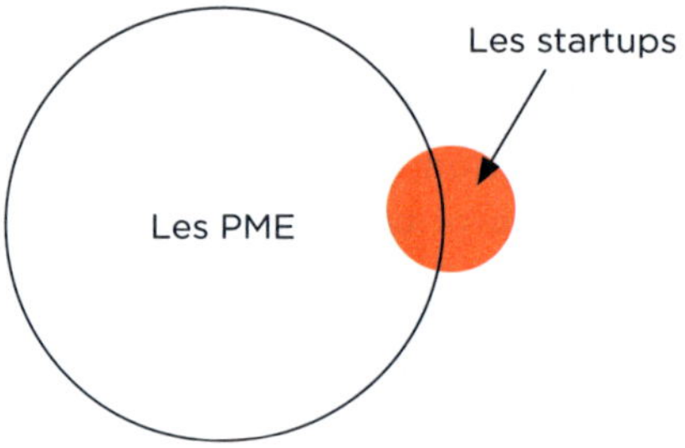

Attention

Tous les créateurs d'entreprises, que ce soient des PME ou des startups, sont des entrepreneurs de plein droit. Cependant, ce livre utilisera le terme entrepreneur comme synonyme de fondateur de startup.

UNE STARTUP N'EST PAS FORCÉMENT INNOVANTE

C'est un point de confusion courant sur ce que sont les startups. Les entrepreneurs ne cherchent jamais à innover pour innover, leur but est de servir leurs clients à la fois au plus haut niveau de qualité et à l'échelle (c'est-à-dire

1. Snapchat's epic strategy flip-flop, 13 novembre 2017, techcrunch.com.
2. Pour le dire explicitement : beaucoup de startups sont des PME (entreprises entre 10 et 249 employés), mais la plupart des PME ne sont pas des startups, et certaines startups ne sont plus des PME.

en touchant des millions d'utilisateurs d'un coup). Il se trouve simplement que l'innovation est souvent nécessaire pour réunir ces deux conditions. Babak Nivi, cofondateur d'AngelList, l'explique ainsi : « la qualité est une mesure de l'utilité d'un produit pour le client. Le volume permet de savoir combien de gens l'utilisent. Pour les entrepreneurs, il n'y a pas de compromis entre qualité et volume. Il faut avoir les deux et non l'un ou l'autre. Si c'est impossible, il faut innover ». Autrement dit, on innove en startup parce que c'est un moyen d'achever sa vision, et non parce que c'est un objectif en soi.

> Rocket Internet est une société allemande qui crée des startups et les aide à grandir. Pendant longtemps, Rocket a eu du succès en clonant les modèles d'entreprises existantes[2] : Wimdu est une copie d'Airbnb ; CityDeal de Groupon ; Zalando de Zappos. Ces startups *made in Rocket* se distinguent par leur capacité d'exécution supérieure : les entrepreneurs sont triés sur le volet et tout est fait pour avancer le plus rapidement possible. Il ne s'agit pas d'innovation, mais bien d'exécution.

D'ailleurs, beaucoup de grandes entreprises matures sont toujours à la pointe de l'innovation dans leur domaine[1] (elles proposent les meilleurs produits et disposent des meilleures technologies), tandis que certaines startups se contentent de cloner des *business models* existants en les exécutant mieux que les entreprises qui ont innové (on les appelle des *me too* ou des *copycats*).

UNE STARTUP N'EST PAS FORCÉMENT TECHNOLOGIQUE

La relation des startups à la technologie pose problème. De nos jours, la plupart des startups se définissent comme des boîtes *tech*. Les startups sont même symboliquement mises à part dans leurs industries par des catégories qui ajoutent le suffixe *-Tech* : *FinTech*, *EdTech*, *CleanTech*, *FoodTech* ou même *SexTech*. Même la publicité en ligne – considérée comme représentant la totalité de l'économie numérique avant la bulle *dotcom* – s'est résignée à prendre le nom d'*AdTech* face à l'impact croissant des startups dans d'autres filières industrielles. Toutes les grosses entreprises traditionnelles veulent être considérées comme des entreprises *tech*, Goldman Sachs en tête[3].

Cependant, le terme technologie crée des malentendus. On le confond parfois avec innovation. La technologie serait la raison qui fait que les entreprises numériques trouvent des *business models* déployables à l'échelle. En réalité, la technologie n'est pas une affaire de startup : les grands groupes l'utilisent tout autant, mais dans le but d'améliorer l'existant plutôt que de rechercher un nouveau *business model*.

1. *A Capitalist's dilemma: whoever wins on Tuesday*, Clayton Christensen, 3 novembre 2012, nytimes.com. Dans cet article, Clayton Christensen distingue trois types d'innovation, dont deux sont l'apanage des grands groupes.
2. *What it's like to work at a startup clone factory*, 25 janvier 2016, thehustle.co.
3. *Goldman Sachs wants to become the Google of Wall Street*, 6 avril 2017, businessinsider.fr.

En France, la confusion est encore plus grande : forts des inventions technologiques de nos ingénieurs au XXe siècle (le Concorde, le TGV, le Minitel entre autres), on pense que la technologie est l'actif différenciant des entreprises numériques. Les startups seraient une affaire d'ingénieurs, de chercheurs et de scientifiques qui créent des avancées technologiques qu'il faut protéger par des brevets. Mais dans la plupart des cas, c'est faux[1] ! L'essentiel pour une startup est de construire un nouveau *business model* et de confronter les produits au marché le plus rapidement et le plus fréquemment possible. En réalité, la technologie est, comme l'innovation, un catalyseur pour les startups : c'est un moyen d'arriver à déployer son *business model* à l'échelle. La maîtriser est une condition nécessaire du succès. Nécessaire, oui, mais pas suffisante. En outre, le risque technologique auquel les startups sont exposées est relativement limité : Internet, la culture de l'*open source*, les API[2], les serveurs *cloud* et les langages de programmation standardisés ont largement contribué à abaisser les barrières technologiques à la création d'une entreprise numérique.

LES STARTUPS NE SONT PAS FORCÉMENT COOL

L'un des posters affichés dans les bureaux de Lion scande fièrement : *don't be cool*. Les startups ont beau avoir la réputation d'être un univers relax et cool, il ne s'agit pas pour autant d'un BDE étudiant : on ne s'y impose pas par son niveau de sociabilité.

L'ambiance sympathique vient en échange d'un investissement émotionnel fort de tous les employés. Il ne faut pas rejoindre une startup pour son cadre de travail. Dans tous les cas, celui-ci est souvent propre à chaque startup et au caractère des fondateurs. Ces derniers ont besoin d'employés engagés, prêts à travailler beaucoup et parfois en dehors des schémas classiques.

LES ÉLÉMENTS CONSTITUTIFS D'UNE STARTUP

Après avoir déconstruit les légendes autour des startups, il est temps d'en préciser la réalité. Regardons de plus près la définition donnée il y a quelques pages qui décrit une startup comme une organisation temporaire à la recherche d'un *business model scalable*, répétable et profitable.

UNE STARTUP EST UNE ORGANISATION TEMPORAIRE

Comprendre cette assertion comme un *memento mori* 2.0 qui stigmatiserait la fragilité des startups serait un contresens. Elle insiste plutôt sur l'état d'esprit qui les anime : l'ambition d'une startup est de ne plus en être une, de sortir de cet état temporaire pour atteindre l'état permanent d'entreprise mature. Toutes n'y parviendront pas, bien sûr, mais toutes essaient. Cet état est passager, comme l'est l'enfance pour un être humain.

1. Dans certaines industries très spécifiques, c'est vrai : la France a par exemple des atouts incroyables pour faire naître des *BioTech* et les introduire en Bourse.
2. Interfaces de programmation qui permettent de connecter des applications entre elles.

Filons cette métaphore : de la même manière que la pédiatrie et la médecine générale sont deux disciplines distinctes, on ne peut pas appliquer aux startups des remèdes d'entreprises matures. Les startups sont des organisations en développement, et les règles qui s'y appliquent sont différentes de celles du traditionnel monde des affaires. D'ailleurs, ces règles sont souvent contre-intuitives. Ce livre se propose de t'aider à t'y retrouver.

UNE STARTUP RECHERCHE SON *BUSINESS MODEL*

L'incertitude est ancrée dans la définition même d'une startup. Les entrepreneurs sont des chercheurs. Comme eux, ils émettent des hypothèses sur leur marché, mènent des expériences pour les valider, agrègent des données pour tirer des conclusions et, si besoin, transforment leurs hypothèses. La démarche d'une startup est fondamentalement expérimentale et itérative, elle n'est jamais planifiée.

Pour trouver son *business model*, il faut mener une exploration. Le numérique a engendré un changement de paradigme profond dans les processus productifs, et la manière d'explorer a changé.

Mais qu'est-ce qu'un *business model* au juste ?

Contrairement à ce que beaucoup pensent, un *business model* ne s'arrête pas à la manière dont on facture ses clients : il s'agit de l'ensemble des éléments qui décrivent la manière dont une entreprise crée, délivre et capture de la valeur sur son marché.

La meilleure manière de comprendre un *business model* et l'outil le plus simple pour le résumer proviennent des travaux d'Yves Pigneur et Alexander Osterwalder[1]. Leur *business model canvas* est un poncif utilisé par tous ceux qui s'intéressent de près ou de loin aux startups. Il permet de saisir rapidement les éléments importants d'un *business model* et se décompose en dix points :

1. **La proposition de valeur :** il s'agit de la promesse que l'on fait au client : le problème que l'on résout, ce que la solution que l'on a construite apporte concrètement.
2. **Les segments clients :** les cibles auxquelles on s'adresse. Il faut les décrire aussi précisément que possible.

1. Osterwalder, A. & Pigneur, Y., *Business Model Generation : a Handbook for Visionaries, Game Changers & Challengers*, 2010, Wiley.

3. **Les canaux de distribution** : les vecteurs utilisés pour amener la proposition de valeur aux clients et les toucher (un magasin, un site web, une application, etc.).
4. **Le CRM** (*customer relationship management*) : la manière dont on entretient la relation avec les clients existants. Gestion des problèmes, service après-vente, *upselling*, *cross-selling*, gestion des grands comptes, *community management*, co-création, etc.
5. **Les partenariats clés :** les fournisseurs et partenariats importants à contrôler pour délivrer sa proposition de valeur.
6. **Les ressources clés :** les ressources consommées par la création et la distribution de la proposition de valeur. Elles peuvent être humaines, intellectuelles, technologiques, financières, matérielles, etc.
7. **Les activités clés :** les opérations dans lesquelles la startup s'engage au quotidien (développement, vente, marketing, etc.).
8. **Les actifs différenciants** : nous ajoutons cet élément au canevas classique. Une startup doit chercher à construire des actifs qui vont la distinguer de ses compétiteurs (une marque, un savoir-faire technique, la meilleure équipe pour traiter un problème, la plus grande quantité de données, une manière différente de traiter un problème, etc.).
9. **La structure de coûts :** les coûts engendrés par les autres éléments du *business model*, notamment la distribution, les activités et ressources clés.
10. **La base de revenus :** les différentes lignes de revenu et la manière dont on facture les clients.

À l'ère industrielle, la distance entre les idées et les clients était énorme (figure 1.2). Il fallait commencer par passer la première barrière : les projets industriels étaient gourmands en capital. Les machines-outils, usines, ouvriers coûtent cher ; il fallait donc convaincre son banquier pour obtenir un prêt. Pour cela, on lui présentait un *business plan* rodé, à cinq ou dix ans. Comme les modèles industriels étaient linéaires et prévisibles, si l'affaire paraissait sensée, le banquier acceptait. Dans le pire des cas, il pouvait prendre les actifs de l'entreprise en garantie de remboursement. On pouvait ensuite réunir les ressources nécessaires pour passer à la production.

Puis venait la seconde barrière : la distribution. Le nombre de canaux était limité, et les chaînes de distribution avaient un pouvoir de négociation énorme. C'est ainsi que se sont créées les fortunes des familles Walton (Walmart) aux États-Unis ou Mulliez (Auchan) en France. Une fois le canal de distribution trouvé, on peut enfin atteindre son client et recommencer le processus.

FIGURE 1.2. LE PROCESSUS PRODUCTIF DE L'ÈRE INDUSTRIELLE : UN SCHÉMA LINÉAIRE

Le numérique change cela complètement (figure 1.3). Les goulots d'étranglement du capital et de la distribution ont disparu. Le coût en capital initial est très faible : avec quelques centaines d'euros on peut maintenir un site en ligne pendant plusieurs mois. Plus besoin de passer par une banque et d'hypothéquer sa maison pour lancer une affaire. Les entrepreneurs du numérique peuvent produire directement, c'est-à-dire construire leurs solutions.

Le second renversement est encore plus sensationnel : les canaux de distribution se sont multipliés, exponentiellement. E-mail, réseaux sociaux, *inbound marketing*, SEO, notifications, *landing pages*… les moyens de toucher les clients sont nombreux et leur coût est faible. Pour les entrepreneurs du numérique, la distance entre les idées et les clients est très courte.

FIGURE 1.3. LE NUMÉRIQUE RÉDUIT LA DISTANCE ENTRE LES IDÉES ET LES CLIENTS

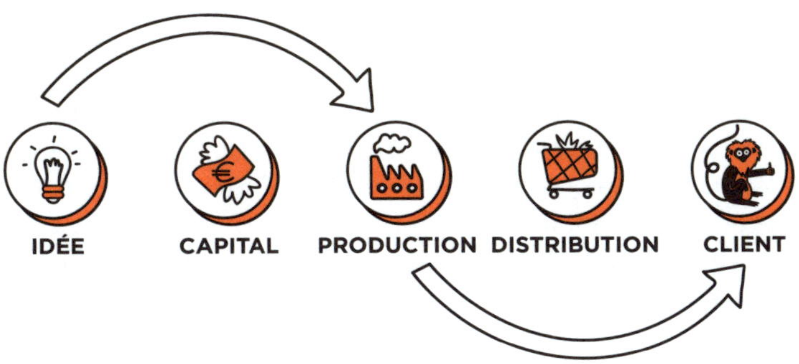

La recherche d'un *business model* est donc transformée : l'entrepreneur peut parler à ses clients *avant* de commencer à créer de la valeur. Comme le coût de la confrontation des idées au marché est quasi nul, il peut se permettre de ne commencer à produire que lorsqu'il a validé que sa proposition de valeur rencontre bien de l'intérêt. Étant donné que le capital est moins crucial au départ, il peut attendre et ne lever des fonds qu'au moment où accélérer devient nécessaire (pour recruter, pour vendre plus...). Puisque la distribution est devenue une commodité, il doit initialement trouver les canaux qui fonctionnent pour une cible très précise, et concentrer tous ses efforts sur cette niche. Dans le cas contraire, il se retrouvera noyé dans le flot d'informations distribué quotidiennement aux clients.

FIGURE 1.4. LE PROCESSUS PRODUCTIF DE L'ÈRE NUMÉRIQUE : UN SCHÉMA ITÉRATIF

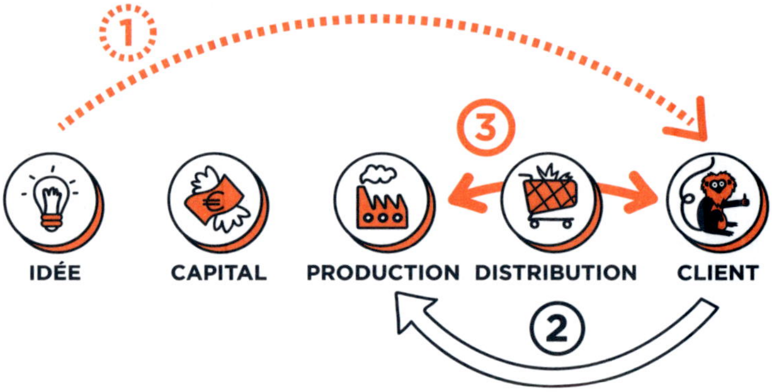

Le numérique a rendu le processus de production itératif (figure 1.4). Comme le suggère la flèche ❶, l'idée va directement au client, puis une fois validée, elle est construite (flèche ❷). Commence ensuite un processus itératif qui va de la production au client pour améliorer la solution (flèche ❸). La distribution est clé dans ce processus, car elle est le truchement entre les clients et le produit : maîtriser les bons canaux est une exigence. Le capital n'intervient que pour accélérer et amplifier le mouvement d'aller-retour entre les clients et la production, une fois que la startup a trouvé une adéquation entre son produit et son marché (*cf.* encadré Les différentes phases de la vie d'une startup).

UNE STARTUP DOIT RECHERCHER UN *BUSINESS MODEL SCALABLE*

La scalabilité désigne initialement la capacité d'un système informatique à monter en charge pour s'adapter à la demande, c'est-à-dire à traiter plus d'informations, à encaisser un pic de trafic soudain, etc. Pour un *business model*, la scalabilité est la capacité à passer à l'échelle (c'est-à-dire servir plus de clients, ou servir les mêmes clients avec plus de volume) en gardant ses caractéristiques propres.

Une activité de conseil n'est pas *scalable* par nature : la ressource clé du *business model* est le temps humain des consultants. La seule manière de servir plus de clients consiste donc à embaucher plus de consultants. Google, en revanche, a une activité largement *scalable*. Son algorithme de classement des pages web est son actif clé. Une fois développé, il sert à faire des millions de recherches par jour. Mieux encore, il s'améliore à mesure qu'on le sollicite.

C'est là une autre loi intéressante des *business models* du numérique : ils sont marqués par des rendements croissants d'échelle[1], c'est-à-dire que chaque unité marginale produite coûte moins cher à produire et/ou rapporte plus que la précédente. Comment est-ce possible ?

Reprenons l'exemple de Google. Si cette société n'avait qu'un seul utilisateur, il s'agirait de la méthode la moins rentable pour effectuer une recherche sur Internet : un algorithme extrêmement perfectionné dont l'élaboration a été longue et coûteuse et qui aurait pu être remplacée par un passage à la bibliothèque. Avec des centaines de millions d'utilisateurs en revanche, l'algorithme en question se distribue quasi-gratuitement (modulo les coûts de serveur), affine sa pertinence à chaque recherche, amenant encore plus d'utilisateurs en quête de réponses pertinentes. Ces utilisateurs poussent à leur tour des annonceurs, qui sont prêts à payer de plus en plus cher pour afficher leurs publicités dans les pages de résultats. Ces annonceurs indexent leur contenu, améliorant l'efficacité de l'algorithme. On a là un cercle vertueux qui s'auto-entretient et où Google capture de la valeur (les données des utilisateurs et l'argent des annonceurs) à l'échelle. Les rendements sont croissants.

La majorité des sociétés de *software* est *scalable*[2], puisque le logiciel peut être dupliqué et distribué à l'infini pour servir plus de clients sans engendrer de coûts supplémentaires ou consommer plus de ressources.

UNE STARTUP RECHERCHE UN *BUSINESS MODEL* RÉPÉTABLE

Le concept de répétabilité est plus simple à comprendre. Il désigne la capacité du modèle à être répliqué dans d'autres implantations, pour d'autres segments de marché, avec le même processus de vente et de marketing. Uber, par exemple, a un modèle très répétable : l'ensemble des éléments mis en place pour créer, délivrer et capturer de la valeur dans sa première ville d'opérations (San Francisco) a pu être répété dans des dizaines et des dizaines d'autres villes avec les mêmes procédés. Il y a même une équipe dédiée à l'ouverture de nouvelles villes qui maîtrise parfaitement les bonnes pratiques de répétabilité du modèle[3]. La plupart des modèles sont répétables, surtout s'ils sont *scalables*.

1. W. Brian Arthur, *Increasing Returns and the New World of Business*, *Harvard Business Review*, *July-August* 1996.
2. Dans l'immobilier ou l'agriculture, par exemple, la scalabilité des sociétés de *software* reste limitée car les produits nécessitent l'intervention d'opérateurs humains. Ce sont des cas très particuliers.
3. *Uber's Austin Geidt's insane life*, 3 décembre 2015, businessinsider.com.

La répétabilité tient beaucoup à la manière dont se font les ventes : si le développement de la startup dépend uniquement du bagout du CEO, des relations d'un des membres du conseil d'administration ou de la construction d'une solution sur-mesure, il ne s'agit alors pas d'un processus réplicable par une équipe de *sales*. Un cas notable de non répétabilité est l'aviation militaire : pour vendre des avions de guerre à un autre pays, il faut que le président de la République aille rencontrer son homologue accompagné d'une délégation d'hommes d'affaires pour signer un contrat.

LA STARTUP DOIT RECHERCHER UN *BUSINESS MODEL* PROFITABLE

Attention, on parle ici des *unit economics*, c'est-à-dire des éléments de base du modèle économique. Il faut nécessairement que chaque transaction soit rentable et que le modèle économique soit viable à petite échelle. Cela ne veut pas dire que l'entreprise doit être profitable. Reprenons l'exemple d'Uber. La société charge des frais sur le prix de chaque course, soit quelques euros. Les coûts engendrés par une course ne sont que ceux de la transmission des informations au chauffeur (et du service client dans des cas marginaux), soit quelques centimes. Chaque course est donc rentable. En outre, Uber propose à ses utilisateurs des réductions lors des premières courses ou lorsqu'on invite un ami à rejoindre le réseau. C'est ce qu'on appelle un coût d'acquisition (CAC). Il est maîtrisé : Uber sait bien que la dizaine d'euros dépensée pour acquérir ce nouvel utilisateur sera vite compensée par la *lifetime value* (LTV) du client, c'est-à-dire tout le chiffre d'affaires généré par cet utilisateur dans le futur. On a donc des transactions rentables et une LTV supérieure au CAC. Le *business model* d'Uber est profitable.

Pour autant, la société Uber est-elle profitable ? Loin de là. Uber accusait une sensationnelle perte nette de 4,5 milliards de dollars en 2017[1]. Cette perte est l'effet combiné de sa volonté de croître rapidement sur de nouveaux marchés, d'une presse dévastatrice, de coûts légaux extrêmement élevés (en raison des batailles juridiques contre les taxis dans les différents pays d'implantation) et surtout d'une concurrence féroce sur les marchés asiatiques[2] et sur son marché domestique (face à Lyft).

UN EMPIRE EN PUISSANCE

Nous avons décortiqué la définition théorique des startups. Tous ces critères combinés montrent en fait leur potentialité : les startups sont des organisations éphémères, qui tentent par tous les moyens de s'extirper de leur condition de startup. Elles sont à la recherche d'un sésame rare : un modèle économique qui peut croître à l'envi.

1. *Uber spent $10.7bn in nine years*, Bloomberg, 6 mars 2018.
2. Uber a cédé contre Didi Chuxing en Chine et Grab en Asie du Sud Est (en leur revendant son activité).

L'image d'empire en puissance résume bien ce que sont les startups : un empire est une organisation qui à tendance à s'étendre le plus possible, à *scaler*. L'expression en puissance s'oppose à en acte : il y a une potentialité de devenir un empire, mais cette potentialité n'est pas encore réalisée.

Les startups sont à la mode. Ces objets pas vraiment identifiés dans le paysage des entreprises attisent la curiosité et inspirent des légendes. Tu l'auras compris, beaucoup de ces légendes sont fausses, ou plutôt se fondent sur des observations erronées. Ce qui fait réellement une startup, ce n'est ni son âge, ni sa technologie, ni sa « coolitude ». Non, c'est autre chose, c'est cette recherche d'un modèle économique viable à l'échelle planétaire. Peu d'entreprises sont donc des startups.

LES LOIS DE LA TRACTION

L'élément qui caractérise les startups est sûrement à chercher du côté de cette ambition que nous venons d'évoquer. Elle découle directement de notre définition théorique : pour exprimer toute sa potentialité à l'échelle mondiale, une startup doit être ambitieuse et croître en permanence. Une startup se définit donc aussi par sa croissance.

> Paul Graham, créateur du légendaire accélérateur de startups Y Combinator en a fait une démonstration magistrale sur son blog[1] : « une startup est une entreprise faite pour croître rapidement. Ce n'est pas parce qu'une entreprise vient d'être créée que c'est une startup.
> Ce n'est pas non plus parce qu'elle est technologique, qu'elle lève des fonds ou qu'elle recherche une sorte d'*exit*. La seule chose essentielle, c'est la croissance. Tout ce que l'on associe habituellement aux startups découle de la croissance. »

Cette équivalence entre startup et croissance est importante pour comprendre la culture des fondateurs de startups. Ces entrepreneurs sont obnubilés par la croissance et voient essentiellement la technologie ou l'innovation comme des moyens de maintenir un rythme soutenu de croissance plutôt que des fins en soi. On mesure la croissance par la traction c'est-à-dire le taux de croissance hebdomadaire ou mensuel d'un indicateur clé de performance (KPI) pertinent pour la startup en question. On regarde souvent le chiffre d'affaires, mais il peut également s'agir du nombre d'utilisateurs, du nombre de transactions... La traction attendue pour une startup qui fait partie de Y Combinator se situe entre 5 % et 7 % par semaine, ce qui représente plus de 1 164 % de croissance par an !

1. Startup = Growth, Paul Graham, septembre 2012, www.paulgraham.com

À toutes les étapes de la vie d'une startup, la croissance est donc présente :

- au moment de l'*inception*, lorsque les entrepreneurs n'ont pas encore trouvé leur *product-market fit* et cherchent des moyens de bric et de broc[1] pour trouver leurs premiers utilisateurs ;
- en phase de croissance à proprement parler, quand la startup a découvert son marché et ce qui importe c'est... la croissance ;
- en phase de maturité, quand la croissance se tasse et que l'entreprise commence à explorer de nouveaux marchés, produits ou services pour trouver des leviers de croissance.

Les différentes phases de la vie d'une startup

Pour identifier le stade de développement de la startup que tu veux rejoindre, il faut connaître les différentes étapes de la vie de ces entreprises. On peut distinguer trois phases (et un moment important), où les priorités sont assez différentes :

- **La phase d'*inception*** correspond à l'enfance de la startup. Elle gagne peu d'argent et a peu de clients. Les fondateurs ne sont pas encore sûrs de ce qu'ils doivent faire, parce que le produit n'a pas encore été adopté par les clients et que les éléments dont ils disposent pour faire des choix sont peu nombreux. Ils sont dans une phase d'exploration du marché. On parle alors de pré-*product/market fit* (PMF).
Du côté de l'organisation, c'est la pagaille. Les employés, peu nombreux, se partagent toutes les tâches. Il faut être audacieux et très à l'aise avec le chaos pour travailler à ce moment de la vie de l'entreprise. Rejoindre une startup à ce stade est extrêmement risqué parce que la plupart meurent avant de sortir de cette phase. En revanche, cette phase est sûrement celle où l'on apprend le plus parce qu'on est exposé à toutes les problématiques de l'entreprise. C'est aussi la plus rémunératrice en termes monétaires si la startup réussit.

  Pense à FaceMash, la première version de Facebook où il fallait désigner les personnes les plus *hot* de Harvard en votant pour leurs photos (sic).

- **Le *Product/Market fit*** est le moment d'épiphanie où la startup dispose enfin d'un produit qui a rencontré son marché. Les clients utilisent la solution, reviennent régulièrement et la recommandent à leurs proches. C'est le jackpot.

  Pense à Thefacebook en 2004, quand des centaines de milliers d'étudiants d'universités américaines ont commencé à s'inscrire.

---

1. Do thing that don't scale, juillet 2013, www.paulgraham.com.

- **La phase de croissance** est l'adolescence de la startup. Le PMF est atteint, les clients sont là, l'argent commence à rentrer (et on a probablement levé des fonds), il faut accélérer. La startup reste très fragile à cette étape, car même si elle a compris ce dont ses clients avaient besoin, elle doit structurer l'organisation pour le faire mieux, plus vite et à plus grande échelle, le tout sans se tromper. C'est la période la plus dangereuse pour la startup : avec la vitesse qui augmente, la mort est tapie à chaque tournant.

  Dans l'organisation, il faut que les fondateurs se transforment en *managers*, que les employés commencent à prendre le relais sur des tâches essentielles et que les équipes automatisent les processus clés. Pour un employé, rejoindre l'entreprise à ce niveau de maturité est plus confortable parce que la visibilité commence à être meilleure et que le travail quotidien s'organise. Néanmoins, les *challenges* restent de taille.

  Pense à Facebook entre 2005 et 2012, moment où tu as probablement créé ton compte.

- **La phase de maturité**, enfin, est la phase adulte de la startup. Le modèle économique est rodé, l'organisation est structurée, tout se passe comme sur des roulettes. Il suffit d'exécuter. Le but pour la startup est de se focaliser sur les optimisations possibles de tous les aspects de l'activité : lancer un nouveau marché, un nouveau produit, acquérir un compétiteur. C'est aussi dans cette phase que l'on commence à rendre l'argent aux investisseurs : rachat par un gros industriel, introduction en Bourse, etc.

  Pour les employés, cette phase est très confortable car le *playbook* (le livre de recettes) est écrit, il n'y a plus qu'à le suivre. On a même beaucoup de chances de profiter un peu des fruits de la réussite économique de l'entreprise.

  Pense à Facebook depuis 2012 : un grand groupe avec des milliers d'employés dans le monde et des projets tous azimuts.

Le tableau 1.1 résume tout cela :

TABLEAU 1.1. LES STARTUPS CLASSÉES PAR PHASE DE DÉVELOPPEMENT

	Inception	Croissance	Maturité
Nombre d'employés	~0-30	~30-250	250+
Montant des fonds levés (millions d'euros)	~0-5	~5-100	100+
Profil des employés	*Risk-taker*, créatif, explorateur	Structuré, ambitieux, bâtisseur	Optimisateur, rationnel

On catégorise aussi parfois les startups selon leur étape de levée de fonds. Chaque tour de levée de fonds conduit les investisseurs à négocier différents termes économiques et de gouvernance avec les entrepreneurs. Les investisseurs doivent acheter des parts de l'entreprise, auxquelles les droits négociés sont rattachés. On émet alors une nouvelle classe d'actions : d'abord la classe A, puis la classe B, puis la classe C[1], etc. D'où les noms : Série A, Série B, etc.

Un petit nouveau a fini par se glisser dans les tours de financement : le *seed round*, initialement un tour plus petit structuré par de la *love money* (qu'on appelle aussi *friends & family*, l'argent des proches) et des *business angels*. Aujourd'hui, des investisseurs traditionnels font du *seed* et les frontières sont moins marquées entre les différents tours. On pourrait néanmoins catégoriser les choses comme dans le tableau 1.2 :

TABLEAU 1.2. LES STARTUPS CLASSÉES PAR ÉTAPES DE LEVÉE DE FONDS[2]

	Seed	Série A	Série B	Série C	Série D+
Montant médian du tour (millions d'euros)	0,5	6,4	11,8	12,5+	~20+
Phase	Inception		Croissance		Maturité

1. Cette terminologie est en fait américaine, mais les noms série A, B, C, etc., sont utilisés partout dans le monde par mimétisme.
2. *Annual European Venture Capital Report* 2017, pp. 22-24, février 2018, blog.dealroom.co

Même lorsque des startups atteignent le stade de géant de la *tech*, elles continuent à battre les sociétés matures, parce que leur unique obsession est de croître, à tout prix. Marc Andreessen, l'un des pontes de l'investissement en capital-risque à travers sa société Andreessen-Horowitz, décrit les CEO dans lesquels il investit comme des « individus impérialistes, des démiurges à la volonté de puissance aiguë qui cherchent à écraser leur concurrence »[1]. Pour des empires en puissance, c'est une condition logique. En même temps, Andreessen-Horowitz est connu pour investir dans des missionnaires, ces entrepreneurs exceptionnels qui ont une vision et qui veulent changer le monde. En effet, la figure de l'entrepreneur est complexe, comme nous allons voir à présent.

LES MILLE ET UN VISAGES DES ENTREPRENEURS

Avec le succès des startups, les entrepreneurs se sont forgé un statut enviable. Ceux qui étaient auparavant regardés comme des rebuts, des *geeks* enfermés dans des labos de la Silicon Valley[2], sont désormais les nouvelles *rock stars*. Comme toutes les idoles, ils sont tour à tour adulés puis roulés dans la boue. On leur colle des étiquettes : robotique comme Mark Zuckerberg (Facebook), visionnaire comme Steve Jobs (Apple), arrogant comme Evan Spiegel (Snapchat), imprévisible comme Elon Musk (Tesla, SpaceX), etc.

Le rôle d'un entrepreneur est complexe à endosser, car pétri de contradictions. L'entrepreneur est-il un rêveur, incapable de voir les limites du projet dans lequel il s'engouffre ? Ou au contraire, un supplément d'imagination lui permettrait-il d'envisager une route pour lever ces barrières ? L'entrepreneur à succès est-il un être hors du commun dont la réussite était écrite dès le berceau ? A-t-il eu de la chance ? Voilà autant de questions auxquelles il faut répondre pour comprendre qui sont les entrepreneurs.

LES QUALITÉS D'UN BON ENTREPRENEUR : LE *FRAMEWORK* DE TONTON PG

Paul Graham est le plus fin connaisseur des startups. Dans ses longs et nombreux articles de blog, il dissèque tous les aspects importants des startups. Il a notamment écrit sur les qualités qu'il recherchait chez les entrepreneurs[3].

1. *The Mind of Marc Andreessen*, *The New Yorker*, 18 mai 2015.
2. Nous ne pouvons que conseiller le visionnage de l'excellent *Pirates of Silicon Valley* de Martyn Burke (1999) pour s'en rendre compte.
3. *What we look for in founders*, Paul Graham, octobre 2010, www.paulgraham.com.

Le *framework* qu'il décrit permet de bien comprendre les qualités intrinsèques d'un bon entrepreneur. En travaillant chez The Family et chez Lion, en côtoyant des entrepreneurs au quotidien, nous avons pu reprendre ce modèle en l'adaptant un peu à la réalité européenne :

- **L'ambition.** Les startups sont définies par leur potentiel de croissance. Il est absolument nécessaire que les personnes qui portent les startups - les entrepreneurs - soient animées par l'envie de réaliser tout le potentiel de cette croissance. Pour cela, il faut qu'ils soient ambitieux, qu'ils aient soif de réussite, qu'ils soient habités par ce bouillonnement intérieur presque trop fort à contenir.
- **La mission.** Il s'agit là du corollaire de l'ambition. Les meilleures startups sont mues par une raison d'être profonde, qui crée la culture de l'entreprise. Airbnb ne serait pas Airbnb sans cette folle vision d'un monde complètement ouvert et inclusif[1]. Parmi les entrepreneurs, on distingue souvent les missionnaires des mercenaires. Ces derniers sont des « brutes » d'exécution. Ils comprennent ce qui pragmatiquement fait la réussite d'une startup : bien exécuter, croître rapidement. Ils n'ont en revanche pas le supplément d'âme qui distingue les entrepreneurs exceptionnels : une mission qui les tient en haleine et les pousse à se dépasser.

> Paul Graham a donné chez The Family une conférence privée à nos entrepreneurs le 1er avril 2017. Il nous a confié que le critère le plus important selon lui pour investir dans un entrepreneur était sa constance (en anglais, *earnestness*). La caractéristique commune à tous les fondateurs ayant construit des empires de plusieurs milliards de dollars est d'avoir reçu des offres de rachat pour des dizaines ou des centaines de millions de dollars et de les avoir refusées. L'ambition les amène à refuser des sommes astronomiques pour rendre tangible le projet porté par leur entreprise. On ne peut pas reprocher à un entrepreneur de vouloir gagner de l'argent, au contraire. Il faut avoir une envie d'argent mais à long terme. De plus, les entrepreneurs qui réussissent le mieux sont motivés par autre chose que l'argent dans leur startup.

- **La résilience.** L'entrepreneuriat n'est pas une activité comme les autres. La joie de l'entrepreneur est extrêmement volatile : la signature du premier contrat, le recrutement d'un nouvel employé ou la levée de plusieurs millions le rend extatique, mais les embûches qui le guettent et le font vaciller sont nombreuses. L'entrepreneur doit vivre avec le poids de l'incertitude, et s'il n'est pas assez fort mentalement, il finit par se décourager. Ceci est d'autant plus vrai que des facteurs exogènes peuvent causer la mort de la startup, indépendamment de ses qualités : une querelle entre fondateurs, l'annonce d'un changement d'algorithme de Google, la mise en place par Amazon du

1. *Open letter to the Airbnb community*, Brian Chesky, 25 janvier 2018, press.atairbnb.com.

même produit... Face à toute cette incertitude, on attend de l'entrepreneur qu'il soit résilient et qu'il encaisse les épreuves avec endurance.

- **La flexibilité mentale.** S'il est capital d'avoir une vision claire de ce que l'on veut accomplir, il ne faut pas s'entêter sur la manière d'y parvenir. L'entrepreneur part de sa réalité (le point A) et veut la transformer pour faire exister sa vision (le point B). Il a un itinéraire en tête, qui n'est pas forcément une ligne droite. Cependant, il se peut qu'en chemin vers son point B, il se rende compte que la route empruntée n'est pas la bonne, qu'il rencontre de trop gros obstacles, ou même qu'il soit impossible de progresser en direction de B. Il est alors important de retrouver le sens des réalités et de changer sa manière de faire : c'est la flexibilité mentale. Dans le jargon des startups, on appelle cela « pivoter ».

> Initialement, Netflix permettait de commander des DVD en ligne et de les recevoir/renvoyer par courrier postal. En changeant complètement de modèle de distribution grâce aux technologies de *streaming*, l'entreprise est devenue celle que l'on connaît aujourd'hui.

- **L'imagination.** On pense souvent que les entrepreneurs sont des gens qui, comme Archimède dans son bain, sont frappés par des idées brillantes. C'est rarement le cas. La plupart du temps, les entrepreneurs sont doués pour observer le monde qui les entoure et y détecter les problèmes. Un problème assez douloureux pour un petit nombre de gens ou assez gros pour intéresser des millions de personnes constitue un bon point de départ pour une startup.

FIGURE 1.5. DIAGRAMME DE PETER THIEL À Y COMBINATOR[1]

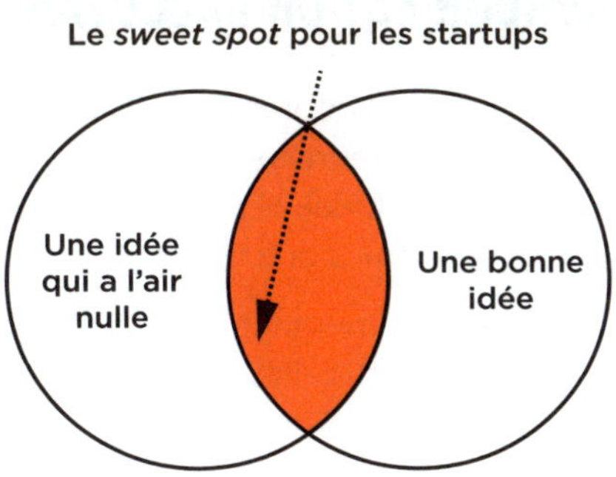

1. *Black Swan Farming*, septembre 2012, paulgraham.com.

L'imagination intervient un peu plus tard : une fois que l'on a trouvé le problème auquel s'atteler, c'est grâce à elle que l'on met au point une méthode inédite ou efficace pour le résoudre. Souvent, ces idées sont surprenantes (figure 1.5). Si on prend de nouveau le cas d'Airbnb, le problème est simple : les hôtels sont chers et n'offrent pas d'expérience authentique de la ville aux touristes. La résolution est imaginative et surprenante : aller dormir chez l'habitant.

- **La bienveillance.** Voilà un concept qui peut paraître hors sujet dans le monde des affaires. Mais, puisqu'elles influent sur le monde, il est bien évidemment préférable que l'impact des startups soit positif. C'est la raison pour laquelle les entrepreneurs doivent être mus par la bienveillance, c'est-à-dire ne pas rechigner à aider leurs pairs et être dans une attitude de *pay-it-forward.* En plus d'avoir une vision du monde positive, que leurs clients et utilisateurs seront ravis de voir prospérer, cela permet aussi d'attirer naturellement des gens talentueux autour d'eux et engager leurs équipes sans difficulté. En outre, les meilleurs entrepreneurs se distinguent non pas en attaquant la concurrence, mais en la transcendant, en jouant à un autre niveau (c'est là que leur « volonté de puissance » entre en jeu). De plus, si on s'en réfère encore une fois à tonton PG, « les méchants perdent toujours »[1].

- ***Hacker mindset.*** Comment traduire correctement ce terme ? Booba nous fournit la solution : la piraterie. Les entrepreneurs sont souvent bienveillants, sans être pour autant des béni-oui-oui. Il y a toujours un zeste de coquinerie et de malice dans leur manière de faire. Ils se préoccupent beaucoup de ce qui est moralement souhaitable et moins de ce qui est prescrit par les règles. Ils savent d'ailleurs s'en affranchir quand elles les gênent et tirer profit du système.

LE BON ENTREPRENEUR EST UN EXÉCUTANT

Mais laissons là la théorie pour nous intéresser à la réalité. Aucun entrepreneur, et même aucune équipe de fondateurs, ne réunit toutes ces qualités. Il s'agit là d'un portrait de l'entrepreneur idéal, s'il devait y en avoir un. Rappelle-toi seulement qu'il n'y a pas d'idéal, mais que du concret.

La réussite entrepreneuriale est intimement liée à la capacité d'exécution. Dans les faits, les meilleures startups sont celles qui exécutent bien. Mais quelle est la signification concrète de cela ?

« Un bon exécutant agit vite et bien, il se sert de ses erreurs pour aller dans la bonne direction », nous dit Firmin Zocchetto, fondateur de Payfit. L'exécution est effectivement une capacité à agir vite, à apprendre de ses erreurs pour corriger sa trajectoire, à tester des choses plutôt que de spéculer sur ce qui

1. *Mean People Fail*, novembre 2014, paulgraham.com.

pourrait arriver ensuite. C'est aussi la capacité à avoir une très courte distance entre ses idées et l'action : plutôt que tergiverser, autant mettre en place et voir si cela fonctionne.

En outre, les meilleurs entrepreneurs présentent tous une remarquable capacité de *focus*. Ils ne se contentent pas de faire une chose à la fois (au contraire, les entrepreneurs sont obligés d'être multitâches), mais exécutent chaque tâche avec un très haut niveau d'intensité : soit ils font quelque chose à fond et avec conviction, soit ils ne le font pas.

Il y a autant de figures d'entrepreneurs différentes qu'il y a d'individus avec des qualités particulières. Pourtant, chez les meilleurs se distinguent des caractéristiques communes, qui font que leurs startups passent de l'état potentiel à l'état effectif et grandissent. Une dose d'ambition, une bonne cuillerée de résilience, une pincée de malice, un zeste d'imagination, de la bienveillance : voilà ce qui fait un entrepreneur. La tête dans les étoiles, tiré par une mission qui l'emballe et les pieds sur terre, ancré par une capacité d'exécution phénoménale. Rien ne peut déterminer à l'avance ni où ni comment faire apparaître ces qualités. Voilà pourquoi un bon entrepreneur peut venir de n'importe où[1]. Mieux vaut donc avoir les yeux rivés sur l'écosystème pour voir germer les nouvelles startups.

L'ÉCOSYSTÈME : STARTUP, TON UNIVERS IMPITOYABLE

Quand on commence à parler de startups, on entend vite parler d'écosystème. Le terme est employé à tout bout de champ pour décrire l'univers dans lequel les startups évoluent. Il n'est d'ailleurs pas si mal choisi : Wikipédia nous dit qu'un écosystème est un « ensemble formé par une communauté d'êtres vivants en interrelation avec leur environnement ». Dans le monde des entreprises, il s'agit donc des différents acteurs économiques en interaction à l'échelle d'une ville, d'un pays ou d'une région.

C'est bien ce qu'on retrouve dans l'écosystème startup. Pour comprendre le quotidien d'une startup, il faut s'intéresser à leurs interactions avec les différents acteurs qu'elles côtoient. Mais avant cela, il est nécessaire de voir comment les écosystèmes créent un terreau favorable à l'émergence des startups – ou au contraire, les empêchent de croître.

1. *Anyone can become an entrepreneur* est la devise de The Family. Il ne faut pas entendre par là que tout le monde peut devenir entrepreneur, mais bien qu'un entrepreneur peut émerger de n'importe où.

LES FONDEMENTS D'UN ÉCOSYSTÈME ENTREPRENEURIAL

Les écosystèmes locaux pèsent sur la réussite des startups de manière disproportionnée. Quand certains milieux sont effectivement des terreaux favorables à l'émergence de nouvelles startups, d'autres sont des jungles hostiles pour les entrepreneurs. La conséquence d'un écosystème toxique n'est pas de tuer toutes les startups, heureusement. Des entrepreneurs s'adaptent toujours pour passer entre les mailles du filet, et en ce sens les startups sont extrêmement darwiniennes. En revanche, des entreprises qui auraient pu survivre ailleurs meurent pour des raisons exogènes liées à l'environnement : trop peu de capital, pas assez de talents à recruter et autres freins au développement. Comment alors déterminer ce qui rend un écosystème entrepreneurial fonctionnel ?

On peut tenter de s'inspirer des meilleurs. Dans les conversations sur le meilleur milieu possible pour les entrepreneurs revient souvent la Silicon Valley. Une littérature abondante existe pour analyser le succès de la « Vallée » dans le domaine entrepreneurial. Certains tentent de rationaliser ce succès et de trouver ses causes profondes, invoquant des arguments aussi divers que (au choix) : les partenariats public-privé pour les contrats de défense, le climat doux et tempéré de la baie de San Francisco, l'université de Stanford, les technopoles, la culture du risque et de la célébration de l'échec, les conditions fiscales favorables ou encore le rôle prépondérant de quelques acteurs individuels (Frederick Terman, Robert Noyce, Andy Grove, entre autres). Quoi qu'il en soit, la conclusion de ces analyses est souvent que le succès de la Silicon Valley n'est pas réplicable ailleurs parce que le contexte historique et conjoncturel de sa réussite est trop important[1].

Sommes-nous donc condamnés dans le reste du monde (et chez nous en Europe) à vivre dans l'ombre des startups américaines, prisonniers de notre écosystème ? Non. Si l'on porte notre regard à l'Est, il est facile de voir qu'(au moins) un écosystème grandit et se démarque de la Vallée en faisant naître des géants du numérique. Cet écosystème est évidemment celui de la *tech* en Chine. Alibaba, Baidu, Tencent, Didi Chuxing, ou encore l'accès récent d'Ant Financial au statut d'entreprise non cotée avec la plus grosse valorisation au monde (150 milliards de dollars[2]) ne cessent de montrer l'éclat de la réussite chinoise. Pourtant, beaucoup des éléments cités précédemment et qui expliqueraient le succès de la Silicon Valley ne sont pas réunis en Chine. Cela veut bien dire qu'il existe un moyen différent de construire un écosystème vertueux, ou du moins, de faire émerger des champions de la *tech* ailleurs qu'aux États-Unis.

Il est alors légitime de se poser la question : comment construire un écosystème entrepreneurial vertueux ? Notre ami et collègue Nicolas Colin a développé un

1. *There is no "new" Silicon Valley*, *The New Economy*, 15 juin 2016.
2. *Ant Financial set for $150bn valuation in latest funding round*, *Financial Times*, 11 avril 2018.

framework simple pour décrire ce qui fait un écosystème entrepreneurial, avec trois ingrédients caractéristiques :

- **Le capital**. Aucune startup ne peut voir le jour sans argent ni infrastructures pertinentes (ces infrastructures ne sont rien d'autre que du capital investi sous forme d'actifs tangibles).
- **Le talent**. Pour construire une startup, il faut des ingénieurs, des développeurs, des *designers*, des vendeurs : tous ceux dont les compétences sont nécessaires pour créer des *business* innovants (futur employé de startup, c'est toi !).
- **La rébellion**. Un entrepreneur va toujours à l'encontre du *statu quo*. S'il voulait jouer selon les règles, s'il ne faisait pas preuve de piraterie, il irait innover au sein d'un grand groupe, avec davantage de ressources et un meilleur salaire.

Il faut que ces trois ingrédients soient présents, en proportions équivalentes, pour créer un écosystème startup fleurissant. Les combinaisons non stœchiométriques (c'est-à-dire disproportionnées) produisent des réactions diverses sur la manière dont les écosystèmes influent sur leurs startups. Par exemple, trop de capital sans les autres ingrédients, c'est une économie de rente ; trop de rébellion, c'est une économie d'activisme ; trop de savoir-faire sans le reste, c'est une économie de sous-traitance. Cela explique que les écosystèmes américain, chinois, français, anglais, allemand ou encore israélien soient si différents, et que, par conséquent, les startups de ces pays soient si différentes (l'article intitulé « Qu'est-ce qu'un écosystème entrepreneurial » de Nicolas Colin[1] explique cela en détail).

Soulignons un point : ce sont les entrepreneurs qui créent leur écosystème, et non l'inverse. Les premières générations d'entrepreneurs à succès dégagent le minimum de capital et de savoir-faire pour les redistribuer aux générations suivantes, tout en leur montrant la voie de la rébellion. Le reste de la construction est un simple effet boule de neige. L'élaboration des écosystèmes entrepreneuriaux ressemble à la construction des chefs-d'œuvre de notre civilisation : la Muraille de Chine, Angkor Vat, la cathédrale d'York, la cité perdue de Pétra, etc. Plusieurs générations successives ont posé les fondations de ce que sont devenus ces monuments. Au fil du temps, grâce à un effet d'entraînement, ces constructions ont gagné en intensité : le rayonnement de l'empire augmentant, de nouveaux ouvriers sont attirés, la main-d'œuvre croît, les outils et savoir-faire s'améliorent, etc. De la même manière, les entrepreneurs locaux posent les fondations de l'écosystème pour les générations futures qui construiront par-dessus.

Brad Feld, entrepreneur, investisseur et auteur de l'un des meilleurs ouvrages sur les levées de fonds[2] a formalisé cette loi empirique dans sa *Boulder Thesis* : seuls les entrepreneurs combinent la vision à long terme et la flexibilité à court terme nécessaires pour faire émerger et croître une économie entrepreneuriale. Les écosystèmes vertueux sont construits par les entrepreneurs et pour les entrepreneurs.

1. Qu'est-ce qu'un écosystème entrepreneurial, Nicolas Colin, 31 août 2015, salon. thefamily.co
2. Feld, B. & Mendelson, J., *Venture Deals : Be Smarter Than Your Lawyer and Venture Capitalist*, John Wiley & Sons, 2011.

On parle évidemment là d'une situation idéale. Dans la réalité, l'impact des pouvoirs publics et des grandes entreprises locales est important. Il revient pourtant en dernier ressort aux entrepreneurs de corriger les malfaçons de l'écosystème afin de le rendre sain pour les générations d'entrepreneurs suivantes. La France est en ce moment dans ce point d'inflexion, avec des vagues successives d'entrepreneurs à succès qui commencent à structurer l'écosystème. Néanmoins, des travers subsistent. Voyons maintenant les acteurs qui composent un écosystème.

THE *USUAL SUSPECTS* : LES ACTEURS DE L'ÉCOSYSTÈME

« Faut de tout tu sais, faut de tout c'est vrai, faut de tout pour faire un monde » scandait joyeusement le générique de la série télévisée *Arnold et Willy* dans les années 1980. On pourrait dire la même chose des écosystèmes de startups : la diversité des acteurs qui s'y trouvent est saisissante, et donc déstabilisante quand on essaie de découvrir l'univers des entrepreneurs. Difficile d'établir une liste exhaustive ; nous allons donc nous restreindre aux éléments importants et/ou à ceux avec lesquels tu pourras être amené à interagir.

LES INVESTISSEURS

Les investisseurs déploient du capital dans les startups pour les aider à accélérer. Si c'est surtout le travail des entrepreneurs (souvent le CEO) de les rencontrer et de les convaincre, leur rôle est si décisif dans l'écosystème qu'il est nécessaire de les présenter.

Il existe deux types d'investisseurs : les *business angels* (BA) et les *venture capitalists* (VC). La différence entre les deux est simple, et pourtant relativement méconnue :

- un *business angel* est un individu qui déploie son propre argent dans les startups et les accompagne avec du conseil.
- les VC sont des sociétés qui lèvent des fonds auprès d'organisations diverses (banques, assurances, fonds souverains, fonds de pension, investisseurs institutionnels et parfois des particuliers très fortunés) afin de les investir pour leur compte dans les startups. Ces organisations sont pour ainsi dire leurs clients.

Le métier des VC n'est pas d'aider les startups, ou plutôt, aider les startups n'est qu'une conséquence de leur véritable activité. Ce métier consiste à investir pour le compte de leurs clients (qu'on appelle des *limited partners* ou LP) dans une classe d'actifs à haut risque et haut rendement : celle des startups. Pour cela, ils doivent développer une expertise et un réseau adéquats afin de mieux comprendre les entrepreneurs et de leur paraître utiles au-delà de l'argent déployé : aider les startups est donc un moyen de faire leur métier. Reste que leur véritable objectif est de rendre l'argent levé aux LP avec une forte plus-value. Il est donc légitime de se demander quel est le rapport entre un VC et un entrepreneur.

Petit lexique du *venture capital*

- **VC :** *venture capitalist*, ou capital-risqueur en français ;
- **LP :** *limited partner*, les clients du VC qui lui donnent de l'argent à investir ;
- ***Carried interest :*** intérêt porté sur la plus-value générée ;
- ***Management fee :*** frais de gestion annuels du fonds ;
- ***Vintage :*** année de levée d'un nouveau fonds ;
- ***Deal :*** un investissement en particulier.

Attention, le terme fonds désigne tout autant :
- la société de VC, qui emploie des professionnels de l'investissement et gère l'argent des LP (le fonds Sequoia Capital, par exemple) ;
- les différentes poches d'argent gérées par cette société. Chaque *vintage* correspond donc à la création d'une nouvelle poche auprès des LP (nouveaux ou existants). Le fonds Sequoia Capital XII levé en 2006 est par exemple un fonds de 445 millions de dollars ;
- l'argent distribué à une startup lors d'un *deal*. On parle de levée de fonds.

Les VC ont tout intérêt à faire de bons investissements : la majeure partie de leur structure de rémunération vient de ce qu'on appelle le *carried interest :* 20 % (en général) de la plus-value générée avec l'argent des LP ira dans leur poche. Plus le *deal* rapporte, plus ils en profitent. De plus, retourner un fonds avec un bon multiple leur donne bonne réputation, ce qui leur permettra de lever un fonds encore plus gros par la suite (un nouveau *vintage*). *A priori*, tout est pensé pour que les intérêts des fondateurs et des VC soient alignés. *A priori* seulement.

L'autre mécanisme de rémunération des VC crée, en effet, du désalignement entre les entrepreneurs et les investisseurs. On appelle *management fee* annuelle les frais de gestion facturés annuellement par les VC aux LP, qui se chiffrent souvent en millions. Cela signifie que quoi qu'il arrive, même en faisant de mauvais investissements, un VC touche annuellement des millions d'euros, dont une partie couvre effectivement les frais de gestion (loyers, déplacements, machines, etc.) mais dont l'essentiel est du salaire. Les VC ont donc un rapport personnel au risque distordu : même en sachant que le *carried interest* peut leur rapporter gros, rien ne les oblige à avoir les intérêts des entrepreneurs en vue, puisqu'ils touchent un salaire plus que correct.

En outre, tous sont conscients que la *power law* est à l'œuvre dans le marché du capital-risque[1] : les retours sont concentrés dans un petit nombre de startups du portefeuille et tous les autres sont au mieux des poids morts ou au pire des échecs cuisants. Il est donc logique, pour augmenter son *carried interest*, de se concentrer sur les quelques *deals* qui rapporteront et de laisser de côté les autres entrepreneurs du portefeuille. Paradoxalement, ces *deals* sont souvent visibles sur le marché et les VC se battent pour les avoir : il vaut mieux alors avoir la réputation d'être *entrepreneur-friendly*.

TABLEAU 1.3. EXEMPLES DE RETOURS DES FONDS DE VC, AVEC UNE STRUCTURE TYPIQUE « 2-20 » (2 % DE MANAGEMENT FEE, 20 % DE CARRIED INTEREST)[2]

	Montant levé	Fonds retournés	*Management fee annuelle*	*Carried interest*
ABC Ventures XI	500 M€	1,2 Mds€	10 M€	140 M€
XYZ Capital III	100 M€	250 M€	2 M€	30 M€
123 Invest I	50 M€	30 M€	1 M€	0 €

Le détail des calculs pour ABC Ventures XI :
— *Management fee* : 2 % × 500 M€ = 10 M€
— *Carried interest* : 20 % × (1,2 Mds€ - 500 M€) = 140 M€

Ce phénomène existe aussi chez les *business angels*. Il ne suffit pas d'avoir de l'argent à déployer pour se targuer d'être un *business angel* compétent, il faut également être capable d'accompagner correctement la startup dans ses problématiques quotidiennes.

> Avoir trouvé des investisseurs, VC ou BA, n'est pas nécessairement un signal positif. Évidemment, cela souligne à la fois que les perspectives de croissance sont suffisamment intéressantes pour attirer des investisseurs et que l'entreprise aura assez d'argent pour se développer dans les prochains mois. Cependant, cela ne signifie pas que les entrepreneurs ont trouvé avec ces investisseurs des partenaires pertinents pour se développer. N'hésite pas à demander à l'entrepreneur pour qui tu comptes travailler comment il a levé ses fonds et la nature des relations qu'il entretient avec ses investisseurs.

LES STRUCTURES D'ACCOMPAGNEMENT

Incubateurs, accélérateurs et autres types de structures d'accompagnement pullulent dans l'écosystème. Leur rôle est de fournir les ressources

1. *Performance Data and the "Babe Ruth" effect in Venture Capital*, Chris Dixon, 8 juin 2015, a16z.com.
2. Ces exemples sont très schématiques et ignorent des outils financiers plus complexes tels que le *hurdle rate*.

nécessaires aux entrepreneurs pour se développer aux premiers moments de leur vie, et - idéalement - de les faire monter en puissance de manière saine.

La différence entre un incubateur et un accélérateur est souvent peu connue :

- Un incubateur est avant tout un lieu physique qui accueille des startups en leur proposant des services à plus ou moins grande valeur ajoutée, allant des ressources matérielles comme un photocopieur à de l'accompagnement personnalisé.
- Un accélérateur est un programme assez court (quelques mois en général) qui se concentre sur l'aspect technique de l'accompagnement, pour faire croître la startup et idéalement, lui faire lever des fonds en fin de programme avec des BA ou des VC.

En Europe, ce type d'organisations rencontre des problèmes structurels. On suppose à tort que mettre les startups ensemble dans des incubateurs permet de les tirer vers le haut et de créer de l'émulation. En réalité, les startups sont des objets à ambition hégémonique, qui pensent être uniques dans leur mission. Cette impression d'unicité, cette culture d'entreprise qui se cristallise dans la mission est presque impossible à mettre en place en partageant son espace avec d'autres startups[1] (une critique qui vaut également pour les espaces de *coworking*).

En fait, l'interaction sociale dont les startups ont vraiment besoin lors des premiers moments de leur vie est le contact avec leur marché (clients ou partenaires potentiels). Les faire cohabiter avec d'autres startups qui tentent aussi de trouver leur fonctionnement propre est contre-productif: entre fondateurs novices ou inexpérimentés, on s'échange des mauvais conseils (en toute bienveillance).

Par ailleurs, comme les startups sont cool, les incubateurs sont devenus le lieu du cool. Certains y viennent comme dans un lieu mondain, pour se faire voir. Seulement voilà, ceux qui sont là pour faire salon ne sont pas là pour travailler, ce qui a un impact négatif sur l'atmosphère de travail.

Le fait que le modèle des accélérateurs soit peu adapté à la réalité européenne a des raisons différentes et un peu plus théoriques. Les accélérateurs sont nés dans la Silicon Valley et le plus fameux d'entre eux est sûrement Y Combinator, l'accélérateur fondé par Paul Graham qui a accompagné des entreprises comme Airbnb, Stripe ou Dropbox. Cependant, la Silicon Valley est un écosystème vertueux pour les entrepreneurs: des générations successives ont semé les graines pour les suivantes et commencer une startup y est si facile que les nouvelles entreprises prolifèrent. À tel point que pour repérer rapidement les startups qui vont fonctionner parmi cette marée de candidats, le seul comportement rationnel consiste à les accélérer de manière industrielle et à toutes les faire passer, à intervalles réguliers, par un tamis pour filtrer les meilleurs. À la fin du programme d'accélération, les vainqueurs naturels lèvent des fonds et survivent, les autres meurent (comme déjà dit, les startups sont darwiniennes).

1. "*Cults don't share space*", https://twitter.com/rabois/status/567542095947108352

En Europe, les choses sont différentes :

- Le volume de startups créées n'est pas le même et il est impossible de trouver un nombre suffisant d'entrepreneurs prêts à être accélérés de la même manière par un programme intensif.
- Nos entrepreneurs sont trop peu rompus aux codes de la levée de fonds pour les faire lever lors d'un *demo day*. Au lieu d'une approche industrielle, nous devrions avoir une approche artisanale (sans que cela soit péjoratif) : apporter à chaque startup ce dont elle a réellement besoin avec un soin particulier.
- Nos startups ont encore besoin de briques écosystémiques avant d'atteindre un stade de maturité qui justifie l'existence d'accélérateurs. Multiplier les structures d'accompagnement est surtout une confusion entre les causes et les conséquences d'un bon écosystème : les accélérateurs ne créent pas le bon écosystème, c'est le bon écosystème qui requiert des accélérateurs.

En Europe, une bonne structure d'accompagnement doit se pencher sur les faiblesses de l'écosystème local et tenter de les pallier une à une, en fournissant aux entrepreneurs un maximum de ressources pour accélérer leur sort individuel, que cette issue soit la réussite ou la mort de la startup. The Family[1] travaille en ce sens.

> Tous les incubateurs ou accélérateurs ne font pas du mauvais travail. Le *take away* est le suivant : le fait qu'une startup fasse partie d'un accélérateur ou d'un incubateur donné n'est en aucun cas un signal de bonne santé pour cette startup.

LES PRESTATAIRES DE SERVICES

Avocats, comptables, fournisseurs d'espaces de travail, de service de nettoyage, etc., les startups ont affaire à un univers quasi-infini de prestataires de services au quotidien. Le souci principal est l'incompréhension qui règne souvent entre ces deux mondes : d'un côté, des professionnels habitués à exercer leur métier d'une certaine manière ; de l'autre, des clients exigeants, qui veulent un service à la fois rapide, transparent, de qualité et peu cher - c'est tout ce qu'ils connaissent, et c'est la même promesse qu'ils font à leurs clients.

Ici, il est intéressant de noter que de nombreuses startups se créent (Qonto pour la banque, MadeInLaw pour les actes de création d'entreprise, Kowffice pour la recherche de bureaux, etc.) pour remplacer les prestataires de service traditionnels : les entrepreneurs sont souvent les premiers clients des entrepreneurs et le contact est plus facile entre eux.

> En tant qu'employé, regarde ce qui existe dans l'univers startup si tu dois choisir un prestataire.

1. Si tu souhaites comprendre le modèle en profondeur, la stratégie de The Family est publique. L'article *The New Berkshire Hathaway You Haven't Noticed (Yet)* d'Oussama Ammar et Nicolas Colin détaille les spécificités de cette structure d'accompagnement et d'investissement. The Family est actionnaire majoritaire dans Lion.

LA PRESSE

Puisqu'elles sont à la mode, la presse est friande de nouvelles concernant les startups. Cela complique la communication autour de ces dernières, et donc la compréhension que le monde extérieur en a. La presse a tendance à simplifier les messages à l'extrême, les *pitchs* sont souvent réduits à leur expression la plus simple et basique parce que les journalistes s'adressent à une audience massive qui attend un contenu digeste. Les startups ont, au contraire, besoin d'exprimer radicalement ce qui fait leur différence et leur mission.

La presse généraliste entretient une vision infantilisante des startups en employant un vocabulaire impropre (les fameuses « jeunes pousses ») et en célébrant ce qui devrait s'apparenter à des non-événements pour les startups (un concours de *pitch* organisé par un grand groupe, par exemple). Tout cela perpétue les mythes que nous avons brisés au début de ce chapitre.

Par ailleurs, les entrepreneurs ont tendance à être aveuglément attirés par la possibilité d'une bonne presse sans penser à l'audience à laquelle ils s'adressent ou au message qu'ils veulent faire passer.

> Le conseil, valable pour les entrepreneurs comme pour les employés, est de reprendre le pouvoir sur la presse. Il faut la voir comme un instrument ponctuellement utile, et pas comme une fin en soi. Un article de presse ou une apparition TV devraient relayer un message précis à une audience précise : probablement les premiers utilisateurs/clients, les futurs investisseurs, les futurs employés. En outre, il est utile de publier son propre contenu : le rôle du *content manager* est souvent sous-estimé, alors qu'il veille au *branding* de la startup et construit une stratégie de communication interne pour véhiculer la philosophie de son entreprise.

LES GRANDS GROUPES

Fascinés par les startups, les grands groupes lancent de nombreuses initiatives pour travailler avec elles : incubateurs ou accélérateurs internes, intrapreneuriat, *corporate venture capital*, *open innovation*, labs, etc. La problématique pour ces grands groupes est multiple :

- **La stratégie.** Les startups étant à l'avant-garde de la révolution numérique, elles infiltrent toutes les filières industrielles avec de nouveaux *business models* et menacent les rentes des acteurs établis.
- **L'engagement des collaborateurs et la gestion des talents.** Les startups embauchent à tour de bras des personnes ayant commencé leur carrière dans un grand groupe et avides de reconversion dans une structure plus dynamique (si tel est ton cas, le chapitre 10 devrait t'intéresser).
- **La culture interne.** Les startups inventent de nouvelles manières de travailler, non seulement en transformant les outils, mais également en modifiant les rapports de chacun au travail. S'en inspirer est un défi de taille pour les grands groupes.

Toutes les initiatives citées précédemment montrent que les grands groupes prennent au sérieux les enjeux du numérique. Les investissements dans des projets disparates permettent aux entreprises traditionnelles d'explorer le monde des startups et du *venture capital*. Il y a quelques années, le scepticisme pouvait être de mise quant aux visées réelles de ces initiatives, car on pouvait penser que les grands groupes utilisaient les startups pour faire de la com. Dans l'ensemble, cette attitude a évolué positivement, et aujourd'hui, des personnes clés au sein des directions prennent en main les sujets numériques et les membres des COMEX comprennent les enjeux soulevés par la technologie. Mais cela reste toutefois insuffisant : il faut encore que cette conscience de l'importance des startups se transforme en actions concrètes et stratégiquement pertinentes.

Du côté des entrepreneurs, la collaboration est complexe : l'échelle de temps est différente et les cycles de vente aux grands comptes sont terriblement longs pour les startups (voir l'étude de cas de Miguel de Fontenay au chapitre 7). De plus, les grandes entreprises ont toujours cette tendance à considérer les startups comme des sous-traitants, là où elles devraient les voir comme des sur-traitants : au lieu de demander à une société qui n'en a pas les moyens de leur construire une solution *customisée*, elles devraient ouvrir leurs actifs (marque, réseau de distribution, savoir-faire interne, capital) à des entrepreneurs capables d'inventer leurs prochains relais de croissance.

> Pour un employé de startup, il faut retenir que s'approcher des grands groupes doit toujours avoir un objectif précis (autre que la com), avec des modalités maîtrisées au maximum et avec les défis culturels sous-jacents en tête.
>
> Pour un employé de grand groupe, il est important de traiter les startups avec une approche différente que s'il s'agissait d'un partenaire classique.

LES TALENTS ET LEUR FORMATION

Ce sujet n'est pas des moindres. Comme toute entreprise, les startups ont besoin de talents pour rejoindre leurs rangs. Qu'ils travaillent déjà en startup ou comptent en rejoindre une prochainement, ces talents sont des personnes qu'il faut former.

Ce point est particulièrement délicat. Si les formations initiales dans les universités ou les grandes écoles commencent à construire des programmes dédiés à l'entrepreneuriat (et tout n'est pas encore parfait[1]), c'est le silence quasi-complet pour ceux qui souhaitent devenir employés de startup. Cependant, des formations sur tous les sujets existent, le savoir est disponible : il y a par exemple des solutions pour apprendre à coder sur Internet, en école ou *via* des forma-

1. *Universities' entrepreneurship programs are rotten*, Younès Rharbaoui, 28 février 2018, salon.thefamily.co/.

tions payantes. On peut aussi apprendre le marketing, les techniques de vente... Google est le meilleur ami de ceux qui veulent découvrir un nouveau sujet, et un peu de volonté suffit pour commencer.

Transmettre la culture startup aux employés ambitieux, telle est la mission de Lion. Le livre que tu tiens entre les mains a pour ambition de te donner les méthodes, outils, astuces, savoir-faire et surtout conseils d'état d'esprit glanés auprès de nombreux professeurs entrepreneurs depuis le premier jour de l'aventure Lion. En effet, nous sommes convaincus que pour parler des startups, les meilleurs professeurs sont les entrepreneurs et les employés clés, qui exposent leurs problèmes concrets et les solutions qu'ils ont trouvées. La partie 3 de ce livre est constituée d'études de cas puisées dans les cours qu'ils ont donnés. Sers-t'en pour compléter ta formation et devenir un réel talent moteur au sein de ton entreprise !

LA PART DU LION

Les startups sont de bien curieuses entreprises. Elles sont intrinsèquement définies par leur incertitude, puisqu'elles sont à la recherche de leur *business model*, mais elles ont en même temps une volonté hégémonique qui les pousse à rechercher la croissance à tout prix et à vouloir s'extirper de leur condition de startups. Ce sont des empires en puissance.

Elles sont portées par des individus aussi contradictoires qu'elles, les entrepreneurs. Souvent sans le remarquer, ils développent toutes les qualités dont a besoin la startup pour survivre : ils deviennent plus ambitieux, ils apprennent à être résilients, ils se trompent et font preuve de flexibilité, ils imaginent de nouvelles solutions, ils piratent l'ordre établi pour briser le *statu quo*. Ce sont des missionnaires, galvanisés par une vision positive du monde qu'ils veulent voir triompher.

Les startups vivent dans un environnement paradoxal, censé les aider mais qui joue contre elles autant qu'il joue pour elles. Il faut être à l'affût en permanence pour survivre dans cette jungle, car les pièges sont nombreux. Pour t'aider à t'orienter dans le curieux monde des startups, le prochain chapitre sera ton guide !

CHAPITRE 2

GUIDE DE SURVIE D'UN EMPLOYÉ DE STARTUP

« VENU AU MONDE ON LUI A DIT : ARRÊTE DE GEINDRE, PETIT, ICI C'EST LA JUNGLE »

Booba

Si les entrepreneurs sont les nouvelles *rock stars* et que les startups sont les futurs empires du *business* de demain, on parle beaucoup moins de leurs employés. Au mieux, ils font de la figuration dans l'histoire d'un géant de la *tech* avant de s'illustrer en tant que leader d'un autre champion du marché. C'est le cas d'Adam d'Angelo (Facebook, puis CEO de Quora), de Marissa Mayer (Google, puis CEO de Yahoo!) ou de Sheryl Sandberg (Google, puis COO de Facebook). Parfois, on reconnaît leur capacité à créer des pans entiers d'activité au sein de leur entreprise, comme Paul Buchheit (créateur de Gmail chez Google), Jonathan Golden (créateur du produit d'assurance d'Airbnb) ou Austin Geidt (directrice de l'équipe d'expansion d'Uber). Le plus souvent, malgré tout, l'impact des employés dans la réussite d'une startup est passé sous silence.

Cette discrétion autour du rôle des employés est doublement problématique :

- d'abord, parce qu'elle crée une distorsion mentale en faveur du rôle de fondateur, mieux valorisé dans l'imaginaire collectif ;
- surtout, parce qu'elle empêche les employés intéressés par les startups d'être inspirés par les parcours de leurs pairs et d'avoir des points de comparaison pertinents pour trouver des réponses à leurs questions.

Ces questions sont pourtant nombreuses et légitimes :

- Comment savoir si travailler en startup est fait pour moi ? Si c'est le cas, comment construire une carrière dans cet univers ?
- Quels sont les différents rôles que je peux avoir en tant qu'employé de startup et qu'impliquent-ils au quotidien ?
- Quels sont les critères pertinents pour choisir une startup plutôt qu'une autre ? À quoi dois-je faire attention ?
- Concrètement, comment trouver le poste de mes rêves ?

Si toi aussi tu te poses certaines de ces questions, pas de panique, il suffit de suivre le guide !

CONSTRUIRE TA CARRIÈRE SUR LE LONG TERME

La question de la construction de carrière n'a rien de propre à l'univers des startups. Qu'on ait envie d'être entrepreneur, employé, de travailler dans une TPE artisanale ou dans une multinationale, les réflexions sont similaires.

Il faut d'abord s'interroger sur la réalité du marché du travail dans lequel on se trouve. La facilité à trouver ou à créer des emplois correspondant à nos envies dépend énormément du contexte dans lequel on se trouve. Aujourd'hui, en France, c'est le numérique qui transforme le marché du travail : des anciens banquiers ou consultants deviennent entrepreneurs, des adolescents de quinze ans construisent les solutions technologiques de demain, des jeunes diplômés sont avides de bâtir des empires, des grands patrons quittent le confort de leur position pour apprendre les codes des startups, des entreprises facilitent l'émergence de nouveaux schémas de travail, le *freelancing* explose...

La conséquence de tout cela est que le nouveau marché du travail permet de faire émerger les individualités et les singularités. C'est un phénomène propre à l'ère d'Internet : les idées s'expriment librement et les personnalités ressortent.

Il est important ensuite se demander ce que l'on a réellement envie de faire, et de détricoter ses différentes aspirations : les besoins vitaux et les envies de confort, de statut ou d'accomplissement sont rarement compatibles. De plus, il convient d'être lucide sur sa capacité à accéder ou non à une piste de carrière donnée. Comme le nouveau marché du travail permet enfin à la singularité des individus de s'exprimer, faire ce travail introspectif est primordial.

Par ailleurs, il faut savoir tirer parti des opportunités qui se présentent. Non pas en attendant patiemment qu'elles pointent le bout de leur nez, mais en mettant en place des stratégies systématiques pour maximiser ses chances de pouvoir les saisir.

LES CHANGEMENTS DE PARADIGME SUR LE MARCHÉ DU TRAVAIL

Avant de réfléchir à ton cas particulier, il est nécessaire de comprendre la manière dont le monde du travail évolue pour savoir comment te positionner. Il faudrait un livre entier pour saisir l'impact du numérique sur le monde professionnel. Malgré tout, les grandes tendances peuvent en être rapidement brossées.

LE DÉVELOPPEMENT DE LA *GIG ECONOMY*

On assiste tout d'abord à la montée en puissance des plateformes reposant sur l'existence de *freelancers*. Le sous-jacent de ce phénomène est la croissance sensible du travail indépendant.

Alors que les bénéfices du travail salarié se délitent, les plateformes gagnent du terrain et sont vouées à se développer. À l'avenir, elles représenteront une part non négligeable du futur du travail. Il y a plusieurs raisons à cela :

- Les plateformes qui reposent sur le travail d'indépendants (Uber, Lyft, Meero, etc.) maîtrisent les ressorts technologiques qui les rendent plus compétitives que les entreprises traditionnelles à l'ère numérique.

Cette avance stratégique donne lieu à des taux de croissance plus élevés. Or, qui dit plateformes en croissance, dit nombre de travailleurs indépendants en croissance.

- Si on accuse bien volontiers les plateformes – à tort ou à raison – de favoriser des emplois précaires, on oublie facilement les nouvelles conditions de travail favorables dont elles permettent l'émergence : de plus en plus de travailleurs font le choix de l'indépendance, de la flexibilité dans leurs horaires de travail et de l'affranchissement des modèles hiérarchiques établis. À ce titre, les recherches de Bill Gurley[1] (l'un des premiers investisseurs d'Uber) donnent une vision quantitative et qualitative de l'amélioration de la qualité de vie pour les travailleurs de la plateforme : compléments de revenus, liberté de travailler à des horaires flexibles pour des parents au foyer, manière de faire face à des dépenses imprévues. En France, des plateformes similaires donnent l'opportunité de travailler à des personnes marginalisées sur le marché du travail et représentent des alternatives crédibles au chômage[2].
- Faire le choix de l'indépendance est de plus en plus avantageux par rapport au travail salarié. Celui-ci devient précaire[3] et nombreux sont ceux qui fuient les activités besogneuses du travail salarié (par exemple dans la restauration, les services de nettoyage ou le transport). Ces dernières retrouvent un nouvel essor avec des travailleurs indépendants et des plateformes. En outre, on observe un rattrapage (encore limité, certes) des avantages sociaux dont bénéficient les salariés : Wemind est le comité d'entreprise et l'assurance des indépendants ; Alan est leur mutuelle ; Shine est leur banque[4] ; et des syndicats de *freelancers*[5] se construisent pour défendre les intérêts des travailleurs indépendants.
- Tout cet essor du travail indépendant est facilité par des sociétés qui permettent aux indépendants de trouver des prestations qualifiées ou non, à temps plein ou non (Comet, Side, Malt[6]).

LA FIN DES CARRIÈRES LINÉAIRES

Le *turnover* des employés[7] est aujourd'hui à son plus haut niveau depuis dix ans[8] et la crise financière. L'image d'Épinal des employés fidèles à leur entreprise qui commencent au plus bas de l'échelle et montent peu à peu dans la hiérarchie n'est plus vraie pour deux raisons : d'une part, les échelons sont brisés[9] et la promotion interne n'est plus un modèle viable (neuf embauches sur dix se font en CDD ou en intérim en France[10]) ; d'autre part la fidélité des

1. *The thing I love most about Uber*, *Bill Gurley*, 19 avril 2018, http://abovethecrowd.com/.
2. *Uber : a route out of the French banlieues*, *Financial Times*, 3 mars 2016, https://www.ft.com/.
3. Salarié et freelance : le plus précaire n'est pas celui qu'on pense, Laëtitia Vitaud, 26 janvier 2018, https://medium.com/.
4. https://www.wemind.io, http://shine.fr, http://alan.eu.
5. https://www.freelancersunion.org/.
6. https://hellocomet.co, http://side.co, https://malt.com.
7. Taux de remplacement des équipes dans une entreprise.
8. *Employee turnover is the highest it's been in 10 years*, *Forbes*, 26 février 2018.
9. *There is no career ladder*, *Harvard Business Review*, 14 février 2012.
10. L'évolution des formes d'emploi, rapport du Conseil d'orientation pour l'emploi du 8 avril 2014, http://www.coe.gouv.fr/.

employés n'est plus acquise aux employeurs - ni dans les grands groupes, ni dans les banques ou cabinets prestigieux, ni même dans les meilleures entreprises numériques.

De ce fait, il est de plus en plus acceptable sur un CV de multiplier les expériences chez différents employeurs, de prendre des *breaks* pour voyager, pour tenter une aventure entrepreneuriale ou pour se former à de nouveaux sujets. Les carrières des employés de l'économie numérique sont construites d'expériences relativement courtes, intenses, parfois menées en parallèle - plutôt que sur un temps long et linéaire.

LA QUÊTE DE SENS

L'une des raisons de la non-linéarité des carrières chez les employés est la quête de sens. Ce sujet est délicat à traiter, car il mêle aspirations personnelles, influences, psychologie, et expériences de chacun.

De nombreux auteurs, comme Hannah Arendt[1], soulignent le sentiment d'aliénation que le travail génère. Cependant, celui-ci est aussi source de sens quand il favorise le développement personnel et l'élévation sociale. Pour les actifs français, le sens au travail réside dans l'apprentissage de nouvelles choses, dans la transmission de compétences, dans la reconnaissance obtenue, dans le fait d'apprendre de ses erreurs ou de résoudre des conflits[2].

Au niveau de l'individu, cette quête se matérialise dans le fait de « trouver sa voie ». On cherche comment permettre à son individualité profonde de s'exprimer et de s'épanouir au sein de l'espace social de base qu'est le travail.

LA MORT DES MÉTIERS

La mort des métiers fait monter l'incertitude professionnelle. Cette mort a une double forme :

- Des avancées technologiques (comme l'intelligence artificielle) vont à terme rendre caduques un certain nombre de tâches aujourd'hui réalisées par des humains. Malgré le discours rassurant qui analyse l'impact des technologies et déduit qu'elles vont créer de nouveaux emplois, il faut reconnaître qu'elles commencent par détruire des activités et des occupations existantes ; non pas des carrières, mais des postes. Ceci est une bonne chose, car si une tâche peut être automatisée, alors le temps humain sera mieux employé ailleurs.
- De manière plus symbolique, on cesse de considérer les métiers comme une catégorie définissant l'individualité des personnes. Les compétences recherchées dans une économie plus numérique recoupent un ensemble de savoir-faire qui n'entrent pas dans une case précise, mais empruntent aux

1. Arendt H. (1958). *The Human Condition* (*Condition de l'homme moderne*).
2. Le sens au travail ou la quête du graal des salariés français, *Le Figaro*, 09 novembre 2017.

compétences de plusieurs professions distinctes : tu verras par exemple dans ce livre que les *growth hackers* sont des ingénieurs doués pour le *marketing* ou des *marketers* habiles en code.

Cela reste vrai, même avec des professions aux contours historiquement définis : on est médecin, avocat, professeur ; mais en réalité qu'y a-t-il de commun entre un médecin de village dans l'Inde profonde et un chirurgien esthétique de Los Angeles ? Entre un avocat fiscaliste à Londres et un avocat pénaliste en Amérique centrale ? Entre un professeur d'une grande université et un professeur des écoles à la campagne ? Pas grand-chose et le numérique invite à réfléchir à la particuliarité de chaque occupation, sans la ranger dans la catégorie simplificatrice du métier.

L'APPRENTISSAGE PERMANENT

Face à un marché du travail aussi incertain, tous les employés doivent se former en continu, apprendre à apprendre et remettre en question sans cesse les compétences qu'ils ont acquises afin de :

- rester pertinents dans les domaines dans lesquels ils sont embauchés ;
- ajouter de nouvelles cordes à leur arc de compétences et continuer à s'améliorer ;
- explorer des pistes de carrière différentes.

Pour cela, les employés doivent devenir acteurs de leur formation.

De tous ces macro-phénomènes ressort une tendance générale : sur le marché du travail du futur, la singularité et l'individualité se substitueront au générique et au standard. Non pas une individualité en quête de la seule satisfaction de son propre intérêt, mais plutôt une individualité bienfaisante qui permettra à chacun d'occuper la place qui lui convient et de donner le meilleur de ses compétences tout en restant connecté aux autres. Non pas une individualité dont l'expression chaotique empêcherait la construction d'organisations à taille planétaire, mais une individualité qui s'exprimera au mieux grâce aux outils numériques. Le monde du travail de demain fera ressortir les individus et leurs singularités tout en les mettant en réseau. Pour cette raison, il est nécessaire que chacun se demande comment trouver sa propre voie.

TROUVE TA VOIE : LE FRAMEWORK DE TIM URBAN

Trouver la voie professionnelle qui nous convient n'est pas chose facile. Le travail occupe une place centrale dans nos sociétés modernes. Pour cette raison, le poids de la *doxa* sociale (la façon de penser conventionnelle et traditionnelle) est extrêmement important dans les choix de carrière des individus. Bien souvent, on s'engouffre de manière circonstancielle dans une filière scolaire parce qu'un parent, un ami ou un professeur la recommande, lui-même ayant reçu ce conseil d'un autre auparavant. C'est le poids de la société. À la fin de sa scolarité, on doit faire un choix professionnel et, là encore, c'est souvent la norme sociale qui prime : on fera le choix du plus gros salaire, du statut le plus enviable, de ce que des pairs ont fait avant nous, de ce que nos parents nous conseillent, de ce qui « ouvre le plus de portes », de ce qui permettra de se marier rapidement, ou même de ce qui nous paraît le plus charitable. Tu reconnais peut-être une des raisons qui a motivé tes propres choix de carrière... Peu importe, ce sont des choix sociaux.

Nous ne sommes pas habitués à nous poser de *vraies* questions pour déterminer nos choix professionnels et cela nous est dommageable, en particulier à l'ère numérique où le travail fait ressortir les singularités individuelles.

Heureusement, les langues se délient de plus en plus quant à la nécessité de prendre le temps de réfléchir par soi-même à ce que l'on a envie de faire et aux moyens d'y parvenir. Des programmes comme Switch Collective[1] invitent les salariés qui ne se retrouvent plus dans leur job quotidien à faire le bilan de leur carrière et à *switcher*, c'est-à-dire inventer le parcours qui leur correspond le mieux. Tous les élèves de Lion ont le droit à un *coaching* particulier pour évaluer leurs décisions professionnelles... Les conseillers d'orientation et Pôle Emploi n'ont plus le monopole de la parole sur les choix de carrière ou la reconversion professionnelle.

Mais encore, comment t'y prendre pour réfléchir de manière pertinente et personnelle à la construction de ta carrière, quand les enjeux sont si importants ? Nous passons la partie la plus significative de notre vie adulte au travail et celui-ci influe sur notre qualité de vie et sur notre impact dans le monde. Hors de question donc de s'en remettre à un test de personnalité dans un magazine *people* ou à un horoscope (tu serais étonné de ce qu'on peut trouver en cherchant les mots-clés « trouver sa voie » sur Google). Il faut adopter une méthode scientifique.

Tim Urban, auteur du blog WaitButWhy, qui explore en profondeur et rend intelligibles des sujets aussi divers que l'intelligence artificielle, la procrastination ou le choix d'un partenaire de vie, s'est longuement penché sur le sujet[2]. Son approche de la question est on ne peut plus logique : pour choisir une carrière, il faut déterminer ce que l'on a envie de faire et ce que l'on est capable de faire. L'intersection des deux représente l'ensemble des carrières potentielles, qu'il suffit alors de hiérarchiser (figure 2.1).

1. http://www.switchcollective.com.
2. How to pick a career (that actually fits you), *Tim Urban*, 11 avril 2018, https://waitbutwhy.com/.

FIGURE 2.1. UNE APPROCHE MÉTHODOLOGIQUE DU CHOIX DE CARRIÈRE

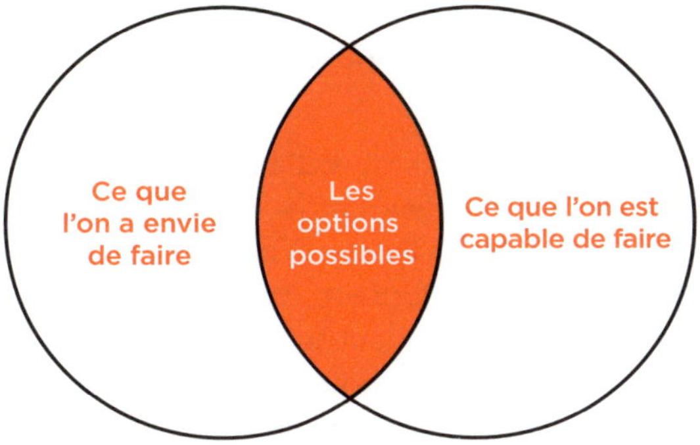

CE QUE TU VEUX FAIRE

Déterminer ce que l'on a envie de faire est moins facile qu'il n'y paraît. Nous l'avons déjà dit, les normes sociales qui nous poussent à accepter telle ou telle profession sont fortes. De plus, nos envies sont contradictoires :

- Avant nos envies viennent nos besoins primaires : se nourrir, se loger, être vêtu convenablement, payer ses factures. Elles correspondent aux deux premières couches de la pyramide des besoins de Maslow[1].
- Nous avons des aspirations personnelles : trouver un sens à sa carrière, s'accomplir par son travail, suivre ses passions, avoir une haute estime de soi.
- Nous avons aussi des aspirations sociales : accéder à un statut prestigieux, être célèbre, avoir du pouvoir, être reconnu, inspirer le respect, faire partie d'un groupe.
- Certaines envies relèvent du style de vie : trouver un équilibre de travail, avoir du temps libre, vivre dans le confort, être flexible, partir en vacances régulièrement, s'acheter des choses matérielles.
- Nous avons aussi des aspirations morales : avoir un impact sur le monde, prendre soin de ses proches, améliorer le futur, transmettre du savoir.

Maslow hiérarchise ces besoins dans sa célèbre pyramide. De manière évidente, pouvoir se nourrir est plus important qu'être flexible dans son travail. Malheureusement, beaucoup de choix professionnels sont contraints par la nécessité de couvrir les besoins primaires. Il est intéressant de noter ici que le désir entrepreneurial, cette ambition mêlée de résilience que nous avons mentionnée au chapitre précédent, tire parfois son énergie de ces situations sociales contraignantes. On devient entrepreneur parce qu'on n'a pas le choix, dans une économie de la débrouille, tout autant que par une envie impérieuse de transformer le monde par sa mission.

1. Maslow A., *A Theory of Human Motivation*, *Psychological Review*, n° 50, p. 370-396, 1943.

L'étape suivante est de trier tous ces désirs contraires. La méthode décrite par Tim Urban consiste à décortiquer chacune de nos envies, en les listant sur une feuille, sans chercher à les hiérarchiser dans un premier temps. C'est un travail long et intense, mais accessible à chacun. Veille bien à ce que chaque envie que tu notes soit bien la tienne et non imposée par l'extérieur : tes parents, ton/ta partenaire, la société, etc.

Réfléchis ensuite à ce que tu souhaites réellement mettre en avant dans ta carrière. La norme sociale conseille de « mettre sa passion en avant » et personne ne remet cela en question, même s'il s'agit là pourtant d'un postulat très orienté. Tu as peut-être une aspiration prioritaire (comme devenir riche, accéder à la célébrité, changer le monde...) qui peut te conduire à faire des choses que tu détestes. Cette aspiration prioritaire doit dans tous les cas résulter d'un choix personnel. Il s'agit ensuite d'éliminer les aspirations incompatibles avec ton envie prioritaire, de sélectionner quelques envies importantes et de considérer toutes les autres comme moins importantes. Le but n'est pas de graver cela dans le marbre, mais de prendre une décision et de la tester pour voir si cette vie te convient.

Tu ne comprendras pas ce que tu recherches en te contentant d'établir une liste d'envies prioritaires totalement désincarnées et qui ne te parlent pas. Il faut les transposer en choix de carrière réels.

Par exemple, il ne faut pas s'arrêter à la conclusion que « ce que je veux par-dessus tout, c'est suivre ma passion tout en étant indépendant », mais bien à : « je pourrais donc être viticulteur/patron de mon propre restaurant/YouTubeuse beauté, etc. » selon ce que cela signifie pour toi.

Annabelle et moi sommes tous deux passés de The Family à Lion. Ce qui m'a motivé, c'est de réaliser que certains aspects de mon travail me plaisaient plus que d'autres, notamment « être créatif » et « transmettre du savoir ». Je savais que j'avais réellement envie de partager les connaissances que j'avais pu accumuler auprès des startups, et en plus, de le faire à ma façon. C'est mon métier chez Lion.

CE QUE TU PEUX FAIRE

Contrairement à ce que l'on pourrait penser, déterminer ce que l'on est capable de faire ne consiste pas uniquement à faire la liste de ses capacités et de ses acquis. En effet, il faut réfléchir en termes de potentialités et partir du postulat que tout peut s'apprendre avec suffisamment de temps et d'effort. C'est le *growth mindset* dont parle Florian Jourda (*cf.* chapitre 8). Ta problématique, peu importe la carrière envisagée peut être schématisée par la figure 2.2 :

FIGURE 2.2 LE *GROWTH MINDSET* : TOUT S'APPREND AVEC DU TEMPS ET DES EFFORTS

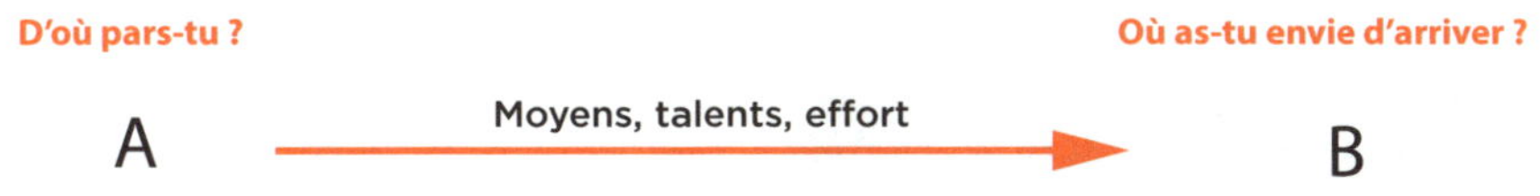

Il s'agit ensuite de déterminer si avec suffisamment de temps alloué à long terme et ton propre rythme de progression (qui dépend de tes talents personnels et de l'effort que tu déploies) tu seras capable de passer du point A au point B[1].

> **Le milliardaire Ray Dalio nous dit :**
> ***The key is to work out:***
> ***A. what you want;***
> ***B. what is true;***
> ***then make a plan to get A in light of B.***

L'étape suivante est logique : à la lumière de ce que tu es capable de faire - étant donné ton point de départ, ton but, ton rythme de progression, et le temps que tu souhaites passer à tenter de réussir - tu peux simplement évaluer les options de carrière qui peuvent te convenir.

Tout ceci est évidemment très schématique, mais constitue une puissante réflexion introspective pour déterminer ce que tu souhaites vraiment faire de ta vie. La manière réelle de construire sa carrière est plus pragmatique : il s'agit de tester ces voies potentielles et d'itérer, comme les entrepreneurs le font avec leurs produits !

ABORDE TA CARRIÈRE COMME LA MISE SUR LE MARCHÉ D'UN PRODUIT

La section précédente est théorique. Une carrière se gère de manière pragmatique en fonction des buts à long terme et des opportunités qui se présentent.

Lors de la saison 6 de Lion, notre collègue Oussama Ammar a rencontré une centaine d'élèves pour les coacher sur la gestion de leur carrière. De cette expérience, il a constaté en France un flagrant manque de compréhension de ce que construire une carrière signifie et a décidé d'en faire un cours. Son angle d'approche mérite d'être développé : de la même manière que les entrepreneurs ont une vision à long terme et itèrent sur leur solution jusqu'à trouver

1. Tu trouveras des exemples concrets dans un article dont cette partie du chapitre est extraite : Construire sa carrière à l'ère numérique, Younès Rharbaoui, 24 mai 2018, https://medium.com/.

un *product/market fit*, les employés doivent se lancer de manière pragmatique dans leur carrière avec des vues sur le long terme et saisir des opportunités qui se présentent pour avancer et tester des choses.

Stratégie ≠ opportunité

Il est important de saisir la nuance entre une stratégie et une opportunité. La stratégie est l'allocation des ressources pour atteindre un but précis. Pour un employé, ces ressources sont le temps dont il dispose et l'effort qu'il fournit. Si l'issue de la stratégie est incertaine, elle est tout de même décidée de manière endogène. Par exemple, pour devenir développeur, apprendre à coder est une stratégie. C'est un investissement de temps et d'effort pour atteindre le but fixé.

La stratégie est aussi ce que l'on décide de ne pas faire: on ne peut pas apprendre tous les langages d'un coup, il faut choisir comment articuler son temps et son effort.

L'opportunité, au contraire, est exogène: elle se présente à l'improviste. Le plus souvent, les meilleurs virages de carrière sont opportunistes: prendre la tête d'un grand groupe, être à l'affiche d'un *blockbuster*, prendre la relève d'un grand chef étoilé. Ces mouvements propulsent la carrière d'un *manager*, d'une actrice ou d'un cuisinier; mais il n'y a aucune stratégie à appliquer pour y parvenir.

En revanche, il y a des stratégies à appliquer pour maximiser leurs chances d'apparaître. L'important est donc, une fois que tu as déterminé la voie qui te convient, de mettre en place une stratégie en fonction de là où tu souhaites aller pour faire apparaître les opportunités. Un développeur Ruby ou Python aura certainement plus d'opportunités qu'un développeur Pascal (si, si, cela existe): le choix du langage est stratégique.

Se confronter rapidement à la réalité

Il est important de se confronter rapidement à la réalité: savoir ce que l'on est capable de faire est l'un des premiers critères. Surtout, il ne faut pas définir sa carrière sur des éléments qui dépendent de quelqu'un d'autre: faire apparaître des opportunités est sensé, mais il ne faut pas les attendre.

La gestion de carrière est un processus actif autant que passif: on est actif lorsque l'on fait un choix et que l'on déploie une stratégie de carrière et cela crée des opportunités passives qu'il faut savoir saisir. Comment construire ta carrière comme un produit?

AU DÉPART, UN PRODUIT NE S'OPTIMISE PAS POUR SON PRIX

Cela paraît contre-intuitif, mais en début de carrière, il est plus raisonnable de ne pas optimiser ses choix en fonction des paramètres financiers. En effet, les options qui permettent de gagner beaucoup d'argent très tôt sont limitées et conduisent à faire des choix qui ne correspondent pas à tout le monde: banque, conseil, médecine, etc.

De plus, prendre cette décision enferme dans une cage dorée de laquelle il est difficile de sortir: le niveau de vie augmente, les crédits s'accumulent et font que l'on atteint très vite un niveau de dépenses mensuelles incompressibles qui contraint les choix de carrières. On peut bien sûr revoir son niveau de vie à la baisse, mais c'est compliqué.

Par ailleurs, le *pricing* est une question de long terme: l'objectif est d'être bien payé en fin de carrière, pas au début.

DÉFINIR SON MVP

Avant de mettre un produit sur le marché, on s'assure qu'il dispose d'une fonctionnalité unique et identifiable qui fonctionne. Dès que c'est le cas, on le confronte au marché pour l'améliorer. Pour un employé en startup, définir son MVP (*Minimum Viable Product*) revient à choisir sa *feature* majeure: *sales*, *operations*, *growth*, *dev* ou produit (nous y reviendrons plus tard dans ce chapitre). De la même manière, dans d'autres types de métiers, il s'agit de trouver sa compétence clé: tempérament vendeur, conseiller, créatif, artisan, manuel, structuré... Comment choisir ce MVP? Le choix est artificiel au début, en fonction de ses envies initiales, de ce qu'on imagine de la voie que l'on a choisie. L'important est de se donner l'occasion de tester.

FAIRE DES TESTS

Il est très important de se donner l'occasion de tester beaucoup de choses pour savoir si elles nous correspondent. Pour éviter les interrogations du type «est-ce que j'aurais dû/pu faire ça?», l'unique solution est de le faire. Se posent alors les questions de temps alloué et de rythme de progression (*cf.* la rubrique Ce que tu peux faire de ce chapitre): lorsqu'on est en phase de test, mieux vaut s'investir beaucoup sur un temps court, que peu sur un temps long.

Mais quels que soient les résultats de nos tests, on crée de l'expérience, et cela a deux avantages: d'une part, on sait si cela est fait pour nous et d'autre part, même en cas d'échec, on développe ses *features*, ce qui est toujours bon à prendre.

ITÉRER À PARTIR DES FEEDBACKS

Itérer consiste à modifier sa trajectoire en fonction des tests que l'on réalise : changer ce qui doit être changé, intensifier ce qui doit être intensifié... Pour cela, il faut obtenir des *feedbacks*, car il est très difficile de s'auto-évaluer. Trois moyens d'évaluation existent :

- **Trouver un mentor ou un pair de confiance.** Les meilleurs sportifs, musiciens, patrons ont des *coachs* ou des mentors, parce que se juger soi-même peut mener à l'arrogance (en se considérant supérieur) ou à la dépression (en se considérant inférieur). Pour cela, un mentor peut être le meilleur moyen de progresser rapidement et de savoir comment et sur quoi travailler pour s'améliorer. Cependant, choisir un bon mentor prend du temps et ce n'est pas une chose à faire en phase de test, mais plutôt en phase d'optimisation.
- **Les KPI.** Dans l'idéal, on a une mesure objective de sa performance et on peut comparer cet indicateur à des *benchmarks*. Pour un sportif, le nombre de ses victoires ou ses performances lui permettent de s'évaluer, pour un *business developer*, c'est le nombre de ventes.
- **Le salaire.** À long terme, l'argent est un bon indicateur de la réussite dans une carrière car les positions importantes sont corrélées avec les positions rémunératrices. Le *pricing* augmente naturellement lorsque l'on devient une ressource rare et recherchée : si c'est le cas, c'est que l'on a bien fait quelque chose.

Les conseils carrière d'Oussama Ammar

Pour compléter cette approche, voici quelques *verbatims* d'Oussama sur les choix de carrière, qui pourront t'aider ou t'inspirer :

> « Les plus belles opportunités arrivent de manière indirecte, parce que l'on a construit son produit sur le long terme : on ne postule pas au boulot de ses rêves, on est chassé. »

> « Les métiers sont des caricatures et les caricatures évitent la complexité : il vaut mieux embrasser la complexité. »

Des exemples expliquent cela facilement : *community manager* ne correspond pas à un métier mais à un ensemble de capacités (lire, écrire, être créatif, être empathique, communiquer). *Growth hacker* est un moyen d'attirer des ingénieurs dans des postes de *marketing*. Le plus important pour les employés est de comprendre les compétences fondamentales d'un poste et de voir si elles correspondent à qui on est singulièrement.

> « Il ne faut pas comparer son intérieur à l'extérieur des autres. »

Nous sommes mauvais à nous auto-évaluer parce que nous sommes prisonniers de notre vue subjective : nous connaissons tous nos doutes, toutes nos erreurs, etc.

Quand on compare cela à l'image que reflètent les autres, sans doutes, sans erreurs, le *benchmark* n'est pas en notre faveur.

« Apprenez à vivre intensément vos passions, elles pourront vous être utiles un jour. »

« N'ayez pas peur de vous faire virer, ça peut être la meilleure chose qui vous arrive. »

En France, la sécurité de l'emploi empêche les gens de se mettre en mouvement. Dans beaucoup de cas, des cadres parisiens bardés de diplômes se comportent comme des ouvriers textile dans la Creuse : avec la peur de perdre leur emploi et de ne pas en retrouver.

EN BREF

La théorie qui permet de trouver sa voie (le *framework* de Tim Urban) doit sans cesse être *challengée* de manière pragmatique. On l'éprouve en faisant des tests, en développant sa singularité au travers d'expériences différentes, en s'investissant intensément pour s'améliorer une fois que l'on a trouvé ce qui nous correspond.

Quoi qu'il en soit, il n'y a pas de recettes miracles pour construire sa carrière : le parcours est propre à chacun. Il l'est nécessairement, parce que le marché du travail du futur va faire ressortir les singularités des individus, plutôt que de les considérer comme des éléments interchangeables et standardisés. De ce fait, chacun sera amené à se poser des questions introspectives pour trouver la voie qui lui correspond, à l'aune de ses envies profondes et de ses capacités d'apprentissage. Ce n'est qu'en testant différentes possibilités et en restant pragmatique que les meilleures opportunités apparaîtront et que la carrière de chacun se construira.

Si c'est en startup que tu souhaites orienter ta carrière, tu auras besoin d'informations supplémentaires pour bien comprendre ce dans quoi tu t'embarques. Quels sont les jobs qui existent et qu'y fait-on concrètement ? Que peux-tu négocier et comment choisir ta startup ? Comment t'y prendre concrètement pour trouver le job qui te convient ? C'est ce que nous allons voir à présent.

LES JOBS EN STARTUP

Les raisons de vouloir travailler en startup sont nombreuses ; il y en a des bonnes et des mauvaises. Si c'est pour rejoindre une petite équipe, pour l'ambiance, pour être au cœur de l'innovation, le chapitre précédent à déjà dû te montrer que ce n'était pas forcément la bonne voie. Si tu veux faire partie d'une équipe follement ambitieuse, déterminée à changer le monde, c'est probablement le meilleur endroit.

Si tu souhaites travailler en startup, deux chemins s'offrent à toi. Tu peux décider de créer ton entreprise et d'endosser le rôle complexe de fondateur. Tu peux également choisir d'apporter ton énergie, ton temps et tes capacités à la réussite d'une startup existante en tant qu'employé.

Si cet ouvrage s'adresse aux employés, il nous paraît utile de donner des critères qui permettent de réfléchir à cette alternative.

ENTREPRENEUR OU EMPLOYÉ, QUI SUIS-JE ?

Toi seul peux, en ton âme et conscience, répondre à cette question. Si la veine entrepreneuriale te démange, tu n'as pas d'autre choix que de tester et te lancer à un moment pour voir si cela te correspond. Cependant, voici un petit *framework* pour te poser les bonnes questions et déterminer ce pour quoi tu es taillé.

LA RÉUSSITE ÉCONOMIQUE : LA QUESTION DU *PAYOFF*

La réussite économique en startup est incertaine. Le *payoff*, c'est-à-dire la rétribution économique, est, dans la plupart des cas, est quasiment nul ; mais parfois, il est extrêmement lucratif, pour les employés comme pour les entrepreneurs. Cependant, il l'est de manière différente.

En effet, l'entrepreneur est en général le principal actionnaire de son entreprise, et si celle-ci réussit (elle est rachetée ou introduite en Bourse), il touche la plus grosse part du gâteau. Logique : cette startup, c'est son œuvre. En revanche, il n'a pas initialement les moyens de se payer et doit vivre sur les revenus (souvent maigres) de sa startup, sur ses économies ou sur ses allocations-chômage, et ce, au moins jusqu'à la première levée de fonds. Au fur et à mesure que la startup avance, les tours de financement peuvent lui amener de quoi se verser un meilleur salaire, mais il est rarement le mieux payé de la startup tant que celle-ci est en phase de croissance. C'est d'ailleurs de mauvais augure quant à l'ambition générale si tel n'est pas le cas : en tant que fondateur, mieux vaut se serrer la ceinture et, en phase de croissance, embaucher un ingénieur supplémentaire que profiter des millions qu'on a levés.

Parfois, lors de tours de financement avancés (série B et au-delà), les fondateurs vendent une partie de leurs actions à une valorisation élevée et empochent quelques centaines de milliers d'euros, voire quelques millions. Pour les investisseurs, l'intérêt est de mettre les entrepreneurs à l'abri du besoin afin qu'ils puissent se consacrer pleinement à la réussite de l'entreprise.

Les employés de startup, comme dans toute entreprise, reçoivent un salaire. Que ce soit dit noir sur blanc : il est également tout à fait normal que ces derniers soient intéressés au capital de la startup. Tous les employés devraient avoir des parts. Les startups ont un mécanisme spécifique d'intéressement des employés, *l'employee stock-option plan* (ESOP) qui sert justement à récompenser les efforts de tous les salariés et à aligner leurs intérêts avec ceux de la startup. Le but est de les distribuer à tous, et pas seulement aux employés clés ou *seniors*.

FIGURE 2.3. COMPRENDRE LA RÉTRIBUTION EN STARTUP

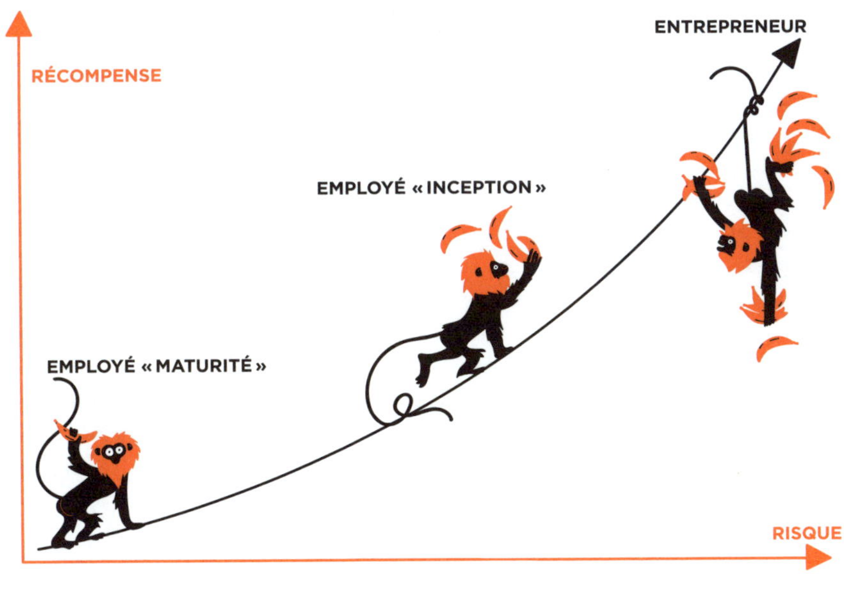

Le niveau du salaire et de *l'equity* (les parts) dépend beaucoup de la phase de la vie de la startup :

- Au début de l'aventure, en phase d'*inception*, le salaire sera relativement bas et les parts plutôt élevées (de l'ordre de 1 à 0,1 %). Les entrepreneurs ont besoin de personnes prêtes à les accompagner dans leur aventure et n'ont pas encore les moyens de leur offrir un salaire décent.

- À partir de la phase de croissance, le salaire augmente et retrouve des taux proches de ceux du marché. Le montant de parts attribuées diminue et se structure. Le compromis que font les entrepreneurs à partir de ce moment est simple : ils ont besoin des meilleurs employés pour les rejoindre et organiser leur équipe. Cependant, les meilleurs employés ont un coût d'opportunité élevé (ils pourraient tout à fait travailler ailleurs). Il faut donc les payer au prix du marché, voire légèrement au-dessus s'ils vont réellement jouer un rôle clé. En revanche, comme ils rejoignent l'aventure plus tard, ils prennent moins de risque et reçoivent donc moins de parts.

Toute la théorie financière de l'investissement s'appuie sur une articulation fondamentale entre le risque et la récompense. Plus on prend de risques, plus incertain est le *payoff*. Mais si celui-ci a lieu, on est d'autant plus récompensé. La même chose est vraie pour la récompense économique en startup[2] : les fondateurs sont ceux qui prennent le plus de risque et sont les plus récompensés en cas de succès. Les employés, selon le moment de leur arrivée dans la startup, prennent plus ou moins de risque, et sont donc plus ou moins récompensés en cas de succès. Cela veut aussi dire que statistiquement, on a plus de chances de devenir riche en devenant employé de startup au bon moment qu'en créant sa propre startup ou en la rejoignant une fois le risque maîtrisé (il existe un optimum de risque/récompense[3]). Pour être immensément riche en startup en revanche, il faut être entrepreneur.

> Tout ceci varie évidemment en fonction du niveau d'expérience, du rôle de l'employé et du moment de son arrivée dans l'équipe : la startup Alan propose un exemple transparent de structure de rémunération[2] avec coefficients multiplicateurs qui diminuent le montant de *l'equity* attribué selon la taille de l'équipe.

---

1. Pourquoi nous sommes 100% transparents sur les salaires de nos employés, 25 juin 2017, maddyness.com.
2. Kreamer A. (2015). Risk/Reward : *Why Intelligent Leaps and Daring Choices are the Best Career Moves You Can Make*
3. https://en.wikipedia.org/wiki/Efficient_frontier
4. *The top 4 Amazon shareholders*, investopedia.com.

LA LIBERTÉ

L'une des raisons souvent évoquées pour devenir entrepreneur est celle de vouloir devenir son propre patron, d'être libre. Cette vision est idéaliste.

Bien évidemment, les entrepreneurs ont un niveau de liberté sans précédent : ils dirigent leur entreprise, prennent des décisions stratégiques et choisissent la manière dont ils veulent avancer. Encore mieux, ils sont libres de définir les défis auxquels ils s'attaquent : ils fixent eux-mêmes leur mission. En revanche, ils ne sont pas si libres que cela au quotidien : ils s'engagent auprès de leurs clients et sont responsables pour délivrer. Ils entretiennent des relations avec leurs investisseurs, à qui ils doivent rendre des comptes. Ils ont des employés qu'ils doivent *manager*. La vie de l'entrepreneur est celle de la liberté à long terme, mais de l'esclavage au quotidien.

Pour les employés de startup, c'est l'inverse : ils ont peu leur mot à dire sur la vision de l'entreprise et la stratégie ; ils ne peuvent que choisir d'adhérer ou non à la mission.

> Jeff Bezos, le fondateur d'Amazon, a accumulé grâce à ses actions dans l'entreprise une fortune équivalente à 168 milliards de dollars (chiffre d'août 2018). Après lui, l'employé d'Amazon qui a le plus de parts dans l'entreprise (Andrew R. Jassy) est le patron de la *business unit* Amazon Web Services. Il a créé une ligne de revenu de plusieurs milliards annuels pour Amazon. Sa fortune est estimée à 178 millions de dollars[4], soit presque 1 000 fois moins. Amazon est un cas exceptionnel. Dans la plupart des cas de réussite de startup, ces montants peuvent être divisés par 1 000.

Toutefois, au quotidien, les méthodes s'écartent du *management* traditionnel : peu de hiérarchie, liberté d'action, prise de décision régulière. Les employés de startup sont invités à faire preuve d'initiative : ils sont libres dans un grand nombre de choix de gestion, parce qu'ils sont rendus responsables de leurs actions.

Il faut noter que plus la startup grossit et se structure, plus le niveau de liberté des entrepreneurs et des employés diminue : la structure est une contrainte qui, par définition, va à l'encontre de la liberté.

L'APPRENTISSAGE

Que l'on soit entrepreneur ou employé, les startups sont un formidable vecteur d'apprentissage. On peut y développer ses compétences, mais également apprendre à entreprendre.

Sur ce second point, nous avons souvent l'occasion chez Lion de discuter avec des employés de startup. Beaucoup savent qu'ils ont envie d'entreprendre plus tard et disent que travailler en startup est le meilleur endroit pour apprendre avant de se lancer.

Ils n'ont pas complètement tort, mais nous nous écartons un peu de leur avis : le meilleur moyen pour se lancer est… de se lancer ! L'entrepreneuriat - comme toutes les autres disciplines - s'apprend. Certains sont naturellement plus doués que d'autres, d'autres ne sont pas du tout faits pour cela. Quoi qu'il en soit, encore une fois, l'entrepreneuriat s'apprend.[1] Peu de gens considèrent qu'être entrepreneur est une carrière qui se construit dans le temps, c'est pourtant le cas.

Néanmoins, être employé de startup permet effectivement de s'exposer à des sujets sensibles et apprendre à les maîtriser en prenant peu de risque personnel. Beaucoup d'entrepreneurs à succès d'aujourd'hui ont été auparavant employés dans des startups. Si c'est ce que tu souhaites faire, le bon conseil est de rejoindre une startup très tôt dans son aventure : vivre les phases *d'inception*, de croissance et de maturité te sera utile si tu souhaites créer la tienne. Cerise sur le gâteau, en cas de succès, tu pourrais capter un capital d'amorçage suffisant pour te financer au démarrage sans avoir à lever de fonds.

Tu peux également choisir d'aller en startup pour développer tes compétences dans un domaine précis : le code, le *product management*, la distribution, etc. À ce jeu-là, l'avantage est aux employés. À plein régime, dans les phases de croissance et de maturité, l'entrepreneur est rarement le plus expert sur le sujet de fond de sa startup, son rôle est d'en être le *leader*. Elon Musk n'est pas le meilleur ingénieur chez SpaceX[2], mais il doit embaucher les meilleurs. Être employé dans une startup en plein décollage est l'assurance de :

- travailler avec des gens ambitieux et de plus en plus doués sur les sujets qui t'intéressent ;
- être exposé de manière permanente à des problèmes qui te feront apprendre.

L'INVESTISSEMENT PERSONNEL

Travailler en startup est intense, tant pour les entrepreneurs que pour les employés. La frontière entre la vie professionnelle et la vie privée est ténue ; la charge de travail est très élevée. Cependant, l'évolution de cette intensité diffère selon la place que l'on occupe.

1. The Family a récemment relancé sa formation Koudetat (www.koudetat.co) avec cette perspective en tête. La finalité pour les participants est d'acquérir la connaissance et la maîtrise des principaux outils utilisés par les entrepreneurs (donc un bagage technique, mais accessible à tous) ; la réflexion théorique sur l'entrepreneuriat, avec une déconstruction en profondeur des principaux thèmes de la discipline ; surtout, l'état d'esprit de l'entrepreneuriat.
2. https://www.quora.com/How-did-Elon-Musk-learn-enough-about-rockets-to-create-and-run-SpaceX/answer/Jim-Cantrell

Les entrepreneurs jouent leur va-tout dès le premier jour. Ils n'ont pas d'autre choix que d'être *all-in* pour que la startup décolle. Malheureusement pour eux, plus le temps passe, plus leur responsabilité grandit : les clients sont plus exigeants, les investisseurs plus pressants, les employés demandent plus d'attention et les sujets deviennent plus sensibles. Même après une réussite évidente, les défis sont de taille : il y a fort à parier que Mark Zuckerberg préfère le stress qu'il a connu au moment de l'entrée en Bourse à celui que ses séances devant le Congrès américain en avril 2018 lui ont procuré.

Pour les *early employees* qui arrivent en phase d'*inception*, l'intensité est quasi similaire à celle des fondateurs : il faut tout apprendre à faire pour la première fois, délivrer pour les premiers clients, construire une solution en partant de zéro. Quand la startup se développe, l'intensité augmente en phase de croissance : il faut continuer à construire, tout en accélérant et en structurant les équipes. On atteint un point d'inflexion entre les phases de croissance et de maturité où l'intensité finit par diminuer : même si les responsabilités des employés avec plus d'ancienneté augmentent, le fait d'avoir une équipe structurée autour de soi permet d'alléger la charge de travail. On commence à se rapprocher du rythme que connaissent les employés dans un grand groupe et les problématiques deviennent similaires (défis de *management*, etc.).

LA PROTECTION SOCIALE

Si l'entrepreneur jouit d'une image socialement enviable, ce statut est encore relativement précaire. En cas d'échec, il doit faire face à un univers peu structuré : il n'y a pas de droit au chômage, pas d'organisme permettant de gérer la transition entre la mort d'une entreprise et la création de la suivante. Tel est le risque qu'il faut accepter en se lançant.

Les employés ont l'avantage d'être protégés en tant que salariés de l'entreprise : s'ils sont en CDI, leur contrat de travail leur ouvre les mêmes droits qu'un salarié de n'importe quelle entreprise traditionnelle. Même les *freelancers* voient leur protection sociale s'améliorer, grâce à des startups qui lancent des services dédiés comme Wemind pour les assurer ou Shine pour accompagner leurs démarches bancaires.

Dans les deux cas, l'expérience accumulée en startup est précieuse pour retrouver du travail : en rejoignant une autre startup, en créant la sienne, ou dans d'autres contextes au sein de l'écosystème (investissement, accompagnement, etc.).

ALORS, QUI SERAS-TU ?

Le tableau 2.1 synthétise les différents éléments à soupeser avant de répondre à cette question.

TABLEAU 2.1. ENTREPRENEUR OU EMPLOYÉ : FAIS LE BILAN

	Entrepreneur	Employé
Réussite économique	Plus risqué $$$ si réussite	$/$$ selon le niveau de risque (plus tôt = plus risqué)
Liberté	Liberté à long terme Contraintes au quotidien	Liberté au quotidien Plus contraint avec le temps
Apprentissage	Entrepreneuriat : +++ Compétences spécifiques : –	Entrepreneuriat : + Compétences spécifiques : ++
Investissement perso	Élevé, plus intense avec le développement de la startup	Élevé, moins intense avec le développement de la startup
Protection sociale	– –	+++

Finalement, la question «suis-je un entrepreneur ou un employé ?» peut être ramenée à celle du rapport au risque. Un entrepreneur prend un risque maximal : il met sa vie personnelle entre parenthèses pour tenter de voir sa vision du monde s'imposer, pour vivre pleinement sa mission et pour tenter de gagner beaucoup d'argent. Les employés peuvent se positionner où ils le souhaitent dans l'aventure de la startup : soit avec beaucoup de risque et des attentes similaires à celles de l'entrepreneur, soit avec peu de risque et des attentes différentes.

Tout est une question de choix qui dépendent de ton âge, de ton envie, de ta situation personnelle, de ta dynamique de carrière précédente. Tu as maintenant toutes les cartes en main pour choisir.

LES TYPES DE POSTES EN STARTUP

Tout ceci ne te dit pas vraiment ce que tu vas faire concrètement en rejoignant une startup. Selon le stade de développement auquel tu arriveras, les tâches seront différentes : très tôt, tu devras être malléable, touche-à-tout ; un peu plus tard, les choses seront plus structurées. C'est à toi de voir. Quoi qu'il en soit, voici les grandes catégories de métiers qu'il est important de connaître pour bien s'orienter.

LES OPÉRATIONS

Difficile de déterminer ce qu'est une opération en entreprise, car cela dépend du métier de la startup. D'une manière générale, les opérations permettent de « faire tourner la boutique » au quotidien. La réalité sous-jacente peut donc être très diverse selon les startups concernées et des exemples sont plus parlants :

- Si on travaille aux opérations chez Tesla, il y a de fortes chances que l'on soit un exécutant ou un superviseur de la chaîne logistique : vérifier que l'on est en mesure de s'approvisionner correctement auprès des fournisseurs, que la chaîne de montage tourne à plein régime, qu'il n'y a pas de délai dans la livraison des véhicules, que les tests de performance et de sécurité ont tous été passés et réussis sur chaque automobile, etc.
- Si on travaille aux opérations chez Uber, en revanche, le travail principal est de s'occuper de la partie « offre » de la *marketplace*. Il s'agit de faire croître le nombre de chauffeurs et d'optimiser leur disponibilité pour les passagers. Cela comporte une partie analytique très prononcée et une partie de *marketing* auprès des chauffeurs très assimilable à du *growth hacking* ou du *community management*.

Les opérations exigent plusieurs qualités de la part des employés qui veulent s'y aventurer :

- Les opérations demandent d'être polyvalent puisqu'elles peuvent tour à tour amener les employés à négocier avec des fournisseurs, analyser des données ou animer une communauté.
- Comprendre tous les tenants et aboutissants de l'industrie dans laquelle opère la startup est critique dans les opérations ! Tout ce qui est fait doit tendre à améliorer la manière dont la startup exécute au quotidien et il faut pour cela comprendre finement la chaîne de valeur.
- Il faut être analytique et aimer optimiser des process. Le travail en opérations est d'améliorer sans cesse le fonctionnement des différentes tâches réalisées au quotidien dans la startup. Pour cela, il faut s'appuyer sur des analyses chiffrées précises et savoir bâtir des méthodologies robustes et pérennes pour croître l'esprit tranquille.

LE *PRODUCT MANAGEMENT*

Le produit est la pièce maîtresse de la proposition de valeur d'une startup. Le *product manager* s'en approprie les fonctionnalités pour les polir et les améliorer sans cesse. Pour cela, il combine une vision à long terme du produit et de tout ce qu'il aimerait y ajouter (la *roadmap*), une capacité de réaction aux demandes des utilisateurs (le *feedback* terrain) et une gestion efficace pour corriger les *bugs* rencontrés au quotidien.

En plus de savoir gérer les priorités, le *product manager* coordonne des équipes aux talents divers, puisque la construction d'un produit requiert des compétences variées qui vont de l'établissement d'un concept au développement, en passant par le *design* de l'expérience utilisateur et des interfaces graphiques.

Le *product manager* conjugue les qualités suivantes :

- Il est avant tout attentif au moindre détail. Pour que chaque moment de l'expérience utilisateur soit bien pensé et optimisé, il passe des dizaines, voire des centaines d'heures à tester, à améliorer et à recalibrer son produit.
- Très organisé, il est néanmoins capable de flexibilité. Alterner entre des logiques de long terme et de court terme est un de ses défis quotidiens. Il sait définir la priorité dans un ensemble de tâches à articuler.
- Il allie la créativité nécessaire à la construction d'un produit novateur à un esprit analytique qui lui permet d'itérer à partir des commentaires utilisateurs pour trouver l'équilibre parfait.
- Il doit être *leader* : construire un produit demande tour à tour de faire intervenir des spécialistes de l'UX (expérience utilisateur), des graphistes, des développeurs, voire même parfois des experts des sciences cognitives ou de la théorie des jeux. Fédérer une équipe diverse autour d'un objectif commun et parvenir à faire travailler ensemble ses membres de manière efficace demande une expertise *managériale* particulière.

LE *GROWTH HACKING*

Une startup est une organisation en croissance. Le marqueur le plus évident de cette croissance est en général l'augmentation des revenus dans le temps.

Depuis longtemps, les entreprises savent que le moyen le plus sûr d'augmenter leurs revenus consiste à explorer leur marché (*market*, en anglais). Le *marketing* s'est ainsi érigé en discipline reine de l'économie des entreprises. Dans les startups, il existe une méthodologie différente, qui s'écarte du *marketing* traditionnel : le *growth hacking*, littéralement « piratage de la croissance ». Est-il plus efficace que le *marketing* traditionnel ? Pas nécessairement. Cependant, cette méthode est adaptée à la réalité des startups : pour tenter de croître avec un budget restreint, il faut emprunter des canaux d'acquisition moins saturés et employer des méthodes moins orthodoxes. Là où le *marketing* traditionnel est planifié et repose sur des études de marché, le *growth hacking* est plus empirique et spontané.

Le *growth hacker* n'est pas un magicien qui double ou triple les chiffres de croissance d'une startup en quelques jours et sans budget : à force d'expérimentations, il trouve des filons de croissance exploitables pour un temps limité. Il définit également des méthodes systématiques pour que la startup continue à croître même si un *hack* particulier s'épuise.

Il faut se rendre compte que le *growth hacking* n'est pas une panacée : il ne suffit pas à croître si le produit n'est pas au niveau. En revanche, il viendra soutenir efficacement la croissance d'un bon produit qui plaît aux utilisateurs.

Un *growth hacker* est :

- à la croisée entre un ingénieur et un commercial. Il a une compréhension fine de son audience et du marché auquelle il s'adresse ; et il est également capable d'employer des méthodes structurées et automatisées pour les cibler. Il ne rechigne pas à plonger dans le côté technique des choses pour automatiser ses méthodes de croissance;

- créatif: il a sans cesse de nouvelles idées de *hacks* à tester et à mettre en place et ses idées s'écartent des méthodes conventionnelles et éprouvées. Il invente des nouveaux moyens de cibler son audience;
- également très analytique: les résultats de chacun de ses tests sont mesurés précisément et les actions à suivre découlent logiquement de cette analyse quantitative. Il connaît son *funnel* d'acquisition sur le bout des doigts et sait à chaque instant s'il doit travailler sur la rétention, l'acquisition ou autre chose.

LES *SALES*

Sous le vocable *sales* se trouve le département commercial. Une startup a beau avoir un excellent produit et des techniques d'acquisition originales et efficaces, elle ne générera pas de revenu si elle ne vend pas. La vente est une discipline traditionnelle dans les entreprises. Ce qui change dans les startups, c'est son côté vital: vendre, c'est survivre. Aussi, la vente a cela de différent en startup qu'elle doit toujours être accélérée et que le vendeur doit rester maître du *tempo* en permanence.

À la différence des grands groupes, où la marque ou l'histoire du produit aide à entrer en contact avec les clients, les vendeurs en startup doivent trouver une manière originale de raconter l'histoire d'un produit inexistant pour les clients. Décrocher un rendez-vous est la première barrière à franchir.

On parle surtout de *B2B* (*business to business*, c'est-à-dire de la vente de services à d'autres entreprises) lorsqu'on parle de *sales* en startup, puisque les ventes directes aux consommateurs ont plus tendance à être intégrées avec les capacités *growth* et *marketing*. Le vendeur en startup est surtout là pour signer des contrats (*closer*) avec d'autres entreprises.

Pour être un bon *sales*, il faut:

- **avoir une fibre commerciale prononcée:** aimer vendre, négocier, raconter l'histoire d'un produit ou d'un service, entretenir un lien avec le client et comprendre ses problèmes, etc.;
- **faire preuve de ténacité:** faire passer une opportunité commerciale du stade de simple *prospect* à celui de véritable client est un travail de longue haleine qui demande de garder un rythme de contact soutenu et une envie inébranlable de remporter le contrat;
- **être réellement convaincu de l'apport du produit que l'on vend:** il faut avoir une envie sincère de démontrer que la solution est supérieure et bénéfique au client.

LE DÉVELOPPEMENT

Le développement est la partie la plus technique du travail en startup, et l'une des plus cruciales. Les startups doivent nécessairement rechercher la scalabilité et, à l'ère numérique, celle-ci ne peut venir que par la technologie et la maîtrise des logiciels[1].

Dès lors, le développement est la structuration, la programmation et le déploiement des plateformes logicielles nécessaires au fonctionnement du service ou du produit. Il peut s'effectuer dans différents langages de programmation, être plus ou moins critique selon le service à mettre en place et demander les efforts d'équipes de tailles variées.

On distingue plusieurs grandes catégories parmi les développeurs :

- **Les spécialistes du *front-end*** codent la partie des sites et des applications visibles pour les utilisateurs. Ils s'assurent que les interactions pensées par les *product managers* fonctionnent comme prévu et que l'interface graphique est bien adaptée.
- **Les spécialistes du *back-end* codent la partie immergée de l'iceberg :** mettre en place et configurer les serveurs, la base de données et les fonctionnalités générales d'une application. Pour un service de paiement en ligne, le développeur *back-end* s'assure par exemple que les données transmises par le client communiquent bien avec les banques, et ce de manière sécurisée.
- **Certains développeurs plus polyvalents contribuent également au travail de *DevOps*.** Cela consiste en la vérification de la robustesse du code programmé avant sa mise à disposition aux internautes. Il s'agit de tester, publier, déployer, exploiter et surveiller le logiciel qu'on a écrit. La plupart du temps, les *DevOps* ne sont pas spécialisés sur cette partie, mais ont une corde supplémentaire à leur arc.

Profil le plus technique en startup, un développeur :

- **connaît un ou plusieurs langages de programmation et peut traduire des besoins métier** de la startup en cahier des charges technique pour le produit ;
- **est structuré.** Le code qu'il produit ne lui est pas uniquement destiné mais a vocation à être partagé en interne et à devenir un actif de la startup. Pour cela, il faut programmer de manière claire et organisée. La capacité de structure intervient en outre dans la gestion des priorités ;
- **sait travailler en équipe,** avec les *designers* et *product managers* par exemple mais également en répartissant le travail avec les autres membres de l'équipe technique.

LES AUTRES MÉTIERS EN STARTUP

Naturellement, en dehors de ces grandes fonctions, un ensemble d'autres métiers existe en startup, dont voici quelques-uns des plus fréquents.

1. Marc Andreessen, co-fondateur de Netscape et légende de l'investissement en startup a utilisé une formule restée célèbre : « le logiciel dévore le monde » (*Why software is eating the world*, *Wall Street Journal*, 20 août 2011).

- **Graphiste/illustrateur :** certaines startups peuvent avoir fréquemment besoin de faire appel à des graphistes pour créer des logos ou des visuels conformes à l'univers iconographique de l'entreprise.
- ***UX designer :*** ce spécialiste de l'expérience utilisateur d'un produit se charge de faire en sorte que celui-ci soit simple, accessible, intuitif, et élégant.
- ***Sales Development Representative :*** le SDR fait partie d'une équipe *sales* en amont du commercial qui effectue réellement la vente (et que l'on appelle *Account Executive* ou *Business Development Representative*). Son rôle est de qualifier les opportunités et de maintenir un certain niveau de *prospects* dans le radar des commerciaux.
- ***Sales Ops Manager :*** dans des startups plus avancées, une équipe de *sales operations* peut se charger de la planification pour libérer du temps aux commerciaux afin qu'ils puissent se concentrer sur la vente. Ce profil analytique doit être capable de définir une stratégie de vente et de fournir aux commerciaux les ressources pour vendre efficacement (analyses ou présentations qui démontrent l'apport du produit, etc.).
- ***Key Account Manager :*** son rôle est de gérer la relation avec les clients existants, voire un client en particulier. On l'envoie pour savoir si les clients sont satisfaits de la solution, s'ils ont des retours spécifiques ou des suggestions et pour aider le client dans l'implémentation et l'utilisation de l'outil.
- ***Content Manager :*** le *Content Manager* crée, gère et distribue le contenu de la startup : articles, vidéos, *posts* Instagram. Il définit une ligne éditoriale et une stratégie de diffusion spécifiques afin d'attirer des *prospects* vers le produit de manière organique (ce qu'on appelle l'*inbound marketing*).
- ***Community Manager :*** son rôle est d'animer la communauté d'une marque ou d'une startup. Pages Facebook, Instagram, comptes Twitter. Le *Community Manager* fait preuve de versatilité – il sait écrire, produire du contenu, modérer des discussions ou encore faire le support du produit.
- ***Head of Support :*** il gère le service client de la startup et est toujours disponible pour répondre aux questions des utilisateurs. Pour en savoir plus, lis l'étude de cas proposée par Jonathan Lefèvre au chapitre 5.
- ***Talent Manager :*** le *Talent Manager* occupe un rôle crucial dans la startup, celui de recruter les nouveaux employés et de les engager dans leurs différentes missions. Il s'agit d'un DRH des temps modernes dont la préoccupation est moins la gestion administrative des employés que l'assurance que ceux-ci se développent et expriment pleinement leur potentiel.
- ***Chief Happiness Officer :*** le CHO est une figure de proue du monde des startups, car il montre l'écart entre celles-ci et les entreprises traditionnelles dans l'atmosphère quotidienne. Son rôle est autant de transformer le bureau en un havre de paix et de convivialité pour l'équipe que de prévoir les moments où celle-ci pourra se rassembler pour renforcer les liens et la cohésion.
- ***Chief Financial Officer :*** le CFO se charge de gérer les finances de l'entreprise. Il veille à la gestion saine de la trésorerie, à la rentabilité de l'activité et prépare les éléments nécessaires pour les investisseurs lors des levées

de fonds. C'est un rôle qui n'est pas utile au lancement de la startup (il n'y a pas de finances à gérer), mais qui prend toute son importance après une levée de fonds (gros *seed* ou Série A).

- **Fonctions métier :** chaque startup peut avoir, en fonction de son secteur d'activité, besoin de personnes dont l'expérience est sectorielle : chef cuisinier dans la *FoodTech*, actuaire dans l'assurance, commissionnaire ou logisticien dans le transport, etc.

CHOISIR TA STARTUP : CE QU'IL FAUT SAVOIR

Voilà, tu as à présent une vision plus claire des différents rôles que tu pourras jouer en startup. Mais cela ne te dit toujours pas comment sélectionner celle qui est faite pour toi.

Des startups, il y en a pour tous les goûts, dans tous les secteurs et de toutes les tailles. Tu ne devrais pas avoir trop de mal à trouver quelque chose qui te convienne. Il faut simplement t'assurer que les voyants sont au vert en faisant ton choix et que les déterminants importants sont réunis.

MONEY, MONEY, MONEY

Le premier critère de choix pour devenir employé d'une startup est évidemment économique. Un employé est un investisseur comme les autres, sauf qu'au lieu de déployer du capital, il investit son temps et son énergie dans la réussite de l'entreprise. Il a donc intérêt à mener une réflexion sur les dynamiques économiques en jeu. Il y a deux aspects importants : la rémunération (fixe et variable pour certains postes) et l'*equity* (l'intéressement au capital).

LA RÉMUNÉRATION

Dans la représentation générale des startups, on imagine souvent que les salaires sont très bas et que les employés sont exploités. Certains entrepreneurs utilisent même cette justification pour embaucher des armées de stagiaires et les payer au minimum légal.

Cette approche n'est pas celle qui fait réussir les startups. Comme tous les agents économiques, elles sont soumises à la loi de l'offre et de la demande. Pour réussir, elles doivent avoir les meilleurs employés qui ont des opportunités différentes. Pour bien négocier son salaire, il est donc important de comprendre son prix de marché : celui-ci ne représente évidemment pas notre valeur intrinsèque mais il dépend de la demande. Dans la plupart des cas, un développeur moyen est mieux payé qu'un excellent *community manager*, parce que l'offre sur le marché des *dev* est limitée et que la demande est forte.

En réalité, la marge de négociation du salaire dépend beaucoup de la phase de la vie de la startup :

- En phase d'*inception*, la startup a peu d'argent et peu de clients. Elle rémunère ses employés en dessous des prix du marché. La contrepartie se fait sur l'*equity* et sur la courbe d'apprentissage : les employés sont plus exposés au risque de la startup, apprennent plus et prennent une plus grosse part du gâteau économique.
- En phase de croissance, la rémunération rejoint les prix du marché et la dépasse même dans le cadre de profils en forte demande (un *senior* avec une expertise métier prononcée, un développeur star, etc.). Pour la majorité des employés, toutefois, la marge de négociation est faible parce que la startup commence à se structurer et crée des grilles de salaires standardisées.
- En phase de maturité, la grille de salaires est installée et la rémunération se fait à prix de marché.

Pour les rôles qui comprennent une part de variable (notamment en *sales*), il faut en général une historicité pour pouvoir calculer le niveau de ce variable. Aussi, il sera faible/inexistant lors de la phase d'*inception*, au niveau du marché ou plus généreux lors de la phase de croissance (c'est aussi là qu'il est facile de vendre plus) et au niveau du marché en phase de maturité.

L'*EQUITY*

On l'a déjà mentionné dans ce chapitre, mais la répétition ne fait pas de mal : tous les employés de startup devraient avoir de l'*equity*.

Aux entrepreneurs qui froncent les sourcils en lisant ce passage, voyez la chose comme cela : vos employés sont des investisseurs au même titre que les autres dans votre startup. Ils investissent leur temps et leur énergie dans la réussite de votre projet. Aligner leurs intérêts économiques avec les vôtres est crucial, car ce n'est que comme cela qu'ils se dépasseront pour faire triompher votre vision.

D'un point de vue plus macroéconomique, l'amélioration de l'écosystème passe aussi par la participation des employés au succès des startups futures. Pour que les *early employees* des meilleures startups deviennent les entrepreneurs et *business angels* de demain, il faut un système d'incitation efficace qui leur permette de bénéficier des fruits de la réussite des startups dans lesquelles ils travaillent aujourd'hui. Pour cela, recevoir de l'*equity* est indispensable.

Comment cela fonctionne-t-il ? Dans l'immense majorité des cas en France, les employés reçoivent des BSPCE (bons de souscription de parts de créateur d'entreprise). Ils font partie de la catégorie des instruments financiers que l'on appelle les options. Concrètement, une option est un droit – et non une obligation - d'acheter des actions à un prix fixé au moment de l'attribution de ces options sous réserve du respect de certaines conditions (ancienneté, performance, etc.).

- **Les BSPCE ne sont pas des actions dans l'entreprise, mais un droit d'acheter ces actions dans le futur pour un prix connu.** Pourquoi un tel fonctionnement ? Distribuer des actions gratuites est contraignant fiscalement pour les entreprises. En outre, le capital d'une startup est un actif stratégique à manipuler avec précaution. Il faut le protéger pour rassurer les potentiels investisseurs des tours à venir. C'est la raison pour laquelle la pratique est d'attribuer des BSPCE plutôt que des actions gratuites et éviter d'avoir un actionnariat trop flottant.
  Il faut donc s'attendre à débourser de l'argent pour acheter ces actions si on croit au projet de l'entreprise et qu'on veut les acquérir (pour les revendre plus tard). On appelle cela « exercer ses options ». Parfois, si on a reçu beaucoup de parts dans la startup ou si on est arrivé après un nouveau tour de financement, le montant d'exercice (la somme à débourser pour acheter les actions) est élevé. Il faut garder cela en tête, surtout si on souhaite partir de l'entreprise : en général, on n'a alors que 90 jours à compter de son départ pour exercer ses options. S'il n'est pas possible de réunir une telle somme, les options sont perdues. C'est un équilibre injuste[1] que, chez The Family,[2] nous nous attelons à changer.
- **Les BSPCE n'ont d'intérêt que si la valorisation de la startup augmente.** En général, on attribue aux BSPCE un prix d'exercice égal au prix par action lors du dernier tour de levée de fonds. Par exemple, si les investisseurs ont investi sur une base de valorisation de 4 € par action lors du dernier tour, alors en arrivant en tant qu'employé à ce moment, tu auras le droit d'acheter tes parts à ce prix-là. La question est donc : le prix des parts augmentera-t-il ? C'est généralement le cas si la startup réussit sa croissance.
  Si tu reçois de l'*equity*, il faut donc poser les questions lors de tes entretiens sur la position financière de la startup : de quand date la dernière levée de fonds, à quelle valorisation, etc.
- **Tu ne reçois pas les BSPCE immédiatement, il faut les mériter.** Si on pouvait obtenir des options dans une startup au moment du recrutement, rien n'empêcherait de faire le tour des startups en *inception* et d'exercer plus tard les options dans celles qui ont fonctionné. Il est normal de travailler pour obtenir ces options. On appelle cela le *vesting.* Selon les standards du marché : tu n'as aucune option pendant un an (le *cliff*), puis tu débloques 25 % des options qui t'ont été attribuées tous les ans (ou 1/36e tous les mois, ou d'autres modèles plus complexes). Il faut donc (en général) rester dans la startup quatre ans pour avoir 100 % de tes options.
- **La liquidité des actions est limitée.** Cela signifie que les actions obtenues avec les options exercées sont difficiles à revendre. C'est facile à

1. The new 10-year vesting schedule, *Zach Holman*, 9 mai 2016, https://zachholman.com/.
2. Ekwity est l'un des nouveaux projets de The Family qui travaille à la structuration des ESOP (*employee stock option plans*) en Europe.

comprendre : comme la startup est privée (non cotée en Bourse), peu d'investisseurs voudront te les racheter et ta startup ne sera d'ailleurs pas forcément d'accord. Même si c'était le cas, tu ne saurais pas forcément à qui t'adresser. Il faudrait pour cela qu'il y ait une entité qui définisse les règles d'achat et de revente.

Une fois ces actions en poche, le seul moyen de toucher de l'argent (la liquidité) sauf rares exceptions consiste à attendre un événement dans la vie de la startup qu'on appelle un *exit* : une introduction en Bourse ou un rachat par une autre entreprise ou un fonds.

Le mécanisme des BSPCE

Supposons qu'en janvier 2019, deux employés souhaitent exercer leurs BSPCE dans une startup où ils travaillent et qui va bientôt réaliser un *exit* par introduction en Bourse à un prix de 100 € par action[1].

TABLEAU 2.2. GAINS COMPARÉS EN FONCTION DE LA DATE D'ARRIVÉE DES EMPLOYÉS

	Date d'arrivée dans la startup	Valorisation de la startup au moment d'arrivée	Nombre de BSPCE reçus	*Vesting*	Prix d'exercice (prix d'achat des actions)	Gain total
Employé A	Janvier 2015	1 €/action	1 000	100 % (4 ans)	1 000 €	99 000 €
Employé B	Janvier 2017	10 €/action	250	50 % (2 ans)	1 250 €	11 250 €

Le détail du calcul pour l'employé B est le suivant :

- on exerce 50 % de 250 BSPCE à 10 € = 1 250 € de prix d'achat ;
- on reçoit donc 125 actions (= 50 % × 250) pour ce prix ;
- ces 125 actions ont une valeur de 125 × 100 € = 12 500 € lors de l'introduction en Bourse ;
- le gain total est de 12 500 € - 1 250 € = 11 250 €.

Voilà quelques points pour mieux comprendre le fonctionnement de l'*equity* en startup. La question que tu dois te poser est évidemment : combien devrais-je en recevoir ? Encore une fois, la réponse dépend de la phase de la vie de la startup dans laquelle on se trouve :

1. Cet exemple est très schématique. Le prix par action est normalement déduit de la valorisation de la startup et du nombre de parts et le nombre de BSPCE distribués exprimé en pourcentage.

- En phase d'*inception*, beaucoup. Jusqu'à 1,5-2 % pour un employé vraiment clé ou le tout premier employé et plus de 0,1 % dans la majorité des cas (jusqu'au 10-15e employé)[1].
- À partir de la phase de croissance, le risque est moins élevé, donc l'attribution d'options diminue. Sur une grille de rémunération, on applique en général un coefficient multiplicateur inférieur à 1 qui diminue le montant attribué[2].
- En phase de maturité, les *packages* d'*equity* sont standardisés. C'est confortable, parce qu'on reçoit des options tout en se rapprochant d'un *exit*. Si l'*exit* arrive, c'est le jackpot : le *vesting* est souvent accéléré.

TABLEAU 2.3. SALAIRE ET *EQUITY* EN STARTUP[3]

	Inception	Croissance	Maturité
Salaire	< prix de marché	= prix de marché	= prix de marché
Equity	~ 0,1-1,5 %	~ 0,01 % – 0,1 %	*package fixe*
Ce que cela signifie concrètement[3]	~ 1 % de chance de gagner 20 ans de salaire	~ 10 % de chance de gagner 10 ans de salaire	~ 50 % de chance de gagner entre 1 et 5 ans de salaire

LE *TIMING*

Tu as dû déjà remarquer que beaucoup de critères pour faire ton choix dépendent du moment de la vie de la startup : le niveau de risque que tu prends, ce à quoi va ressembler ton travail, les retombées économiques que tu peux espérer, etc. Pour tout cela, le *timing* est crucial, notamment selon le poste que tu souhaites occuper.

Dans tous les cas, en tant qu'employé, il est dangereux de rejoindre une startup avant son *product/market fit* (PMF), c'est-à-dire tant que les fondateurs n'ont pas fait le travail de trouver les premiers clients et d'orienter leur produit : ils ne peuvent pas demander à un employé de faire ce qu'eux-mêmes n'ont pas compris.

Selon le poste, on peut donner une orientation logique à sa carrière :

1. Cela peut être moins pour un rôle très junior, moins essentiel dans la startup ou avec plus de variable.
2. Voir l'exemple donné par la startup Alan en fonction de la taille de l'équipe et le niveau de seniorité : Pourquoi nous sommes 100 % transparents sur les salaires de nos employés, 25 juin 2017, www.maddyness.com.
3. Pour aller plus loin : *Startup Employee Perks & Incentives, part 1& 2*, Willy Braun, février 2017, medium.com.
4. C'est une façon mentale de se le représenter et non pas une statistique exacte.

- ***Sales et growth hacking :*** dans ces postes, les *hard skills*, c'est-à-dire les compétences pures, sont importantes. En début de carrière, rejoindre des startups en phase de croissance ou de maturité permet de développer sa palette de compétences. Plus le temps passe, plus on est à l'aise et plus on peut s'orienter vers la phase d'*inception* pour se mettre au défi de faire décoller une nouvelle aventure.
- ***Dev :*** de manière similaire, il vaut mieux commencer en phase de croissance pour développer ses compétences et parce que le marché a plus de reconnaissance économique à cette étape (la demande explose, les salaires sont élevés). Pour le défi intellectuel, on peut ensuite rejoindre une startup plus proche de la phase d'*inception*.
- ***Ops :*** il faut se frotter au chaos et apprendre à l'apprivoiser très tôt. Rien de mieux qu'une startup en phase d'*inception* pour comprendre comment maîtriser des opérations basiques, avant d'être sollicité sur des opérations plus *challengeantes* dans des phases de croissance ou de maturité. La marge d'erreur est plus grande en *inception* car avec la croissance et le nombre de clients, une erreur opérationnelle est inadmissible dans les phases suivantes.
- ***Product Management :*** pour apprendre à construire un produit en partant de zéro, on peut commencer en *inception.* Cela permet ensuite de gérer des pans entiers de produits plus complexes en phase de croissance ou de maturité.
- ***Customer Success :*** inutile en phase d'*inception* car les clients ne sont pas encore fidélisés et trop peu nombreux. C'est un poste qui devient pertinent à partir de la phase de croissance.
- ***Chief Financial Officer (CFO) :*** ce poste apparaît en même temps que l'argent dans une startup. Il faut donc avoir levé des fonds ou généré assez de revenus pour commencer à gérer les finances de l'entreprise. Commencer en phase de croissance permet de voir la complexité des opérations de financement augmenter progressivement (valorisation, structuration des plans d'options, clauses moins habituelles, *earn-out*, travail avec les banques d'investissement, etc.) avant de rejoindre des startups très exigeantes en phase de maturité (car proche de l'*exit*).

LES FONDATEURS

L'une des bonnes raisons de rejoindre une startup est d'avoir foi en ses fondateurs. La relation de l'employé à l'entrepreneur est ambivalente et il faut :

- accepter de respecter le fondateur tout en intégrant qu'il ne sait pas nécessairement ce qu'il fait en démarrant sa startup ;
- se soumettre à son *management* et à son *leadership* tout en sachant qu'il finira par recruter des gens meilleurs que lui dans chacun des domaines d'activité de l'entreprise ;
- accepter de le voir déployer un optimisme débordant pour la réussite de sa startup tout en étant aux premières loges des difficultés qu'elle rencontre.

Pour toutes ces raisons, il est nécessaire d'admirer les fondateurs qu'on rejoint. Attention, il on ne parle pas d'une admiration béate et incapable de la moindre critique objective, mais d'une admiration qui pousse à s'investir auprès de lui dans sa mission.

Elle peut être de différentes natures : pour un employé *junior*, on peut avoir de l'admiration pour l'une des compétences d'un des fondateurs (sa capacité à vendre, ses talents de développeur, sa vision du produit). On peut alors se dire que l'on apprendra beaucoup à ses côtés. Pour un employé plus *senior*, ce peut être l'admiration pour le tempérament et la ténacité entrepreneuriale du fondateur, une capacité à exécuter précisément et à faire prendre vie à sa vision. C'est alors moins une admiration *technique* que *personnelle*. On se dit que l'on fait partie d'une aventure qui ne tient qu'à la détermination de ses fondateurs.

Selon l'avancement de la startup, il faut aussi que le fondateur se soit transformé de bon *doer* (exécutant) en phase d'*inception*, en bon *manager* en phase de croissance ou en bon *leader* en phase de maturité. Cette capacité de changer de rôle avec le développement est nécessaire, non seulement pour que la startup avance, mais aussi pour garder l'admiration des employés.

LA MISSION

On peut rejoindre une startup car on croit en sa mission. Cette dernière fait avancer les fondateurs et donne un idéal moral et de sens plutôt qu'un idéal économique aux employés. Les entrepreneurs ont une vision du monde qui est la raison d'être de la startup. Le but ultime, au-delà de l'argent, est de la faire triompher et de la matérialiser un peu plus chaque jour.

La mission forge la culture de l'entreprise : elle définit les valeurs fondamentales qui vont guider les façons de procéder internes, les non-dits, la mentalité générale. Si la mission de Facebook est de trouver les meilleurs moyens de connecter les personnes les unes aux autres, il faut nécessairement une culture ouverte et inclusive. Note d'ailleurs que le véritable marqueur de la culture d'entreprise n'est pas ce que les posters sur les murs racontent. La culture d'entreprise réelle est celle qui est célébrée par les décisions *managériales* : recrutement, promotion, etc. Comment les employés récompensés ont-ils fait pour en arriver là ? Quelles qualités ont-ils déployées ?

Une bonne mission est également asymptotique : il s'agit d'un idéal vers lequel on tend mais que l'on n'atteint jamais. Être le meilleur du marché n'est pas une bonne mission : une fois que ce but est atteint, on n'a plus de motivation suprême pour nous guider.

1. *Open letter to the Airbnb community*, Brian Chesky, 25 janvier 2018, press.airbnb.com.

L'un des meilleurs *mission statements* récents est celui d'Airbnb dans une lettre ouverte de Brian Chesky[1] à sa communauté. Il affirme qu'il ne laissera pas les objectifs financiers à court terme dévoyer sa mission à long terme – construire un monde où chacun est chez lui n'importe où (*a world where every one of us can belong anywhere*) – et qu'il est prêt pour cela à se donner un horizon de temps infini.

Dans ton cas, tu pourras toujours trouver une startup qui a une mission qui te fait vibrer : il faut que la vision des fondateurs te stimule intellectuellement et te pousse à te dépasser, que tu aies réellement envie de t'investir dans son accomplissement. Passe autant de temps que nécessaire pour trouver la bonne cause, puis donne-toi à fond !

LA TRACTION

Le critère objectif pour rejoindre une startup est la traction. Nous l'avons vu dans le premier chapitre, une startup est définie par sa croissance. Au-delà de tous les signaux externes, des levées de fonds, des concours gagnés, des articles de presse, du bagout ou des compétences des fondateurs, de ton attirance pour la mission, du salaire proposé, des avantages en nature ou du style de vie qu'on te propose, le réel moyen de savoir si la startup avance est d'observer sa croissance.

Évidemment, les entrepreneurs ne vont pas étaler leurs chiffres dans la presse ni te déballer leurs *spreadsheets* au premier entretien. Mais, si lors des derniers tours ou au moment de signer, ils refusent de te donner les taux de croissance des derniers mois, ou qu'ils sont évasifs, ce n'est pas forcément bon signe.

Tu trouveras au chapitre 6 une boîte à outils avec les *metrics* pertinents à observer.

FEAR THE WALKING DEAD : ÉVITE LES STARTUPS ZOMBIES

Par opposition à toutes ces raisons qui peuvent t'amener à choisir une startup, quelques clés existent pour ne pas finir dans une des startups à éviter absolument.

L'écosystème startup est peuplé de ces zombies qui ne font pas ou trop peu de croissance, qui pensent être des startups alors qu'elles sont des PME ou dont les fondateurs n'ont pas compris l'exigence élevée de lancer une startup. Voici quelques indices pour les repérer empruntés à Mathias Pastor, *Director* chez The Family et qui est bien placé pour les connaître puisqu'il a lui-même été fondateur d'une startup zombie.

LA LEVÉE DE FONDS N'EST PAS UN BON CRITÈRE

Si on a commencé à évoquer ce sujet en parlant des investisseurs, il est intéressant d'approfondir la question. Une startup qui « lève », c'est en général un bon signe : des investisseurs lui font confiance pour continuer à se développer.

Seulement, tout un ensemble de raisons sous-jacentes qui font le succès de la levée peuvent être en fait de « mauvaises » raisons de lever de l'argent :

- on lève sans avoir de plan pour accélérer ;
- on lève pour faire comme tout le monde ;
- on lève sans être prêt alors qu'on n'a pas encore atteint son *product/market fit* ;
- on lève parce que le fondateur est très bon en *pitch* et arrive bien à cacher les défauts de l'entreprise ;
- on lève parce que les *business angels* ont une forte incitation fiscale à le faire (surtout valable pour Londres) ;
- on lève, mais avec des investisseurs qui sont loin d'être les meilleurs sur le marché (ce qui suppose, évidemment, de savoir qui est qui dans le monde de l'investissement).

La raison objective de lever est la traction : on lève pour accélérer sa croissance une fois qu'on a trouvé son PMF. Si tel est le cas, alors tout va bien. Quand on voit qu'une startup a levé, il faut se demander qui a investi et pourquoi.

La question se pose beaucoup moins quand la startup a levé beaucoup d'argent : on fait rarement (voire jamais) une série A sans raison objective.

SOIS SÛR QUE L'ÉQUIPE MAÎTRISE SON PRODUIT ET SA *TECH*

Il arrive qu'un fondateur décide de confier la construction de son produit à une agence ou à un *freelancer*. Dans certains cas particuliers, ce n'est pas très grave : si l'important dans cette startup est d'abord de construire la communauté ou d'acquérir de la *supply*, ou encore si on distribue un produit physique, elle peut fonctionner pendant un moment en externalisant la *tech*.

Cependant, c'est rarement bon signe : pour construire un empire, il faut avoir un produit que les utilisateurs adorent. Aucune chance que ce soit le cas si l'on doit faire passer un cahier des charges à une agence, si l'on n'a pas la main sur les données pour comprendre ce qui fonctionne ou ne fonctionne pas et si l'on n'est pas libre d'améliorer son produit directement.

Au final, le problème réside moins dans la technologie que dans le produit. Ce dernier est au cœur de la proposition de valeur pour le client. Il faut que les fondateurs aient la main dessus en phase d'*inception* et que toute la technologie soit également internalisée au plus tard à partir de la phase de croissance.

En tant que développeur, si tu arrives en tant que premier employé, ton rôle peut être de reprendre le contrôle de la *tech*. À ce moment précis, n'hésite pas à demander à rencontrer les prestataires qui ont construit la solution pour comprendre la philosophie du produit et de la *tech*.

LES ARMÉES DE STAGIAIRES, C'EST MAUVAIS SIGNE

« Bras droit du CEO. Poste très responsabilisant. La mission est d'assister le CEO dans toutes ses tâches quotidiennes. Durée : six mois. Rémunération : 400 € et un malabar. » Cela te semble familier ?

Sans être complètement rédhibitoires, surtout dans les startups en phase de maturité un peu plus structurées, les stagiaires ne sont pas des ressources de choix. Leur investissement dans le temps est limité et leur courbe d'apprentissage est nécessairement tronquée : le temps qu'ils soient à plein régime, ils devront partir. Cela ne les incite pas à se donner pleinement dans l'accomplissement de la mission.

Si en avoir quelques-uns par équipe pour leur permettre d'apprendre et disposer d'énergie supplémentaire sans devoir embaucher peut être acceptable, fonctionner avec trop de stagiaires est un mauvais signal :

- soit les fondateurs n'ont pas les moyens de payer correctement des employés et ils emploient des stagiaires en demandant la même charge de travail, auquel cas c'est un mauvais signe à la fois quant à la santé financière de la startup et quant aux qualités morales des entrepreneurs ;
- soit les fondateurs n'ont pas compris l'importance d'avoir des employés alignés avec leur mission et rétribués correctement, et c'est pire encore car il y a là un manque d'ambition létal.

EQUITY POUR TOUS !

On l'a dit et redit : tous les employés de startup devraient avoir droit à une part d'*equity*. C'est une question d'alignement d'intérêts entre les entrepreneurs, les investisseurs et les employés. En effet, sans intérêt économique clair, rien ne pousse l'employé à se dépasser.

TU NE PEUX PAS RÉSOUDRE TOUS LES PROBLÈMES D'UNE STARTUP

Les startups, n'ont pas besoin de chevaliers blancs. Si les entrepreneurs sont incapables de résoudre leurs problèmes stratégiques, ce n'est pas aux employés de le faire pour eux.

Les entrepreneurs devraient recruter parce qu'ils n'ont plus le temps de réaliser une tâche ou qu'ils ont compris comment l'optimiser et qu'ils cherchent quelqu'un de plus performant qu'eux pour ce travail (il n'y a rien de honteux pour Elon Musk à dire qu'un expert en astrophysique sera meilleur que lui pour *designer* des fusées qui iront sur Mars). Il faut en revanche qu'ils aient déjà compris comment le faire pour bien déléguer et bien *manager*.

Une nuance est à apporter ici pour les startups qui ont atteint leur PMF, grandissent, et savent que les défis qui les attendent en *marketing*, en *supply chain*, en distribution, etc., sont trop grands pour les épaules des fondateurs. À ce stade, recruter une personne avec de l'expérience dans ce domaine est normal. Facebook peut tout à fait se permettre de recruter Yann LeCun pour gérer son département de recherche en intelligence artificielle, puisque c'est l'expert mondial du sujet.

FUIS LES MURS DE TROPHÉES

Si une startup accumule les prix dans les concours de *pitch*, d'innovation interne, etc., on peut trouver là le signe qu'ils se préoccupent plus de gonfler leur CV ou de rassurer leur maman que de construire un vrai produit utile pour leurs clients. Ces distinctions ne sont utiles que si elles apportent du *business* aux startups ; or c'est rarement le cas. En général, il s'agit là de *vanity metrics*.

ON NE TE LAISSE PAS VOIR LES CHIFFRES SANS NDA

Comme nous le disions à propos de la traction, les entrepreneurs doivent pouvoir te communiquer leurs chiffres à un stade d'entretien avancé. Le NDA (*non disclosure agreement* ou accord de confidentialité) traduit :

- un manque de lucidité envers ce qui est important en startup, car dans le pire des cas, ce n'est pas parce qu'un concurrent connaît les chiffres de croissance qu'il sera capable de les répliquer, de signer plus de clients ou même de mieux négocier une levée de fonds… *benchmarks are for losers* ;
- ou, plus grave, un manque de confiance envers son futur employé : si après plusieurs entretiens de qualification, on n'est toujours pas prêt à être transparent et direct envers un futur employé, c'est qu'on a quelque chose à cacher (et on est malhonnête) ou qu'on n'a pas réellement envie de lui faire confiance ; autant ne pas le recruter.

RENCONTRE L'ÉQUIPE

Une *due diligence* normale pour un futur employé consiste à rencontrer certains des membres de l'équipe et à s'imprégner à travers eux de la culture de l'entreprise et de l'ambiance. S'il est normal de ne pas déranger toute l'équipe dès le premier tour, c'est en revanche un mauvais signe si les fondateurs t'empêchent de rencontrer des membres de l'équipe après plusieurs entretiens.

TROUVER LE JOB DE TES RÊVES

Voilà, tu es convaincu, les startups, c'est fait pour toi ! Tu as tous les éléments en main pour faire le bon choix. Maintenant, concrètement, comment vas-tu trouver le job que tu veux ? Voici quelques conseils pour faire pleuvoir les opportunités !

COMPRENDS LES DYNAMIQUES DE RECRUTEMENT

Tu l'auras compris, être le premier employé dans une startup en phase d'*inception* n'est pas la même chose qu'arriver centième dans une startup en phase de croissance. À vrai dire, les moyens d'y arriver sont différents :

- En général, une startup en phase d'*inception* n'est connue ni de ses clients prospectifs, ni de ses investisseurs potentiels, ni de ses employés futurs. Son existence est balbutiante et on tombe dessus par hasard. Pour arriver au début de l'aventure, il faut une part de chance : connaître quelqu'un qui connaît quelqu'un ou être déjà extrêmement bien connecté dans l'écosystème. C'est une question d'opportunité qui se présente. En revanche, il est plus facile d'être recruté : la startup a besoin de gens motivés par la mission pour la rejoindre et les candidats ne se bousculent pas au portillon. Dans cette phase, les postes clés sont en *ops*, en produit/*dev* et en *sales*.

- En phase de croissance, la startup recrute ! Pour croître, la ressource principale est l'humain : il faut de plus en plus de personnes dans l'équipe pour vendre, pour améliorer le produit, pour gérer les clients et les opérations quotidiennes. Il n'est pas rare de voir l'effectif d'une équipe être multiplié par deux ou par trois en quelques mois lors de cette phase.

L'astuce à retenir

Une startup qui lève des fonds s'apprête à recruter. Ceci est vrai dans quasiment tous les cas, et tu peux par exemple te mettre des alertes Google pour suivre les levées de fonds afin de savoir qui recrute.

On commence à trouver les offres un peu plus facilement : dans des *jobboards*, sur des plateformes de recrutement ; la startup se déplace dans des forums carrière, écrit dans la presse qu'elle recrute, utilise des services spécialisés pour trouver les bons candidats[1]. Il est en revanche plus dur d'être embauché : les candidats sont plus nombreux, la startup est plus au courant des profils dont elle a besoin et structure ses méthodes de recrutement. Dans cette phase, tous les postes sont clés, avec un accent particulier sur *sales* et *growth*.

- **En phase de maturité,** les recrutements sont cycliques. Comme dans tous les groupes, un département RH gère les arrivées et départs de main de maître, les *process* de recrutement sont optimisés et gravés dans le marbre, on voit les offres d'emploi sur tous les sites d'embauche traditionnels. Dans certains cas, on ira chercher un profil très particulier (et en général *senior*) pour résoudre un problème stratégique nouveau qui se pose à la startup. On parle alors de chasse de tête.

TABLEAU 2.4. LE RECRUTEMENT EN STARTUP

	Inception	Croissance	Maturité
Où trouver ?	Cercle proche/ écosystème connecté	Écosystème : *jobboards*/startup RH/presse	Sites emploi classiques
Difficulté du recrutement	–	++	++
Quels profils ?	*Ops, sales, product/dev*	Tous (*growth* et *sales* +)	Tous (*growth* –)

REVERSE-ENGINEERING : CE QUE VEULENT LES ENTREPRENEURS

La légende raconte que les Romains ont réussi à imposer leur domination sur toute la Méditerranée en capturant un seul et unique bateau de guerre phénicien. Alors puissance uniquement continentale, Rome a été capable, en déconstruisant le bateau ennemi et en copiant son procédé de fabrication, de créer une flotte de 80 navires de guerre en moins d'un mois. Les Romains étaient donc les premiers *reverse-engineers* de l'histoire.

1. En vrac : Welcome to the Jungle, JobTeaser, Qapa, Kudoz, Fuyons la Défense, Hiresweet, Talent.io, etc.

Le *reverse-engineering* est une méthode de construction d'un produit très particulière. On part d'un produit ou d'un système fini, on le déconstruit pour comprendre comment il a été assemblé et on est alors normalement capable de le reconstruire. Eh bien, tu peux appliquer exactement la même méthode pour comprendre comment recrutent les entrepreneurs et faire en sorte d'être celui qu'ils recherchent. Il ne s'agit pas de passer entre les mailles du filet et de prétendre être ce que tu n'es pas, mais de savoir ce que les entrepreneurs veulent et de montrer que c'est toi qu'il faut choisir. Entrons donc dans la tête d'un entrepreneur qui recrute.

Tous les fondateurs de startup le savent ou finissent par s'en rendre compte : recruter la bonne personne est absolument crucial. Le coût du recrutement d'une personne qui n'a pas de *fit* dans l'équipe ou pas les capacités attendues est énorme. Il est donc nécessaire de bien recruter et à ce jeu-là, le livre *Who ?*[1] détient la palme du meilleur guide.

Cet ouvrage explique en détail les étapes à mener avant et pendant le *process* de recrutement, décrit le profil du candidat idéal (le *A-player*) et donne les exemples de questions à poser en entretien pour le détecter. Nous ne pouvons que t'inviter à le lire pour découvrir tout ce savoir en détail. Voici les leçons à en tirer :

- **Les bonnes startups savent pourquoi elles recrutent :** si en phase d'*inception*, il y a encore de la place pour de la sérendipité dans le recrutement, à partir de la phase de croissance, aucun employé n'est recruté au hasard. Pour toi, c'est la possibilité de savoir en quoi consistera ton rôle, mais surtout les qualités sur lesquelles tu seras sélectionné pendant le processus. Si la startup a besoin d'un *sales*, prouve que tu es le meilleur *sales* pour le job, et pas quelqu'un qui peut aussi toucher au *growth* et au *dev*.
- ***Culture beats skills :*** la capacité d'un employé à bien s'intégrer au reste de l'équipe est fondamentale et encore plus importante que ses capacités techniques. Pour toi, cela veut dire adhérer sincèrement à la mission de l'entreprise, croire en sa vision et demander à rencontrer le reste de l'équipe ou une partie de l'équipe avant de t'engager, pour voir si l'ambiance te convient.
- **Les meilleurs candidats sont introduits ou chassés :** il y a peu de chance que le candidat idéal pour un poste toque à la porte si l'on ne s'appelle pas Google ou Goldman Sachs. Il y a trop d'opportunités ailleurs. Les entrepreneurs ont tendance à faire confiance à des tiers lorsqu'ils reçoivent une recommandation pour un candidat qui serait bien chez eux. Pour toi, il s'agit de trouver une porte d'entrée différente du simple e-mail de candidature, d'expliquer à quelqu'un qui te connaît et qui connaît cette startup pourquoi tu serais le meilleur pour le poste et de demander à être mis en relation.
- **Les *process* d'entretien sont d'autant plus rodés que la startup est efficace :** appelons cela un cercle vertueux ou un effet boule de neige. Les meilleures startups ont les meilleurs processus de recrutement, donc elles recrutent

1. Smart G., Street R., *Who : The A method for Hiring*, Ballantine Books, 2008.

bien, donc elles restent meilleures. Il faut noter que les entretiens et les questions à poser sont généralement fixés : on va chercher à découvrir si tes valeurs collent avec celles de l'entreprise, si tu as le niveau d'ambition qu'il faut pour rejoindre une aventure startup, si tes qualités techniques correspondent à celles recherchées.

- **Si une startup te veut vraiment, elle va se vendre :** le recrutement est une opération de séduction des deux côtés. Ce n'est pas uniquement à toi de montrer que tu as ce que la startup recherche, c'est aussi à elle de te montrer que tu corresponds au poste et qu'elle veut te recruter. Tu te sentiras bienvenu, tu verras que la manière de fonctionner correspond à ton style de vie. Si ce n'est pas le cas, demande-toi si tu as vraiment envie d'y travailler.

Ce dernier point est sûrement le plus important. *Reverse-engineerer* (si si, c'est un verbe) les attentes des entrepreneurs permet de t'assurer que ton système de valeur correspond à celui d'une startup donnée. Il faut être au clair avec ce que tu attends, comme expliqué dans la première partie de ce chapitre. Le but est qu'il y ait un *match* entre toi et la startup. Il ne faut pas vouloir entrer dans le cadre à tout prix.

Exemples de questions à poser aux entrepreneurs

Si les questions des entrepreneurs ont pour but de t'évaluer en entretien, il est normal de leur en poser aussi pour savoir si leur startup te correspond et si tu fais bien de la rejoindre. Voici deux grandes catégories de questions pour t'aiguiller :

- **les questions *fit* culturel** auxquelles il n'y a pas de mauvaise réponse ; toi seul peux savoir si la réponse te convient :
  - pourquoi t'es-tu fixé cette mission ?
  - as-tu une anecdote sur un moment très difficile dans la boîte et comment l'as-tu géré ?
  - comment vois-tu la startup dans dix ans ?
  - comment as-tu rencontré ton meilleur ami ?
- **les questions *spot the red flag* :** pas de réponse, une réponse vague… c'est mauvais signe !
  - à quoi ressemble la croissance de la startup ces trois derniers mois ?
  - de quand date la dernière levée de fonds ? À quelle valorisation ? Combien de temps la boîte peut-elle vivre avec ce *cash* ?
  - aurai-je de l'*equity* ? les employés ont-ils tous de l'*equity* ?
  - quels sont les gros *challenges*/chantiers du moment ? pourquoi serais-je utile dans ce cadre ?

INVESTIS DANS TOI-MÊME : APPRENDS À APPRENDRE

L'une des conclusions que tu peux tirer de tout ce qu'on a dit dans cette partie est simple : la distance entre toi et le job de tes rêves est d'autant plus courte que tu te mets dans la position de le trouver et de l'avoir.

Pour cela, il faut aspirer tout ce que tu peux de connaissance technique ou culturelle sur les startups, de culture générale sur l'écosystème entrepreneurial, de *news* fraîches des startups en France et ailleurs, autant pour avoir un coup d'avance par rapport aux autres candidats quand tu postules, que pour rester excellent en tant qu'employé. Facile à dire, difficile à faire, mais voici encore une fois quelques astuces qui peuvent être utiles :

- **Complète ta formation :** du *growth hacking* au développement en passant par l'*UX design* et les *sales*, toutes les disciplines propres aux startups s'apprennent. Certaines formations existent en présentiel, en mode *bootcamp* ou en cours du soir ou du week-end. D'autres se passent en ligne, *via* des MOOC ou des services décentralisés. Beaucoup d'entrepreneurs partagent leurs *best practices* dans des articles que tu peux trouver directement sur Google. L'essentiel est de savoir ce que tu souhaites apprendre et de suffisamment creuser le sujet par tes propres moyens pour savoir si tu souhaites continuer à l'explorer et quelles sont les meilleures ressources pour le faire.
- ***Follow the lead:*** pour être au fait de l'actualité des startups et décrypter les nouvelles de l'écosystème, rien de mieux que de se constituer un panel d'experts qui partagent leur avis sur les actus *tech* et sur des sujets de fond propres aux startups. L'idée est de suivre leurs avis, convergents ou divergents, pour te forger ta propre opinion et commencer à lire entre les lignes des articles de presse.
- **Constitue ta tribu :** les lions chassent mieux avec leur tribu ! Le meilleur moyen de s'échanger les bons articles, les nouvelles croustillantes, les infos et le savoir est de faire partie d'un groupe de personnes qui partagent le même intérêt pour les startups.

  Les entrepreneurs écrivent des articles et se partagent des astuces entre eux, il est grand temps que les employés fassent preuve de la même ouverture pour s'aider à progresser mutuellement. C'est notamment l'une des forces de la formation Lion : le réseau d'anciens qui grandit et qui développe ses compétences au fil des saisons.

Liste non-exhaustive d'experts *tech* à suivre

En anglais :

- **Professeurs** : Clayton Christensen, Steve Blank, Michael Porter, Yves Pigneur et Alexander Osterwalder, Vivek Wadwha, Eric Ries, Michael Mauboussin.
- **Investisseurs** : Paul Graham, Fred Wilson (AVC), Bill Gurley (AboveTheCrowd), Benedict Evans (son blog et sa *newsletter*), Ben Horowitz, Marc Andreessen, Mark Suster (*Both Sides of the Table*), Andrew Chen, Christoph Janz, Fred Destin, Chamath Palihapitiya, Jean de la Rochebrochard, Peter Fenton, Brad Feld, Oussama Ammar, Bill Janeway, Chris Sacca, Vinod Khosla, Sam Altman, *First Round Review*.
- **Entrepreneurs/autres** : Ben Thompson (Stratechery), Andrew Ng, Nicolas Colin (sa newsletter), Tim O'Reilly, Justin Kan, Jason Lemkin, Robin Klein, Mark Pincus, Brian Chesky, Reid Hoffman.

En français :

- Xavier Niel, Frédéric Mazzella, Francis Nappez, Jean-Baptiste Rudelle, Thibaud Elzière, Nicolas Steegmann, Jean-Daniel Guyot, Alice Zagury, Willy Braun.

LA PART DU LION

Il y a de très bonnes raisons de vouloir devenir employé de startup. Si ton plan de carrière implique de participer à la construction d'un projet ambitieux, si tu veux développer rapidement beaucoup de nouvelles compétences, si tu veux un poste stimulant et exigeant, si tu n'as pas peur du risque, si tu préfères travailler dans un univers incertain, ou pour bien d'autres raisons qui te sont propres.

Tu pourras rejoindre une startup pour faire beaucoup de choses, mais il faudra choisir une dominante : si tu préfères construire, tu seras *product* ou *dev;* si tu préfères vendre, opte pour un poste de *sales*. *Growth* te conviendra si tu as l'esprit ingénieux pour attirer de nouveaux clients et *ops* si tu as la structure et l'organisation pour faire tourner l'activité quotidienne. D'autres rôles existent aussi quand la startup grandit.

Quoi que tu veuilles faire, choisir la bonne startup est important : avoir un salaire décent ainsi que des parts dans l'entreprise, avoir confiance dans l'équipe de fondateurs, croire en sa mission et voir que la startup est en croissance sont les critères objectifs et subjectifs pour te guider. Évite à tout prix les startups zombies qui te feront perdre ton temps.

Pour trouver le poste de tes rêves, comprends les dynamiques de recrutement propres du marché startup, sois au courant de ce que les entrepreneurs attendent et forme-toi pour être meilleur que les autres. C'est ce que les prochaines parties du livre t'aideront à faire.

PARTIE 2

LE SAVOIR-ÊTRE DES MEILLEURES STARTUPS

CHAPITRE 3

LE *MINDSET* DES EMPLOYÉS DE STARTUP

"NEVER DOUBT THAT A

SMALL GROUP

OF THOUGHTFUL,

COMMITTED CITIZENS

CAN CHANGE THE WORLD;

INDEED, IT'S THE ONLY THING

THAT EVER HAS"[1]

1. Ne doutez jamais qu'un petit groupe d'individus conscients et engagés puisse changer le monde. En fait, c'est toujours ainsi que le monde a changé.

La citation en exergue est attribuée à Margaret Mead. En réalité, les chercheurs n'en ont jamais trouvé aucune trace dans son corpus. Cela lui donne encore plus de force : une vérité générale écrite et réécrite à travers le temps, mythifiée. Elle justifie à elle seule la raison d'être des startups : pour transformer le monde, pour initier une révolution, il suffit d'un petit nombre de gens motivés.

En effet, les révolutions – en particulier les révolutions du monde des affaires – trouvent rarement leur origine dans les entrailles d'organisations gigantesques : onze personnes ont suffi à créer Google, Amazon, Facebook et Apple[1], avec l'aide de quelques employés déterminés. Pourtant, il n'y a pas plus d'intelligence, d'expertise ou de génie chez les employés de startup que chez ceux des autres structures. Au contraire, les ressources quasi infinies des grands groupes leur permettent d'attirer les meilleurs experts dans chaque domaine. Comment expliquer alors cette capacité des startups à s'élever à la mesure d'une tâche qui paraît titanesque ?

Paradoxalement, la singularité des employés de startup ne réside pas dans leurs compétences. Il faut leur reconnaître quelque chose d'autre : un supplément d'âme, une coloration qui les différencie et qui les rend plus performants. Cet élément distinctif est l'état d'esprit, le *mindset*, c'est-à-dire un pragmatisme et une volonté sans faille qui vise à faire réussir la startup.

Tu as appris, dans les chapitres précédents, qu'une startup a une mission – une vision du monde forgée par les entrepreneurs – qu'elle cherche à réaliser. Tu as appris également qu'il faut choisir ta startup en partie parce que tu adhères à cette mission. La raison est simple : en alignant ta mission sur celle des entrepreneurs et de tes collègues, vous créez un groupe puissant que rien ne peut arrêter, prêt à faire triompher sa vision. En adoptant une attitude pragmatique qui cherche à faire avancer la machine, tu exécutes les bons mouvements pour rendre cette vision réalisable. C'est cela, le bon *mindset*.

1. Larry Page et Sergey Brin (Google) ; Jeff Bezos (Amazon) ; Mark Zuckerberg, Eduardo Saverin, Dustin Moskovitz, Chris Hughes et Andrew McCollum (Facebook) ; Steve Jobs, Steve Wozniak et Ronald Wayne (Apple).

« DÉBROUILLE-TOI, MA GUEULE »

LA PROF

Alice Zagury,
cofondatrice et présidente de The Family

Alice a eu l'occasion de donner un cours sur le *mindset* chez Lion en 2016, lors de la toute première saison. L'idée était de considérer les élèves comme autant de nouveaux employés de The Family.

Publié en tant qu'article, le compte-rendu de ce cours est un condensé saisissant et vivant de ce qui constitue l'état d'esprit d'un bon employé de startup.

Nous cédons donc la plume à Alice afin qu'elle nous dise comment elle s'y prend pour faire intégrer les codes et les valeurs de sa société à de nouvelles recrues, en plus de les rendre efficaces dès le premier jour.

LA PROBLÉMATIQUE

J'ai pris ce cours comme un *onboarding* simultané de 160 personnes, en me disant que c'était un avant-goût des prochaines années de The Family – Ah ah ah, bah oui.

Le sujet dont je veux parler, c'est celui par lequel nos employés intègrent The Family : le pragmatisme.

PARLER DE FAIRE, THÉORISER LA PRATIQUE… N'EST-CE PAS PARADOXAL ?

Certainement. Pour autant, toutes les startups qui cherchent des gens capables de passer à l'action dès le démarrage vivent un enfer. Pourquoi ? Parce que les problématiques complexes des startups attirent des personnes brillantes, certes, mais qui ont été encadrées dans des jobs où les *process* étaient déjà en place.

LE PRAGMATISME N'EST PAS NATUREL

Il est inculqué par la famille ou l'environnement. Si en France règne le « passe ton bac d'abord ! », les pays scandinaves et anglo-saxons ont coutume d'encourager le *gap year* avant de choisir ses études supérieures.

Le pragmatisme peut s'imposer violemment, sans laisser d'autre choix que celui de se débrouiller, trouver des béquilles qui se transformeront en atouts ensuite – à voir les exploits en handisport, on comprend cette image.

Il peut aussi être volontaire. Certains deviendront plus pragmatiques que d'autres parce qu'ils ressentent le besoin de quitter leur milieu d'origine, par curiosité ou rébellion. Ils décident de ne pas attendre que le destin choisisse pour eux. S'il faut attendre que les talents motivés vivent une épiphanie et découvrent le pragmatisme par eux-mêmes, on peut dire bonne nuit à la croissance des startups. Voici en résumé, le pragmatisme expliqué à nos employés.

BIENVENUE

Imaginons qu'aujourd'hui, fraîchement recruté, tu intègres l'équipe de The Family. Avec le recul de cinq années d'existence, on a fini par rendre ces quelques règles explicites que je vais partager avec toi. Elles seront utiles également en dehors, la majorité des startups de The Family les applique.

C'est ton premier jour. Tu as lu le manifeste de The Family[1]. Tu as l'essentiel. Si quelque chose t'interpelle, parlons-en. La culture va évoluer au fil du temps ; les valeurs, elles, ne changent pas. Pose-toi cette question : est-ce que j'adhère à cette mission au point d'y consacrer tout mon temps ?

Tu vas te familiariser avec les outils et t'incruster à tous les rendez-vous des *directors* de The Family. Je ne te demande qu'une seule chose. Mets-toi en « mode éponge » : silence, observations, lectures et comptes-rendus. Tu plonges dans le grand bain… Ton seul objectif est d'absorber la culture pour devenir autonome dans ton travail. Ce mode va durer jusqu'à ce que tu puisses te débrouiller seul.

LES QUATRE MAXIMES MAGIQUES

NEVER TAKE IT PERSONALLY[2]

Peu importe que l'on soit ou non à la hauteur dès le départ. L'essentiel est de progresser. La courbe d'apprentissage dépend de ton attachement à l'image que tu as de toi – avoir son ego au bon endroit, comme on dit. Accepte les retours, aussi déstabilisants soient-ils. Craindre de perdre la face ou chercher à tout prix à démontrer que tu as raison, c'est foncer droit dans le mur.

Tu vas passer à l'action sans jamais disposer de l'ensemble des informations. Donc, forcément, des éléments vont t'échapper. Il te restera ton intuition et ton courage comme boussole.

1. https://www.thefamily.co/manifesto
2. Ne le prends jamais personnellement.

Quand on parie, on prend le risque de se vautrer, c'est le principe. Et le pire dans cette histoire, c'est que plus on est à fond, plus l'erreur fait mal ! Ne subis pas ce malaise, reprends le dessus. Il ne s'agit pas d'être « plus fort », il s'agit d'accepter que cela puisse te blesser pour de mauvaises raisons.

Être déçu par un résultat est une chose, c'est même une bonne chose, car cela prouve qu'on prend sa mission à cœur. Mais, que cela nous affecte au point de nous sentir infériorisés, en est une autre. Sachant que la malveillance n'a pas sa place à The Family, un retour n'est jamais là pour humilier, un retour est là pour progresser. Donc *take it easy !*

Le déclic, ce moment qui sonne la fin de la « phase éponge », se produit quand un membre de la *team* me dit en rigolant que « ça fait du bien de se prendre un *scud* ! ». C'est comme cela que l'on apprend. Il n'y a pas à se formaliser. Et pour info, c'est vrai à tous les niveaux, entre fondateurs, on s'en balance pas mal – spéciale dédicace à Oussama, distributeur officiel de baffes géantes.

DOING SHIT, I'M SCREWED. DOING NOTHING, I'M OUT[1]

Ici, on a coutume de dire que l'échec est accepté. Cela veut-il dire qu'on tolère la médiocrité ? Ah ah ah, non !

Si tu fais quelque chose qui est totalement à côté de la plaque, le retour est immédiat. On t'explique pourquoi cela ne fonctionne pas, et surtout, comment tu aurais pu faire autrement. Puisque tu ne le prends pas personnellement, tu rebondis. Mais si, par manque de courage ou par inadvertance, tu ne fais plus rien, là c'est chaud. Et ne te méprends pas, faire l'autruche arrive plus vite qu'on ne le croit. Il y a mille raisons de laisser en attente un projet :

- « Je n'avais pas tous les tenants et les aboutissants ». C'est typiquement le genre de phrase à proscrire. Personne ne dispose jamais de l'ensemble des infos. Si tu sens que tu manques d'éléments, va les chercher.
- « J'ai posé la question, je n'ai pas eu de réponse ». À partir du moment où tu es détenteur d'une mission, tu es responsable du fait qu'elle aboutisse, tu vas chercher les réponses par tous les moyens. Si tu dépends des autres pour avancer et qu'ils restent muets, avance sans eux, ils finiront par intervenir. Il n'y a pas de mal à mettre les gens au pied du mur. C'est toi qui imposes le rythme.

À la différence des grandes entreprise où, noyé dans la masse, on peut faire bonne figure ou se contenter de faire acte de présence, il n'existe pas de planque chez nous. La difficulté consiste alors à comprendre quel est son *scope* de responsabilités, ce sur quoi on est attendu. Pose-toi avec les *directors*, prenez le temps de redéfinir ta mission en termes d'objectifs à atteindre et de moyens à disposition. Ta responsabilité dépasse la simple exécution d'une action. N'attends jamais quand tu vois que quelque chose ne va pas. Affronte-le dès ses prémisses, agis, parles-en.

1. Je me goure, je suis cuit ; je ne fais rien, je prends la porte.

YES, BUT WHYYYYYY ?

Avant d'entreprendre une mission, reviens sur le sens de celle-ci. Retourne la problématique dans tous les sens avant de chercher les moyens d'y répondre. C'est un peu comme cet exercice ingrat qu'on détestait faire à l'école avant une rédaction : poser en vrac sur le papier ses moindres idées. Sans cela, le résultat sera limité. Par exemple, disons que demain, tu es en charge d'organiser UNIDÉ – il s'agit d'un week-end pour des étudiants de fac qui viennent apprendre à entreprendre chez The Family. Tu dois tout mettre en place : le site, les intervenants, 90 personnes, 3 jours, la sélection, chauffer les participants, préparer un programme génial et assurer un événement de clôture de folie. Tu as 30 jours.

Avant même de commencer le déroulé opérationnel dans les détails, si tu ne reviens pas à la question *pourquoi* fait-on cela, c'est foutu. Alors, pourquoi The Family organise ce week-end ? La réponse qui paraît évidente est pour favoriser la diversité des profils dans l'entrepreneuriat présents chez The Family. Oui, c'est large, alors pourquoi, dans le détail ?

- C'est du *deal flow startup* : cela signifie qu'il faut un maximum de candidats, mais aussi repérer les projets pertinents dès la phase de sélection avec un outil auquel toute l'équipe a accès.
- C'est une nouvelle source de recrutement : il va donc falloir redoubler d'efforts pour créer un programme où les étudiants puissent se surpasser et montrer l'ensemble de leurs talents.
- C'est l'occasion de partager de la *good vibe* avec toute l'équipe et de se rappeler ce à quoi on sert : ouvrir les perspectives pour ceux qui en veulent.

Pour que cela marche, il faut que toute la *team* prenne la mesure du sujet – faire preuve de *leadership* pour embarquer les gens… Comment ? En partageant ton plaisir au-delà de l'exécution opérationnelle qui ne doit donc pas t'ensevelir.

I'M ALWAYS FULL-STACK ON MISSIONS[1]

Il n'y a rien de pire que les jobs émiettés où l'on n'a aucune prise sur la suite de son travail. Ça t'ennuie d'être juste un pion dans la chaîne, ok, mais es-tu prêt à assumer de devenir la chaîne entière ?

De la magie à l'exécution, tu restes en charge. Si l'un de tes projets ne rebondit plus, c'est qu'il est temps de le tuer. N'aie d'ailleurs pas peur de partager cette décision, au contraire c'est plutôt sain ! Si le projet est terminé mais toujours d'actualité – tu étais responsable du site Internet de The Family par exemple – à toi de créer des alertes et une routine qui suivent et améliorent son usage.

Il n'y a pas de nostalgie chez The Family, un projet qui a bien marché mais qui n'a plus de croissance n'aura pas de mausolée. Cela évite de se perdre dans l'autosatisfaction. Chaque semaine, le champ des possibles s'ouvre à nouveau.

1. Je gère toujours tous les éléments de la mission.

L'HYMNE SACRÉ : *DARE, SHARE, CARE !*[1]

#DARE

LE SILENCE EST D'OR, ALORS JE ME TAIS

Si tu es là, c'est pour un engagement complet. Ni pour la sécurité de l'emploi, ni pour une médaille de plus sur ton CV, mais bien pour apprendre et grandir.

Concrètement, le temps d'absorption – le fameux « mode éponge » – varie selon les individus. Il peut durer un mois pour certains et cinq pour d'autres. Il s'agit du temps nécessaire pour raisonner à la manière de la boîte. Pour autant, on n'a jamais fini d'apprendre. Le « mode éponge » permet d'instaurer des rituels à garder ensuite pour rester en alerte tout au long de son job. Chez The Family, je demande aux nouveaux employés de se greffer à tous les *meetings*, de prendre des notes et surtout, de se taire. Cet impératif de silence va générer une frustration bénéfique, car une fois que l'on commence à participer, « c'est le feu ». C'est un peu comme ne pas céder à la tentation pour mieux savourer son moment.[2]

Par ailleurs, en partageant tes notes, les autres en bénéficient. En plus d'être utile, cette synthèse est surtout très agréable car la fraîcheur de ton regard aide le reste de l'équipe à reprendre conscience des détails extraordinaires qu'ils ne remarquent plus, par habitude ! C'est un peu comme présenter son petit ami de longue date à une collègue qui vous fait remarquer à quel point il est drôle et séduisant, cela revigore.

L'HUMILITÉ EST MON MEILLEUR ATOUT

Grâce à l'humilité, tu ne prendras pas les choses personnellement. Tout le monde sait ce qu'est l'humilité, mais peu de gens en font preuve, considérant qu'il s'agit là d'une faiblesse.

C'est un critère sur lequel The Family sélectionne les salariés comme les startups, car il permet d'identifier ceux qui vont progresser. La frontière entre l'humilité et le sentiment d'humiliation est ténue mais réelle. On se sent humilié quand l'image que l'on a de soi est rabaissée par le regard de l'autre. L'humilité commence quand on décide de prendre de la distance avec son ego. On accepte les mystères de l'univers, on vit bien le fait d'être un élément dans l'immensité du cosmos (figure 3.1).

1. Ose, partage, chouchoute.
2. L'expérience du marshmallow de Stanford porte sur la gratification différée et montre que plus grand est son contrôle sur soi, plus on a de chances de réussir.

FIGURE 3.1. HUMILIATION ET HUMILITÉ

JE NE CHERCHE PAS À ÊTRE COOL

L'intégration dans l'équipe n'est pas liée à ton niveau de sociabilité - au contraire, on aime les *freaks*. Elle découle de ton engagement au quotidien: tes actions, tes résultats. Dans un groupe où tous les gens se retrouvent autour d'une mission et de ses valeurs, on trouve sa place en contribuant à faire avancer ce qui rassemble. C'est tout.

Donc être sympa, tant mieux, mais dépense ton énergie dans le sens de la mission. Les «jeux politiques» ont bien moins d'importance en startup qu'ailleurs. Oublie les stratégies pour te faire bien voir. On voit déjà tout. Si les gens font la fête ensemble, c'est la conséquence des difficultés traversées collectivement, ce n'est pas la raison de la réussite.

PAY-IT-FORWARD

Pay-it-forward signifie «je te donne quelque chose aujourd'hui car je peux le faire, et on verra plus tard si tu me rembourses». C'est un mélange de:

- *gentlemanerie*: «tout le plaisir est pour moi»;
- exemplarité: «si je donne, toi aussi tu peux donner»;
- *good karma*: «si je te donne, ça nous reviendra à tous et de manière démultipliée».

Le *pay-it-forward* transforme les relations complexes en simples échanges. On sort de la relation dominant-dominé pour entrer dans une relation de complémentarité. Pour donner envie aux gens de travailler avec nous, pour inspirer confiance, pour sélectionner les personnes avec qui on veut travailler, l'esprit du *pay-it-forward* est simple: j'ouvre, je donne, je connecte.

Attention, il y a des gens qui ne savent que dominer, on les ignore autant qu'on peut. Si on ne peut pas les éviter, on fait avec et au mieux.

JE FAIS CONFIANCE

La confiance qui règne au sein de l'équipe et la confiance qu'on accorde au monde extérieur (entrepreneurs, partenaires, investisseurs, etc.) n'est pas la même.

En interne, elle est solide. C'est le ciment qui permet de donner le meilleur de soi. Faire confiance commence par partager l'information, poser des questions, demander conseil. Si tu reçois un conseil qui s'avère stupide mais que tu ne le dis pas, alors c'est qu'on ne peut pas *te* faire confiance : tu laisses des brèches s'installer. Cela fonctionne dans les deux sens.

Quant à la confiance vis-à-vis du monde extérieur, elle n'est pas acquise *du tout*. Quand on innove, on dérange. On mène une bataille, on a des ennemis. Identifie les vents contraires pour savoir comment prendre la vague. Il arrive que des amis deviennent des ennemis et inversement. Les avis se fondent sur des faits, renseigne-toi sur les expériences passées pour connaître la nature des relations. Cela dit, ne perds pas de temps là-dessus, on ignore les ennemis autant qu'on peut. Et pour finir, on attaque rarement en premier, en revanche, on termine toujours une bataille.

#SHARE

LA TRANSPARENCE CRÉE LE CONFORT

Oublie le « t'inquiète, je gère » qui est synonyme d'opacité. On partage et on clarifie l'information pour les autres. Il y a deux types d'infos :

- L'info flux est celle qui donne des éléments sur une situation en cours, une action qui va déterminer un résultat important pour différentes personnes dans l'équipe. Elle se partage sur Slack[1] et permet aux autres d'avoir le même niveau d'*update* sur un projet.
- L'info stock est un savoir fini, une expérience partagée pour être reproduite. Elle est facilement trouvable (Notion, Slite, Dropbox, e-mail, Trello, etc.). Le principal n'est pas que tous la lisent au même moment, mais qu'ils puissent y avoir accès : l'info stock est importante en tant que conversion d'une expérience en savoir.

Ne ne te prive pas de les mixer. Comme un arrêt sur image, chez The Family, tous les deux mois, chaque membre de l'équipe envoie un journal de bord : le *diary*. C'est un exercice de prise de recul qui présente factuellement l'état d'avancement d'un projet et apporte une analyse personnelle qui va éclairer les autres. Chaque *diary* est différent, on peut entrer dans des détails très précis, parce que rien n'est évident, mais ce n'est jamais un inventaire ou une *check-list*.

1. L'outil de communication interne privilégié par beaucoup de startups.

JE SYN-THÉ-THISE !

Quand tu reçois un e-mail de six paragraphes de la part d'un inconnu, tu lui en veux beaucoup, n'est-ce pas ? La nouvelle politesse, c'est la synthèse.

Prends le temps au début pour bien rédiger tes messages : enlève tout ce qui ne compte pas, identifie ce qui a de l'importance, c'est-à-dire ce qui permet aux autres d'apprendre et d'avancer. Ne raconte pas ta vie, mais essaie au maximum d'identifier les détails qui comptent. D'ailleurs, c'est souvent en travaillant physiquement à côté des autres qu'on réalise quels sont les points surprenants pour eux.

J'ACCEPTE L'INVISIBLE

La grande majorité de ton travail ne suscitera pas de félicitations particulières de la part des *boss*. Pourquoi ? Parce qu'on part du principe que le travail bien fait est la norme, que se donner du mal est l'habitude et que les gens présents sont excellents.

C'est difficile au début de capter cet état d'esprit. Comprends une chose, la méfiance *a priori*, le scepticisme envers l'innovation ou envers les jeunes, voilà ce qui a généré la quête des « bonnes notes ». Si l'on part du principe que l'on est dans un climat de bienveillance, de confiance, d'écoute, de transparence, alors on a beaucoup moins besoin d'être rassuré.

Bon, cela dit, on aime aussi célébrer les victoires, mais ce qui suscite les félicitations, c'est l'extraordinaire !

J'ASSUME MON DEVOIR DE PARTAGE ET DE PÉDAGOGIE

Écrire et monter sur scène fait partie de ton job. Quand tu participes à une conférence, un *workshop*, que tu as l'occasion de présenter ton travail à l'extérieur, c'est l'opportunité de grandir !

Tu n'es pas là pour te (la) raconter. Tu n'as rien à apprendre à qui que ce soit. Tu n'apprends pas aux autres. Tu apprends d'abord pour toi-même. Chercher à transmettre son expérience, des outils et une méthode permet de comprendre son propre travail. La création de contenu oblige à prendre du recul, raconter une histoire, donner du sens à ce que l'on fait. C'est un défi génial. Une fois terminé, on se sent tellement plus intelligent.

J'IMPOSE MON STYLE

Tous ces articles sur les levées de fonds, le ton TED qui uniformise la moindre prise de parole sur scène, ces *landing pages* qui proposent toutes le *simplest product ever* et les e-mails « Dear [*Prénom*], Comment va [*Ta boîte*] ? » tournent à la caricature déprimante. Et particulièrement dans la tech, où tout ce qui marche se déploie à la vitesse de la lumière. Notre cerveau n'est pas dupe ! Il reconnaît les leurres, il sature des répétitions et se lasse de plus en plus vite.

L'humain est improbable et changeant, il va à l'encontre du conformisme, laisse place à la spontanéité. À partir du moment où l'on cherche à imiter, on est dans le faux, dans l'automatisme, on a laissé tomber son intelligence.

On est bon quand on prend du plaisir. D'où l'importance de réussir à lier ses passions avec ce qu'on fait au quotidien. Profite d'être dans un environnement ouvert pour mettre en avant toutes les facettes de ta personnalité. Si un jour, tu entends, « ça, ce n'est pas la culture d'ici », ne laisse pas passer. La culture ne peut pas se figer dans une structure en mouvement.

Younès[1] a travaillé chez The Family, et il connaît par cœur tous les textes de rap. Vraiment par cœur. Alors, non seulement il pouvait animer les soirées karaoké, mais il savait aussi trouver des *punchlines* pertinentes pour ma *newsletter* et écrire des articles sur le rap et la *tech*[2].

#CARE

DISTRIBUTEUR DE *LOVE*

Il est impossible de chouchouter avec attention tout le monde. Alors, priorise le *care* en fonction des gens à qui tu t'adresses :

- les *users* ou clients ;
- les employés ;
- les investisseurs, les partenaires et le reste du monde. Si on cherche d'abord à satisfaire les actionnaires, puis les employés et seulement après les utilisateurs, on obtient la SNCF.

Pose-toi la question, qui sert-on ? À qui souhaite-t-on apporter le plus de valeur ?

CRÉATEUR DE MERVEILLEUX

Le détail qui va créer de l'émerveillement, voilà pourquoi on se bat. C'est la surprise, le petit plus, l'effet *waouh* qui marquera les esprits. C'est ce qu'on appelle l'*extra mile*.

Une personne qui vit un effet *waouh* va te transmettre un enthousiasme qui fait beaucoup de bien et elle deviendra dithyrambique dès qu'elle parlera de ta startup !

POMPIER SOURIRE COLGATE

Dès que tu as accès à une information, tu en deviens responsable. Tu remarques un *bug*, mais *a priori*, ce n'est pas ton domaine d'intervention, trop tard, tu es témoin. Passe l'info et assure-toi qu'elle soit traitée. Si tu es *very good*, tu répares directement et informe la personne en charge que c'est *done*, avec le *smile*.

1. Il s'agit bien d'un des co-auteurs de ce livre.
2. *Hip-hop & Startups – a tale of two oddly parallel worlds*, Younes Rharbaoui, 15 septembre 2016, salon.thefamily.co.

Récemment, une personne qu'on aime et très active dans la Silicon Valley nous a demandé un *deck* (support de présentation) sur The Family afin de nous présenter à des *corporates* importants. On lui envoie. En début de soirée, on reçoit un e-mail qui nous dit gentiment que le *deck* envoyé est mauvais. Le destinataire de cet e-mail qui est aussi l'auteur du *deck* n'est pas disponible. Plutôt que d'attendre que le responsable s'y colle à nouveau, les personnes en copie comprennent l'urgence de cette demande et l'importance de maintenir une excellente relation. Elles vont passer la nuit à produire un *deck* limpide et merveilleux.

SELF-LOVER

Toutes ces exigences te maintiennent dans un état d'insatisfaction perpétuelle. Ce besoin d'aller chercher l'*extra mile*, être en alerte, aux aguets, observer, échanger, proposer, tester... C'est aussi passionnant qu'épuisant.

Se sentir à l'aise dans son corps et au calme dans sa tête reste le plus important, pour soi comme pour les autres - lol, oui cette phrase aurait pu être dans *Glamour*, mais je le pense sincèrement. Les émotions sont contagieuses, particulièrement dans un groupe qui collabore. Si j'arrive de mauvaise humeur, j'empoisonne la journée de toute mon équipe...

Si je ne suis pas reposée, je ferme la porte à la créativité, je deviens imperméable aux idées et inspirations. L'imagination se nourrit de l'extérieur - expo, ciné, bouquins. Être au top de sa forme et se faire plaisir suppose de trouver du temps pour soi. Ton agenda est ton garde-fou. Chaque semaine, prévois des événements qui relèvent « du pur kif ». La détente se prévoit. Ne culpabilise pas, ces moments conditionnent ton bien-être. « Le renouveau a toujours été d'abord un retour aux sources ». Ce n'est pas moi qui le dis, c'est Romain Gary.

Allez, courage ! ♥

LES 7 VERTUS CARDINALES EN STARTUP

Les conseils d'Alice nous montrent que l'état d'esprit à adopter lorsque l'on est employé de startup est celui du pragmatisme permanent. Afin de comprendre pourquoi c'est important et l'affûter, voici 7 règles à suivre pour adopter le bon *mindset* et des exemples concrets pour les illustrer.

FAKE IT UNTIL YOU MAKE IT[1]

Certaines personnes en startup souffrent d'un complexe d'infériorité incompatible avec l'attitude quasi mégalomaniaque qu'exige l'envie de participer à la création d'un empire. Ce complexe d'infériorité provient souvent d'une crise de légitimité : la startup vient d'être créée, nous n'avons pas de nom sur le marché, nous n'avons jamais réalisé cette tâche auparavant, nous n'existons pas encore réellement...

En réalité, les crises de légitimité n'ont pas leur place en startup : comme ce sont des empires en puissance, leur existence précède leur essence – on pourrait parler de Sartre-up. Si tes souvenirs de philo remontent à la terminale, ce clin d'œil insiste sur la manière dont se construisent les startups : progressivement et de manière volontaire. Pour cela, elles doivent faire semblant d'être ce qu'elles ne sont pas pendant longtemps avant de le devenir (c'est en forgeant qu'on devient forgeron, comme le dit l'expression).

Très concrètement, l'attitude *fake it until you make it* est nécessaire pour les startups. Nous avons vu au chapitre 1 comment la distance entre les idées et les clients s'est raccourcie à l'ère numérique. Avant de lancer un nouveau service, il faut le tester auprès de ses utilisateurs potentiels. Et pour cela, rien de plus efficace que de prétendre qu'il existe déjà, avant même de le construire. La plupart des idées de startup peuvent être testées avec une *landing page* et une distribution efficace *via* le bon canal.

Pour un employé, le *fake it until you make it* est une attitude à avoir pour accomplir les tâches qu'il reçoit. Erika Batista, la première employée de The Family, s'est vu confier des missions très diverses depuis son premier jour : créer du contenu, négocier des partenariats, construire un programme d'éducation pour les entrepreneurs, être ambassadrice de la culture de l'entreprise, lever des fonds et enfin, prendre la tête du bureau de Paris. À chaque fois, aucun manuel n'était à sa disposition pour suivre la méthode ; elle a dû exécuter et apprendre sur le tas.

Dropbox s'est par exemple lancée de la manière la plus simple qui soit : avec une vidéo[2]. Drew Houston, son fondateur, préférait ne pas prendre le risque de passer des mois à concevoir un produit dont personne ne voudrait au final. Il a simplement réalisé une vidéo de son idée et l'a diffusée, sans bâtir la technologie derrière. Il l'a *fakée*. Un bon *fake* peut mener très loin à l'ère numérique : le journaliste Oobah Butler a réussi à hisser son restaurant The Shed tout en haut des critiques gastronomiques londoniennes, alors que celui-ci n'existe pas[3] !

1. Simule jusqu'à ce que tu saches faire.
2. *How Dropbox started as a Minimum Viable Product*, TechCrunch, 19 octobre 2011.
3. *I made my Shed the top-rated restaurant on TripAdvisor*, VICE, 6 décembre 2017.

D'après elle, se demander si l'on est légitime à gérer une tâche n'est pas une question pertinente : tout ce que l'on fait en startup est fait pour la première fois, personne ne l'a tenté avant. C'est par la pratique que l'on s'améliore, et cela demande de se faire confiance et d'avancer. On *fake* le bon procédé jusqu'à ce qu'on l'ait assimilé.

DONE IS BETTER THAN PERFECT[1]

Cette maxime orne les murs du siège social de Facebook à Palo Alto. Dans une lettre légendaire aux potentiels investisseurs avant l'entrée en Bourse[2] de Facebook, Mark Zuckerberg explique en ces termes la façon de procéder de l'entreprise, qu'il appelle *the hacker way* ou la voie du pirate (voir citation ci-contre).

> **« Les *hackers* tentent de construire les meilleurs services possibles avec une approche à long terme, en sortant rapidement le produit et en apprenant de petites itérations plutôt qu'en essayant de faire tout correctement d'un seul coup. Pour y parvenir, nous avons créé un *framework* qui nous permet de tester mille versions de Facebook différentes en simultané. L'expression *Done is better than perfect* est écrite sur nos murs pour nous rappeler de toujours délivrer. »**[3]

Avoir peur de confronter un travail inachevé ou qu'on ne considère pas parfait à un œil extérieur est un sentiment humain. On s'expose aux critiques, aux commentaires, l'ego peut être froissé. Simplement, pour croître vite, le meilleur moyen est de fournir aux utilisateurs (ou aux clients) le produit dont ils ont réellement besoin. Afin de construire ce produit qui sera conforme à leurs attentes, il suffit de mettre entre leurs mains un produit inachevé et d'apprendre de leurs usages (approche quantitative, basée sur des faits) et de leurs commentaires (approche qualitative, basée sur des expériences).

Quoi qu'il en soit, et même si tu n'es pas impliqué directement dans la conception du produit dans ta startup, il est important de te mettre dans un état d'esprit où tu « délivres » rapidement.

Les startups sont le monde du chaos et de l'urgence ; et dans l'urgence, il faut agir vite. La spéculation et l'hésitation ne sont pas les meilleurs guides pour avancer : on réfléchit, on fait ce qui paraît le mieux, et on voit si cela fonctionne.

D'expérience, quand on demande aux entrepreneurs la qualité qu'ils recherchent chez un employé, ils répondent qu'ils veulent un *doer*, c'est-à-dire quelqu'un

1. Le mieux est l'ennemi du bien.
2. C'est une tradition pour le CEO d'une entreprise qui va entrer en Bourse que d'adresser une lettre ouverte aux investisseurs potentiels pour les rassurer sur la stratégie future.
3. *Mark Zuckerberg's Letter to Investors: "the Hacker way"*, WIRED, 1er février 2012.

qui a intégré cette capacité d'action. Les études de cas des chapitres 5 à 9 te donneront des exemples concrets de cette attitude.

Pierre Rannou, le CEO de Flat.io, un éditeur collaboratif de partitions musicales en ligne, explique sans sourciller que la première version de son produit était « une version pourrie ». L'important pour lui était surtout de pouvoir mettre ce produit entre les mains de son public et de comprendre ce qu'il pouvait faire pour l'améliorer. Trois ans plus tard, Flat compte plus d'un million d'utilisateurs satisfaits. Cette philosophie a bien été expliquée par Reid Hoffman, le fondateur de LinkedIn, lorsqu'il a dit : « si la première version de ton produit ne t'embarrasse pas, tu l'as sortie trop tard »[1].

EXÉCUTE !

Les meilleurs employés se distinguent par leur capacité d'exécution. Le mot est tellement utilisé en startup que c'est devenu une expression tarte à la crème que personne ne prend le temps de définir et d'expliquer.

Firmin Zocchetto, le CEO de Payfit, a fondé une startup qui se distingue par son extraordinaire capacité d'exécution.

Pour cette raison, on demande régulièrement à Firmin de venir parler d'exécution aux élèves de Lion. De ses cours, il a tiré l'article intitulé *Execution for Dummies*[2] que nous te recommandons chaudement de lire. Si l'on extrait l'essence des explications de Firmin, on comprend rapidement que ce qui fait la capacité d'exécution, c'est le fait d'avoir une distance très courte entre une idée et une action.

- Du point de vue de l'organisation, tous les éléments qui ajoutent de la friction entre la conception d'une idée et son déploiement réel sont proscrits. Par exemple, on ne fait pas de réunions, on adopte la culture de l'écrit et de l'asynchrone. Grâce à cela, chaque personne de l'entreprise peut se concentrer au quotidien sur ce qu'elle doit produire et avance plus rapidement.
- D'un point de vue individuel, chacun agit vite et bien tous les jours. Est-ce que cela ne conduit pas à faire plus d'erreurs ? Oui, sans aucun doute. Mais, comme nous l'avons déjà remarqué, les startups comprennent l'importance de l'expérimentation. Tester, mesurer les résultats et itérer rapidement permet de pérenniser ce qui fonctionne et

Payfit, qui permet de générer automatiquement des bulletins de paie en ligne et simplifie la vie des RH au quotidien, a déjà levé 19 millions d'euros et compte plus de 1 500 entreprises clientes dont Le Slip Français, Doctolib ou Big Mamma[3].

1. https://twitter.com/reidhoffman/status/847142924240379904?lang=en
2. *Execution for Dummies*, Firmin Zocchetto, 15 décembre 2016, medium.com.
3. Comment Payfit veut simplifier la gestion de paie dans les entreprises, *Frenchweb*, 03 mai 2018, frenchweb.fr.

d'éliminer ce qui ne fonctionne pas. C'est d'ailleurs ce qui fait l'essence des fameuses méthodes agiles.

Pour autant, pour être un bon exécutant, chaque employé doit-il faire cavalier seul et implémenter toutes les idées qui lui passent par la tête sans demander l'avis de personne ? Sûrement pas ! Firmin nous explique que l'exécution doit être alliée à une bonne dose de planification pour être efficace. Chez Payfit, une *roadmap* permet de définir la stratégie générale, et pour chaque employé, des fiches sont créées individuellement listant ses tâches et ses objectifs. Ainsi, la stratégie commune et les objectifs individuels sont conciliés et chacun sait ce qu'il doit exécuter.

En réalité, selon la phase de vie de la startup ou le poste occupé, la liberté dans l'exécution est différente. Dans tous les cas, il est important que les employés fassent preuve d'autonomie. C'est la règle suivante.

SOIS AUTONOME

En startup, il arrive toujours un moment où l'on doit réaliser une tâche pour la première fois : créer un logo, une présentation, écrire un morceau de code, vendre à un nouveau type de clients, etc. En outre, comme Alice l'explique en début de chapitre, lorsqu'une tâche t'est confiée, c'est à toi de la gérer dans son intégralité. Forcément, des choses seront nouvelles pour toi. La nouveauté n'est pas l'exception, c'est la règle. Face à la nouveauté, même en tant qu'employé, on ne peut pas attendre que l'information vienne à nous, il faut aller la chercher et faire preuve d'initiative.

GOOGLE EST LE MEILLEUR AMI D'UN EMPLOYÉ DE STARTUP

Grâce à Internet, on peut trouver la réponse à quasiment toutes les questions que l'on se pose. Pour certains, c'est un réflexe, pour d'autres, il faut faire en sorte que cela devienne une habitude.

Évidemment, il est nécessaire de trier le bon grain de l'ivraie quand on cherche l'information sur le Web. En ce qui concerne les bons conseils pour startup, les meilleures sources sont souvent disponibles uniquement en anglais, langue universelle de ce milieu (et la raison pour laquelle le franglais orne ces pages, ce qui nous désole autant que toi). Attention cependant aux biais cognitifs de la source ! Ce qui est vrai pour le marché américain ne l'est pas forcément en France.

Quoi qu'il en soit, les copier-coller ne fonctionnent que rarement, même si on trouve des modèles tout faits en ligne. Reviens toujours au pourquoi de la tâche à laquelle tu t'attelles et laisse le contenu sur Internet t'inspirer ou te montrer un procédé, et adapte-le à ton besoin précis. Les développeurs comprendront cela spontanément avec les *snippets open source* (morceaux de code partagés en ligne et réutilisables par n'importe qui), mais cela vaut aussi pour un e-mail de démarchage, la création d'une page d'accueil ou une technique de croissance particulière.

EXPLORE LA CONNAISSANCE INTERNE

Avec le temps et la maturité, les startups accumulent du savoir et certaines questions ont déjà été résolues, voire optimisées. L'une des premières choses à faire en arrivant est de te familiariser avec les outils utilisés en interne (par exemple Slack pour communiquer, Dropbox pour ranger les fichiers, etc.) et notamment ceux qui permettent d'archiver la connaissance interne (les *knowledge management tools*, comme Notion, Airtable, Evernote, Slite, Zenkit, Trello ou autres) pour pouvoir ensuite chercher les réponses à tes questions de manière autonome.

Dans certains cas, tu peux également solliciter la bonne personne en interne pour t'orienter, mais il faut être certain que c'est efficace pour toi comme pour elle : ce que tu cherches ou veux savoir n'est pas suffisant. Il faut un contexte, une question précise.

FAIS PREUVE D'INITIATIVE

Parfois, aucune réponse n'existe sur Internet ou dans la connaissance interne de la startup. Il faut alors libérer tes énergies créatrices et trouver une solution par toi-même. Une des choses à faire peut être de repérer la personne dans une autre startup qui a déjà dû faire face à la même situation et la contacter. Certaines des études de cas aux chapitres 6 et 7 te donnent toutes les astuces pour trouver l'e-mail de n'importe qui et rédiger le message qui fera mouche. Avec cela, aucune raison que cette personne ne veuille au moins rédiger quelques lignes pour t'orienter, voire n'accepte de prendre un café pour en discuter.

Comme preuve que l'autonomie est à la portée de tous, nous te recommandons de lire l'article de Maxime Blondel[1] qui liste 100 outils utilisables presque gratuitement et sans connaissances préalables pour collaborer, *designer*, créer des produits et plein d'autres choses.

GRANDIS CHAQUE JOUR

Chez Amazon, chaque jour est le premier, pour reprendre la formule de Jeff Bezos[2]. C'est une façon de dire que l'avenir de l'entreprise est devant elle

1. *100 tools to launch and grow your startup without web developer, without graphic designer and (almost) without money*, Maxime Blondel, 7 mars 2018, medium.com.
2. *Jeff Bezos says it will always be "Day 1" at Amazon, The Motley Fool*, 13 avril 2017, fool.com.

et qu'elle doit encore continuer à grandir, comme une startup dont c'est le premier jour. De même, le but de l'employé est de grandir chaque jour. Cela veut dire plusieurs choses.

RESTE AMBITIEUX

Si la startup grandit et réussit, il ne faut pas baisser ton niveau d'ambition, mais l'augmenter. Chaque étape franchie est l'occasion de te fixer de nouveaux objectifs qui relativiseront les précédents.

> Au lancement de The Family, avoir 500 vues sur une vidéo était une petite victoire et une startup qui levait un million d'euros avait le droit à un week-end de fête avec tous les autres entrepreneurs. Aujourd'hui, la chaîne YouTube a des millions de vues et une levée d'un million d'euros est célébrée avec des emojis fusée sur Slack. Tel est le fruit d'un travail permanent d'augmentation de l'ambition de chaque personne de l'équipe.

APPRENDS TOUS LES JOURS

L'école fait apprendre par cœur des choses aux élèves, comme si le savoir était gravé dans le marbre. Cela engendre des attitudes mentales inefficaces qui découragent l'apprentissage une fois qu'on est entré dans le monde du travail.

Pourtant, nous vivons dans un paradigme où tout change rapidement, en permanence et de manière imprévisible. La bonne attitude pour un employé consiste donc à aller chercher toujours plus de savoir nouveau : c'est bon pour lui, et c'est bon pour son entreprise. La curiosité n'est plus un vilain défaut, mais une belle qualité.

METS TON EGO DE CÔTÉ

Avoir peur du ridicule, croire qu'on n'est pas à la hauteur, ne pas vouloir faire, attendre des compliments : l'ego peut être responsable de nombreuses frictions dans l'exécution en startup et il ne faut pas le laisser faire.

IL N'Y A PAS DE TÂCHE TROP BASSE POUR TOI

Ceci est d'autant plus vrai que l'équipe est petite. Dans une entreprise qui se lance, il faut savoir être polyvalent et accepter que tout ce qu'il y a à faire n'est pas glamour : vider les poubelles, ranger les chaises, trier une liste d'e-mails à la main ou aller livrer soi-même un client ne sont pas les tâches les plus drôles, mais elles sont aussi importantes que le reste. Faire preuve d'humilité est également gratifiant : tu seras d'autant plus heureux de pouvoir travailler sur des problèmes qui te plaisent, d'autant plus efficace à les résoudre et d'autant plus fier des solutions que tu pourras trouver.

TU NE SAIS PAS TOUT

« Tout ce que je sais, c'est que je ne sais rien », disait Socrate. Avoir des certitudes va à l'encontre de la curiosité et de la flexibilité mentale nécessaires pour que la startup avance. Se remettre en question, revenir au pourquoi de chaque tâche et s'adapter est primordial. De plus, il ne faut pas avoir peur d'avouer quand tu ignores quelque chose - surtout en arrivant dans une nouvelle entreprise. Tu découvres un nouvel univers, une nouvelle culture, de nouvelles méthodes. Si l'observation (le « mode éponge » dont parle Alice) ne rend pas quelque chose évident, alors pose les questions pour avancer.

N'ATTENDS PAS DE COMPLIMENTS

En startup, le bon travail est une norme attendue et personne ne te félicitera pour un travail de qualité. Les félicitations sont réservées à l'exceptionnel et l'exceptionnel est par définition unique. Tu veux des compliments ? Pousse la barre toujours plus haut et augmente ton niveau d'ambition. Cette section s'achève très logiquement sur une citation du dernier album de Kendrick Lamar : *sit down, be humble*[1].

SOIS TOI-MÊME

On a vu au chapitre 2 que l'ère numérique permet aux individualités de s'exprimer dans le monde du travail. Pour toi, il est important de saisir cette chance et de faire rayonner toutes les facettes de ta personnalité au sein de ta startup.

EXPRIME-TOI À TRAVERS TON TRAVAIL

Don't be another sequel, express yourself[2] disait le groupe N.W.A en 1988. Les différences font la force d'une équipe et les employés ne sont pas des pions interchangeables. C'est précisément parce que les startups laissent une grande autonomie qu'il est possible de faire place aux singularités dans son travail. Tu adores la photographie ? Alors tu peux décider de créer et gérer le compte Instagram de ta boîte. Tu aimes la pêche ? Pourquoi ne pas organiser un séminaire d'équipe et partager ta passion pour souder les liens ? Les possibilités sont infinies : dans ton unicité, comment peux-tu contribuer à faire avancer la mission de ta startup ?

1. Assieds-toi, sois humble.
2. Ne sois pas une autre réplique, exprime-toi !

OUBLIE LA FRONTIÈRE PRO/PERSO

Non, il ne faut pas tout le temps travailler ; le travail ne devient pas l'essentiel de ta vie. Cette frontière s'efface quand tu te sens tellement en phase avec ce qu'essaie d'accomplir la startup que tu ne te rends plus compte de quand tu travailles et de quand tu ne travailles pas. Tu aimes alors parler de boulot avec tes amis. Tes collègues deviennent proches et vous vous voyez en dehors des moments prévus. Tu aimes mettre de l'intensité dans ce que tu fais et faire avancer la mission, même si cela empiète sur ton temps libre. Tu peux te retrouver à *pitcher* à tous les instants et dans toutes les situations si c'est pertinent (*always be closing*[1] n'est pas seulement une devise de *sales*, mais de tout employé de startup).

Si tu te sens malheureux, si tu te précipites vers la sortie à l'heure de ta fin de journée, si tu vis le lundi matin comme une agression, tu n'es peut-être pas à la bonne place ou dans la bonne startup. Rien de grave à cela, mais c'est mieux pour toi et pour ta startup que tu passes à autre chose.

1. Sois toujours en train de conclure – eh non, il n'y a pas de référence aux Bronzés.

LA PART DU LION

Le bon *mindset* d'un employé de startup est celui de la recherche du pragmatisme efficace :

- Pragmatisme, parce que c'est par les actions, plus que par les mots, la réputation, le statut, le niveau hiérarchique ou les idées que l'entreprise avance. Il faut agir, exécuter, délivrer avec un rythme soutenu pour faire bouger le curseur de la croissance et mettre ta startup dans la bonne direction pour accomplir sa mission. Ceci est extrêmement logique, les startups sont des empires en puissance et ont besoin de l'énergie des employés, de leur huile de coude, pour se réaliser pleinement.
- Efficace, parce que l'action ne peut pas être menée de manière aléatoire. Tout doit tendre au progrès de la startup. Une initiative est prise avec bon sens, parce qu'elle peut être testée rapidement et à bas coût. Si elle est efficace, on reproduit, on optimise, on structure. Si elle ne l'est pas, on l'élimine.

C'est en persévérant dans un esprit de pragmatisme efficace que l'on décide d'apprendre de nouvelles choses, de rechercher au maximum l'autonomie, d'exprimer sa personnalité dans son travail : parce que l'on peut agir plus vite, avec un meilleur impact pour l'entreprise.

Encore faut-il pour cela être capable de naviguer précisément dans les rouages de l'organisation. On a souvent l'habitude de donner aux supérieurs hiérarchiques des méthodes pour diriger leurs équipes. Cela s'appelle le *management*. Et si on regardait les choses différemment, pour donner aux employés les outils qui font avancer leur organisation et les armes qui propulsent leur carrière ? Tel est l'objet du prochain chapitre.

CHAPITRE 4

MANAGEMENT HACKING : CONSTRUIS TON *EMPLOYEE EXPERIENCE*

« TU ME FERAS PLUS LE COUP DU PATRON »

Dosseh

Manager consiste à mobiliser des ressources humaines et matérielles au sein d'une entreprise pour atteindre un objectif précis. Le *manager* est un rouage, une instance de contrôle dans l'organisation, qui fixe les objectifs d'un groupe de personnes et contrôle leurs résultats. Un de ses autres rôles, souvent négligé dans les écoles de *management*, est de motiver ses troupes et de les pousser à se dépasser, le tout en gardant avec elles un contact humain.

Manager est difficile et devenir un bon *manager* prend du temps. Pour un employé, le *management* est surtout extrêmement aléatoire : l'impact sur la qualité du travail, la productivité et l'attachement à long terme à l'entreprise dépendent beaucoup du supérieur hiérarchique[1], et c'est un choix sur lequel on a peu d'influence en étant recruté[2].

Parallèlement, le discours autour de l'*employee experience* se construit. De la même manière qu'une startup doit rechercher l'excellence dans l'expérience qu'elle propose à ses utilisateurs, l'expérience quotidienne des employés doit être améliorée sous peine de les voir partir ailleurs. Certaines startups en font même leur mission, comme Jubiwee ou Sidekick[3] qui donnent aux *managers* des outils pour s'améliorer au quotidien. D'autres permettent de cristalliser, de célébrer et de partager la culture d'entreprise, comme Kymono ou Totem[4]. Ces initiatives sont bonnes mais ne suffisent pas.

Le chapitre précédent a montré que la bonne attitude pour un employé de startup n'est pas d'être attentiste. Tu ne peux pas attendre que la meilleure *employee experience* vienne à toi, il faut la construire de tes mains. Ce chapitre te propose des techniques pour *hacker* le *management :* faire les efforts nécessaires de ton côté pour être plus efficace et engagé dans l'organisation.

L'*ONBOARDING* : LÀ OÙ TOUT COMMENCE

Ça y est ! Tu as trouvé la startup qui te correspond parfaitement. Tu crois en sa mission, tu as passé toutes les étapes du recrutement et négocié ton contrat. Il ne te reste plus qu'à commencer.

1. Pourquoi y a-t-il tant de mauvais managers, Thibaud Martin, 29 juin 2018, medium.com.
2. Même en rencontrant son futur supérieur lors de l'entretien, l'envie de bien faire et la mise en scène de la situation font qu'il est difficile de se faire une idée claire.
3. https://jubiwee.com, https://sidekick-hq.com.
4. https://kymono.co, https://thetotem.co.

Plus qu'à ? Pas tout à fait. Entre le premier jour où tu vas commencer à travailler et le moment où tu te sentiras vraiment à l'aise dans ton travail va se passer une période de plusieurs semaines - voire plusieurs mois - où tu devras apprendre les codes de ta nouvelle startup, ses manières de fonctionner, sa culture, ses règles implicites. Cette période peut être accélérée, grâce à un *onboarding* efficace.

L'*onboarding* est le *process* que la startup met en place pour intégrer ses nouvelles recrues. Chacune a des manières de procéder spécifiques : rencontre avec l'équipe, travail rotatif dans différents métiers de l'entreprise, *barbecues* de bienvenue, tout existe.

Cependant, l'*onboarding* est lui aussi aléatoire pour un employé : s'il a été mal pensé par la startup, les nouveaux arrivants en pâtiront car ils auront du mal à se mettre à plein régime. Alors, comment prendre les devants et construire ton propre *onboarding* parfait ?

LIS LES RESSOURCES

Souvent, ta startup aura mis en place des ressources internes ou publiques à lire avant ton arrivée. Il s'agit essentiellement d'articles, mais cela peut également être des vidéos, des podcasts, ou d'autres formats. Comme un bon élève qui fait ses lectures de vacances avant la rentrée, tu peux tenter de récupérer cette liste en amont et t'imprégner à ton rythme de tout son contenu.

Chez Lion, nous avons mis en place une liste de 35 articles, 2 livres et plusieurs ressources journalistiques pour les nouveaux arrivants dans l'équipe. Le but pour nous est qu'ils comprennent :

- comment être efficace dès le premier jour ;
- ce qu'est Lion et quelle est notre mission ;
- ce qu'est The Family, puisque nous sommes connectés à son écosystème ;
- quels sont les enjeux de la transition numérique, puisque nous formons nos élèves à mieux l'appréhender ;
- ce qu'est une startup, puisque nous basons notre pédagogie sur la transmission des méthodes employées par les startups ;
- comment se tenir au courant de l'actualité numérique, pour être autonome.

Le but de ces lectures est double. D'abord, il s'agit d'apprendre le plus de choses que tu peux sur ta startup, son secteur et sa manière de fonctionner. Ensuite, il s'agit d'avoir un regard critique sur ce fonctionnement : tout ce que tu ne comprends pas, qui ne te paraît pas pertinent, doit faire l'objet de questions à tes collègues. Note-les au fur et à mesure de ta découverte des ressources et pose-les à la personne appropriée (selon qu'il s'agit d'une question métier, de fonctionnement interne, etc.).

Si ta startup n'a pas mis ces ressources en place, tu peux toi-même constituer une base d'articles à lire : toutes les ressources en ligne que tu peux trouver sur ta startup (articles de presse, articles Medium qu'elle a publiés, etc.), mais également des articles sur le secteur et son évolution. Pour cela, n'hésite pas à demander aux personnes avec lesquelles tu étais en contact en entretien.

ÉCOUTE ET APPRENDS

Alice parlait du « mode éponge » au chapitre 3. Tu peux mettre en place cette technique dès ton arrivée pour optimiser ton *onboarding*. Concrètement, il s'agit de te mettre dans une position d'observateur lorsque tu arrives : essaie de déceler les manières de fonctionner qui t'interpellent, note-les et réfléchis à leur raison d'être.

Selon ton poste, tu peux demander à *shadow* quelqu'un (c'est-à-dire le suivre) dans ses rendez-vous ou dans son organisation quotidienne. L'idée est d'apprendre sur le tas en faisant attention aux détails invisibles du quotidien de tes collègues.

RENCONTRE L'ÉQUIPE

Il est très important que tu rencontres rapidement le plus de gens possible qui travaillent dans ta startup. Cela doit évidemment être adapté selon la taille de la structure : s'il y a 10 personnes, tu peux toutes les connaître. S'il y en a 150, concentre-toi d'abord sur les membres de ton équipe et essaie de parler à une personne dans chacune des autres.

L'objectif pour toi est d'identifier rapidement qui a quelle expertise au sein de l'équipe. Tu sauras ainsi à qui t'adresser en cas de question ou de problème à faire remonter. Si tu travailles dans l'équipe de *sales* et que tu n'as rencontré personne au produit, comment faire pour communiquer les *feedbacks* que te remontent tes clients au quotidien ?

L'autre partie de l'équation est ton intégration rapide dans la culture de l'entreprise. Elle passe par faire l'effort d'aller vers tes collègues. On ne te demande pas de socialiser avec tout le monde et d'aller à tous les événements organisés après le boulot, mais *a minima* de créer du lien avec le reste de ton équipe : une équipe soudée, c'est une équipe dont les membres avancent ensemble et gagnent ensemble.

ADOPTE LES OUTILS

Toutes les startups utilisent une panoplie d'outils spécifiques. Un *onboarding* efficace passe par la création de ton compte sur tous les outils pertinents pour ton travail au quotidien et l'apprentissage de leur fonctionnement si tu ne le connais pas déjà.

N'attends pas trois mois pour demander des accès à la Dropbox ou aux différents services dont tu auras besoin tous les jours. Approprie-toi tous ces nouveaux outils dès ton arrivée, tu seras plus efficace.

EXPLORE LE SAVOIR INTERNE

Stocker et retrouver la connaissance interne est un défi pour toutes les entreprises, grandes ou petites, traditionnelles ou innovantes. Les startups n'échappent pas à la règle, et malgré les différents *Knowledge Management Systems* (outils de gestion du savoir), retrouver la connaissance interne est souvent compliqué.

Faire l'effort d'explorer ce que ta startup sait dès ton premier jour peut être un travail plus ou moins fastidieux selon l'organisation de ce savoir, mais qui sera payant. Il ne sera ainsi pas nécessaire pour toi de poser certaines questions métier ou de te retrouver bloqué face à des problèmes que tu ne sais pas gérer. Il ne s'agit pas de digérer toute cette information immédiatement, mais de savoir qu'elle existe et où la retrouver en cas de besoin.

APPROPRIE-TOI LE *PITCH*

Tous les employés d'une startup sont amenés à communiquer sur elle à l'extérieur : avec des clients, avec des utilisateurs, avec des journalistes ou avec leurs proches. Tu ne sais jamais quelle conversation peut mener à une avancée spectaculaire pour ton entreprise, l'état d'esprit à adopter est donc celui de *sales: always be closing* – saisis toutes les opportunités lorsque tu parles de ta startup.

La condition *sine qua non* pour cela est d'avoir un *pitch* bien rodé et que tu t'es approprié. Il ne faut pas mettre l'accent sur les mêmes choses si tu es commercial ou si tu es développeur. En outre, répéter un *pitch* scripté et standardisé pour toute l'équipe sonne creux et peu sincère. Passe du temps à t'entraîner à *pitcher* ta boîte et ce que tu y fais.

Conseil

Pour travailler ton *pitch*, imagine que tu es en soirée et qu'on te demande ce que tu fais dans la vie. Il te faut une réponse courte, originale et qui donne envie d'en savoir plus sur cette startup.

PASSE AU SUPPORT

Si possible, l'une des meilleures choses à faire en arrivant est de passer une demi-journée au service client. Le but de la manœuvre est très simple : peu importe ce que tu fais dans la startup, il faut se rappeler qu'il y a des utilisateurs au bout de la chaîne.

Prendre le temps de leur répondre te permettra d'apprendre beaucoup : la manière dont le produit peut être amélioré, le ton à employer avec les clients et l'esprit de la startup, certaines informations métier que tu ne connais pas forcément.

Chez Heetch, application de covoiturage de nuit, chaque membre de l'équipe – du CEO au dernier arrivé – est régulièrement sollicité pour participer au support. D'une part, parce que travailler au support toute la nuit est une responsabilité partagée par toute l'équipe et pas seulement l'équipe support ; d'autre part, parce que cela permet à tous de découvrir les vrais problèmes rencontrés par les utilisateurs et de s'en servir dans leurs différentes tâches : *ops*, *sales*, produit, etc.

Dans la startup Side, qui connecte des étudiants en recherche de jobs flexibles avec des entreprises ayant besoin de main-d'œuvre, chaque nouvel arrivant a le droit à un tour d'horizon du produit et de son fonctionnement. Il n'est pas nécessaire qu'il rencontre chaque personne de l'équipe produit, mais il doit comprendre comment le produit marche. Hugo, le CTO, t'en dit plus dans l'étude de cas Side : comprendre et interagir avec le produit du chapitre 9.

COMPRENDS LE PRODUIT

Le produit est central dans la proposition de valeur d'une startup. Que ton métier soit de le construire, de le vendre, de raconter son histoire, de faire en sorte qu'il « tourne » correctement ou de faire le service après-vente, avoir une vue d'ensemble du produit et de ses fonctionnalités est nécessaire.

TROUVE UN *BUDDY*

Le fait d'avoir une personne de confiance dans l'équipe est important. Le système du *buddy* existe dans les programmes d'échange des universités : cette personne répond à toutes les questions des nouveaux arrivants.

Dans ton équipe, savoir que tu peux faire un point régulier avec une personne capable de te répondre sur tous les sujets, de balayer tes doutes et tes appréhensions permet de progresser rapidement.

Pour t'améliorer encore plus vite, il faudra aussi que tu saches qui est ton responsable direct et que tu sois capable de lui demander efficacement du *feedback*. C'est le prochain point.

SAVOIR DEMANDER DU *FEEDBACK*

Dans la tradition du *management*, on parle souvent de comment apprendre à donner un bon *feedback* aux autres. C'est logique, le boulot du *manager* est de gérer les équipes et de leur donner le *tempo* dans leur travail. Aussi, c'est à lui qu'incombe la tâche de s'asseoir régulièrement avec les membres de son équipe et de leur indiquer la direction pour s'améliorer.

Cependant, l'employé pragmatique, efficace et ambitieux que tu veux devenir doit prendre les devants sur le *manager*, et apprendre à demander du *feedback*. Cela implique un certain nombre de choses.

WHO'S THE BOSS ?

Savoir identifier ton supérieur direct est important. Cette personne sera en charge de te superviser tout au long de ton parcours dans la startup, te donnera du *feedback* constant et honnête et vérifiera que ta courbe d'apprentissage suit la bonne pente.

Si cela n'est pas clair dès le départ, il faut le définir au plus vite avec les gens de ton équipe ou la personne qui t'a recruté. Pour progresser, tu auras besoin de savoir qui contrôle que tu t'améliores.

DÉFINIS TES OBJECTIFS À LONG TERME

Difficile de s'évaluer, d'être évalué ou de demander du *feedback* si tu ne sais pas sur quels critères tu dois être jugé ou quels sont tes objectifs à long terme.

Les startups qui recrutent efficacement auront déjà créé un *scorecard*, c'est-à-dire une fiche détaillant tout ce qui est attendu des employés qu'elles recrutent. En passant tes entretiens, tu as déjà eu l'occasion d'en discuter et d'entrer dans les détails. Si ce n'est pas le cas, c'est une chose primordiale à mettre en place lors de ton arrivée.

L'important est de fixer ta mission générale, tes différentes tâches au quotidien, les objectifs chiffrés ou qualitatifs à atteindre et les critères d'évaluation. Ces derniers points sont importants : les KPI (*Key Performance Indicators*, les métriques clés) permettent de mesurer objectivement tes progrès et de comparer tes performances réelles aux objectifs attendus. Si tu rejoins une startup en phase d'*inception*, les KPI seront moins adaptés puisque tes missions changeront à la vitesse de la lumière, mais ton impact sera de toute façon extrêmement visible.

> Chez Payfit, des *scorecards* sont établies pour stimuler l'exécution. Ce sont des fiches individuelles qui listent les tâches et objectifs de chacun. Elles sont partagées avec toute l'équipe et leur lecture par tous est indispensable : cela permet d'être au courant des objectifs et compétences de chaque PayFiter, et d'avoir un lien commun avec tous les employés. Elles sont établies dès l'étape du recrutement pour définir le profil recherché.

1-ON-1 : LE MOMENT PRIVILÉGIÉ

> Le *1-on-1* est un moment qui se prépare : chez The Family, chaque employé voit Alice (la CEO) régulièrement et lui parle de sa mission dans l'entreprise et comment celle-ci évolue, de ses compétences, de ses objectifs, de ses doutes, de ce qu'il compte accomplir lors des trois prochains mois et comment.

Le moment idéal pour demander du *feedback* est l'entretien en face-à-face avec ton supérieur : le *1-on-1* (*one-on-one*). Il faut essayer d'instaurer un calendrier régulier de ces moments qui ne perturbe pas le travail quotidien – une fois tous les deux mois est par exemple un rythme correct, mais tu peux en faire davantage lorsque tu démarres.

Il ne faut pas se cantonner à parler des objectifs et des résultats lors de ces sessions, mais également aborder des sujets plus personnels si c'est pertinent pour le travail : tu as remarqué une baisse générale de motivation de l'équipe, tu ne comprends pas pourquoi untel a été promu et pas toi, tu te sens mal intégré? C'est le moment de le dire! Tu peux d'ailleurs lire l'étude de cas de Florian Jourda au chapitre 8 pour approfondir le sujet.

Enfin, il faut utiliser ce moment pour définir tes priorités futures.

SOIS CLAIR SUR CE QUE TU VEUX

Tu recherches du *feedback* direct et honnête : sois clair sur le fait que c'est ce que tu attends. Précise bien à ton *manager* que c'est en étant transparent que tu pourras t'améliorer et qu'il n'a pas à te ménager : « je ne veux pas que tu sois tendre avec moi, je veux que tu sois utile ». Ton but est de tirer le maximum de la conversation, alors dis-le clairement.

> Paul Graham (toujours lui) explique que les *Office Hours* de Y Combinator (des entretiens individuels entre les partners de YC et les entrepreneurs) ont un but simple : déterminer la chose la plus importante à faire, comment l'accomplir et comment mesurer les résultats. D'après lui, cette technique peut tout à fait être utilisée par les *managers* lors de leurs points individuels avec les membres de leurs équipes.

FOCALISE-TOI SUR LE FUTUR

Il vaut mieux demander ce que tu peux faire de mieux dans les semaines et les mois à venir plutôt que ressasser tes erreurs passées : tu risques d'avoir envie de te justifier et ton *manager* risque de voir tes défauts plutôt que tes qualités.

C'est également un moyen de tirer plus facilement des conseils honnêtes, puisque la réflexion se portera clairement sur les axes d'amélioration dans ton travail et comment tu peux y arriver.

INSISTE

Si la culture du *feedback* n'est pas bien installée dans ta startup, il ne suffira pas de demander une seule fois. Au contraire, il faudra multiplier les occasions de recevoir du *feedback* direct, pour qu'on soit de plus en plus à l'aise et habitué à t'en donner. Poser des questions spécifiques – comme « qu'aurais-je pu mieux faire face à ce client ? » – est un bon moyen de lancer ce genre de conversations.

ÉCOUTE EN METTANT TON EGO DE CÔTÉ

Rien ne sert de demander du *feedback* si tu ne mets pas ton ego de côté en le recevant. Si tu te froisses et que tu entres dans la justification, ce ne sera pas un moment agréable, ni pour toi, ni pour la personne qui prend le temps de te faire des retours.

Il s'agit de penser à long terme : même si tu as de bonnes performances, il y aura forcément des moments où le *feedback* honnête sera plus négatif. Il ne faut pas te braquer dans ces cas-là, sinon tu perds le privilège d'avoir le droit à des commentaires honnêtes.

PRENDS DES NOTES

Prendre des notes te permet deux choses :
- cela te donne la possibilité de revenir sur ce qui a été dit autant de fois que tu veux et de savoir les éléments sur lesquels tu dois travailler lors des prochaines semaines ;
- ce signal montre que tu prends ce qu'on te dit au sérieux, et cela invite à te donner des informations plus nombreuses, plus transparentes et plus réfléchies : c'est un niveau d'exigence supérieur que tu as envers ton *manager*.

ÉVOLUER DANS LA STARTUP

Jusqu'à présent, on a vu comment tu pouvais faire une arrivée fracassante dans ta startup et comment tu pouvais demander efficacement des conseils pour t'améliorer. Le but de tout cela est évidemment de progresser dans ton travail, mais également d'évoluer au sein de la startup. Plusieurs choses sont à garder en tête sur l'évolution de poste en startup.

LES OPPORTUNITÉS D'ÉVOLUTION DÉPENDENT DU MOMENT OÙ TU ARRIVES

Cela peut paraître évident, mais tu ne bougeras pas de la même manière au sein de ta startup selon l'étape à laquelle elle se trouve :
- si tu arrives à l'étape d'*inception*, tout est à construire et une courbe de progression rapide te garantit de prendre vite des responsabilités. Tu auras probablement des équipes à gérer quand ta startup passera à la phase de croissance et, renonçant à toucher à tout, il faudra que tu choisisses un domaine sur lequel te spécialiser ;

- si tu arrives dans une startup en phase de croissance ou de maturité, la hiérarchie est déjà assez établie :
  - soit tu rejoins l'aventure à un poste déjà élevé (VP ou CxO par exemple), et les perspectives d'évolution interne sont par nature limitées – ton but est que la startup dans son ensemble avance afin de valoriser ton *equity* et ton savoir-faire,
  - soit tu rejoins l'aventure en tant qu'exécutant et tu peux tout de même espérer gravir les échelons. Cela ne se fera que si tu obtiens des performances sensationnelles et que tu t'avères être une ressource utile à l'organisation : à quel point es-tu disponible pour *onboarder* les nouvelles recrues ? quel est ton alignement avec les valeurs de la startup ? quelles ont été tes initiatives payantes ?

CRÉE TON ÉVOLUTION

Les startups te laissent une autonomie assez large pour prendre des initiatives et ajouter une touche personnelle à ton travail. Si tu souhaites réellement progresser au sein de ta startup, c'est à toi de créer ton évolution en devenant force de proposition : envisager un nouveau pan du produit que tu prendras à ta charge, développer l'argumentaire commercial pour un nouveau segment de clientèle, décrocher un nouveau partenariat essentiel, écrire des articles utiles pour le *content marketing*, etc. Tout ceci ne se fait pas au détriment de tes objectifs fixés, mais bien en addition.

ACCUMULE DE L'EXPÉRIENCE OPÉRATIONELLE

Une startup est un excellent endroit pour accumuler de l'expérience opérationnelle dans ton domaine de compétences. Comme la taille des équipes est resserrée et qu'il y a toujours de la place pour croître, les missions auxquelles tu pourras prendre part seront d'une envergure croissante.

Que tu décides de rester dans cette startup, d'en rejoindre une autre, ou de créer la tienne par la suite importe peu. Ce qui compte, c'est que tu auras appris à utiliser des méthodes efficaces et des outils pertinents face à un certain type de problèmes. Les chapitres 5 à 9 proposent justement un ensemble de techniques à mettre en œuvre au quotidien.

LA PROMOTION N'EST PAS UN DÛ, C'EST LA CONSÉQUENCE D'UN TRAVAIL EXEMPLAIRE

Dans beaucoup de types d'entreprises, la promotion est régulée et structurée par des règles précises : un certain nombre d'années d'expérience permet de passer à l'échelon supérieur, par exemple.

La réalité en startup est différente : seul compte l'impact que tu as au quotidien. Si très vite, tu te montres efficace dans ton travail, que tu dépasses tes objectifs, que tu prends en charge de nouveaux projets, alors tes supérieurs seront soulagés de te promouvoir afin de te laisser gérer une partie du travail seul. Les frictions typiques d'une organisation traditionnelle – jalousie, paradoxes *managériaux*[1] – n'ont alors pas lieu d'être.

SOIS UN SUPPORTER DE LA CULTURE

Évoluer dans ta startup n'est pas qu'une question de carrière ou d'efficacité au travail. Avec le temps, il faut également que tu deviennes dépositaire de la culture de l'entreprise.

Cela signifie prendre le temps initialement de comprendre quelle est cette culture, mais aussi d'apporter ta pierre à l'édifice : si la mission et les valeurs d'une startup ne changent pas, la culture, elle, reflète l'état d'esprit collectif de ses employés à un instant *t*. Ce n'est qu'en t'y intéressant activement et en voyant ce que tu as à apporter que tu pourras construire ton *employee experience* supérieure.

Au fur et à mesure de ton aventure dans la startup, tu peux décider de passer du temps avec les nouveaux arrivants pour leur donner des conseils, les intégrer, voire organiser des activités d'équipe qui ne débordent pas sur le temps de travail de tout le monde ou sur le budget commun. Il suffit d'un peu de créativité !

SI CELA DOIT S'ARRÊTER, PARS CORRECTEMENT

Parfois les choses ne tournent pas comme on s'y attendait. Il peut y avoir plusieurs raisons à ce que ton temps dans une startup donnée touche à sa fin : pas d'adhésion aux valeurs de l'entreprise et à sa mission, niveau de difficulté croissant sur un poste technique qui devient trop compliqué pour toi, difficulté à travailler dans le chaos, besoins financiers personnels pressants, etc.

1. Le Principe de Peter, énoncé par Laurence J. Peter et Raymond Hull en 1970, est une loi relative aux organisations qui explique qu'il y a une inadéquation entre la compétence des gens et la promotion dans les entreprises traditionnelles.

Quoi qu'il en soit, il est important de partir sans pertes ni fracas. Plusieurs choses sont à envisager :

- **Fais un ultime *one-on-one* avec ton ou ta *manager*,** afin de dresser le bilan de ton passage dans l'entreprise, de comprendre ce qui n'a pas fonctionné et également de souligner les points positifs.
- **Gère le changement.** Tu peux aider à préparer les ressources qui feront gagner du temps à ton successeur : document explicatif du travail quotidien, notes sur les chantiers en cours, etc.
- **Demande des recommandations.** Tu peux demander à tes supérieurs de t'aider à trouver un poste plus adapté à tes compétences et à tes envies. Demande-leur dans quel poste selon eux tu pourrais t'épanouir et s'ils peuvent te recommander auprès d'autres startups.

ÊTRE PLUS PRODUCTIF

Pour être plus efficace au quotidien, tu peux également te plonger dans les techniques de productivité. Nombreux sont les ouvrages qui recensent ces techniques[1], et le but de ce livre n'est pas de se concentrer sur cet aspect du travail en startup.

Néanmoins, les professeurs de Lion sont souvent férus de techniques de productivité et aiment partager les leurs, voici donc une petite sélection des plus fréquentes ou des plus efficaces que tu peux t'approprier progressivement[2].

ORGANISE-TOI

Organiser sa journée en différentes plages horaires est le moyen le plus efficace d'être productif. La diviser en trois parties peut être une méthode utile pour ceux qui ont beaucoup de rendez-vous à gérer :

- **La phase productive.** Le matin, avec le pic d'énergie donné par une bonne nuit de sommeil et un bon petit-déjeuner, est idéal pour se concentrer sur des tâches qui ne nécessitent pas de contact avec les autres. Si ton travail demande beaucoup d'échanges avec l'extérieur, tu peux par exemple traiter tes e-mails lors de cette phase. Si tu es développeur, tu peux te concentrer précisément sur une tâche, une fonctionnalité ou une partie du code que tu veux traiter. Dans ce contexte, mettre ton téléphone en silencieux, couper toutes les notifications et te discipliner pour ne pas être déconcentré par des sollicitations extérieures sont des choses importantes (il existe des outils décrits plus loin pour le faire efficacement).

1. Citons, par exemple : P. Bélorgey, *La boîte à outils de l'efficacité professionnelle*, Dunod, 2016.
2. Il n'y a pas de *leapfrog* dans la productivité, seulement des étapes successives qui l'améliorent.

Traiter ses e-mails

Voici quelques exemples. Il faut trouver le rythme qui correspond le mieux à ton poste et à ta façon de travailler (un *sales* ne traite pas ses e-mails de la même manière qu'un *product manager*) :

- le *first in, first out* : traiter les e-mails chronologiquement, en commençant par les plus anciens pour remonter jusqu'aux plus récents ;
- l'*inbox 0* : déterminer des périodes dans la semaine où l'on traite tous ses e-mails d'un coup, jusqu'à arriver à 0 e-mail non traité ;
- l'e-mail ouvert = e-mail traité : toujours répondre à un e-mail qu'on a ouvert et se forcer à ne pas utiliser la fonctionnalité « non lu » ;
- le *short then long :* traiter les e-mails courts puis les e-mails longs ;
- les e-mails de la veille : traiter chaque jour les e-mails du jour précédent garantit de répondre à tes interlocuteurs dans un délai raisonnable, mais aussi d'avoir une vision claire du volume à traiter. Tu peux ainsi réserver une plage horaire adaptée dans ta journée.

- **La phase interactive.** C'est la phase des déjeuners d'affaires, des rencontres et des échanges. Tu peux vite te laisser happer par cette phase. Il est important d'adopter une attitude saine vis-à-vis des rendez-vous.

Prendre un rendez-vous de manière saine

- Apprendre à dire non et ne pas se forcer à prendre des RDV. Un bon indicateur est de se poser la question « est-ce que je prendrais ce RDV demain si j'en avais l'opportunité ? ». Si la réponse est non, c'est non.
- Si la réponse est non, il faut refuser de manière claire et sympathique : « désolé, je n'ai pas le temps/ce n'est pas ce sur quoi je me concentre en ce moment ». Laisser les autres patienter ou sans réponse est plus dommageable qu'un non rapide et courtois.
- Fixer des standards de durée de rendez-vous : 30 minutes pour un appel, une heure maximum pour un rendez-vous physique.
- Si l'on est dans la situation où l'on est sollicité pour un rendez-vous, il faut envisager une durée pessimiste : 30 minutes. Cela oblige les gens à ne pas digresser et à se concentrer sur les points importants. Dans beaucoup de cas, le rendez-vous physique se transformera naturellement en rendez-vous téléphonique en proposant 30 minutes.

- Il faut toujours s'assurer que chaque personne conviée au rendez-vous a un rôle pertinent à y jouer[1].
- Définir à la fin de chaque rendez-vous les actions à prendre.

- **La phase inductive.** C'est la phase de la fin de la journée où l'énergie descend et la productivité baisse naturellement. On peut en profiter pour lire des articles, s'informer, découvrir de nouveaux outils, participer à des événements (à condition de bien les choisir et de savoir pourquoi on y va).

Cette division de la journée en trois phases est évidemment un exemple parmi d'autres. L'important est que tu trouves le rythme qui correspond à tes journées pour les rendre productives.

Dans un article intitulé *Makers' schedule, managers' schedule*[2], Paul Graham explique qu'il y a deux types d'emplois du temps. Celui des *makers*, qui construisent des choses – comme un développeur, un *product manager*, un *designer* – et celui des *managers*, dont le travail est de rencontrer des personnes dans l'équipe ou à l'extérieur. Confondre les deux est d'après lui catastrophique.

Un *manager* doit certes savoir donner des priorités dans ses rencontres, mais il a tout de même des journées découpées en tranches de 30 minutes à une heure, correspondant à différents *meetings*. Le *manager* doit avoir son calendrier rempli de *meetings* utiles et courts.

Un *maker* en revanche doit réfléchir au minimum en demi-journée: se plonger dans une tâche, arriver à plein régime et réfléchir aux étapes suivantes lui demandent un effort intellectuel élevé. Il vaut mieux dans ce cas avoir un calendrier aussi vide que possible. Aussi, le *maker* doit savoir dire non quand on lui propose de travailler au rythme de *manager*. Si la réunion est trop importante pour être décalée ou refusée, il faut alors convertir toute sa journée en journée de *manager*, et intercaler le plus de *meetings* possible.

Pour toi, il est important de savoir si tu es *maker* ou *manager*. Si ton rôle consiste en un peu des deux, choisis des journées où tu es totalement *manager* et d'autres où tu es totalement *maker*.

1. Pour les *shadow meetings* dont parle Alice au chapitre 3, les « accompagnateurs » sont muets lors des rendez-vous et ne créent pas de friction dans le déroulé du *meeting*.
2. *Maker's schedule, managers' schedule*, Paul Graham, juillet 2009, http://www.paulgraham.com.

TRAVAILLE PAR ÉCRIT ET EN ASYNCHRONE

Les startups ont une culture de l'écrit plus prononcée que les autres organisations. L'écrit a beaucoup d'avantages sur l'oral : il est engageant, il oblige à être transparent, à structurer sa pensée, il empêche d'octroyer plus d'importance à celui qui bombe le torse, il est respectueux du temps de chacun.

Pour gagner en productivité, travailler par écrit et de manière asynchrone est efficace. De nombreuses startups (citons l'exemple d'Alan) ont totalement proscrit les réunions et trouvent d'autres moyens de collaborer, comme l'outil GitHub par exemple.

L'écrit demande une grande discipline aux équipes (chacun doit accepter de partager avec tous les autres ce sur quoi il travaille ainsi que ses résultats), mais permet à tous d'avoir une meilleure visibilité sur ce qui se passe et d'être plus productif. En outre, l'écrit amène à une plus grande discipline dans le comportement des équipes : les preuves d'écarts de conduite (harcèlement, falsification, délit d'initié, etc.) deviennent tangibles.

UTILISE LES BONS OUTILS

L'employé productif sait avant tout utiliser les outils qui lui font gagner du temps au quotidien dans toutes ses tâches rébarbatives (tableau 4.1).

TABLEAU 4.1. LES MEILLEURS OUTILS DE PRODUCTIVITÉ

Pocket, Instapaper https://getpocket.com https://www.instapaper.com	Sauvegarder des pages web, des articles ou des extraits de texte à lire plus tard.
Zapier *https://zapier.com*	Automatiser des tâches et connecter des applications entre elles.
aText *http://www.trankynam.com/atext/*	Définir une liste personnalisée d'abréviations (par exemple, un e-mail pour refuser un rendez-vous peut devenir un simple @rdvnon).
Pomodoro https://www.focusboosterapp.com/pomodoro-timer	Créer des séquences de 25 minutes de concentration où toutes les notifications sont bloquées, puis 5 minutes de pause, etc.
One-tab	Réduire tous les onglets ouverts en un seul pour y voir clair et les restaurer facilement.
Alfred https://www.alfredapp.com	Outil de recherche automatisée qui permet également de créer des séquences d'action.

LA PART DU LION

Pour un employé qui a le bon *mindset*, construire sa propre *employee experience* est plus facile qu'il n'y paraît :

— se donner les moyens de faire une entrée remarquée dans la startup, en trouvant rapidement le bon *tempo*. Pour cela, il faut créer ton propre *onboarding* : penser à toutes les dimensions dans lesquelles il est important de monter en compétences et les explorer ;

— comprendre comment t'améliorer en demandant du *feedback* honnête et régulier. Il faut fixer tes objectifs, tes tâches quotidiennes et les moyens de mesurer tes résultats ; puis adopter une attitude propice à l'échange. Ce processus d'amélioration itératif est d'ailleurs similaire à celui d'un produit en startup ;

— trouver seul des moyens d'améliorer ta productivité au quotidien, en articulant tes journées de manière à pouvoir te concentrer sur les tâches importantes pour toi, en apprenant à travailler avec les autres de manière asynchrone et en adoptant les bons outils pour gagner en efficacité.

En ayant adopté rapidement le bon rythme, en connaissant tes points d'amélioration et en ayant optimisé tes journées, la construction de ton aventure est entre tes mains. Il ne tient plus qu'à toi de t'exprimer dans ta startup, par la qualité de ton travail, par les nouveaux projets que tu voudras mettre en place, et par ton attachement à la culture de l'entreprise.

Nous savons que cette vision du positionnement d'un employé dans une startup est peu orthodoxe. Cependant, les employés sont les forces vives de l'entreprise et ce sont eux qui peuvent produire de grandes choses s'ils se rebellent, s'ils décident de pirater le *management* pour s'exprimer pleinement. Justement, l'*employee experience* supérieure vise à faire en sorte que chaque employé développe ses talents et grandisse.

Les cinq prochains chapitres proposent des études de cas dans les disciplines principales du travail en startup : les opérations, le *product management*, le *growth hacking*, la vente, le développement et d'autres domaines divers.

Ces études de cas sont tirées d'expériences réelles menées par des startups, des entrepreneurs ou des employés qui sont venus les raconter sans ambages aux élèves de Lion.

PARTIE 3

LE SAVOIR-FAIRE DES MEILLEURES STARTUPS

CHAPITRE 5

LES MEILLEURES TECHNIQUES DES *OPS*

« J'ADORE QU'UN PLAN SE DÉROULE SANS ACCROCS »

Hannibal,
L'Agence Tous Risques

La phrase fétiche d'Hannibal de *l'Agence Tous Risques* pourrait être la devise des employés qui travaillent en opérations en startup. Leur but est justement de faire en sorte que tout fonctionne le mieux possible au quotidien dans les activités de l'entreprise.

Il s'agit sans conteste du poste le plus polyvalent qui soit, parce que ses contours sont flous : selon la startup, travailler en opérations peut vouloir dire gérer la logistique (si on fait de la livraison), les relations avec l'offre ou la demande (dans une *marketplace*), les fournisseurs ou les partenariats, la fabrication des produits... Bref, cela dépend beaucoup de l'industrie dans laquelle se trouve la startup et de son *business model*.

Les six études de cas sélectionnées te permettront de voir la diversité de ce qu'un travail en opérations peut impliquer :

- **Menu Next Door :** *Do things that don't scale,* par Nicolas Van Rymenant
- **So Shape :** les fournisseurs comme équipe élargie, par Steven Tordjeman
- **Nestor :** *Cash is king,* comment régner dans un business de centimes, par Sixte de Vauplane
- **Save :** la vie d'une startup en hypercroissance, par Damien Morin
- **Merci Handy :** l'art de la surprise, par Louis Marty
- **CapitaineTrain :** l'obsession du service client, par Jonathan Lefèvre

MENU NEXT DOOR
DO THINGS THAT DON'T SCALE[1]

LE PROF

Nicolas Van Rymenant, fondateur de Menu Next Door

Nicolas est un belge affable et débonnaire dont l'enthousiasme est contagieux. Après ses études, il participe au lancement de plusieurs startups. Qu'elles aient déjà levé de l'argent ou non, qu'elles soient toujours à la recherche de leur *product/market fit* ou non, Nicolas multiplie les expériences. Le souci est que ces startups sont en réalité *inscalables*. Il décide alors de lancer Menu Next Door.

Avec son sourire qui inspire confiance et son côté débrouillard, Nicolas parvient à infiltrer The Family : il se fait remarquer lors d'un événement à Bruxelles en expliquant qu'il organise des sessions payantes pour visionner Koudetat[2]. Un entrepreneur né.

LA STARTUP

Menu Next Door est le « Airbnb de la cuisine ». Il permet à des citadins de manger sainement sans se ruiner en dégustant des repas préparés avec amour par des chefs amateurs dans leur quartier. Menu Next Door a une composante fondamentalement sociale : les clients passent récupérer leur plat directement chez le chef.

Après trois années, une levée avec l'un des meilleurs fonds de la place européenne, trois villes lancées et plusieurs pivots, Menu Next Door a fermé ses portes en mars 2018.

LA PROBLÉMATIQUE DU CAS

La vie de Menu Next Door a été rythmée par sa communauté. Des premiers événements à la levée de fonds, du lobbying en Belgique au déploiement international, ce sont les utilisateurs qui ont donné le *tempo* à la startup.

1. Fais des choses qui ne s'automatisent pas.
2. Une formation à l'entrepreneuriat créée par The Family.

Comment construire une communauté active en partant d'une page blanche ? En nous racontant son histoire, Nicolas nous montre en filigrane l'un des principes fondamentaux des opérations en startup : *doing things that don't scale*.

Le concept, élaboré par Paul Graham[1] (une fois de plus), se comprend de deux manières :

- Il est important de créer des moments de merveilleux pour ses utilisateurs. Provoquer ces moments ne s'automatise pas mais crée un effet « waouh » qui conquiert les clients à jamais.
- Avant d'automatiser une tâche, il faut avoir compris comment elle fonctionne en l'exécutant « à la main ».

DO THINGS THAT DON'T SCALE

L'ESPRIT DE COMMUNAUTÉ EST PLUS FORT QUE LE MARKETING

Menu Next Door a construit une communauté forte sans avoir employé aucun outil technologique complexe. L'aventure a commencé avec un simple groupe Facebook. La génèse de Menu Next Door se trouve dans la frustration que Nicolas rencontre avec ses premières expériences en startup. Décidé à se concentrer sur « ce qui compte vraiment », son idée fixe est de trouver rapidement un concept innovant et de tester sa viabilité. En l'espace de deux mois, son esprit fourmille de dizaines d'idées qu'il teste toutes pour « voir si ça prend ». L'une d'entre elles paraît plus prometteuse que les autres : le « Airbnb de la bouffe ».

Les étapes s'enchaînent à la vitesse éclair : création d'un logo sur *Squarespace*[2] et ouverture d'un groupe Facebook avec un slogan alléchant : « commandez un plat à emporter, cuisiné avec amour par un voisin ». Menu Next Door voit le jour. Temps d'exécution : cinq minutes, investissement : 0 €. Les premiers membres du groupe Facebook sont bien sûr des amis et des proches qui acceptent de tester le concept par solidarité.

Menu Next Door monte son premier événement lors d'un week-end à la ferme où Nicolas poste sur le groupe la photo d'une quiche chèvre-épinard concoctée par une amie : « venez vous servir, c'est 5 €, on vous attend avec un petit verre ». Après quelques coups de fil pour inviter les proches à se déplacer, le nombre de participants monte finalement à 25 personnes. Bilan de l'après-midi : 110 € de bénéfice pour la cuisinière, mais surtout « il s'est passé un truc, il y avait une

1. Do things that don't scale, *Paul Graham*, juillet 2013.
2. http://www.squarespace.com.

atmosphère particulière». Dès lors, l'objectif est clair: *«comprendre et itérer pour faire mieux la semaine suivante»*.

Lors du rassemblement suivant, ce sont 60 plats qui sont vendus au porte à porte pour 450 € de bénéfice. Le chiffre d'affaires vient de quadrupler en l'espace d'une semaine. Deux mois et demi plus tard, les plats sont vendus aux 35 000 membres du groupe pour 30 000 € de chiffre d'affaires mensuel sans avoir investi un seul euro en communication ou marketing.

« Au début d'une telle aventure, c'est toi tout seul. Après ce sont toi et tes potes, puis les potes de tes potes. Au final, cet ensemble de personnes devient une communauté qui te soutient et avec qui tu crées des moments de vie forts. L'énergie requise pour rassembler ces gens est colossale, mais cette communauté est importante pour te permettre de résister à la pression sociale. L'image entière de la startup est basée sur les valeurs de l'entreprise et une fois établie, il est très dur de casser la réputation d'une communauté. »

CROÎTRE À LA FORCE DES BRAS

Ce succès fulgurant et une notoriété qui croît en moins de trois mois attirent les bonnes fées, mais attisent aussi les jalousies. Deux événements importants pour la vie de Menu Next Door (MND) surviennent le même jour: d'un côté Nicolas est convoqué devant l'AFSCA (Agence fédérale pour la sécurité de la chaîne alimentaire), où il apprend qu'il encourt une amende pour non respect des normes d'hygiène, et de l'autre, un investisseur de premier plan sur la scène européenne est prêt à lui confier 2,5 millions d'euros pour continuer à se développer.

Au total, 45 contrôles d'hygiène sont menés auprès des cuisiniers de MND. Bilan des courses: aucun contrôle négatif, tous les cuisiniers sont conformes aux normes d'hygiène exigées. Cependant, ils doivent régler une cotisation annuelle: une chose impensable étant donné le niveau assez bas de leurs revenus sur la plateforme. Cherchant un terrain d'entente, il rédige une lettre ouverte à l'agence fédérale belge[1].

Sur MND, l'esprit de communauté est alors plus fort que jamais. La startup reçoit un soutien populaire colossal qui permet d'aboutir à un avant-projet de loi donnant un cadre spécifique à l'économie collaborative. La communauté crée les succès de Menu Next Door.

Du côté investisseurs, c'est avec l'argent en poche et les conseils de The Family que MND s'étend à Paris et à Londres. La même approche itérative est privilégiée pour avancer. L'objectif est avant tout d'aller très vite pour tester et valider les idées: cibler les bons profils des clients, affiner le *pitch* de vente, se nourrir des retours des utilisateurs et avancer.

1. AFSCA, mon amour, Nicolas Van Rymenant, digimedia. be.

Pour obtenir un modèle qui *scale*, Nicolas affirme qu'il faut auparavant avoir fait les choses à la main des dizaines de fois, afin de comprendre ce qui peut être automatisé ou non. Le plus difficile est de définir le moment où on commence à automatiser le *process*. Au bout de deux ans Menu Next Door commence à monétiser son service, en prélevant une commission de 15 %, après s'être assuré de pouvoir rester fidèle à ses valeurs : qualité, accessibilité, convivialité.

Avant d'automatiser une tâche, il faut la répéter sans cesse jusqu'à être sûr de construire ce qui va fonctionner et convaincre ses clients.

Menu Next Door a fermé ses portes en mars 2018, après deux levées de fonds, trois villes lancées et plusieurs pivots pour trouver un *business model* viable, sans succès. À sa clôture, plus de 5 000 cuisiniers avaient proposé un plat sur la plateforme, pour 2 millions d'euros de plats vendus.

Nicolas, lui, pense déjà à sa prochaine aventure.

LES LEÇONS DU CAS

> Pour construire une communauté, on a besoin de peu de choses : pas d'investissements en *cash* ou d'outils complexes. Un simple groupe Facebook ou une page Instagram suffisent à démarrer.

> Il faut créer des moments de merveilleux pour ses premiers utilisateurs, faire qu'il « se passe un truc » lorsqu'ils essaient le service pour la première fois afin de les convaincre à tout jamais. C'est l'effet « waouh ».

> La force de la communauté peut tirer la croissance de la startup et l'aider à dépasser des situations délicates : une grosse communauté engagée facilite des levées de fonds, peut aider dans le *lobbying*.

> Le développement d'une startup se fait par itérations successives : on observe ce qui fonctionne pour le comprendre et l'améliorer. Cela passe par une confrontation au marché permanente.

> Quand on a bien compris comment réaliser une tâche, on peut réfléchir à l'optimiser et à l'automatiser.

SO SHAPE
LES FOURNISSEURS COMME ÉQUIPE ÉLARGIE

LE PROF

Steven Tordjeman, co-fondateur et COO de So Shape

Steven vit à 200 % la mission de son entreprise : de son passé de pharmacien à son nouveau rôle de co-fondateur de So Shape, Steven s'est toujours battu pour offrir un style de vie plus sain à ceux qui l'entourent.

Son sourire et sa joie de vivre sont la preuve que sa recette est efficace !

LA STARTUP

So Shape est une marque qui crée et distribue des produits de nutrition saine pour rester en forme et mincir. Sa création fait suite à un constat : l'Europe a un temps de retard sur ce marché déjà très développé aux États-Unis. En 2014, la startup se lance avec des mensurations modestes : deux associés (Raphaël Wetzel et Steven) ainsi qu'un prêt étudiant de 50 000 euros. Après dix mois de développement produit, So Shape se forge un corps de rêve et lance ses premiers berlingots, les *smart meals*.

Quatre ans plus tard, c'est une communauté de plus de 200 000 *shapers* qui se sont entraidés et motivés pour retrouver la forme et mincir sainement avec So Shape. Les transformations les plus visibles ou originales sont même publiées sur Instagram avec le *#SoShape*. Avec un marketing efficace et une gamme de produits sains, So Shape a pour but de faire de la diète un plaisir.

LA PROBLÉMATIQUE DU CAS

Chez So Shape, il y a une forte philosophie de l'innovation produit. Cela concerne le *packaging*, bien sûr, mais aussi les modes de distribution.

Alors, comment produire sa gamme sans connaissances particulières en ingénierie agroalimentaire, sans usines ni machines ? Autant de défis qu'ont dû relever les fondateurs. Steven est pharmacien de formation, il lui a fallu chercher des ressources, travailler avec des laboratoires et bâtir une relation de confiance avec ses fournisseurs.

LES FOURNISSEURS COMME ÉQUIPE ÉLARGIE

DES PRESTATAIRES OU DES PARTENAIRES ?

SE METTRE DANS LA PEAU DES FOURNISSEURS

Les fournisseurs forment une équipe immense avec qui on travaille quotidiennement. Il faut pouvoir les considérer comme des employés de sa startup et exiger le meilleur d'eux. Ce ne sont pas de simples prestataires, mais de véritables partenaires.

Au départ, il faut savoir faire la balance entre la vision et le concret. Une startup a une vision mais pas de budget. Elle n'a pas d'antériorité, pas de bilan. Le fournisseur, de son côté, cherche du concret. Il préfère la stabilité. Dans un premier temps, une startup a donc intérêt à montrer qu'elle est rigoureuse, qu'elle vend un produit de meilleure qualité que les autres. Elle doit vendre du rêve au fournisseur.

Trouver le bon *match* passe par l'empathie pour comprendre l'intérêt des fournisseurs. En se mettant dans leur peau, on comprend ce qu'ils attendent d'une relation avec une startup :

- **en visibilité et en notoriété.** Presse spécialisée, réseau startup, participation aux prix d'innovation : So Shape a une visibilité et a même gagné l'Oscar de l'emballage ! Les acteurs industriels ont besoin de notoriété et sont généralement assez mauvais en communication. So Shape a l'avantage d'être une marque connectée et dispose d'un réseau sur lequel s'appuyer pour parler de ses fournisseurs ;
- **en rayonnement de leur savoir-faire.** So Shape peut aider à démocratiser une nouvelle technologie que les fournisseurs ont élaborée.

> **Aide tes fournisseurs à apprendre, fais évoluer leurs *process* internes et n'oublie pas de leur faire remarquer que ce mouvement d'évolution positive vient de toi.**

La startup a su construire une relation de confiance avec ses fournisseurs en les faisant passer de prestataires à partenaires et en alignant ses intérêts avec les leurs. Elle a créé une interface pour l'enregistrement des bons de livraison. Ses fournisseurs la remercient de cette initiative qui a simplifié un *process* administratif initialement contraignant. Elle apprend à se rendre indispensable à ses fournisseurs et participe à leur digitalisation.

TROUVER LES BONS PARTENAIRES

Pour trouver les bons partenaires, il est utile de demander des conseils et des recommandations aux autres startups du même secteur. Celles-ci vivent au quotidien les mêmes problématiques : croître, se développer, recruter, etc.

Parfois, le travail a peut-être même déjà été accompli par quelqu'un d'autre : pour ouvrir sa boutique en ligne, Merci Handy s'est enrichi de l'expérience de So Shape (en passant par Shopify[1] et la même agence de design). De la même manière, Lalalab a sollicité So Shape pour comprendre ses emballages. Il est important de décloisonner les entrepreneurs et de les amener à s'entraider : c'est la force d'un réseau comme celui de The Family.

Pour trouver de bons fournisseurs, l'annuaire des salons industriels est aussi une mine d'or renfermant de nombreux contacts triés par secteur, année, etc. Les livres blancs, qui attestent des pratiques actuelles du marché, sont souvent disponibles en ligne.

Il faut privilégier un fournisseur qui a conscience de sa pertinence dans l'environnement concurrentiel. Un indice pour le reconnaître est de tester sa lucidité sur le marché : il n'hésitera pas à te proposer de traiter avec un concurrent dont le cœur de l'activité est plus en phase avec ta demande. Par exemple, un fournisseur qui rabaisse son concurrent alors qu'on lui a demandé en quoi celui-ci est différent n'a sûrement pas vraiment compris sa propre plus-value.

Comme un investisseur, avant d'entamer une relation avec un partenaire, il faut se renseigner. Pour savoir si un fournisseur est fiable, il suffit de demander à ses clients. Échanger avec eux permet de récolter des *feedbacks* et d'obtenir des informations utiles à la négociation. So Shape a par exemple décidé de changer son emballage de berlingots et a trouvé le fournisseur qui proposait exactement le bon produit. Pour vérifier la fiabilité de ce nouvel interlocuteur, la startup a demandé des échantillons de produits réalisés pour d'autres marques par ce fournisseur et appelé chacune de ces marques pour récolter des informations : avantage de l'emballage par rapport aux autres, relation avec le fournisseur, prix, réactions face aux problèmes.

Pense aussi à appeler le fournisseur du fournisseur : en remontant la filière industrielle, on s'assure d'éviter une captation de la valeur par des intermédiaires.

Si possible, offre-toi le luxe de ne pas être dépendant que d'un seul fournisseur.

1. https://fr.shopify.com : une plateforme en ligne qui permet de créer sa boutique eCommerce en quelques clics.

So Shape s'est ainsi passé d'un fournisseur de sacs en plastique trop chers en appelant le fournisseur de celui-ci, un fabricant de machines à produire des sacs. Ils l'ont trouvé simplement en cherchant le nom de la machine sur Google !

TRAVAILLER AVEC DES FOURNISSEURS

IDENTIFIER ET COMPRENDRE LA VALEUR AJOUTÉE

So Shape a eu besoin dans son développement d'expédier un produit aux dimensions peu communes, pour lequel aucune offre sur le marché n'était satisfaisante.

Steven et son équipe ont dû apprendre le métier de logisticien : achat du carton, remplissage avec des éléments de calage, emballage, etc. Cette expérience a permis de comprendre où pouvait se situer la valeur ajoutée de l'emballage dans la chaîne de valeur. En décomposant les étapes de cette chaîne de valeur, la startup s'est rendu compte que son transporteur ne proposait pas de solution optimale pour son problème, ce qui faisait grimper le prix. Les marchandises étaient acheminées sur des palettes de 170 cm, alors que le standard du fournisseur était 220 cm. En augmentant la taille des palettes, elle a gagné en espace et donc en coûts de transport.

Comprendre le métier de son fournisseur et connaître la valeur de ce qu'il vend (matières, temps de travail, *process*) est un prérequis essentiel à la collaboration pour obtenir la meilleure des propositions.

Cependant, après avoir négocié de nouvelles conditions de transport, la startup s'est aperçu que le prix facturé ne correspondait pas au prix calculé : le fournisseur prenait beaucoup de marge sur le transport. Elle a donc décidé d'assurer le transport directement.

DEMANDER ET RÉAGIR À UN DEVIS

L'idéal est de pouvoir estimer une fourchette tarifaire de ce que l'on souhaite obtenir étant donné les conditions du marché. Se renseigner au préalable sur les pratiques tarifaires en vigueur évite d'être dupé : cela permet d'avoir une idée des prix et de faire jouer la concurrence.

C'est au fournisseur de faire son métier : il fait une offre et la startup exprime son besoin de la manière la plus précise *via* un cahier des charges dans l'étape du devis.

Face à des arguments de *pricing* parfois douteux, il ne faut pas te laisser démonter. Les frais de mise en place sont souvent utilisés pour gonfler une proposition. Ces frais peuvent recouvrir de multiples services : logistique et implémentation technique, maintenance informatique, etc. So Shape refuse systématiquement de payer ces frais de mise en compatibilité car c'est au fournisseur de se rendre compatible avec ses clients.

Il n'existe pas de prix que l'on accepte dès la première fois : on peut toujours débattre d'une proposition. Pour faire baisser le prix en face d'un *sales*, on se met à sa place et on joue sur ses motivations personnelles : son bonus, partir en vacances, etc. Par exemple, en fin de mois, au moment de clore ses objectifs de vente, tu peux tenter le discours suivant : « fais-moi un bon prix, je t'en commande trois fois plus et et je te paie tout de suite ! »

Cependant, on ne peut pas se battre sur tous les fronts. Il faut savoir perdre pour gagner. On choisit les batailles selon ses priorités : rien n'empêche de négocier plus tard avec un fournisseur de longue date. Si on n'a pas d'argument, c'est que l'on a très bien négocié à la base mais si on souhaite tout de même renégocier le prix, plusieurs scénarios sont possibles :

- invoquer l'avis irrationnel d'un tiers à l'activité :
  - la pression des investisseurs : menacer d'arrêter, dire que les investisseurs demandent de couper tous les coûts,
  - incompréhension du *top management* : les nouvelles recrues en haut de l'échelle ne comprennent pas le prix qu'on paie ;
- avoir relevé une défaillance chronique ;
- faire baisser le coût de revient de la prestation :
  - améliorer le produit sans augmenter les coûts, et donc faire plus de revenus par unité,
  - réduire les coûts sans trop endommager la qualité du produit : enlever l'aluminium du *packaging*, investir dans un nouveau moule pour améliorer la forme mais en réduisant la qualité de la matière des bouchons, etc.

MAINTENIR LA RELATION DE TRAVAIL

Il arrive qu'un partenaire ne fournisse pas un service à la hauteur des attentes de ta startup. Dans ce cas de figure, mieux vaut fonctionner en deux temps :

- envoyer un e-mail incisif, factuel, à valeur juridique, pour asseoir sa crédibilité ;
- appeler le fournisseur au téléphone pour arranger la relation et trouver une solution viable.

Une relation de travail se construit dans le temps. S'investir dans sa relation avec les fournisseurs ne sera jamais perdu. So Shape n'hésite pas à remercier ses fournisseurs en leur offrant des cadeaux pour célébrer les petites victoires : une à deux fois par an, Steven organise un restaurant avec ses partenaires. Montrer à ses fournisseurs qu'on est à leurs côtés, en leur rendant visite lors des salons spécialisés est une autre façon de créer du lien humain dans la relation.

Il faut savoir reconnaître qu'aucun fournisseur n'est infaillible : même le meilleur transporteur du monde aura parfois des délais de livraison, des impondérables, des imprévus. Ce qui compte, c'est que le service soit excellent dans l'ensemble et que la gestion des cas de défaut soit prévue : quelle assurance ? Qui paie ? Qui trouve une solution ?

Si tout se passe bien, la balance entre la vision de la startup et le besoin de concret des fournisseurs s'équilibrera au fil du temps. C'est ainsi que l'on crée son équipe élargie.

LES LEÇONS DU CAS

> Il faut voir ses fournisseurs comme une équipe élargie, sur laquelle on peut compter au quotidien pour délivrer le meilleur service possible à ses propres clients.

> Le meilleur moyen de trouver les bons fournisseurs est l'empathie : créer une relation gagnant-gagnant en comprenant les attentes du partenaire et la réalité de son quotidien.

> La *due diligence* (recherche d'informations sur le partenaire) est indispensable pour choisir un prestataire : on appelle les startups qui ont les mêmes problématiques, on comprend le marché de ce fournisseur et les tarifs en vigueur, on appelle les clients du prestataire pour se faire une idée claire.

> On n'externalise que quand on a compris soi-même comment fonctionne cette tâche : c'est valable pour la logistique, pour le *design*, pour le développement de sites et applications. Cela évite de se faire tromper sur le prix et permet de donner un cahier des charges clair au fournisseur.

> S'il faut faire jouer la compétition et négocier âprement avec ses fournisseurs, il est important de maintenir une relation humaine forte avec eux : ce n'est qu'ainsi qu'ils se dépasseront pour fournir le meilleur service possible au quotidien.

NESTOR

CASH IS KING : COMMENT RÉGNER DANS UN BUSINESS DE CENTIMES

LE PROF

Sixte de Vaupline,
co-fondateur et CEO de Nestor

On lui donnerait le bon Dieu sans confession. Derrière ses airs angéliques, Sixte est pourtant un entrepreneur doué et exigeant. Après un stage chez The Family, il lance Nestor en 2015 avec deux amis d'enfance, Benoît d'Arrouzat et Joseph de Chateauvieux. Leur ambition est grande : devenir le plus grand restaurant d'entreprise virtuel de France.

LA STARTUP

Nestor, c'est un repas complet et original chaque jour, livré en moins de 20 minutes au bureau et préparé par un chef avec des produits frais et de saison.

Après une levée de fonds de 900 000 € et deux ans d'existence, Nestor a pu fièrement annoncer l'année dernière avoir atteint l'équilibre financier. Une performance incroyable !

LA PROBLÉMATIQUE DU CAS

L'industrie de la *FoodTech* est problématique. Dans ce marché, bouché et concurrentiel, il est difficile de faire sa place entre les restaurants, les *fast-foods*, l'offre à emporter et les nouveaux acteurs des services de livraison.

Pour une startup *FoodTech*, trouver un modèle économique rentable est compliqué. Beaucoup se sont cassé les dents à cause des énormes coûts de livraison et des matières premières pour préparer les repas.

Pour cette raison, Nestor a construit sa vision autour du *cash*. La startup s'est développée de manière extrêmement concentrée : les repas sont livrés uniquement dans les quartiers d'affaires, du lundi au vendredi midi. Cela a pour effet de diminuer les pertes, de densifier les commandes et de comprimer les coûts de livraison pour jouer à la fois sur les économies d'échelle et sur les effets de réseau. La stratégie de Nestor est de s'imposer comme nouveau restaurant d'entreprise virtuel.

Comment réussir à trouver l'équilibre financier dans un *business* de centimes très concurrentiel ? Sixte nous explique comment traquer les bonnes affaires.

CASH IS KING : COMMENT RÉGNER DANS UN BUSINESS DE CENTIMES ?

NÉGOCIER SES COÛTS PRINCIPAUX

LES MATIÈRES PREMIÈRES ET LE PACKAGING

Pour Sixte, on ne négocie jamais assez avec un fournisseur : il ne faut surtout pas hésiter à insister jusqu'à obtenir ce qu'on souhaite. En démarrant, Nestor payait sa pintade 15 € le kilo. Après avoir fait jouer la concurrence entre plusieurs fournisseurs, elle est passée à 9 € le kilo. Dans le marché agroalimentaire, il faut définir des produits phares, les négocier avec véhémence et ne pas hésiter à changer régulièrement de fournisseurs.

« S'ils t'affirment : « vous ne vous rendez pas compte de ce que ça me coûte », c'est que tu es en train de te faire avoir, continue à négocier ! »

Le *packaging* peut très rapidement être produit par des industriels en Pologne ou en Espagne, ce qui permet de faire des économies considérables. Sixte considère que Nestor aurait pu faire cela dès la barre des 100 repas par jour. Que ce soit pour les matières premières ou pour le *packaging*, aller directement au producteur permet de maîtriser ses coûts et sa qualité. Il faut également penser à segmenter ses partenaires pour renverser le rapport de force et ne pas être dépendant d'un seul fournisseur.

DEVIENS UN ROI DE LA NÉGO

Les règles sont simples :

- **Vends ta startup**. Rends-toi sexy auprès de ton fournisseur. Il pourra utiliser ton côté moderne dans sa propre communication, mais aussi comprendre que les volumes vont augmenter avec ta croissance et celle de ton marché.
- **Comprends le marché de ton fournisseur**. Connais les prix du marché et de la concurrence pour ne pas te faire avoir. Vois si tu peux aller directement au producteur.
- **Négocie comme un forcené**. Tout le monde finit par céder à un moment et cela te permet de faire passer des requêtes très importantes pour la gestion monétaire du *business* : après des négociations longues et ardues, demande à payer à 45 jours, parce que ton service comptabilité l'a exigé. Après un long *process* de négociation, il y a de fortes chances que ton fournisseur cède.

« C'est la technique du *just one more thing*. Le fournisseur sera tellement épuisé de la négociation en amont qu'il ne souhaitera pas que tout tombe à l'eau pour une histoire de délai de paiement. Il ne faut surtout pas essayer de faire ça dès le début, sinon le fournisseur fuit. »

GESTION DES FOURNISSEURS

« Il y a un peu plus, j'vous le mets quand même ? » Tu as sûrement déjà entendu cette phrase chez ton boucher ou ton épicier. Chez Nestor, cette petite technique a fait exploser les coûts de 30 % à cause de mauvaise gestion des fournisseurs. Un des partenaires affichait systématiquement une différence de 30 % entre le prix négocié et le prix facturé. Normal, ce fournisseur avait mis au point quatre petits arrangements avec les commandes :

- livrer plus que ce que qui avait été commandé ;
- facturer plus cher que ce qui avait été négocié ;
- livrer moins que ce qui avait été facturé ;
- livrer et facturer des produits non commandés.

Seulement, quelques kilos de légumes facturés en plus ou livrés en moins par commande peuvent se transformer en dizaines de milliers d'euros en moins dans les caisses à la fin du mois. C'est là qu'on reconnaît un *business* de centimes.

À la suite de cette expérience, chez Nestor, le système de gestion est devenu draconien : chaque opération est vérifiée deux fois, les produits pesés et en cas de soucis, les fournisseurs ne sont payés que quand le problème est réglé.

NÉGOCIER EST UNE AFFAIRE DE FAMILLE

Tous les coûts se négocient, à toutes les échelles. Cela ne se passe pas seulement au niveau de l'achat des matières premières ou du *packaging*. Il faut que toute l'équipe se sente concernée : c'est l'enjeu de tout le monde, car on est dans un *business* de centimes et il n'y a pas de petites économies. Chez Nestor, les employés en font l'expérience quotidienne, car en cuisine, l'argent est réinvesti dans du matériel chaque fois qu'une nouvelle économie est réalisée.

LA CONCEPTION DES MENUS : L'ARGENT N'A PAS D'ODEUR ?

Nestor utilise trois leviers dans la conception de ses menus pour optimiser la gestion de son cash :

- **Le mix entrée-plat-dessert.** Afin de lisser les coûts au maximum, à un plat principal qui coûte plus cher, on marie une entrée et un dessert meilleur marché, et vice-versa. Pas de foie gras avec des Saint-Jacques et un tiramisu, donc.
- **Utiliser des produits de saison.** Ils sont disponibles et coûtent moins cher. Ce positionnement pragmatique permet aussi un redoutable argument *marketing* : « mangez des produits de saison ».
- **Doser les ingrédients suivant les prix.** En fonction des variations de prix, Nestor adapte les recettes. Par exemple, le suprême de pintade est un plat proposé en automne et en hiver. La recette contient de la figue, dont le prix augmente en hiver. En divisant les quantités de figues par deux et en ajoutant des châtaignes et de la semoule dans la portion, la startup économise 7 centimes par plat (soit plusieurs milliers d'euros par mois) !

J'OPTIMISE, TU OPTIMISES

OPTIMISER LE SYSTÈME DE LIVRAISON

La livraison de repas est coûteuse et les denrées sont périssables. Pour comprimer les coûts fixes de logistique, les livreurs partent toujours avec plus de repas que de commandes. Pour près de 40 % des commandes passées chez Nestor, le coursier est déjà en train de venir livrer au moment où le client commande son plat. Voilà de l'optimisation !

Il est également important d'avoir un système flexible pour comprimer ses coûts. Ainsi Nestor fait appel à trois types de coursiers : des entreprises qui ont des coursiers, des indépendants (à 80 %) et Stuart pour encaisser les pics de livraison.

MAÎTRISER LES COÛTS AVEC UN MODÈLE *FULL-STACK*

On dit qu'une startup est *full-stack* lorsqu'elle prend en charge l'ensemble des activités dans sa chaîne de valeur. C'est le cas de Nestor, et cela lui permet de bénéficier des économies d'échelles traditionnelles mais aussi des effets de réseau des plateformes technologiques.

Une entreprise comme Deliveroo doit récupérer les commandes et les envoyer au bon restaurant, s'assurer que chaque prestataire respecte le cahier des charges de temps de préparation et d'emballage, répartir les livreurs en fonction de leur positionnement, et enfin livrer les clients : une chaîne logistique complexifiée. Chez Nestor, à l'inverse, les coursiers ne vont que de la cuisine aux clients.

Les coûts de livraison ne s'élèvent qu'à la petite somme de 2 €, et ceci grâce à son *business model* particulier. La startup a fait le choix de ne proposer qu'un seul menu par jour. De plus, il n'y a pas une seule cuisine centrale dans Paris mais trois cuisines distinctes (Ouest/Défense/Sud-Ouest). Cette hyper-concentration permet de gagner beaucoup de points de marge.

OPTIMISATION PAR PRÉDICTION

Le nombre des commandes est prévu en fonction des plats. Nestor réussit à prédire le bon volume de commandes quotidien à environ 20 % près. Pour cela, la startup utilise un algorithme dont la fonction est de prédire les commandes selon les plats, la météo et autres critères. Celui-ci permet de lisser au maximum les commandes sur la semaine (par exemple en proposant des plats plus *sexy* les jours creux) et de passer de 25 % de pertes à 5 % !

CHOUCHOUTER SES COURSIERS

Hors de question qu'il y ait des pertes chez Nestor. Si des plats restent, ils sont distribués aux coursiers, et s'il n'en reste pas, un repas leur est offert. De plus, leur salaire varie en fonction de la météo (il augmente en cas de mauvais temps).

UTILISER DES LEVIERS D'ACQUISITION EFFICACES ET ÉCONOMIQUES

Pour acquérir de nouveaux utilisateurs, Nestor utilise des méthodes éprouvées : distribution de *flyers* à la sortie du métro, campagnes d'e-mails en masse (50 % de l'acquisition), systèmes de parrainage et d'ambassadeurs (un client qui est *fan* est le meilleur prescripteur). Les moyens les plus simples peuvent aussi être les meilleurs !

ENCAISSE MAINTENANT, PAIE PLUS TARD

L'ANGOISSE DU BFR POSITIF

Le BFR (besoin en fonds de roulement) est un indicateur comptable qui représente la somme dont l'entreprise a besoin pour couvrir le décalage de trésorerie entre le moment où elle paie ses fournisseurs et celui où elle encaisse ses clients. Un BFR positif signifie que l'on paie ses fournisseurs avant d'être payé par ses clients.

Chez Nestor, on se trouve dans une situation où, d'un côté, les fournisseurs demandent un acompte de 50 % à la commande et un paiement à la livraison, et de l'autre, les clients dont on ne peut encaisser l'argent qu'entre deux jours (pour le *cash*) et quinze jours (pour les titres-restaurants) après paiement. Il faut donc suivre de près le BFR, car il est positif.

NÉGOCIER ET ÊTRE RIGOUREUX POUR AVOIR UN BFR NÉGATIF

En pratique, il faut être méthodique dans sa gestion du *cash*: déposer le *cash* et les chèques à la banque tous les jours plutôt qu'une fois tous les deux jours. Pour les titres-restaurants, accepter de payer plus pour obtenir l'argent plus rapidement. Concernant les fournisseurs, fini les paiements à la sortie du camion, il faut le négocier à 45 jours.

Toutes ces règles permettent de transformer un BFR positif en théorie en un BFR négatif en pratique.

LES LEÇONS DU CAS

- Peu importe leur secteur, les startups sont des organisations compétitives où la pression sur le *cash* est constante. Avoir une gestion trop aléatoire de la trésorerie peut engendrer des conséquences désastreuses. À l'inverse, adopter des méthodes de gestion de trésorerie saines assez tôt peut conduire à la rentabilité, sésame rare dans cet univers. Attention cependant à ne pas tomber dans le contrôle de gestion avant d'avoir atteint un PMF.
- Les coûts principaux du service se négocient âprement auprès du fournisseur. Il convient également de mettre en place un système de contrôle fréquent de ces coûts et de multiplier les leviers de négociation avec les fournisseurs.
- Il n'y a pas de petits profits: dans un *business* de centimes, la moindre économie peut faire varier la liquidité de la startup de plusieurs dizaines de milliers d'euros sur un mois, soit le salaire d'une partie de l'équipe.
- Les méthodes pour optimiser la gestion du *cash* sont propres à chaque *business*. Cependant, il faut se demander si les opérations sont optimisées pour être assez rentables et efficaces.
- Avec la discipline de toute l'équipe, une gestion méthodique de la trésorerie et des négociations rondement menées auprès des fournisseurs, on parvient à créer un besoin en fonds de roulement négatif et on peut poursuivre son développement plus rapidement sans « cramer » des millions d'euros de *cash*.

SAVE
UNE STARTUP EN HYPERCROISSANCE

LE PROF

Damien Morin, co-fondateur et CEO de Save

Le sourire aux lèvres en toutes circonstances, Damien est un optimiste doublé d'un ambitieux qui a toujours été entrepreneur. À 13 ans, il bidouille des ordinateurs et apprend à les réparer. C'est ainsi qu'il fait une expérience décisive : réparer la machine d'une amie de sa mère pour 50 €. Très vite, il sent le filon et commence une lucrative activité de réparation grâce au voisinage et un bon bouche à oreille.

Avec la même idée et la même énergie qu'à 20 ans, encore étudiant, il lance Save My Computer. La sortie de l'iPhone 4, téléphone très fragile, lui fait réorienter son business : il réparera des téléphones. C'est le début de l'aventure *Save*. Aujourd'hui, Damien entame une nouvelle conquête avec Mobile Club, le premier modèle de *smartphones* en location.

LA STARTUP

Save est la startup qui répare les *smartphones* et les tablettes en un rien de temps. Grâce à des *corners* positionnés dans les zones de forte chalandise et une marque qui crée de la confiance dans un marché très opaque, les clients peuvent confier leur téléphone en toute sécurité à Save et faire changer les boutons défectueux, les vitres brisées, etc.

Après une période de croissance fulgurante, *Save* atteint 500 salariés répartis dans 137 points de vente sur 6 pays en Europe. À la suite de cette période faste, la société entre en redressement judiciaire à cause d'erreurs de gestion, puis intègre le groupe Remade en avril 2017.

LA PROBLÉMATIQUE DU CAS

L'histoire de Save est un cas d'école, un épitomé du développement de startup. Les premiers succès, la croissance extrêmement rapide, l'euphorie de la réussite, les difficultés de gestion, les périodes de doutes, la transition pour maintenir l'activité en vie : tout est matière à leçon pour les employés d'une startup.

Damien Morin est un entrepreneur d'exception qui raconte sans détour l'histoire qui est la sienne. Lis avec plaisir et attention son fabuleux destin !

LA VIE D'UNE STARTUP EN HYPERCROISSANCE

DE LA CROISSANCE À L'HYPERCROISSANCE

Au début de l'aventure, Damien est déjà rodé à la réparation de machines. Il dispose de plusieurs techniciens de confiance qui peuvent réaliser des interventions chez les clients. Seulement, Damien repère vite un goulot d'étranglement : un technicien ne peut réaliser que 6 à 7 interventions par jour s'il doit se déplacer, alors qu'en boutique, il peut en réaliser 20 à 25.

Grâce à un prêt de 50 000 euros contracté auprès d'un ami, la société est créée le 12 février 2013. Save My Smartphone installe sa première boutique dans le XVIe arrondissement, avec une proposition de valeur forte pour se démarquer de la concurrence : assurer les *smartphones* réparés durant un an et promettre une réparation en 20 minutes. La rentabilité est atteinte au bout de trois mois.

Par hasard, un grand groupe français contacte Damien pour lui proposer d'assurer le service de réparation de l'ensemble des terminaux du groupe, soit plus de 10 000 appareils. 10 000, rien que pour lui et sa petite boutique. Sans sourciller, Damien accepte : la croissance de Save est lancée – avec la réussite insolente d'un *fake it until you make it* bien maîtrisé.

Ce succès en attirant d'autres, des nouveaux clients grands comptes signent des contrats de réparation. En décembre 2013, Save My Smartphone compte dix salariés et un atelier de réparation supplémentaire.

Début 2014, Damien rencontre l'équipe de The Family par l'intermédiaire de Jean de la Rochebrochard (aujourd'hui Partner chez Kima Ventures). Alice et Oussama, les fondateurs, le font rêver et revoir ses objectifs à la hausse.

C'est à ce moment que Save My Smartphone (SMS) va opérer un fort pivot. Ouvrir des boutiques est trop risqué financièrement et gourmand en capital : aucun investisseur n'acceptera de suivre la startup avec ce modèle. Damien lance l'implantation de petites boutiques de réparation de smartphones dans les centres commerciaux, des *corners*, manifestement très compatibles dans leur format avec une expérience de *shopping*. Le succès est immédiat.

Début 2015, l'entreprise compte 25 salariés pour un total de 6 points de vente et s'autofinance complètement. Lever des fonds n'est pas une nécessité et SMS aurait pu continuer sur cette lancée. Cependant, Damien recrute un directeur général pour l'aider à structurer l'activité. Celui-ci relève encore le niveau d'ambition de l'entreprise et propose d'ouvrir 100 boutiques très rapidement.

L'année 2015 est frénétique pour SMS et la croissance est sans précédent : le chiffre d'affaires mensuel du mois de janvier devient le chiffre d'affaires quotidien du mois de décembre !

La croissance est rapide, hyper-rapide. Chaque mois, l'entreprise se lance sur un nouveau pays européen. En manque de techniciens-réparateurs, Damien est même obligé d'ouvrir une école de formation. Il signe deux CDI et un nouveau bail par jour. Les médias l'invitent sans arrêt sur leurs plateaux.

Pour autant, ce n'est pas parce qu'il y a croissance que l'exécution est aisée. Le modèle est très difficile à *scaler* : il faut à chaque fois installer un nouveau point de vente et y placer des techniciens formés, maîtriser une chaîne logistique complexe, et l'aspect financier est tout sauf évident.

En janvier 2016, Save, qui a changé de nom car la startup répare désormais également les tablettes et d'autres appareils, compte près de 500 salariés pour 137 points de vente répartis dans 6 pays. Une levée de fonds de 15 M€ est alors nécessaire. Save devient l'entreprise qui a la plus grosse valorisation au sein de The Family.

RÉUSSIR L'HYPERCROISSANCE GRÂCE À LA CULTURE D'ENTREPRISE

Save n'aurait pas pu tenir le rythme de l'hypercroissance sans une culture d'entreprise extrêmement forte. Pour Damien, la culture est une forme de cohérence, d'état d'esprit impalpable. Elle naît de la vision des fondateurs, mais se nourrit des humeurs de l'équipe, des bruits de couloir. Chez Save, cette culture s'articule autour de quatre valeurs :

- ***S = ship it fast and keep it simple.***[1] Cette philosophie de l'exécution s'écarte beaucoup de ce que certains groupes ou cabinets prestigieux demandent à leurs employés. Prendre son temps, mesurer chaque décision, en parler à toute sa hiérarchie, telle n'est pas la culture de Save. L'important est d'obtenir des résultats rapidement et de tester des choses de manière pragmatique.
- ***A = ambition is not an option.***[2] L'ambition se cultive au quotidien ; elle devient une forme de transe d'équipe, de *focus* indestructible sur l'objectif commun.

1. Délivre vite et fais des choses simples.
2. L'ambition n'est pas une option.

Pour s'assurer que l'ambition soit bien transmise, Damien participait à toutes les sessions de formation. Il communiquait cette ambition, cette envie de se dépasser. Le but était de faire comprendre aux employés que tout était encore possible au sein de Save, que l'aventure ne faisait encore que débuter.

- ***V = victory comes as we learn.***[1] Les erreurs sont pardonnées chez Save, parce qu'elles permettent d'apprendre des choses précieuses pour la suite de l'aventure. Par exemple, une employée à la comptabilité a un jour commis une erreur sur un virement international d'un million d'euros vers la Chine pour les fournitures de pièces détachées. Cette erreur a donné lieu à une rupture de stock et une crise à l'échelle de l'entreprise. L'employée aurait pu être licenciée, mais en la maintenant à son poste, elle a su sublimer son échec et a assuré parfaitement sa mission par la suite, en ne commettant plus jamais aucune erreur.
- ***E = excellence is in the details.*** Les petits détails créent les moments de magie, pour les clients comme pour les employés ou toutes les autres parties prenantes. Par exemple, lorsque quelqu'un postulait chez Save, il recevait automatiquement un e-mail décrivant la suite du processus de recrutement, ainsi que toutes les informations dont il pouvait avoir besoin pour ses futurs entretiens. C'est anecdotique, mais tellement d'entreprises ne font pas cet effort que l'envie du candidat de bien faire et de choisir de travailler pour Save était décuplée.

DESCENTE AUX ENFERS ET RENAISSANCE

Entre 2014 et 2015, le chiffre d'affaires de Save est multiplié par 25, une performance exceptionnelle, même aux standards des meilleures startups. Toutefois, en dépit des bons chiffres de croissance, des erreurs d'exécution émaillent le parcours:

- Après les premiers succès évidents, Save veut aller trop vite et ouvre des **points de vente sans intérêt économique**, peu ou pas rentables: la zone de chalandise choisie est d'une importance capitale. Le constat est le même pour les lancements à l'étranger: sur cinq pays européens lancés après la France, quatre n'ont jamais été rentables et il a fallu les fermer.
- **Le taux de marge est faible**. Pour couvrir la demande, Damien doit traiter directement avec des usines chinoises, seules capables de fournir suffisamment de pièces. De la part de fournisseurs peu scrupuleux, il reçoit alors des pièces détachées défectueuses en très grandes quantités. Ce taux de pièces détachées inutilisables affecte énormément les marges.
- **Les mauvais recrutements en boutique** sont nombreux et le taux de vol de pièces est élevé. Il n'y a pas de système informatique sur les points de vente pour contrôler le nombre d'achats consommés ou stockés.
- La startup lève **trop d'argent et utilise mal son *cash***: les coûts de structure sont très importants, le contrôle de gestion n'est pas le *focus* premier, etc.

1. Le succès vient avec l'apprentissage.

- **Les *managers* recrutés par Save** maîtrisent le fonctionnement d'une entreprise *retail* conventionnelle mais pas celui d'une startup qu'il faut *scaler*.
- Damien reconnaît volontiers **sa propre inexpérience** en tant que gestionnaire, âgé de 25 ans lors de l'année la plus folle de croissance de Save.

En 2016, l'entreprise brûle un million d'euros par mois soit deux fois plus que ce que le *business plan* prévoyait. Il devient clair que la trésorerie va s'épuiser dans les six mois à venir.

Save est placé en redressement judiciaire en juillet 2016. Petite précision technique, le redressement judiciaire n'est pas un droit : il faut le justifier par un problème passager de trésorerie sans remise en cause fondamentale du *business model*. Ceci constitue une protection pour les entreprises en crise de liquidité passagère. Si le tribunal de commerce n'avait pas été convaincu, il aurait placé Save en liquidation judiciaire : la clé sous la porte.

Le redressement judiciaire apporte son lot d'avantages : les dettes, y compris auprès des fournisseurs, sont gelées et un administrateur judiciaire devient co-gérant de l'entreprise, ce qui permet de la restructurer lourdement.

Save passe par une période de choix difficiles : licencier le directeur général, l'ensemble des *senior managers*, réduire les effectifs de 500 à 300 salariés et ne garder que les deux pays rentables (la France et la Suède). Paradoxalement, en sauvant Save, Damien retrouve la foi de ses équipes et la légitimité de dirigeant.

En décembre 2016, Save retrouve la rentabilité et réalise 1 million de réparations par an et 30 millions d'euros de chiffre d'affaires.

Au terme de la procédure de redressement judiciaire, l'entreprise est finalement rachetée par le groupe Remade pour 27 millions d'euros auxquels sont soustraites l'ensemble des dettes et la mise de départ des actionnaires, dans le cadre d'un plan de continuation de l'activité. Le *management* se partage le reliquat de 3 millions d'euros.

CE N'EST QUE LE DÉBUT

Damien, l'éternel optimiste, reprend vite du poil de la bête après cette expérience. Pendant un temps, en 2017, il travaille chez The Family pour accompagner les entrepreneurs et investit en tant que *business angel* pour prendre le temps de réfléchir à sa prochaine startup.

Cette nouvelle entreprise, c'est Mobile Club. Elle propose de louer des téléphones sans engagement de durée avec la possibilité d'en changer en cas de perte ou de vol et l'assurance pour 19,90 €/mois. Mobile Club est lancé en juin 2018, et on lui prédit forcément un grand destin. Connaissant Damien, cela ne peut qu'être le cas.

LES LEÇONS DU CAS

> Quand on rejoint une startup, on entre dans une organisation qui cherche l'hypercroissance. Ceci amènera nécessairement du chaos, de l'incertitude. Si c'est à l'entrepreneur de porter ses équipes, c'est à toi, en tant qu'employé, de t'élever à la hauteur de la tâche opérationnelle qui attend ta startup.

> Les défauts d'exécution en phase de croissance peuvent être mortels pour une startup. Lors d'une phase d'hypercroissance, il faut savoir créer une gestion obsessionnelle du *cash* et efficace des opérations.

> L'hypercroissance n'est possible que si la culture d'entreprise est partagée par tous et favorise l'ambition. Ne rejoins pas une startup avec laquelle tu ne te sens pas en phase ou si tu n'es pas en accord avec sa mission.

> Derrière un entrepreneur héroïque se trouvent des centaines d'employés qui tirent la croissance de l'entreprise au quotidien et qui exécutent la stratégie. Le rôle des employés est capital dans l'histoire d'une startup, même s'il est mis de côté.

MERCI HANDY
L'ART DE LA SURPRISE

LE PROF

Louis Marty,
co-fondateur de Merci Handy

Louis et sa startup ont un destin croisé : ils font naître l'extraordinaire dans l'ordinaire. Rien ne présage en effet qu'un étudiant d'école de commerce avec des expériences professionnelles dans des domaines aussi improbables que les ascenseurs puisse monter de toutes pièces une nouvelle marque de cosmétique.

Et pourtant, à force de courage, de bonne humeur, d'intransigeance et de travail, Louis et son associé Roland sont parvenus à lancer et faire grandir une marque reconnaissable entre mille dans le paysage des produits d'hygiène.

LA STARTUP

Merci Handy s'est fixé une mission simple et incroyablement prenante : rendre *sexy* des produits d'hygiène du quotidien. Leur produit phare est un gel anti-bactérien coloré, fruité, élégant et qui tient dans la poche ou dans le sac à main.

La startup a fêté ses quatre ans en août 2018. C'est une équipe de près de 30 personnes, une marque digitale à dimension internationale présente dans plus de 6 000 points de vente en Europe, au Moyen-Orient, en Asie et bientôt aux États-Unis. C'est aussi plus de 3 millions de produits vendus et des partenariats signés avec des grands noms du monde de la cosmétique et d'ailleurs.

LA PROBLÉMATIQUE DU CAS

Se démarquer et créer la surprise au quotidien pour ses clients est la marque de fabrique de Merci Handy. Le propre de leur mission est d'ailleurs de faire naître l'extraordinaire au sein de l'ordinaire.

Pour toutes les startups, cette énergie créatrice est importante. Ce n'est pas seulement vrai dans le produit : les opérations aussi peuvent être source de magie pour les utilisateurs.

Quelles sont alors les stratégies à mettre en place pour étonner au quotidien, pour être capable de se réinventer en permanence et faire vivre des moments extraordinaires à ses clients ?

L'ART DE LA SURPRISE

D'UN OCÉAN DE MONOTONIE À L'ART DE LA SURPRISE

Merci Handy s'est lancé dans un environnement incroyablement uniforme et homogène. Le constat des fondateurs est simple : le marché des gels antibactériens est un marché de produits clones. Ils font mal aux mains, ils ne sont pas innovants, ils ont tous le même *packaging,* ils sentent bon le couloir d'hôpital. Mieux – ou pire, question de point de vue –, c'est la même chose pour le dentifrice, les crèmes pour les mains, les brumisateurs. Un véritable océan de monotonie !

Un marché avec très peu d'innovation, des produits standardisés (voire commoditisés[1]) et auquel aucune marque avec une vraie âme ne s'est encore attaquée ? Quelle aubaine ! De ce constat naît la mission de Merci Handy : changer la manière dont les *millenials* utilisent et consomment leurs produits d'hygiène quotidiens.

Toutefois, malgré un *pitch* vendeur et beaucoup de bonne volonté, les premiers moments de la vie de Merci Handy sont semés d'embûches. Louis contacte ses premiers fournisseurs potentiels en les repérant sur Google. Le problème est que sans réputation et sans bilans à présenter, personne ne veut travailler avec lui. Les objections sont nombreuses : l'entreprise est trop petite, le MOQ (*minimum order quantity*, c'est-à-dire la commande minimale à passer auprès d'un fournisseur) n'est pas atteint, etc. Alors voilà : comment émerger sur un marché aussi concurrentiel que celui de la cosmétique quand on est petit et que l'on n'a pas véritablement de budget ?

Louis et Roland se rendent vite compte qu'il n'y a qu'un moyen d'y parvenir : se démarquer sans cesse et être radical. C'est alors que naît la véritable obsession de Merci Handy : surprendre sans cesse les chatons – le petit surnom qu'ils donnent aux clients. Pour ce faire, ils s'attachent à rendre l'ordinaire extraordinaire et en érigeant la surprise au rang d'art, comme une valeur cardinale de leur startup.

SURPRENDRE EN CONSTRUISANT LA MARQUE AUTOUR DE VALEURS FORTES

Première étape pour faire de la surprise un mode de fonctionnement de la startup : déterminer des valeurs en accord avec ce principe fondamental. Chez Merci Handy, cinq valeurs guident le travail quotidien de tous les employés :

1. Qui sont traités comme des commodités : non-identifiés, interchangeables, à bas coût et faible valeur ajoutée.

- **Être abordable.** Le premier élément de surprise, c'est la capacité de proposer un produit de qualité sans entrer dans une gamme de prix excessivement chère. Il faut rester abordable pour tous, non seulement dans le prix, mais également dans le positionnement de marque : pas exclusif, mais inclusif.
- **Être attentioné (*care*).** Le marché de Merci Handy est celui du *personal care* mais curieusement, les marques ont très peu de réel *care* pour leurs clients. Chez Merci Handy, les demandes et remarques des clients sont prises extrêmement à cœur : tout le monde doit recevoir une réponse à sa requête en moins de 24 heures, que l'on parle à un client individuel (B2C) ou à un grand groupe (B2B). Voilà qui est surprenant et rafraîchissant.
- **Être honnête.** Reconnaître ses erreurs, se remettre en question et prendre ses responsabilités est une démarche nécessaire pour continuer d'être surprenant, au niveau individuel comme au niveau de l'entreprise. Par exemple, quand Merci Handy a lancé ses bougies parfumées, un certain nombre d'entre elles ont connu un problème qualité car un parfum avait tourné. L'ensemble des clients ont alors reçu un *mea culpa* de la part de la marque, et un nouveau produit conforme aux attentes.
- **Être exigeant.** L'exigence est nécessaire pour faire naître l'extraordinaire. Dans le produit, toutes les qualités doivent être excellentes. Pour le gel antibactérien, par exemple, la formule scientifique est travaillée avec des ingrédients de choix (émollient, vitamine E, sans triclosan, etc.), mais il est aussi parfumé avec l'aide de Firmenich, une grande maison de parfum, pour obtenir le produit le plus satisfaisant possible. Cette exigence fait la différence et crée la surprise.
- **Créer la surprise.** Il faut vivre Merci Handy comme une émotion. Au cœur du travail de chaque employé, il faut trouver les éléments qui permettront de créer cette émotion chez le client : dans le *packaging*, dans le produit, dans la distribution, dans le *marketing*, tous sont invités à se poser la question de la surprise de manière régulière.

LES SECRETS DE MERCI HANDY POUR SURPRENDRE AU QUOTIDIEN

ÉTAPE 1 : *BE COOL*

Première étape : se démarquer comme étant une marque cool. Comment arriver à faire de Merci Handy une marque cool ? Tout simplement en travaillant avec des gens cool !

La marque a rapidement besoin d'une *social proof*. Birchbox et My Little Paris vont la lui apporter. Louis et Roland s'arrangent pour obtenir des articles dans

En lançant une nouvelle marque ou un nouveau produit, laisser la communauté des influenceurs sélectionnés asseoir la crédibilité de la marque a beaucoup plus d'impact que d'essayer de le faire soi-même. Pour ça, il faut eux aussi les surprendre avec des petites attentions et surtout un produit de très bonne qualité.

lesquels Mathilde Lacombe, créatrice de Birchbox, parle de leurs produits et dit qu'elle les aime. Cela leur apporte une caution réelle sur le marché.

D'une manière générale, le choix des distributeurs initiaux est stratégique. Merci Handy choisit de travailler avec le magasin parisien Colette (qui lui permet d'emblée d'avoir une visibilité internationale), avec Birchbox, Le Publicis Drugstore, Le Bon Marché, Urban Outfitters, My Little Paris, Wood Wood, 10 Corso Como... Bref, tous les *cool kids* de la distribution.

ÉTAPE 2 : OSER

Il faut se faire confiance et tester de nouvelles choses pour rester surprenant. L'édition limitée chez Colette du gel antibactérien est un bon exemple de stratégie gagnant-gagnant basée sur un pari risqué: créer une édition exclusive et limitée.

Le pari a payé: de nombreux fans de Colette adorent collectionner les objets portant la griffe de l'enseigne, et pour le distributeur, c'était une façon simple d'augmenter son panier moyen. Cette édition limitée a fini par faire parler d'elle, elle a voyagé à travers le monde et a créé de nouveaux relais de croissance pour Merci Handy. Notamment, elle a permis la distribution dans les enseignes H&M et Topshop. Un partenariat stratégique et risqué avec Colette s'est avéré déterminant: il a ouvert les portes de l'international.

Un autre exemple lors du salon annuel des influenceurs (Vidéocity) à Paris, avec 150 000 visiteurs. L'objectif pour Merci Handy était d'avoir le stand le plus « instagrammable » et le plus « snapchaté » (sic). Merci Handy a imaginé une licorne sur laquelle il était possible de faire un tour de rodéo pour gagner un gel antibactérien. Osé ? Oui, et pas qu'un peu ! Encore une fois, le choix a été payant: non seulement, les gens ont adoré l'expérience émotionnelle, mais de nombreux journalistes sont venus ainsi que des blogueurs renommés comme EnjoyPhoenix.

Dernier exemple, le lancement de la gamme de gels antibactériens en partenariat avec Disney en 2017. Une fois la marque aux grandes oreilles approchée, le calendrier s'est d'abord fixé sur un lancement produit pour les fêtes de fin d'année 2018. Un *timing* qui n'avait aucun sens pour une startup comme Merci Handy. À force d'insister et de mettre la priorité sur ce partenariat stratégique, en travaillant main dans la main avec Disney, la gamme a fini par être prête pour Noël 2017. Oser brusquer son partenaire pour aller plus vite et sortir le produit de rêve au bon moment est aussi un moyen de créer la surprise.

ÉTAPE 3 : DEVIENS VIRAL ET ENGAGE TA COMMUNAUTÉ

Pour créer une bonne surprise, il faut être au plus proche de sa communauté et ne pas hésiter à lui demander son avis si besoin.

Merci Handy est une marque dans l'ère du temps qui interagit beaucoup avec sa communauté sur les réseaux sociaux. Le réseau social le plus important pour Merci Handy est Instagram. Il permet de montrer la marque et les produits avec une esthétique maîtrisée. Les clients attendent que Merci Handy leur montre ce que la marque fait, ce qu'elle prépare. Le planning éditorial découle directement de cette attente : il s'inspire essentiellement de l'actualité, avec des visuels très colorés (arc-en-ciel ou encore la licorne, qui est l'animal fétiche de Merci Handy). Le mot d'ordre éditorial est le suivant : *be attractive* et *be present*.

Sur Instagram, la croissance des *followers* en 2017 a été impressionnante : leur nombre passe de 75 000 à plus de 200 000 en quelques mois. Le secret ? L'engagement grâce à des *posts* créatifs. Le *post* « Découvre ton nom de licorne »[1] par exemple, qui a engagé plus d'un million de personnes au total, n'a demandé à Merci Handy aucun budget, juste de la créativité pure.

La communauté est aussi mise à contribution dans les nouveaux développements produits. 6 000 réponses ont été reçues en deux jours pour que le nouveau produit soit une bougie. La bougie a donc été lancée.

LES LEÇONS DU CAS

> Pour établir une nouvelle marque ou un nouveau produit, il faut provoquer une épiphanie auprès de ses clients : faire naître du merveilleux lorsqu'ils entrent en contact avec la startup.

> Pour créer la surprise, il faut que l'ensemble de l'équipe partage des valeurs fortes : l'ouverture, l'attention, l'honnêteté, l'exigence et le goût de faire de chaque moment une surprise pour les clients.

> Les partenariats, la façon de travailler avec les fournisseurs, le positionnement sur les salons : les éléments de surprise peuvent tout à fait venir d'une valeur ajoutée des opérationnels. Il faut pour cela collaborer étroitement avec les équipes de *growth*, de produit et de *marketing*, parce que la surprise ne se limite pas à un aspect du produit. C'est un ensemble émotionnel ressenti par les clients.

> Être présent auprès de ses *fans*, les comprendre, leur parler au quotidien et les engager reste le meilleur moyen de comprendre comment les surprendre.

1. http://bit.ly/LicorneMH

CapitaineTrain
L'OBSESSION DU SERVICE CLIENT

LE PROF

Jonathan Lefèvre, ex-responsable Expérience Client de CapitaineTrain

Jonathan a été la première recrue non technique de CapitaineTrain et a vu grandir l'équipe de l'intérieur. Son caractère sympathique, franc et attentionné a façonné la manière dont CapitaineTrain a construit sa relation client. C'est aussi lui qui a été en première ligne de la croissance de la startup, en parlant au quotidien avec les utilisateurs.

Jonathan s'est maintenant fixé un nouveau défi : rendre les salaires et rémunérations des salariés de startups et PME *transparentes* et *équitables*. Évidemment, Lion soutient cette initiative !

LA STARTUP

CapitaineTrain permet de réserver et d'acheter des billets de train simplement et partout en Europe. Son obsession a été de créer le meilleur service pour les clients : simple et efficace, avec une expérience fluide et intuitive qui permette de faire son achat rapidement.

CapitaineTrain est rachetée par la société britannique Trainline en 2016 pour près de 200 millions d'euros. Entre temps, la startup a bâti une équipe de plus de 60 personnes, capable de servir plus de 2 millions de clients et dont les ventes annuelles dépassent les 100 millions d'euros.

LA PROBLÉMATIQUE DU CAS

L'un des moyens de croître quand on est aux prises avec un monopole historique (ici, Voyages-SNCF), est de fournir un service de meilleure qualité. Cela passe par le produit, d'une part, mais aussi par la qualité de l'expérience client et du service aux utilisateurs.

Le monde du service client est souvent bardé de défauts : externalisé et loin du produit, standardisé et anonyme, impuissant, lent, tant de caractéristiques qui créent des frictions et des frustrations pour les utilisateurs.

L'obsession de CapitaineTrain, dans sa lutte pour gagner et retenir des clients, a été de prendre le contrepied exact des services clients habituels pour délivrer une prestation de plus haute qualité. Comment transformer l'expérience d'un utilisateur qui passe par le service client pour lui éviter un moment désagréable ? C'est ce que Jonathan nous explique.

L'OBSESSION DU SERVICE CLIENT CHEZ CAPITAINETRAIN

UN SUPPORT AUX ENJEUX TRÈS SPÉCIFIQUES

Les enjeux de l'équipe support chez CapitaineTrain sont ceux d'une équipe qui évolue dans une industrie lente et complexe. Cela crée un jeu de contraintes qu'il faut bien appréhender pour pouvoir construire la meilleure expérience client possible :

- **La croissance est forte.** Comme pour toutes les startups, l'équipe support doit servir un nombre sans cesse grandissant de clients sans pour autant pouvoir tripler de taille tous les ans.
- **Le volume doit être grand et les clients autonomes.** CapitaineTrain opère dans une industrie à très faible marge, en prélevant une commission de quelques pourcents sur la vente des billets. Dans ces conditions, il faut des volumes très élevés – et hors de question que tous ces clients passent par le support. Ils doivent pouvoir se débrouiller majoritairement seuls et ne contacter le support qu'en cas de besoin réel.
- **Fournir un service de très haute qualité.** L'obsession du service client chez CapitaineTrain est réelle : il serait impensable de l'externaliser, de placer un centre d'appel à l'étranger ou de le négliger. Son rôle est central.
- **Le marché ferroviaire est complexe.** Le support de CapitaineTrain ne gère pas que *son* produit. Si les services de paiement en ligne des prestataires bancaires tombent en panne, que les API[1] d'un opérateur ferroviaire en Espagne se bloquent ou si les cheminots décident de faire grève, ce n'est pas la faute de CapitaineTrain. La plupart des services client renverraient la balle à un autre acteur en se déchargeant de leur responsabilité. CapitaineTrain part du principe que ce n'est pas à l'utilisateur de subir la complexité du

1. *Application Programming Interface*, une interface à laquelle un développeur peut se connecter pour récupérer ou faire traiter de l'information auprès d'un logiciel tiers.

marché et épouse l'ensemble de cette complexité. En termes de compétences et de compréhension de marché, cela demande une versatilité forte pour l'équipe support.

- **Les trains roulent tout le temps.** Répondre aux usagers des services ferroviaires, c'est être capable de répondre le soir et le week-end quand les trains roulent. Les demandes entrantes des clients sont permanentes et il faut savoir y faire face.

LES SECRETS D'UN SERVICE CLIENT SOUS STÉROÏDES

Une fois le contexte bien assimilé, comment faire pour créer un service client performant malgré toutes ces contraintes? Jonathan nous livre sa méthode, avec beaucoup de choix qui paraissent tomber sous le sens mais qui sont pourtant à des années-lumière de ce que les supports client proposent en général.

RÉPONDRE VITE

La réactivité fait tout pour les clients. Tu as déjà dû passer des heures interminables au téléphone avec un service client qui refuse de répondre à ta requête ou des jours à attendre un retour d'un support auquel tu as posé une question.

CapitaineTrain, au contraire, répond vite. En quelques minutes si c'est possible, en prenant un peu plus de temps si la réponse demande de la recherche. Dans tous les cas, dans les délais les plus courts possible.

C'est une obsession telle que le temps médian d'attente est devenu la seule KPI pertinente pour jauger les performances de l'équipe de support client. Les enquêtes de satisfaction et autres sont de mauvais indicateurs en plus de demander des efforts aux utilisateurs ou d'infester leur boîte mail.

RÉPONDRE PAR ÉCRIT

Le support client de CapitaineTrain ne fonctionne que par écrit, car:

- **Le téléphone est moins efficace pour répondre au client.** Parfois, chercher la bonne réponse peut prendre une dizaine de minutes ou une dizaine d'heures. Il est plus pratique d'envoyer la réponse dans la boîte e-mail et laisser le client la trouver au moment où il est disponible que le faire patienter des heures au bout du fil.
- **L'écrit est engageant.** La réponse peut être conservée, opposée en cas de besoin, transférée à quelqu'un qui rencontre le même problème. Comme CapitaineTrain vise la transparence, s'engager par écrit est plus immersif dans l'expérience client.
- **D'autres avantages**, comme le fait d'amener l'utilisateur à exposer clairement sa requête, le fait d'être accessible pour des personnes partiellement ou totalement handicapées, s'ajoutent à ces raisons.

PARLER COMME DES HUMAINS

Dans un paysage où les supports clients paraissent insipides, standardisés et où les opérateurs semblent répéter un script comme des perroquets, les équipes du support client CapitaineTrain parlent comme des humains. Mieux, ils parlent à leurs clients comme à des amis, le vouvoiement en plus, l'argot en moins. Quelqu'un de bienveillant qui répond rapidement et simplement aux questions, ne cherche pas à mentir, à cacher des choses, à se débarrasser de tes problèmes mais t'aide à les résoudre, a des petits gestes désintéressés de temps en temps, fait des blagues aussi. Bref, un ami.

Le service client CapitaineTrain est honnête : il assume ses erreurs et les corrige, il parle à ses clients d'individu à individu. Cela lui permet de créer une véritable audience : des gens qui *aiment* à proprement parler le contenu, le ton et le produit de l'entreprise. Des *fans*.

FAIRE DU SUPPORT L'AFFAIRE DE TOUS

Chez CapitaineTrain, tout le monde comprend l'aspect primordial du support et s'y intéresse. Tout le monde lit les *tweets* et requêtes des clients dans un canal Slack dédié. Cela permet à la personne la plus compétente de l'équipe pour répondre (selon que le problème est technique, opérationnel ou autre) de le faire directement et rapidement.

Tous les salariés de l'entreprise passent une après-midi au support une fois par mois. Que chacun passe *personnellement* du temps à répondre aux requêtes des clients a plusieurs bénéfices : tout d'abord, les employés comprennent comment le produit ou le service peut être amélioré, et cela les rend meilleurs dans leur quotidien. Aucun n'oublie que ses tâches quotidiennes sont réalisées en vue de rendre service au client. Cela permet de partager la culture de l'expérience client à travers toute l'équipe.

LIER LE SUPPORT AU DÉVELOPPEMENT PRODUIT

Chez CapitaineTrain l'équipe support fait remonter les possibles améliorations produit pour éviter les frictions du côté de l'utilisateur. Confrontée au quotidien aux problèmes des clients, l'équipe support sait ce qu'il est le plus urgent de traiter pour améliorer le produit.

LE MEILLEUR SUPPORT À L'ÉCHELLE ?

Ces éléments assez basiques et pourtant redoutablement efficaces présentés par Jonathan peuvent donner l'impression qu'ils ne sont pas reproductibles à grande échelle. Pourtant, l'un des grands défis de CapitaineTrain a été de gérer une croissance extrêmement rapide du nombre d'utilisateurs avec une équipe support réduite. Comment est-ce possible ?

LE MEILLEUR SUPPORT SAIT SE RENDRE INUTILE

Le travail de l'équipe support n'est pas uniquement celui de répondre aux questions des clients. Derrière chaque requête, l'équipe doit aussi réfléchir à ce qui peut être amélioré dans le produit (position d'un bouton, message d'alerte, FAQ incomplète, etc.) pour que la même question ne revienne plus.

« C'est finalement ça, notre vraie mission : faire en sorte que le produit soit tellement bon qu'il n'y ait jamais besoin de nous contacter. »

En faisant cela, l'équipe support s'assure d'avoir des taux de contact très bas de la part des clients. Non pas pour moins leur parler, mais parce que le produit joue très bien son rôle tout seul et pour pouvoir se consacrer aux demandes pour lesquelles le support a une vraie valeur ajoutée.

LES OUTILS INTERNES ET EXTERNES

L'équipe support de CapitaineTrain reçoit l'aide de deux développeurs dédiés à la création d'outils efficaces au quotidien. Chaque tâche métier répétitive est automatisée, le *back-office* (interface de gestion pour les membres de l'équipe support) est construit spécifiquement. Gérer la croissance passe par l'automatisation de ces actions.

En outre, toute l'équipe est très attentive aux outils et techniques de productivité disponibles sur le marché.

LE RECRUTEMENT

Pour affronter la croissance de l'équipe support, le recrutement n'est pas le premier réflexe. Il faut avant tout se poser les questions d'automatisation des tâches afin de trouver des solutions *scalables*.

Cependant, construire une équipe sur le long terme est le meilleur moyen d'affronter la croissance. Pour l'équipe de support de CapitaineTrain, dont les compétences sont très diverses - rédaction, connaissance ferroviaire, empathie, technicité produit, etc., rien n'est laissé au hasard et l'adhésion des candidats à la culture de l'entreprise est primordiale. Cela permet d'embaucher des profils atypiques, mais tous motivés à faire réussir le support, et donc, CapitaineTrain dans son ensemble.

LES LEÇONS DU CAS

> L'équipe support de CapitaineTrain s'est construite en prenant le contre-pied exact de beaucoup des services clients que l'on connaît sur le marché : le service client est internalisé, il fait partie de la culture de l'entreprise, il est célébré ; les membres de l'équipe parlent aux clients comme des humains, ils sont autonomes et responsabilisés, et participent à la construction d'un meilleur produit.

> CapitaineTrain n'a rien inventé dans sa gestion de la relation client, c'est simplement un parti pris dans les valeurs de l'entreprise que de mettre en place un service client fort et autonome. Le reste ne fait que découler de cette décision centrale.

> Pour ceux qui souhaitent aller plus loin que cette simple étude de cas, Jonathan a écrit un livre sur le service client. Vu la pertinence de ses conseils et son style rafraîchissant, nous ne pouvons que te conseiller de lire : *L'Obsession du service client*, Jonathan Lefèvre, Dunod, 2018.

LA PART DU LION

Rien ne permet de préjuger du quotidien dans une équipe opérationnelle en startup. Les opérations sont nécessairement liées à l'activité de ton entreprise : tour à tour, il s'agit de logistique, de service client, de gestion des fournisseurs, de contrôle qualité, d'animation de la communauté, etc. Les opérations sont donc ce qui fait tourner la machine au quotidien dans ta startup.

Toutes les études de cas du chapitre ont montré que l'important est de comprendre la priorité fondamentale de la société (construire une communauté, *scaler* des opérations à toute vitesse, maintenir le niveau de ses coûts, créer la meilleure expérience client) et de déployer les bonnes méthodes pour y parvenir, en cherchant ensuite à les optimiser et à les automatiser.

Être un bon opérationnel demande une capacité d'exécution élevée, de la polyvalence dans les tâches à traiter et surtout une adhésion forte aux valeurs et à la culture de l'entreprise.

CHAPITRE 6

LES MEILLEURES TECHNIQUES DE *GROWTH HACKING*

« 1 IEN-CLI, IEN-CLI, OH NON ;
10 IEN-CLIS, IEN-CLIS, OH NON ;
100 IEN-CLIS, IEN-CLIS, OH NON ;
1 000 IEN-CLIS, IEN-CLIS,
OH OUI ! »

Kaaris

Nous avons déjà établi que le marqueur principal d'une startup était sa croissance[1]. Les entrepreneurs ont tellement intégré cette notion qu'ils ont développé une discipline à la croisée du *marketing* et de l'ingénierie, afin de transformer une science économique en science exacte. C'est ainsi qu'est né le *growth hacking,* littéralement piratage de la croissance.

Le rôle d'un *growth hacker* est en effet de trouver des méthodes efficaces pour faire croître sa startup. Il découvre ces méthodes en lançant des expérimentations diverses et en ayant une approche analytique de ses résultats. Ces différents *hacks* ont une durée de vie limitée, aussi doit-il être capable de se réinventer en permanence et de définir des méthodes de croissance pérennes.

Les *challenges* pour les *growth hackers* sont nombreux, notamment apprendre à vivre avec le fait que les techniques employées deviendront désuètes rapidement.

Les six études de cas sélectionnées ici montrent ce dont doit être faite la palette d'un bon *growth hacker* :

- **The Family :** les piliers du *growth hacking,* par Sacha Azoulay
- **Zenaton :** maîtriser ses *metrics* et Google Analytics*,* par Gilles Barbier
- **Flat.io :** le SEO selon Flat, par Pierre Rannou
- **CitizenPlane :** définir sa stratégie de croissance, par Côme Courteault
- **Junto :** optimiser ses Facebook Ads, par Étienne Alcouffe
- **The Family :** *Content writing*, la rédaction de contenu en startup, par Kyle Hall

1. Startup = Growth, Paul Graham, septembre 2012, paulgraham.com.

THE FAMILY
LES PILIERS DU *GROWTH HACKING*

LE PROF

Sacha Azoulay,
***Growth Manager* chez Dreem**

Sa curiosité débordante et son envie de comprendre les startups ont amené Sacha vers le *growth hacking*. La discipline lui est apparue comme une synthèse logique entre ses études de mathématiques appliquées et de commerce.

Après avoir *boosté* la croissance de la plateforme de recrutement Talent.io, Sacha a rejoint l'équipe de *growth hacking* de The Family pour aider les entrepreneurs du portefeuille à structurer leur croissance. Il gère aujourd'hui la croissance de Dreem, qui produit un appareil qui étudie le sommeil des utilisateurs pour les aider à mieux dormir.

LA STARTUP

The Family est une infrastructure qui accompagne les entrepreneurs à travers toute l'Europe et les aide à élever leur niveau d'ambition en leur apportant de l'éducation, des services et en facilitant l'accès au capital.

Lancée en 2013, The Family est désormais présente à Paris, Londres et Berlin et accompagne plus de 100 nouvelles startups tous les ans. La valeur totale de son portefeuille a dépassé le milliard d'euros et ses startups ont levé plus de 350 millions d'euros en cumulé.

LA PROBLÉMATIQUE

Devenir *growth hacker* ne s'improvise pas. Les compétences à mobiliser sont nombreuses et quelques principes d'action doivent dicter toutes les initiatives prises au quotidien.

Dans ce cas, Sacha revient sur les fondamentaux à acquérir pour devenir un bon *growth hacker*, ainsi que sur les outils de base à maîtriser. Il donne également de précieux conseils pour s'améliorer et insiste sur la devise ultime en *growth* : *test and learn*[1].

Comment monter en compétences dans une discipline où il est primordial de se réinventer sans cesse ? Sacha donne des exemples concrets de cas rencontrés par des startups de The Family dans leur recherche de croissance et nous montre que le progrès en *growth hacking* passe par l'exécution quotidienne.

LES PILIERS DU *GROWTH HACKING*

LA THÉORIE : LES QUATRE ÉTAPES FONDAMENTALES DU *GROWTH HACKING*

Le *growth hacking* (GH) est un travail de test et d'optimisation. Il faut imaginer de nouvelles techniques, les mettre en place rapidement pour voir si elles fonctionnent, mesurer les résultats de manière objective, analyser et tirer les conclusions pour itérer ensuite. Les quatre étapes principales sont : la segmentation, le *tracking*, l'optimisation et la saturation.

LA SEGMENTATION ET LES TESTS

Le travail initial en GH est de tester un maximum d'hypothèses pertinentes sur sa base de clients. On cherche à répondre à la question : quel type d'utilisateur est-ce que je veux amener sur ma page ? Si la startup dispose déjà d'une base de clients réguliers, on peut créer des *personas* en fonction (des audiences-cible). Dans le cas contraire, il faut émettre des hypothèses sur des niches qui semblent pertinentes. Dans tous les cas, segmenter consiste à adresser différents types de messages à différents types d'audiences.

Avant de segmenter, il faut constituer une base de données de contacts. Dataminer[2] et d'autres extensions et *plug-ins* pour Google Chrome permettent de collecter rapidement toutes les informations dont on a besoin pour constituer sa base de données (nom, prénom, e-mail, poste occupé, etc.).

1. Teste et apprends.
2. http://dataminer.io

Beaucoup d'agences et de *freelancers* sont spécialisés dans cette étape

Ils se trouvent sur des plateformes comme Freelances.com ou Upwork. On peut :
- demander à un *freelancer* de réaliser le *scraping* d'une base de données en ligne déjà identifiée ;
- recourir à un *freelancer* pour nettoyer une base de données déjà *scrapée* et enlever les doublons, les informations obsolètes, mal récupérées ou erronées ;
- acheter directement une base de données déjà nettoyée (ne pas payer plus de 15 centimes par e-mail dans ce cas).

À partir de cette base de données, on crée des segments selon les hypothèses que l'on souhaite tester. Les tableurs permettent de faire cela, mais on peut également utiliser des outils comme FullContact[1] ou Blockspring[2]. On peut par exemple réaliser les segments selon le lieu géographique des *leads*, leur industrie, la taille de leur entreprise, leur âge ou leur niveau d'étude. Il faut réfléchir à ce qui est pertinent en fonction de la solution qu'on cherche à vendre, et le tester.

Pour affiner encore la segmentation, on peut envoyer un e-mail à tout le segment en *l'A/B-testant.* Sendgrid[3] facilite cette tâche : il envoie les différentes versions d'un e-mail à plusieurs parties de la base, avant d'envoyer le message qui a le mieux fonctionné à l'ensemble. En analysant le message qui fonctionne mieux, on comprend beaucoup de choses sur un segment (l'argument qui fait mouche, le ton à employer, etc.).

L'A/B-testing

L'*A/B-testing* consiste à optimiser un message ou un produit par itérations parallèles dont on mesure les résultats. Par exemple, on écrit un e-mail pour des *prospects* (version A) et on reprend exactement le même e-mail en changeant l'objet (version B). On envoie ce message à deux échantillons distincts et, si la version B fonctionne mieux, alors on la prend pour base la fois suivante pour améliorer les taux de clics et d'ouverture.

1. https://www.fullcontact.com
2. https://www.blockspring.com
3. https://sendgrid.com

Bonne pratique

Évite d'envoyer une campagne de *cold mailing* à partir de ton nom de domaine principal. Il peut vite se retrouver *blacklisté* et la communication avec les clients devient alors infernale. Créer un domaine secondaire avec une IP différente permet de se protèger facilement.

Une fois les hypothèses sur les cibles de notre site émises, les moyens de constituer des bases de données pour chacun de ces segments trouvés et la segmentation affinée grâce à des tests par e-mail, il est important de tester différents canaux d'acquisition. Il ne suffit pas de se contenter des canaux les plus connus (Google Adwords, Facebook Ads, etc.); faire preuve d'originalité sur les canaux aide souvent beaucoup dans l'acquisition.

> Dreem est un appareil qui permet d'analyser son schéma de sommeil et d'amener ses utilisateurs à mieux dormir en utilisant des techniques de neuromodulation et de *biofeedback*. Quora est un site permettant aux utilisateurs d'avoir des réponses de grande qualité sur toutes les questions qu'ils se posent. Pour n'importe quel sujet, une communauté d'experts sur Quora est là pour répondre, expliquer et vulgariser. Dans le cas de Dreem, la stratégie pour construire un canal d'acquisition original est de répondre à toutes les questions concernant le sommeil sur Quora, en mettant le lien Dreem à la fin de l'article. Il est même possible de le faire en utilisant des freelancers recrutés sur Upwork (en payant à la réponse par exemple), il faut simplement leur donner les ressources leur permettant de répondre et leur faire un brief clair. Avoir beaucoup d'articles sur Quora est en outre très efficace pour le SEO, car les gens tapent souvent des questions sur Google.

Il ne faut pas tester tous les canaux à la fois mais lancer les tests en série, sélectionner ensuite ceux qui fonctionnent le mieux et optimiser.

LE *TRACKING*

Avoir beaucoup d'idées à tester est une chose. Savoir quels tests ont fonctionné et être capable de jauger efficacement ses hypothèses en est une autre.

Le suivi et l'analyse font partie intégrante du travail d'un *growth hacker*. Celui-ci doit savoir utiliser et mettre en place les bons outils pour récupérer des données chiffrées sur ses tests et les étudier pour déterminer si les résultats sont significatifs. Ce ne sont heureusement pas les outils d'analyse qui manquent : on peut citer par exemple Google Analytics (*cf.* l'étude de cas suivante intitulée Zenaton : maîtriser ses *metrics* et Google Analytics pour apprendre à le maîtriser), Hotjar[1], Amplitude[2], Mixpanel[3], etc.

L'OPTIMISATION

Si les résultats d'une expérience ont été concluants, il faut trouver des moyens de l'optimiser. Le *tracking* donne des indications sur ce qui pourrait être amélioré. Par exemple, si on utilise une technique d'acquisition payante, il peut être possible de faire baisser le coût d'acquisition en trouvant les bons leviers, ou alors d'accroître le *reach* (la portée de l'expérience) pour le même montant.

> So Shape est une startup de The Family qui distribue des produits de nutrition (*cf.* chapitre 5). Ses fondateurs ont très vite perçu que l'engagement sur leurs *posts* Instagram était bien supérieur à celui sur Facebook (l'engagement veut ici dire le nombre absolu de *followers* et le nombre moyen de personnes qui *taguent* leurs amis en commentaires, créant ainsi de la viralité). Ils se sont donc concentrés sur le contenu qui fonctionnait le plus sur Instagram et ont optimisé sa diffusion grâce à des *hashtags* pertinents ou des robots qui permettent de *liker*/commenter/*follow* automatiquement des comptes ciblés.

Comme So Shape, beaucoup de startups ont un voire deux canaux d'acquisition de prédilection. Il est très difficile de devenir expert dans plusieurs canaux à la fois, et ce sont les experts qui le disent (notamment Brian Balfour, le pape du GH[4]). L'essentiel pour un *growth hacker* est de concentrer son attention sur un canal qui fonctionne pour sa startup et d'en maîtriser toutes les subtilités jusqu'à exceller pour optimiser ce qui peut l'être.

LA SATURATION

Une fois un canal d'acquisition testé et optimisé, il faut le saturer, c'est-à-dire exploiter le filon jusqu'à ce qu'il s'épuise. Le but est bien d'aller chercher toutes les ressources que l'on peut tant qu'un canal fonctionne et pas d'être économe. Il y a à cela deux justifications :

- Les techniques de GH ont une durée de vie limitée, autant en profiter tant qu'elles marchent.
- Les *leads* générés entrent dans un CRM ou sont pris en charge par une équipe de *sales*. C'est un autre travail de savoir quand les relancer, à quel rythme leur envoyer de nouvelles informations, etc.

---

1. https://www.hotjar.com
2. https://amplitude.com
3. https://mixpanel.com
4. *7 principles to master growth marketing*, 7 mai 2017, brianbalfour.com.

CASE STUDIES : EXEMPLES DE *GROWTH HACKS* FONCTIONNELS

CAS 1 : COMMENT LION A REÇU 10 000 CANDIDATURES POUR LA PREMIÈRE SAISON

Lors du lancement de Lion, l'utilisation de techniques de GH a permis de recevoir plus de 10 000 candidatures pour la première promotion. Pas mal pour une marque inconnue auparavant !

La segmentation a été un élément clé : qui dit acquisition, dit surtout *targeting* pertinent. Avant de commencer l'acquisition pour Lion, nous avons donc bien défini les cibles qui nous intéressaient. Nous avons ciblé les grandes entreprises, les cabinets de conseil, les SSII et fait du *scraping* afin de faire une campagne de *cold mailing*. Celle-ci a fonctionné, nous avons donc réitéré et fait une autre campagne, puis une autre, puis une autre jusqu'à saturer le canal.

Dans les détails, une fois le *scraping* effectué et avant de procéder à l'envoi vers l'ensemble des adresses récoltées, nous avons testé les différents contenus d'e-mails sur des échantillons réduits. Cinq contenus d'e-mails ont été testés auprès de cinq groupes de 1 000 e-mails. Le résultat est le suivant : sur les cinq contenus, deux ont bien fonctionné et trois n'ont pas marché. Une fois ce contenu testé et validé, nous avons pu prévoir un envoi généralisé.

Pour un bon e-mail

- Un texte court, le prénom du destinataire dans l'objet de l'e-mail.
- Proscrire le visuel dans l'e-mail, l'utilisation d'un *template* html, les messages du type « offre spéciale », les surpromesses comme « la formation de tes rêves ».
- Mettre sa propre adresse dans la liste des destinataires pour voir si l'e-mail arrive en boîte principale ou en spam.
- Opter pour une structure simple du type Bonjour *prénom* + 2 lignes de texte + *3 bullet points* + 1 *call-to-action* du type « Postule ici ».
- L'efficacité de l'e-mail est prouvée si les taux d'ouverture et le taux de clic sur les liens qu'il contient sont élevés.
- Les e-mails sont à envoyer par petits *batchs* (10 000 maximum, 1 000 conseillé), sinon on risque de se faire bloquer.

CAS 2 : COMMENT DREEM A TROUVÉ 40 000 *LEADS* QUALIFIÉS EN DEUX MOIS

Mettre en place un questionnaire gratuit a été une excellente solution pour obtenir des *leads* qualifiés chez Dreem. Le questionnaire mis en place permettait à l'utilisateur de connaître son profil de dormeur en 20 questions et demandait de laisser son adresse e-mail à la fin pour découvrir les résultats. Non seulement les internautes ont participé, mais ils ont aussi partagé les résultats sur Facebook, tagué leurs amis, comparé leurs résultats. Pour Dreem, c'était une base de données de 40 000 e-mails pré-segmentée en 20 profils types.

CAS 3 : COMMENT LA CENTRALE DU SPORT A TRIPLÉ SON VOLUME D'AFFAIRE POUR 0 €

La Centrale du Sport[1] permet aux clubs de sport et aux collectivités locales de s'équiper en matériel en comparant les prix des équipements sportifs. Le premier sport de France étant le football, avoir accès à une base de données des clubs de foot était pour eux un vrai défi.

Heureusement, le site de la Fédération Française de Football est assez ancien, et par conséquent, mal codé. La liste de tous les clubs avec leur contact y est disponible et, mieux encore, la fiche de chaque club porte un numéro spécifique (et évidemment, ces numéros se suivent). Aussi, créer un robot qui *scrape* tout le contenu de ce site, en incrémentant les numéros de pages d'un +1 à chaque fois a été un jeu d'enfant. La Centrale du Sport a ainsi obtenu les coordonnées de tous les clubs de France en quelques minutes, de l'AS Saint-Priest au Red Star FC en passant par Évian Thonon-Gaillard, dans un fichier au format Excel. Quelques envois d'e-mails plus tard, leur volume d'affaire mensuel triplait.

Les sites un peu anciens sont du pain béni pour les *growth hackers* qui veulent récupérer des informations facilement.

CAS 4 : COMMENT YOUSHOULD A CONSTRUIT SON PROPRE CANAL D'ACQUISITION ORIGINAL

Youshould[2] est une plateforme qui permet de privatiser des bars et des restaurants dans Paris. Les personnes qui consultent les sites vitrines des bars partenaires sont des cibles évidentes pour Youshould, mais elles sont difficiles à cibler *via* des canaux traditionnels. Youshould a donc développé sa propre API qui permet de privatiser le lieu depuis le site du bar partenaire, sans aucune friction. C'est avec son propre canal d'acquisition que Youshould génère beaucoup de *lead*.

---

1. https://www.lacentraledusport.fr
2. https://www.youshould.eu

TABLEAU 6.1. LES OUTILS DU *GROWTH HACKER* PERFORMANT

L'acquisition	
Socialrank https://socialrank.com	Outil d'analyse des *followers* sur les réseaux sociaux
Sendgrid http://sendgrid.com	Outil d'e-mailing B2B
Webpage.ly https://www.webpage.ly	Audit SEO automatisé qui recommande des améliorations
Unsplash https://unsplash.com	Banque d'images libres de droits
Dataminer/Import.io https://data-miner.io https://www.import.io	Outil pour scraper sans savoir coder
La conversion	
Frictionless Signup https://github.com/segmentio/frictionless-signup	Pré-remplissage de formulaires d'inscription
Crisp https://crisp.chat	Chatbox permettant d'interagir avec les clients sur sa page
Useronboard https://www.useronboard.com	Banque des meilleures expériences d'*onboarding* client
La rétention	
Intercom https://www.intercom.com	Interagir avec ses utilisateurs, les relancer par e-mail
Onesignal https://onesignal.com	Envoi de notifications *push* à ses utilisateurs sur navigateur
L'analyse et autres thématiques	
Upwork https://www.upwork.com	Prestataires freelance à moindre coût (à briefer avec attention)
Hotjar https://www.hotjar.com	Connaître les zones les plus fréquentées de son site (enregistrement des mouvements de souris, des clics)
Amplitude, Mixpanel https://amplitude.com https://mixpanel.com	Panneaux de contrôle de métriques clés sur la fréquentation de son site
Facebook Analytics	Tableau de bord de ses Facebook Ads
Google Analytics	Tableau de bord du trafic sur son site

LES CONSEILS DE SACHA

Être *growth hacker* demande d'être extrêmement imaginatif et de très vite prendre des responsabilités.

« L'idée est d'être le plus actif possible : tester, tester, tester toutes les hypothèses pertinentes et apprendre en fonction des résultats. »

Il faut aussi garder à l'esprit que l'automatisation n'est pas forcément la réponse évidente : dépenser 500 € dans des Facebook Ads n'est pas du tout la bonne solution pour conquérir un premier ensemble d'utilisateurs. Souvent, le meilleur moyen d'acquérir et de fidéliser est de s'occuper soi-même de l'*onboarding*. Beaucoup d'outils très classiques, mais non moins intéressants, existent pour entrer directement en contact avec les utilisateurs comme Messenger, Direct Message sur Instagram pour contacter tes *followers*, ou encore Crisp.

« Si tu fais tout pour que l'expérience utilisateur soit incroyable, je te promets que les visiteurs te le rendront au centuple et qu'ils viendront organiquement. »

LES LEÇONS DU CAS

> Le *growth hacking* est avant tout un état d'esprit. Il s'agit d'avoir envie de mettre à l'épreuve des hypothèses sur son audience et de trouver les moyens créatifs de les tester rapidement. C'est aussi la rigueur de tout mesurer et d'optimiser quand il faut.

> Les quatres moments fondamentaux d'un *hack* sont la segmentation et le test, le *tracking*, l'optimisation et la saturation. On imagine un filon, on vérifie s'il marche, on l'amplifie et on l'épuise.

> Le *growth hacker* doit se tenir sans cesse au courant des nouvelles techniques et des nouveaux outils sur le marché pour pouvoir bien faire son travail. L'obsolescence est rapide dans cette discipline.

ZENATON
MAÎTRISER SES *METRICS* ET GOOGLE ANALYTICS

LE PROF

**Gilles Barbier,
co-fondateur et CEO chez Zenaton**

La chemise à fleurs ouverte et le sourire enjoué trahissent le côté débridé pourtant bien caché de ce polytechnicien taciturne.

Gilles est un ingénieur pur jus transformé en entrepreneur. Après avoir créé et revendu Dismoioù, service de recommandation de bonnes adresses par géolocalisation avec plus d'un million d'utilisateurs, Gilles a lancé Leetix, une plateforme d'automatisation du *marketing* par e-mail. Il a ensuite officié en tant qu'associé chez The Family pour aider les startups à surmonter leurs défis techniques avant de cofonder Zenaton avec Louis Cibot, son ancien stagiaire.

LA STARTUP

Zenaton est une solution pour développeurs permettant de faire de l'orchestration de *workflows* un jeu d'enfant. Avec le développement des applications web et mobiles, les programmeurs se retrouvent souvent dans l'obligation d'écrire des briques de code spécifiques pour gérer l'enchaînement de tâches récurrentes: notifier le restaurant, trouver un livreur, envoyer l'adresse, encaisser le paiement lorsqu'un utilisateur commande sur Deliveroo, par exemple. Zenaton permet de ne plus avoir à construire ces éléments en interne, mais également de pouvoir suivre de manière précise des indicateurs *business* liés à ces événements. En moins d'un an, la startup a levé 2 millions d'euros auprès des prestigieux fonds Accel Partners et Point Nine Capital ainsi qu'auprès de *business angels* renommés.

LA PROBLÉMATIQUE

Être analytique n'est pas une option pour un *growth hacker*, c'est une nécessité. Cela demande de savoir quels indicateurs suivre et comment définir ceux qui sont pertinents. Gilles fait un premier tour d'horizon sur la manière de définir de bons *metrics* pour sa startup. L'un des outils incontournables pour comprendre son trafic et analyser ses données efficacement est Google Analytics. Gilles partage ses bonnes pratiques pour prendre en main efficacement cet outil.

MAÎTRISER SES *METRICS* ET GOOGLE ANALYTICS

LES PROBLÈMES INHÉRENTS AUX *METRICS*

Le cycle de vie d'une startup est simple: on crée quelque chose, on mesure son impact, et on comprend ce qu'on peut améliorer à la lumière des données récoltées (figure 6.1).

FIGURE 6.1. LA CONSTRUCTION PRODUIT ITÉRATIVE EN STARTUP

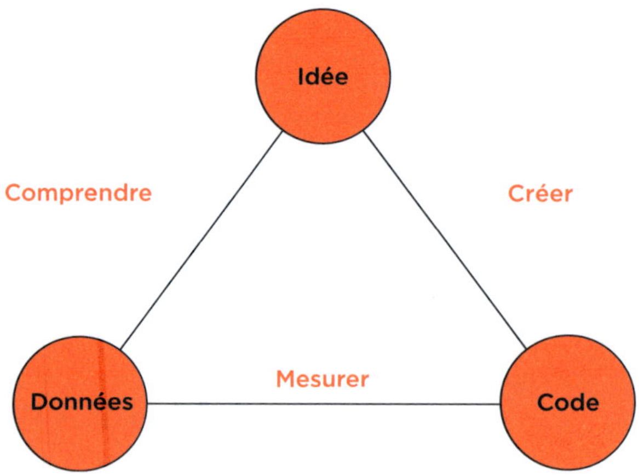

Or, la compréhension des données pose souvent problème. Le piège le plus récurrent est de faire des allers-retours entre les idées et le code sans se poser de questions. L'un des pièges connexes est de regarder les mauvais indicateurs. En effet, il n'est pas si facile de savoir quels sont les *metrics* à mesurer pour son activité, et choisir les mauvais *metrics* pousse à prendre des décisions inadaptées.

Parfois, ce sont des biais à l'échelle de tout une industrie. Pendant longtemps, dans les débuts d'Internet, on regardait de près le taux de rebond, c'est-à-dire le pourcentage de visiteurs ayant quitté le site sans consulter une autre page. Au final, ce *metric* est inadapté car on peut avoir un excellent site avec un taux de rebond énorme si les utilisateurs trouvent ce qu'ils veulent tout de suite puis s'en vont.

La pire des erreurs est d'avoir une mauvaise compréhension de ses *metrics.* Par exemple, regarder des chiffres en cumulé au lieu de les regarder en flux. Si le nombre de visites cumulées d'un site web depuis sa création est forcément croissant, il est tout à fait possible que le nombre de visites mensuelles s'effondre. Le seul moyen de le savoir est de regarder le nombre de visites tous les mois et de le comparer aux mois précédents.

Il faut également faire attention aux *vanity metrics,* ces indicateurs qui n'ont pas de sens par rapport à l'activité ou liés à des événements exceptionnels. Le trafic du site a explosé le jour où l'entreprise est passée sur un reportage télévisé ? C'est bien, mais cela n'est pas du tout symptomatique de la santé du site.

Dans tous les cas, on se trompe toujours au début dans le choix des *metrics*. L'important est de repérer ses erreurs et d'y remédier. Se fixer des objectifs au travers de ses *metrics* permet aussi de se donner les moyens de les atteindre : les *metrics* ne sont que des outils au service de l'activité.

CHOISIR LES BONS *METRICS*

QU'EST-CE QU'UN BON *METRIC* ?

Les caractéristiques d'un bon *metric* sont les suivantes :

- bien mesuré, c'est-à-dire avec l'outil approprié et sans erreur de méthode ;
- uniforme : il faut pouvoir le comparer dans le temps ;
- compréhensible par tous les employés de la startup ;
- très orienté vers l'activité de la startup ;
- pertinent : il doit aider à la prise de décision.

QUANTITATIF *VS* QUALITATIF

Si le produit est pré-*product/market fit*, le qualitatif est plus intéressant à étudier. Souvent, il n'y a pas suffisamment de données représentatives et exploitables pour faire du quantitatif. Après le PMF, c'est l'inverse, et il faut devenir très précis dans sa collecte et son analyse des données.

REPORTING VS EXPLORATOIRE

Les *reporting metrics* sont des *metrics* qui servent d'objectif global et qui guident l'activité à la semaine ou au mois. Il est nécessaire de suivre ces *metrics* de manière très précise.

Les *metrics* exploratoires aident à mieux comprendre une situation précise. Il faut savoir les trouver et les déployer quand on en a besoin, mais aussi anticiper ces besoins. Par exemple, si le jour où l'on modifie sa page Facebook le chiffre d'affaires baisse de moitié, mais qu'on a jamais pensé à garder l'information de quel pourcentage du trafic provient habituellement de Facebook, on ne peut pas trouver de corrélation certaine.

QUEL CHOIX SELON LA MATURITÉ ET LE SECTEUR D'UNE STARTUP ?

Le livre *Lean Analytics*[1] est un outil de référence pour le choix de ses *metrics*, et donne les éléments suivants. Cinq états sont à distinguer au démarrage d'une startup, qui correspondent à un découpage de la phase d'*inception* en plus petites étapes.

1. l'empathie (début de produit, tests) ;
2. la rétention (pré-PMF : on fait en sorte que les premiers utilisateurs aiment le produit et l'utilisent) ;
3. la viralité (bon bouche-à-oreille) ;
4. le revenu (détermination du bon *pricing*) ;
5. la croissance.

En fonction de ces états, les *metrics* importants à suivre ne seront pas les mêmes. Ils dépendent également du type de service proposé (e-commerce, marketplace, SaaS, application mobile, média, etc.). Être conscient de son état de croissance permet de trouver les bons *metrics*. À chaque état correspondent des problématiques précises auxquelles les *metrics* doivent répondre. La boîte à outils à la fin de cette étude de cas donne des exemples de *metrics* à suivre.

QUE MESURE GOOGLE ANALYTICS ?

Il existe tout un panel de solutions pour analyser ses données (Mixpanel, Amplitude, Hubspot, Matomo, Kissmetrics, Omniture, etc.). Parmi elles, Google Analytics est très répandu car cet outil est gratuit et aide également les clients de Google à acheter des publicités *via* Adwords.

Le développeur du site insère un morceau de code Javascript fourni par Google Analytics à l'inscription sur chacune des pages qu'il souhaite analyser. Le navigateur du visiteur sollicite alors Google qui dépose un *cookie* (pas le genre qui se mange mais le genre qui est déposé sur le disque dur de l'utilisateur pour conserver des informations en vue de la prochaine connexion).

Le *cookie* est rattaché au navigateur. Pour Google Analytics, le même utilisateur qui se connecte sur deux terminaux ou sur deux navigateurs différents est comptabilisé plusieurs fois. Il y a cependant une possibilité de paramétrer Google Analytics pour comptabiliser différemment les utilisateurs.

1. Croll A. & Yoskovitz B., *Lean Analytics : Use Data to Build a Better Startup Faster (Lean Series)*, O'Reilly, 2013.

Attention

Sur des sites avec un seul chargement de page, il faut explicitement demander à Google Analytics d'analyser les pages virtuelles. Les *metrics* peuvent très vite être faussées en cas d'oubli.

LES PAGES VUES

Une page vue est enregistrée par l'exécution de ce code JavaScript (JS): `Ga('send','pageview');`
Ce code est inclus par défaut dans toutes les pages, qu'elles soient virtuelles ou non. Il fonctionne aussi dans le cas d'une page unique découpée en différentes sections. C'est le seul *metric* par défaut de GA. Tous les autres doivent être ajoutés par les développeurs.

LES ÉVÉNEMENTS

Un événement est une action de l'utilisateur que l'on veut enregistrer. Cela peut être la lecture/pause d'une vidéo, le téléchargement d'un fichier, le clic sur des liens externes, le comptage d'erreurs, la création d'un compte, etc. Il s'exécute avec le code JS suivant:
`Ga('send','event', category/action/label/value/interaction);`
Les informations recueillies sont alors envoyées à Google Analytics qui les agrège par utilisateur, par session, par événements, etc. Le Google Tag Manager permet de gérer ces tags.

DES SESSIONS

Une session est la portion de temps entre l'entrée et la sortie d'un utilisateur sur un site. Google Analytics essaie de reconstituer les actions de l'utilisateur pendant sa session en fonction des données qu'il reçoit. Il prend comme mesure le temps d'action et arrête l'enregistrement s'il ne se passe rien pendant une demi-heure. Les sessions sont réinitialisées chaque soir à minuit. Une session est donc un regroupement d'actions qui se suivent sur une durée incluant moins d'une demi-heure d'inaction.

DES OBJECTIFS

Google Analytics offre la possibilité de créer des objectifs à réaliser. Il faut avant tout définir ces objectifs clairement afin de savoir ce qu'il faut mesurer pour les atteindre. Par exemple, la création d'un compte, le téléchargement d'un document, le partage d'une page sur un réseau social, etc.

On configure ensuite l'objectif en lui donnant un nom et un type (destination, durée, page/écran par session, *events*). On considère que l'objectif est atteint si un événement est réalisé, si on arrive sur une page (destination), etc.

Une fois que c'est fait, Google Analytics renvoie les résultats de ces objectifs. On peut alors créer des tableaux de bord pour suivre la réalisation de ces objectifs, leur évolution dans le temps et définir des stratégies pour en optimiser l'accomplissement.

UN *FUNNEL*

On appelle *funnel* de conversion le parcours que réalise un utilisateur pour accomplir une action précise. On le compare souvent à l'image d'un seau troué ou d'un entonnoir. À chaque étape de conversion, on perd des utilisateurs. L'objectif est bien sûr d'en perdre le moins possible.

La page *funnel* sur Google Analytics permet de voir à quel niveau les utilisateurs se perdent avant d'atteindre leur objectif, ce qui permet donc d'adapter ses actions en fonction. L'idéal est d'arriver à un entonnoir quasi-vertical, synonyme d'une conversion de tous les utilisateurs.

DES PARAMÈTRES UTM

Les *Urchin Tracking Modules* ou UTM sont des paramètres qui permettent de déterminer la source du lien qui a pointé vers ton site. Les paramètres UTM placés au sein d'une URL permettent d'identifier la campagne d'origine du trafic vers un site web spécifique et de l'attribuer à une session en particulier.

LES SEGMENTS

Segmenter consiste à créer dans une population hétérogène des sous-groupes afin de déduire des tendances. Sur Google Analytics, de nombreux segments sont prédéfinis : trafic de recherche, trafic généré par les liens commerciaux, trafic sur mobile, nouveaux utilisateurs, etc, mais il est également possible de définir les siens.

Une entreprise de The Family a par exemple brutalement vu baisser son trafic de 10 %. Seule la segmentation par moteur de recherche a permis à l'équipe de comprendre l'origine du problème : les utilisateurs d'Internet Explorer n'étaient en fait plus comptabilisés par Google Analytics.

La segmentation par types d'utilisateurs est essentielle pour comprendre le marché et optimiser son activité. Ne pas le faire, c'est s'aveugler soi-même. En effet, une audience peut par exemple sembler constante et faire penser que le produit est adapté, alors qu'une segmentation par première session peut montrer que la rétention des utilisateurs est nulle. L'audience est donc loin d'être stable puisqu'elle est composée seulement de visiteurs uniques.

LES COHORTES

Si le trafic est un peu plat, on peut essayer de comprendre en scindant la communauté selon la période d'inscription (idéalement par semaine, ou alors par mois si on a peu de trafic). Cela permet également de voir si le trafic monte ou descend à l'introduction d'une nouvelle fonctionnalité.

BOÎTE À OUTILS : *METRICS* ET KPI À CONNAÎTRE

TABLEAU 6.2. LES INDICATEURS FINANCIERS

MRR *Monthly Recurring Revenue*	Le chiffre d'affaires mensuel récurrent. On insiste sur la récurrence puisqu'une vente exceptionnelle (une prestation de conseil, par exemple) n'entre pas dans le côté répétable du *business model*, et il faut gommer son effet.
GMV *Gross Merchandise Value*	Le volume d'affaires mensuel ou annuel. On l'utilise beaucoup pour les *marketplaces* sur lesquelles sont opérées des transactions sans qu'elles captent toute la valeur. Par exemple, si Uber réalise en une journée 10 000 courses à Paris d'un prix moyen de 15 €, la GMV sera de 150 000 € ce jour-là. En revanche, le chiffre d'affaires pour Uber (avec une commission de 20 %) ne sera que de 20 % × 150 000 = 30 000 €.
MoM growth *Month-on-Month Growth*	La croissance mensuelle du MRR ou de la GMV. L'important dans les startups, c'est la croissance. Plus encore que la valeur absolue des deux indicateurs précédents, leur évolution dans le temps est importante. Paul Graham recommande aux startups de Y Combinator de croître entre 5 et 7 % par semaine, c'est-à-dire entre 20 et 30 % de croissance par mois[1] !
Marge brute *Gross Margin*	Elle représente le pourcentage du chiffre d'affaires qui reste disponible une fois le coût de fournir ce service pris en compte. C'est un indicateur utile qui montre combien la startup peut se permettre de dépenser pour croître en ne s'appuyant que sur ses revenus. Pour une startup de logiciel (SaaS), la marge brute est en général très élevée.
Marge contributive *Contribution Margin*	Elle représente la profitabilité individuelle de chaque transaction opérée, et se calcule comme ceci : prix de vente individuel – coût variable par unité.

1. En utilisant une formule de taux de croissance composé : (1,05) ^ 4 = 21,6 % et (1,07) ^ 4 = 31,1 %.

Cash burn	Le *cash* est un élément roi dans les startups et le *cash burn* est l'indicateur par excellence pour vérifier qu'il est dépensé sainement. Le *cash burn* (net) se calcule facilement en soustrayant l'ensemble des dépenses (en liquide) du mois à l'ensemble des recettes (en liquide) du mois. Il est en général négatif, cela signifie qu'une startup « brûle » de l'argent tous les mois pour croître, et explique l'existence des levées de fonds.
Runway	Le *runway* représente le temps de survie de la startup avec le niveau de *cash* dont elle dispose. Il suffit de diviser le montant de trésorerie disponible par le *cash burn* du dernier mois pour trouver le *runway* en nombre de mois. Moins de six mois, et la situation devient critique.

TABLEAU 6.3. LES INDICATEURS OPÉRATIONNELS

Engagement	
Taux d'activation	Le taux d'utilisateurs ayant créé un compte ou s'étant inscrit sur l'ensemble des visiteurs du site ou des téléchargements de l'application.
MAU/WAU/DAU *Monthly/Weekly/ Daily Active Users*	Le nombre d'utilisateurs actifs sur le service par mois, par semaine ou par jour. Il est plus important d'observer la croissance de ce nombre ainsi que sa valeur absolue.
Churn Taux d'attrition	Le taux d'utilisateurs perdus pour un mois ou une année donnée (on peut considérer la perte comme le fait de cesser de payer ou de ne pas se connecter pendant x mois selon les cas).
Taux de rétention	Le taux d'utilisateurs engagés qui reviennent régulièrement. Il peut se calculer à 3 mois, à 6 mois ou sur plus de temps.
L30	Pour les startups dont les taux d'engagement sont très forts, comprendre la manière dont interagissent les utilisateurs avec le produit est important. La courbe L30 est un histogramme qui divise l'ensemble des MAU en 30 catégories : ceux qui ont été actifs un jour, ceux qui ont été actifs deux jours, etc.[1]
Marketing	
CAC *Customer Acquisition Cost*	Le coût total pour acquérir un nouvel utilisateur.
LTV *Lifetime Value*	La LTV représente le montant total de revenu que l'on peut espérer générer avec un utilisateur sur l'ensemble de sa « durée de vie » en tant que client.

LTV/CAC ratio	Le taux LTV/CAC détermine la profitabilité des opérations de marketing : ce que cela rapporte d'avoir un nouvel utilisateur divisé par ce que cela coûte. Il faut absolument que LTV/CAC > 1, sinon il ne serait pas profitable de faire venir de nouveaux utilisateurs.
ROI *Return on Investment*	Le retour sur investissement d'une campagne. Il se calcule simplement avec la formule (Profit généré par la campagne[2] – Investissement) / Investissement.
NPS *Net Promoter Score*	Le NPS permet d'évaluer la satisfaction des clients. On leur demande de répondre à la question « à quel point êtes-vous susceptible de recommander ce service à un proche ? ». Les répondants donnant une note de 0 à 6 sont des détracteurs, entre 7 et 8 sont neutres et 9 et 10 sont promoteurs. On soustrait ensuite le pourcentage de détracteurs au pourcentage de promoteurs pour obtenir son NPS (il est donc contenu entre – 100 et 100).
CPM/CPA/CPC/CPO/CPI/CPL *Cost per Mille/Action/Click/Order/Install/Lead*	Respectivement, le coût d'afficher mille fois une publicité, d'une action de la part d'un utilisateur, d'un clic, d'une commande, d'une installation ou d'un *lead marketing*.
CTR *Click-through Rate*	Le taux de clic sur une publicité donnée par rapport au nombre de fois où elle s'affiche.
Coefficient de viralité	Le nombre moyen de nouveaux utilisateurs que chaque utilisateur de ton service amènera par recommandation. Un coefficient de viralité de 0,5 × veut dire que pour 2 nouveaux utilisateurs acquis, un utilisateur supplémentaire viendra par recommandation.
Sales	
Activity per rep	Le nombre absolu d'e-mails envoyés/appels passés/rendez-vous pris/contrats signés par vendeur et par mois. Il faut surveiller son évolution dans le temps mais surtout le comparer aux objectifs attendus chaque mois.
ACV moyen *Annual Contract Value*	La valeur annuelle moyenne des contrats signés.

1. Pour aller plus loin : *Power User Curve : the best way to understand your most engaged users*, Andreessen Horowitz, 6 août 2018 a 167.com.
2. Il est tout à fait légitime de calculer le ROI avec le chiffre d'affaires généré par la campagne plutôt que le profit. Cependant, le profit est un indicateur plus fin pour des entreprises plus matures et permet de mesurer le gain réel généré par une campagne.

Sales Cycle Length	Le temps moyen entre le premier contact avec un *prospect* et la signature d'un contrat (en jours, semaines ou mois selon l'industrie).
Lead Response Time	Le temps moyen de réponse à un *prospect inbound* (en minutes).
MQL, SQL et conversion *Marketing Qualified Lead, Sales Qualified Lead*	Il existe différentes étapes de prospection (*cf.* Chapitre 7, *Github Trilogy*). Le MQL correspond à un *prospect* qualifié par les équipes *marketing* et *growth hacking*. Le SQL correspond à un *prospect* qualifié par les SDR. Il est important de mesurer la conversion à chaque étape du *funnel* de vente, jusqu'à la signature du contrat.
Pipeline Volume vs Goal	Permet de comparer le volume de *prospects* à traiter (dans le *pipeline*) à l'objectif de vente fixé. Étant donné l'ACV moyen et les taux de conversion, on peut prédire combien de *prospects* seront nécessaires pour générer le chiffre d'affaires attendu. Ce chiffre se compare au nombre réel de *prospects*.
Opérations	
Temps de livraison moyen	Pour les services à la demande, on peut même regarder le nombre de livraisons par heure (et par coursier).
Niveau de stock	Pour les startups ayant du stock, le niveau de ce stock par rapport à la demande anticipée, par rapport aux ventes et le temps moyen de stockage.
Taux de commandes en retard	
Notes client	Mesure de la satisfaction des clients par rapport à la qualité de leur commande, à la précision de leur commande (ils reçoivent le produit demandé), par rapport au livreur et au service d'une manière générale.
Développement et *Product management*	
Lead time	Le temps moyen pour livrer une nouvelle fonctionnalité.
Nombre de tickets traités	Les fonctionnalités ou problèmes à traiter se rangent par tickets dans la *roadmap*. Ce sont des unités de résolution qui prennent entre quelques heures à quelques jours à un développeur. Un moyen simple de s'évaluer est de considérer le nombre de tickets traités (très variable en fonction de la difficulté d'une tâche).

Ressources humaines	
Time to fill	Le temps moyen pour remplir une position proposée.
Cost per hire	Le coût moyen pour employer un nouveau salarié.
Employee Turnover Rate	Le taux de remplacement des équipes sur une année.
Employee NPS	Comme le NPS *marketing*, mais de la part des employés.
Support	
Time to answer	Le temps de réponse moyen à un ticket de support (*cf.* l'importance capitale de ce critère dans l'étude de cas CapitaineTrain, l'obsession du service client du chapitre 5).
Tickets per operator	Le nombre de tickets traités par opérateur et par jour.
Support NPS	Le NPS donné par les utilisateurs passés par le service client.

LES LEÇONS DU CAS

> Les *metrics* sont indispensables à une startup et doivent être sélectionnés avec une grande attention. Ils doivent être pertinents pour l'activité, donner des indications utiles pour comprendre le comportement de ses utilisateurs, rester cohérents et comparables dans le temps.

> Google Analytics est un outil polyvalent pour collecter et analyser ses *metrics*. Apprendre à maîtriser ses différentes fonctionnalités est nécessaire pour les entrepreneurs comme pour les *growth hackers*.

FLAT.IO
LE SEO SELON FLAT

LE PROF

Pierre Rannou,
fondateur et CEO chez Flat

Pierre est sans aucun doute la mascotte de The Family. Moins parce qu'il a passé plusieurs mois à égayer les bureaux de Londres et de Paris que parce que ce véritable gentil répond toujours présent pour partager son savoir aux autres entrepreneurs.

Geek invétéré, batteur talentueux et grand athlète, c'est en école d'ingénieurs qu'il rencontre les trois associés avec qui il lance Flat en 2015.

LA STARTUP

Flat.io est un éditeur collaboratif de partitions musicales en ligne. Les utilisateurs peuvent composer, créer, échanger et travailler ensemble sur des morceaux de leur choix, peu importe leurs instruments.

Grâce à une technologie versatile et performante, Flat étend progressivement sa gamme de produits pour faciliter l'enseignement de la musique, l'apprentissage du solfège ou la publication de contenu original.

Avec désormais plus d'un million d'utilisateurs et 12 000 écoles à travers le monde, Flat est partenaire officiel de Google for Education et Microsoft for Education.

LA PROBLÉMATIQUE DU CAS

Tape *flat* sur Google. Flat.io est le premier résultat qui s'affiche. Impressionnant, non ?

68 % du trafic de la startup provient du SEO, l'optimisation d'indexation sur Google. Comment parvenir à un résultat aussi significatif ? Pierre revient sur les détails de la stratégie d'une startup qui maîtrise de A à Z les rouages du SEO, en se concentrant sur trois angles : la technique, le contenu et les liens.

LE SEO SELON FLAT

OPTIMISER SON TEMPS EN SEO

Pour être efficace en SEO, 20 % du temps doit être consacré à des aspects techniques et 80 % du temps à l'exécution, c'est-à-dire la création de contenu et le *backlinking* (faire pointer des sites vers le tien).

> **« Méfie-toi des agences qui vendent des solutions très expertes en SEO : c'est moins une affaire de technique que de prise en main et de bon sens. »**

Le SEO demande de l'exécution en continu. Il ne faut pas considérer la discipline comme une solution miracle : déployer des ressources d'un seul coup en SEO ne veut pas dire qu'on se retrouvera comme par magie à la première page le lendemain. Au contraire, cela demande des efforts dans la durée, mais ces efforts peuvent s'avérer très payants. Il suffit d'un peu d'exécution et de bon sens.

TABLEAU 6.4. PETIT LEXIQUE DES ABRÉVIATIONS SEO

SEA *Search Engine Advertising*	Il s'agit de la publicité sur les moteurs de recherche. Le SEA désigne l'utilisation de liens commerciaux ou publicitaires sponsorisés et payants pour afficher du contenu sur un moteur de recherche.
SMO *Social Media Optimization*	Le SMO désigne l'ensemble des techniques et actions destinées à développer la visibilité, l'image et l'offre d'un site web ou d'une marque sur les réseaux sociaux.
SEO *Search Engine Optimization*	Il s'agit de l'optimisation du référencement d'un site web en recherche naturelle (non-payante). Cette technique existe pour tous les sites web qui détiennent un moteur de recherche, donc pas seulement Google mais aussi Youtube, l'App Store, etc.
SEM *Search Engine Marketing*	Cette discipline combine le SEO et le SEA pour *marketer* son site de différentes manières sur des moteurs de recherche.

Une guerre de longue haleine… voilà une formule qui peut résumer le SEO. Arriver tout en haut de la première page de résultats de recherche, c'est enfin être sur le trône ; et malgré tout, il est plus facile de chuter que d'y rester. Il faut donc demeurer vigilant, appliquer des méthodes systématiques et s'organiser. Flat consacre par exemple deux heures par semaine au SEO.

LA PHILOSOPHIE DU SEO

« Si tu crées une startup demain, ce n'est pas la peine de faire du SEO tous les jours. »

Internet est un vaste amas désordonné de sites web qu'une seule entreprise a vraiment réussi à dompter : Google. Comment faire alors pour que l'utilisateur te trouve sur Google ? Il faut te poser les bonnes questions :

- **Quelle est la définition précise de ton produit ?** Flat est un « éditeur de partitions musicales collaboratif gratuit en ligne ». Si quelqu'un cherche ces termes, il faut être le premier résultat. La précision est facile à atteindre en SEO.
- **Qui vont être tes utilisateurs et comment leur parler ?** Les premiers visiteurs de Flat étaient des adolescents de 13-14 ans. Pierre et ses associés ont pris le temps de leur parler pour comprendre comment ils étaient arrivés sur le site, notamment en travaillant autour de la question « qu'est-ce que tu as cherché pour nous trouver ? ». Ainsi, ils ont pu identifier les mots-clés qui comptaient pour améliorer leur positionnement dans la recherche.

COMPRENDRE LE ROBOT

« Pour sortir de la masse, pense à travailler le référencement sur d'autres moteurs de recherche moins utilisés. »

La préoccupation de Google est de montrer aux utilisateurs des résultats pertinents et de qualité. Si on trouve ton site, que l'on clique sur le lien et que les utilisateurs sont satisfaits, Google te fait monter dans les résultats. Suivant une logique de cercle vertueux, la notoriété du site est un élément important : plus le site est connu, plus il a de chances de remonter dans le référencement, plus facilement les utilisateurs le trouveront.

Toutefois, pour gagner en notoriété, il n'y a pas que la recherche sur Google qui compte. Flat a utilisé le Chrome Store pour se démarquer en matière de SEO. Ainsi, le Chrome Store a généré les 150 premières inscriptions par jour pour Flat. De manière endogène, cette bonne note sur le Chrome Store a fait remonter Flat dans les résultats Google.

Le nom de domaine ne fait pas tout

Même en ayant un domaine bien référencé, il faut travailler le SEO pour chaque nouvelle page. Par exemple, le site de Stripe possède une navigation et un référencement très optimisés pour ses pages, qui peut servir de source d'inspiration.

OPTIMISER LA TECHNIQUE

Pierre donne quelques bons réflexes techniques pour optimiser son SEO. Pour le développeur, mettre en place tout cela ne doit pas prendre trop de temps.

Ces quelques points techniques vont permettre à l'utilisateur d'avoir une meilleure expérience : site sécurisé, temps de chargement moins longs, navigation ergonomique sur mobile, etc. Cependant, ils ne changent rien concrètement : ce sont de simples critères factuels qui permettent aux robots de Google de faire le tri entre les bons et les mauvais sites.

GOOGLE SEARCH CONSOLE

Avant toute chose, il est primordial d'installer la Google Search Console. C'est une mine d'informations pour le SEO qui renseigne sur :

- le nombre de clics sur ton site ;
- la position dans le référencement ;
- le nombre d'impressions pour une recherche donnée et bien d'autres choses.

Elle permet aussi de faire des comparaisons de résultats par pays, par plateforme et d'affiner un grand nombre d'éléments pour s'améliorer.

HTTPS

Il y a quelques mois, Google a annoncé que tous les sites non chiffrés seraient déclassés par rapport aux sites HTTPS. Le HTTPS assure l'intégrité d'un site et assure au client que les informations qu'il est susceptible de communiquer à la plateforme le seront de manière sécurisée. Il faut le mettre en place immédiatement si ce n'est pas déjà fait.

SSL

SSL Labs[1] est un outil qui donne une note sur l'implémentation du HTTPS. Actuellement, il existe encore des implémentations assez anciennes et des échanges non sécurisés. Cet outil permet de repérer les failles et de voir si un site est sûr. La *tech* joue un grand rôle dans le référencement et un site mal sécurisé avec un chiffrement faible ne sera pas considéré comme fiable par Google. Pas de demi-mesure ici, la note à atteindre est A+.

HSTS

Il s'agit ici d'un problème de temps de chargement. Lorsqu'un utilisateur saisit l'adresse d'un site dans une barre de recherche (par exemple orange.com), une première connection du navigateur en HTTP s'effectue. Le site informe alors

1. https://www.ssllabs.com/

le navigateur que son adresse est en fait traitée sous HTTPS. Le navigateur se redirige alors vers l'autre adresse en HTTPS, qui est chiffrée. Cependant, puisque la première connexion ne l'était pas, le chargement est plus long.

L'HSTS vise à pallier ce problème. Cet en-tête s'ajoute dans la réponse HTTP pour indiquer au navigateur de fonctionner seulement en HTTPS sur un site donné. Le pré-chargement permet au navigateur Chrome de savoir immédiatement depuis le code source qu'un site ne fonctionne qu'en HTTPS. Le robot Google le remarque et le récompense dans le référencement.

HTTP/2 ET OPTIMISATION

Actuellement, beaucoup de sites utilisent encore un protocole HTTP/1. Pourtant, HTTP/2 permet de « multiplexer » les connexions utilisateur, c'est-à-dire permettre le chargement en parallèle de toutes les images et des feuilles de style utilisées, soit un chargement plus rapide de la page. Tu l'as compris, un chargement plus rapide est synonyme de meilleur référencement.

Temps de chargement et performance *business*

HTTPS, HSTS et HTTP/2 permettent de nombreuses optimisations de temps de chargement. Cette optimisation n'est pas importante qu'en SEO : elle permet aussi d'augmenter ses marges. Par exemple, lorsque Amazon réduit le temps de chargement de son site de 100 millisecondes, son chiffre d'affaires augmente de 1 % (en tout cas en 2008)[1]. Pagespeed Insights (outil Google) et YSlow sont deux indicateurs de performances de sites qui montrent comment optimiser son fonctionnement. Flat utilise également l'outil GT Metrix[2] pour évaluer et optimiser la vitesse de chargement de son site.

EXPÉRIENCE MOBILE

En cas de recherche mobile, Google détecte si le site est *mobile-friendly* ou non. Proposer une bonne expérience mobile permet de faire augmenter le taux de clics. Google donne aussi une certification *mobile friendly*. *A minima*, si rendre tout le site *reponsive* (automatiquement adapté à l'appareil et au navigateur utilisé) est un trop gros investissement, il faut au moins que la *landing page* soit *responsive*. On sortira alors en meilleure position pour les recherches faites depuis un mobile, ce qui entraînera plus de trafic, donc davantage de notoriété,

1. *Amazon found every 100ms of latency cost then 1% in sales*, Gigaspaces, 13 août 2008, blog.gigaspaces.com.
2. https://gtmetrix.com/

et donc un meilleur référencement global. Un test mobile (Mobile Friendly Test[1]) permet de vérifier que le site s'affiche bien, que le texte n'est pas trop épais ou trop petit, etc.

OPTIMISER LE CONTENU POUR LES HUMAINS, PAS POUR LES ROBOTS

Le but réel est de convaincre les utilisateurs que le contenu est pertinent pour eux. Si le site arrive en première page avec des recettes miracles mais que tous les visiteurs en partent immédiatement, c'est que le contenu n'intéresse personne.

TITRES ET DESCRIPTION

La balise `<head>` donne les méta-données, c'est-à-dire les informations sur la page. Y placer du bon contenu est primordial, car ce sera la première information lue dans les résultats Google. Si le texte n'est pas clair ou ne correspond pas à la recherche de l'utilisateur, personne ne cliquera et le site perdra en pertinence aux yeux de Google. Il faut trouver le meilleur texte et l'ensemble de mots-clés qui vont convaincre.

> **« Tes mots-clés ne sont pas le nom de ta marque. Au lancement, les gens ne tapent jamais le nom de ta marque sur Google : ils ne la connaissent pas ! »**

En SEO, chaque mot compte. Et attention, la manière dont tu décris ton produit peut ne pas correspondre aux recherches que feront les utilisateurs. AdWords Keywords Planner permet de savoir quels sont les groupes de mots les plus recherchés et de comparer les occurrences de recherche. Cet outil puissant utilisé pour l'achat des mots-clés en SEA permet de se faire une idée du trafic engendré par un mot-clé en particulier. L'objectif est de définir des tendances et des opportunités (si un concurrent faiblit en SEO, voir sur quel mot il baisse et se positionner dessus peut être une carte intéressante à jouer). Il est important de toujours les surveiller, par exemple avec l'outil gratuit Serposcope[2], qu'il convient de recroiser avec la console Google Search.

Par ailleurs, demander aux clients comment ils décriraient le produit permet d'adapter sa description. Au début, Flat a repris les mots-clés et expressions utilisés par ses premiers utilisateurs. Leur titre avait 50-60 caractères maximum et 150-160 pour la description (étendre la description à 320 caractères n'est utile que pour les sites déjà très bien classés, car ils ont accès à plus d'espace dans la liste de résultats).

1. https://search.google.com/search-console/mobile-friendly
2. https://serposcope.serphacker.com/fr/

LIENS INTERNES

Les liens internes renvoient à d'autres pages du site. Google laisse plus ou moins d'espace sur la page de résultats en fonction de la pertinence du site et de son architecture. Grâce à une architecture logique, l'utilisateur aura une idée en un coup d'œil de ce qu'il verra sur le site, voire aura la possibilité de cliquer directement sur ce qui l'intéresse. Pour cela, il faut affiner les pages sur lesquelles les liens internes redirigent (Google détecte les pages qui ont le plus grand nombre de liens pointant vers elles).

PAGES *FEATURES*

Il est important d'avoir en tête qu'il est impossible de cibler tout le monde. Il vaut mieux ne pas détériorer le SEO de la *landing page* en essayant de s'adresser à tout le monde et rester cohérent dans ses messages. Si certains utilisateurs recherchent des éléments spécifiques (mais pas principaux) du site, crée des pages dédiées.

Flat utilise des *feature pages* avec le même *design* et le même objectif qu'une *landing page*. Ces pages contiennent beaucoup de descriptions et beaucoup de mots-clés et présentent une fonctionnalité en particulier. Par exemple, Flat est un éditeur de composition compatible MIDI. Puisque cette caractéristique est décisive pour un certain nombre d'utilisateurs, mais pas pour la majorité, on a donc opté pour la création d'une page spécialement pour eux.

Si un visiteur arrive sur cette page, il faut identifier les mots-clés qu'il a tapés sur Google, exactement comme on le fait pour la page principale.

SNIPPETS

Les *snippets* enrichis sont des données supplémentaires qui s'affichent sur le moteur de recherche à propos de la page et qui ont pour but de rassurer l'utilisateur. Par exemple dans le cas d'un livre, il s'agit du nombre de pages, de la date de publication, de l'éditeur... qui incitent l'utilisateur à cliquer. Ajouter des *snippets* augmente la crédibilité et le SEO du site, en plus d'occuper de l'espace sur le moteur de recherche.

INTERNATIONALISATION

En fonction du public visé, une startup peut être amenée à présenter son produit dans différentes langues. Traduire son site signifie attirer plus de clients dans différents pays. Par exemple, une recherche pour un éditeur de partition de musique retourne seulement 150 000 résultats en espagnol contre 300 millions en anglais. Or, l'Amérique latine constitue un énorme marché, car il est dans la culture pour les enfants d'apprendre à jouer d'un instrument.

Pour Flat, la communauté des utilisateurs s'est portée volontaire pour traduire le contenu du site, mais il existe d'autres solutions (recourir à un *freelancer*, TextMaster[1], etc.).

Quelle que soit la méthode de traduction utilisée, il est important de ne pas faire de redirection JavaScript en fonction de la localisation de l'utilisateur, car les robots Google ne l'exécutent pas. Il faut utiliser les balises `HREFLANG` en HTML pour spécifier la langue de la page. En voyant ces balises, Google sera en mesure de proposer ton site dans des langues spécifiques.

Dans sa stratégie d'internationalisation, Flat a spécifié finement les mots-clés anglais et américains, car le terme *flat* désigne au Royaume-Uni un appartement (ce qui n'est pas le cas aux États-Unis)… Comme il est inutile de se lancer dans un combat contre le marché immobilier en Angleterre, on a préféré chercher une alternative.

USER CONTENT SEO

Dans certains cas, utiliser le contenu créé par les utilisateurs pour générer du trafic est une stratégie très efficace. Par exemple, quelqu'un crée une partition et la partage ; cela peut intéresser les utilisateurs qui cherchent ce type de partition. Certes, il faut donner des indications aux utilisateurs pour bien indexer ce qu'ils partagent afin de gagner du temps, mais cela crée une nouvelle source de trafic organique. De plus, comme chaque partition est considérée comme une URL et que chacune pointe vers la page d'accueil, le poids relatif de Flat augmente. On parle alors de stratégie de noyade : Google reçoit toujours plus d'information pertinente de la part du site.

Flat a aussi tenté le référencement *via* Youtube en créant des tutoriels vidéos. L'objectif de cette production de contenus est d'aider les utilisateurs à comprendre le produit. Flat est très présent sur la première page de Google avec ses vidéos Youtube. En cumulant le site principal, le Chrome Store et le *user content*, on peut saturer la première page de résultats avec des mots-clés forts sur les vidéos.

LA STRATÉGIE DE *BACKLINKS*

La stratégie de *backlinks* consiste à maximiser le nombre de liens qui redirigent vers un site. C'est un travail de fond, sur lequel il ne faut pas passer trop de temps et avec lequel il ne faut pas tricher, car Google sanctionne lourdement les abus (créer des faux sites pour y mettre son lien par exemple).

Il s'agit avant tout de réfléchir aux autres sites qui pourraient intégrer un lien vers le tien : il y a la presse, bien sûr, mais tu peux en trouver d'autres. C'est surtout la notoriété du site en question qui est importante, mais cela dépend d'où on en est dans l'avancement du SEO.

1. https://www.textmaster.com

Au départ, ce n'est pas grave si les sites qui placent les *backlinks* ont une notoriété faible. L'objectif est de maximiser le nombre de sites pointant vers le tien. On ne cherche pas alors la pertinence, mais la quantité. Ainsi, Flat a trouvé une source de *backlink* en proposant aux utilisateurs de placer une fenêtre embarquée (*embedded*) sur leur blog perso afin de partager leurs créations. Un grand nombre de petits liens qui pointent vers un même site en augmentent le référencement.

Dans un second temps, l'idée est d'être référencé par des grands sites avec plus de notoriété pour gagner des *backlinks* influents (comme Product Hunt, Digital Ocean, etc, dans ce cas). Même si ces sites n'ont pas de lien avec ton secteur, tu gagnes en crédibilité et le référencement est amélioré. Flat a par exemple négocié un partenariat avec Google for Education, qui a donc placé un lien vers son site dans les produits d'éducation. Cela a tout changé dans le référencement, et ils en ont profité pour signer un partenariat similaire avec Microsoft.

LES LEÇONS DU CAS

> Le SEO est un outil, pas une solution miracle. Il s'agit d'être patient, méthodique et de mettre en place une hygiène d'optimisation du référencement qui se base sur des acquis solides, sur une compréhension du fonctionnement des algorithmes et sur un suivi régulier des mots-clés et tendances.

> La partie technique du SEO relève du *no-brainer*. Mettre en place les protocoles qui permettent aux utilisateurs de visiter un site plus sécurisé et plus agréable n'est pas uniquement utile au référencement, mais également au *business*.

> Le cœur du SEO est une stratégie de contenu pertinente. Il faut écrire, penser, créer et indexer son contenu pour ses utilisateurs. Pour cela, leur parler et interagir avec eux permet initialement de comprendre beaucoup d'éléments de langage à réemployer et à affiner.

> Des techniques pour améliorer son SEO existent et peuvent s'avérer efficaces (*backlinks*, etc.), mais elles sont subordonnées à un contenu pertinent. Tant que cette exigence est respectée, on peut mettre l'accent sur une stratégie pour atteindre une masse critique ou être inventif pour tester de nouvelles choses.

CITIZENPLANE

DÉFINIR SA STRATÉGIE DE CROISSANCE

LE PROF

Côme Courteault, co-fondateur chez CitizenPlane

Ne t'y trompe pas : ses épis sont moins rebelles que lui ! Lorsque ce passionné de photographie a quelque chose à dire, il n'hésite pas à le faire savoir sans détours, et publiquement. Un pirate avec un goût pour la communication : c'est peut-être de là que lui vient son amour pour le *growth hacking*.

Côme est un entrepreneur au parcours singulier. *Webdesigner* et développeur autodidacte depuis ses années lycée et diplômé de Dauphine et de SciencesPo, Côme a participé à la popularisation du *growth hacking* en France lors de trois années passées chez The Family. Il a ensuite créé l'agence Growth Room pour aider les entrepreneurs à définir leur stratégie de croissance et co-fondé CitizenPlane avec trois autres associés.

LA STARTUP

CitizenPlane permet aux *tour operators* et autres agents de voyages de mettre en vente les places vides dans les avions qu'ils affrètent, sur toutes les plateformes de voyages et instantanément. Cette solution permet aux clients de CitizenPlane de récupérer un manque à gagner immense dans leurs opérations du quotidien, sans avoir à multiplier les interlocuteurs ou à maîtriser des technologies complexes. Depuis mars 2018, l'équipe de six personnes a déjà fait voyager plus de 20 000 passagers.

LA PROBLÉMATIQUE

En trois ans chez The Family, Côme a pu accompagner plus de 500 startups dans la définition et l'exécution de leur stratégie de croissance. Chacune a une stratégie qui lui est propre, mais il est possible de distinguer des schémas récurrents. Sur quels fondamentaux s'appuyer pour faire de bon choix de *growth hacking* ?

Côme explique notamment pourquoi avoir une vision chronologique de la vie de sa startup est important dans les choix de stratégie. Il insiste surtout sur la distinction entre les startups dont le *business model* est construit sur la communauté et celles dont le modèle est bâti sur l'intention.

DÉFINIR SA STRATÉGIE DE CROISSANCE

LES HYPOTHÈSES À DÉFINIR

COMMUNAUTÉ *VS* INTENTION

Avant de définir sa stratégie de croissance, il est important de comprendre sur quoi repose le *business model* de ta startup.

Les startups dont le *business model* est basé sur la communauté cherchent avant tout à créer une habitude chez leurs utilisateurs. Dès lors, le plus important est leur engagement : utilisent-ils le produit de manière régulière ? Pour Zenly[1], l'enjeu est d'être sûr que les utilisateurs ouvrent l'application suffisamment de fois par semaine ou par jour. Pour Nestor[2], le but est qu'ils commandent le plus souvent possible sur la plateforme.

Un *business model* fondé sur l'intention implique quant à lui de construire un canal d'acquisition *scalable* et rentable, c'est-à-dire de faire venir beaucoup de gens à un coût acceptable pour les faire acheter. Tout l'enjeu est de trouver les bonnes personnes au moment où elles ont besoin de ton produit ou de ton service pour un coût d'acquisition inférieur à ce qu'elles rapportent. Trusk[3] est par exemple un service qui met en relation ses clients avec des transporteurs professionnels pour déplacer des objets lourds ou volumineux à la demande. L'enjeu pour eux est moins de faire en sorte d'avoir des clients récurrents (même si c'est important que les clients reviennent) que de faire en sorte qu'ils trouvent leur service au moment où ils ont besoin de déplacer un objet.

Ça y est, tu sais où se situe ta startup ? Bien, mais ce n'est pas tout !

PRODUCT/MARKET FIT

Que son modèle d'affaires soit basé sur la communauté ou sur l'intention, le point d'inflexion le plus important de la vie d'une startup est le *product/market fit*, et il change radicalement la stratégie de croissance à mettre en place. On peut le définir comme étant la rencontre d'un produit avec son marché ou d'une solution avec son problème. Une forme d'adéquation entre ce qu'on construit et ce dont les utilisateurs ont besoin.

1. https://zen.ly
2. https://nestorparis.com
3. https://trusk.com

Le *product/market fit* s'évalue sur trois critères fondamentaux :

- **La compréhension du produit.** La compréhension est assez évidente : pour vendre quelque chose, encore faut-il que ta cible comprenne ce que tu fais ! Pourtant une précision est nécessaire : oublie l'idée que tout le monde doit comprendre ce que tu fais. Ta cible doit comprendre ton produit. Par conséquent, mieux vaut commencer par avoir une idée claire de sa cible et savoir lui parler. Ensuite, il faut trouver la bonne proposition de valeur : quel problème résout ta startup ?

> **« La proposition de valeur qu'on met en avant doit être simple, directement compréhensible et unique aux yeux de sa cible. Beaucoup de gens ne comprennent pas la proposition de valeur d'une startup qui crée un produit pour développeurs, et cela n'est pas grave ! »**

- **L'achat.** Nombreux sont les cas où une cible comprend parfaitement ta proposition de valeur sans pour autant vouloir utiliser ou acheter le produit. L'étape de la transaction consiste donc à faire en sorte que la cible passe à l'acte et achète. Dans le cas d'un produit gratuit, l'achat peut être assimilé à l'inscription sur le site et l'engagement de l'utilisateur. On a là une étape de validation dans l'obtention du *product/market fit* : les utilisateurs sont prêts à acheter le produit ou à s'engager.
- **La recommandation.** Enregistrer des transactions est une condition nécessaire, mais pas suffisante au succès d'une startup. La croissance exponentielle que recherchent ces entreprises est largement obtenue par la recommandation. Tes utilisateurs sont-ils satisfaits ? Parlent-ils du produit autour d'eux ? Si oui, ce sont autant d'indices que ta startup est probablement en train de rencontrer un *product/market fit*.

Il n'y a pas de méthode plus précise que cela pour déterminer si oui ou non ta startup rencontre un PMF. Pas de chiffre absolu, pas de moment particulier : la règle en la matière est de dire que le succès est évident. Si la question se pose encore, c'est probablement qu'il n'est pas atteint. Ceci étant dit, une startup dont les utilisateurs comprennent le produit, l'achètent et le recommandent donne les signaux positifs d'un PMF atteint.

Rappel

En tant qu'employé il est très risqué de rejoindre une startup avant qu'elle ait atteint son PMF, en particulier pour faire du *growth hacking*. Avant ce point d'inflexion, c'est aux entrepreneurs de se charger du travail de trouver les utilisateurs et de leur faire aimer le produit.

LES TROIS ÉTAPES DE LA CROISSANCE

L'expert du *growth hacking* Brian Balfour[1] distingue trois grandes étapes au cours de la vie d'une startup[2]:

1. **La traction.** Au cours de cette étape, il faut beaucoup expérimenter, jusqu'à découvrir un PMF, comprendre comment fonctionne un marché. Il n'existe aucune recette magique pour y parvenir autre que la résilience et l'exécution: le travail ici est avant tout un travail d'expérimentation continue autour de différentes idées de *business*.
2. **La transition.** Une fois le PMF atteint commence une phase de transition. La croissance est là, il s'agit désormais de passer d'un processus encore très artisanal à quelque chose de beaucoup plus organisé et automatisé.
3. **La croissance.** Lorsque la production est automatisée, vient alors une phase d'accélération de la croissance, c'est-à-dire d'automatisation de l'acquisition. Trouver un canal liquide, peu cher et ciblé est alors essentiel.

Savoir à quelle étape de croissance on se trouve est également essentiel pour mettre en place la bonne stratégie.

C'est à partir de l'étape 2 ou 3 qu'il est intéressant de chercher un poste en *growth hacking*.

TA STRATÉGIE DE CROISSANCE

La stratégie de croissance se construit autour du *framework* AARRR qui décrit les cinq étapes du cycle utilisateur sur ton produit: acquisition, activation, rétention, recommandation et revenu. Le but est alors simple: maximiser le taux de conversion d'une étape à l'autre.

Le framework AARRR

Indispensable à tout bon *growth hacker* qui se respecte, il est nécessaire de faire un petit arrêt sur image sur ce *framework* développé par le *business angel* Dave McClure pour comprendre les étapes de la vie d'un utilisateur avec ton produit (figure 6.2).

1. *Traction vs Growth*, Brian Balfour, 21 novembre 2013, brianbalfour.com.
2. Les termes employés par Brian Balfour sont différents de ceux employés ailleurs dans ce livre: traction et transition correspondent pour nous à différents moments de la phase d'*inception*.

FIGURE 6.2. ***LE FRAMEWORK AARRR***

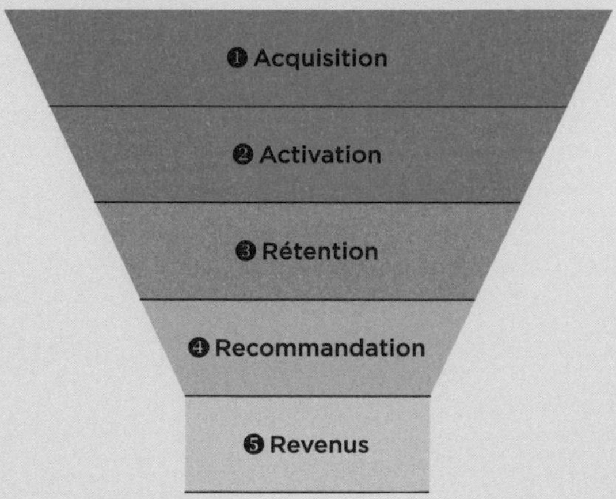

❶ **Acquisition.** Utiliser un ensemble de canaux différents pour essayer d'attirer de nouveaux utilisateurs vers ton service ou ton produit. Le but est qu'ils entendent parler de toi et arrivent sur ton site. Un canal d'acquisition s'évalue en général selon trois critères : ceux qui ont le plus de volume, ceux qui coûtent le moins cher ou ceux qui ont le meilleur taux de conversion. Avant de sélectionner un canal, assure-toi donc :

- qu'il soit **liquide** : il doit permettre d'accéder à suffisamment de consommateurs potentiels ;
- qu'il soit **peu cher** : le critère ultime d'évaluation d'un canal est le coût d'acquisition d'un client ;
- qu'il **convertisse** : non seulement que les utilisateurs s'inscrivent, mais continuent à utiliser le produit.

❷ **Activation.** Parvenir à faire en sorte que les gens utilisent le produit ou le service, les faire interagir. Il s'agit de les faire s'inscrire ou de les faire payer. Pour cela, il faut faire beaucoup d'*A/B testing* sur ta *landing page* afin de trouver les éléments de langage et la présentation qui garantiront la meilleure conversion.

❸ **Rétention.** Faire revenir les utilisateurs et créer une habitude chez eux. Le but est de créer de la fréquence d'utilisation. La manière de le faire est différente selon que ton *business model* est basé sur l'intention ou sur la communauté, mais avoir une fréquence de communication avec ses utilisateurs et une fréquence de lancement de nouvelles fonctionnalités est toujours pertinent.

❹ **Recommandation.** Transformer les utilisateurs en fervents *supporters* du produit. Le but est qu'ils parlent de ton produit à leurs proches, à leurs collègues et qu'ils invitent d'autres personnes à l'utiliser. Il est par exemple envisageable de faire des campagnes de parrainage, etc. Une condition : il faut avoir un bon produit *avant* d'essayer de créer de la viralité (la rétention est le début de tout).

5. **Revenu.** Monétiser son produit ou son service. Ici, pas de mystère, le but est de faire de l'argent. Pour convaincre le client de payer, il faut que le produit soit supérieur, qu'il résolve un véritable problème. On fait souvent la distinction entre un *nice-to-have* (« c'est sympa comme produit ») et un *must-have* (« j'en ai besoin »). Il faut s'assurer d'être dans la case du *must-have* pour une audience particulière pour créer du revenu.

Le *framework* AARRR explique donc très simplement le cycle de vie d'un utilisateur : il découvre le produit, commence à l'utiliser, revient de plus en plus fréquemment, en parle autour de lui et enfin paie pour y avoir accès (ou le *business model* parvient à créer de l'argent du fait que ce soit un utilisateur engagé).

LES DEUX PARTIES DU *FRAMEWORK*

Le modèle AARRR décrit les étapes du point de vue du consommateur. Du côté de la startup, il faut considérer les étapes dans le bon ordre de priorité. On peut en fait séparer le *framework* en deux blocs :

- **La boucle de croissance organique (– ARR –, 2 3 4).** C'est la base d'une croissance forte, l'épitomé du PMF. Elle se compose des trois étapes clés : l'activation, la rétention et la recommandation. C'est ce qu'on appelle en d'autre termes la *viralité* : faire en sorte que tes utilisateurs aiment le produit, invitent leurs amis, que ceux-ci convertissent, qu'à leur tour ils aiment ton produit, invitent leurs amis, etc. Pour une startup, pas de croissance exponentielle sans maîtriser cette viralité.
- **L'acquisition et le revenu (A – – – R, ou 1 5).** Une fois cette boucle de croissance en place, il s'agit d'accélérer la croissance. Pour croître plus rapidement, il faut alors bâtir des canaux d'acquisition solides. De même, pour en tirer le meilleur parti, des expériences autour du revenu sont les bienvenues.

QUELLE STRATÉGIE METTRE EN PLACE ?

À chaque étape de la vie d'une startup correspond une stratégie de croissance bien particulière, qui exploite tout ou partie du *framework* AARRR :

1. **Traction.** Il s'agit de faire venir un premier groupe de clients pour un prix acceptable. L'avantage est que, le nombre de personnes à atteindre étant relativement restreint, (entre 10 000 et 50 000), il est tout à fait possible de les cibler à la main. Toutes les techniques sont envisageables dans ce cas : flyers, *scraping*, Facebook Ads, SEO, etc.
2. **Transition.** Une fois que l'on sait ce qu'on vend et à qui on le vend, il faut automatiser le produit et construire une première version de la boucle de croissance organique. Il s'agit de vérifier l'addiction (ou au moins la satisfaction dans le cas d'un *business model* d'intention) des utilisa-

teurs. Les outils à utiliser à cette étape sont tous les outils d'analyse de *metrics* et ceux qui permettent de mettre en place de la viralité (comme Kickofflabs[1]).

3. **Croissance.** Un fois que les *early adopters* sont bien engagés, que l'habitude ou la satisfaction est vérifiée et qu'ils parlent de la solution autour d'eux, vient la phase de croissance. Ici l'enjeu est simple : passer d'une petite communauté de *fans* à des millions d'utilisateurs. Pour cela, il faut trouver des canaux d'acquisition *scalables* et liquides, à même de toucher ces millions de personnes. Les outils à privilégier sont la publicité, le SEO, le contenu, etc. En bref, tous les canaux d'acquisition avec beaucoup de volume et un fort de taux de conversion

Pour résumer, on peut distinguer les startups en fonction de leur *business model* (communauté ou intention), mais également en fonction de leur état d'avancement (traction, transition ou croissance). À chaque intersection, correspond une stratégie de *growth* bien particulière (tableau 6.5).

TABLEAU 6.5. STRATÉGIES DE *GROWTH HACKING* EN FONCTION DU *BUSINESS MODEL* DE LA STARTUP

	Traction	Transition	Croissance
Communauté	Détecter un besoin récurent. Trouver les premiers fans manuellement. Découvrir un usage.	Maximiser la rétention (nombre d'utilisateurs journaliers ou hebdomadaires). Optimiser la conversion du formulaire d'inscription. Tester un mécanisme de recommandation.	Trouver un canal d'acquisition valable, profitable et liquide. À saturation d'un canal, en expérimenter d'autres. Tester d'autres fonctionnalités autour du produit.
Intention	Trouver un produit pour lequel les utilisateurs sont prêts à payer. Identifier le moment au cours duquel le produit répond le mieux au besoin du consommateur.	Déterminer un canal d'acquisition privilégié, suffisamment peu cher et liquide. Tester autour du *pricing* afin d'optimiser la marge et le volume.	Améliorer le coût d'acquisition en permanence (expérimentation). Tester d'autres *pricings* autour de déclinaisons de produits.

1. https://kickofflabs.com

LES LEÇONS DU CAS

> Une stratégie de croissance est propre à chaque startup. Il s'agit de te connaître toi-même : savoir si le *business model* de ton entreprise est basé sur la communauté ou sur l'intention et à quelle étape de la vie de la startup tu te trouves pour prendre les bonnes décisions.

> Maîtriser son *framework* AARRR est une nécessité absolue pour un *growth hacker*. Savoir comment les utilisateurs découvrent ton service, combien interagissent avec, reviennent, recommandent et paient est primordial. Chaque étape de ce *funnel* mérite d'être optimisée pour avoir l'entonnoir le plus vertical possible (et ne pas perdre d'utilisateurs en route).

> Avant de faire de l'acquisition en masse, il faut travailler sa viralité. Si l'on est incapable d'inciter les utilisateurs à essayer notre produit, de les retenir et d'arriver à faire en sorte qu'ils l'aiment suffisamment pour le recommander à des proches, rien ne sert de faire venir plus de monde. Ce seraient des clients perdus pour toujours.

JUNTO
OPTIMISER SES FACEBOOK ADS

LE PROF

**Étienne Alcouffe,
fondateur chez Junto**

Étienne est un spécialiste de l'acquisition qui sait de quoi il parle !

Il a longtemps travaillé chez Effilab pour aider des CEO et des responsables *marketing* à optimiser leurs campagnes publicitaires en ligne. Cette expérience lui a permis d'investir plusieurs millions de dollars dans des campagnes numériques pour le compte de ses clients. De l'acquisition client à la *lead generation* en passant par les techniques d'*inbound marketing*, aucune technique ne lui résiste. Il a créé l'agence Junto en 2016.

LA STARTUP

Junto est une société de conseil en acquisition. Elle guide et conseille ses clients dans leur stratégie d'acquisition de trafic, pilote les investissements et analyse les résultats grâce aux bons indicateurs.

Junto gère aujourd'hui un portefeuille de plus de 40 comptes publicitaires (dont ceux de Frichti, Mon banquet, Le bon coin, SchoolMouv, Le Slip Français ou encore Side).

LA PROBLÉMATIQUE

Il y a plusieurs années, Étienne a constaté un passage conséquent des dépenses publicitaires de Google Ads vers Facebook Ads, notamment chez les startups. Facebook propose en effet des services publicitaires terriblement efficaces pour des sociétés ayant besoin de cibler des publics de niche.

Dans cette étude de cas, il présente le B.A.-BA de la publicité sur Facebook et revient sur les erreurs à ne pas commettre et les bons réflexes à avoir en Facebook Ads.

OPTIMISER SES FACEBOOK ADS

LES CHOSES À NE PAS FAIRE EN FACEBOOK ADS

NE PAS AVOIR D'OBJECTIF CLAIR POUR TA CAMPAGNE

Les types d'objectifs d'une Facebook Ad sont variés : générer des inscriptions à un formulaire, à une *newsletter*, pousser à l'ouverture d'un compte, amener l'utilisateur à acheter le produit, à *liker* la page, etc.

Sans objectif clair, une campagne Facebook court à l'échec. Il est donc impératif de s'en fixer un précis. Dans les cas où il existe de nombreuses étapes avant l'achat, il faut se fixer des objectifs intermédiaires. Pour un crédit à la consommation par exemple, une demande de devis ou une inscription sur le site peuvent jouer ce rôle.

Surtout, il faut relier chaque objectif à des *metrics* précis et mettre en place les outils qui permettent de les suivre. Chaque campagne doit pouvoir être justifiée à ton CEO en disant « voici l'objectif que l'on poursuit avec cette campagne, et les KPI qui permettront de savoir si elle fonctionne ».

AVOIR UN BUDGET TROP FAIBLE

En dessous d'un certain montant d'investissement (30-60 € par jour), le volume de clics est trop faible pour se faire une idée de la performance des campagnes et pour prendre des décisions éclairées.

Les startups pensent souvent que les campagnes performent peu alors qu'il s'agit d'un problème d'argent investi. Facebook Ads est une solution payante, avec tout ce que cela implique.

**Pour effectuer des tests sur Facebook Ads, il faut avoir quelques milliers d'euros à dépenser (quelques centaines par mois et par audiences pour prendre de bonnes décisions).
En dessous de ce montant, il existe d'autres stratégies d'acquisition à privilégier.**

INVESTIR PENDANT TROP PEU DE TEMPS ET DE MANIÈRE INCONSISTANTE

Une campagne doit s'étendre sur une durée de deux à trois mois pour pouvoir prendre des décisions. C'est le temps minimal pour optimiser les campagnes.

Sur ce point, tu as un devoir d'éducation et de pédagogie vis-à-vis des dirigeants de ta startup. Il ne faut pas hésiter à leur expliquer la démarche : « il faut qu'on teste Facebook, c'est un bon levier. Partons sur un test de deux mois, avec tel budget pour faire les choses dans de bonnes conditions. »

COMMENCER PAR CIBLER LES INTÉRÊTS

Contrairement à Google, les audiences sont le cœur de Facebook dans le domaine publicitaire. Cependant, elles ne se valent pas toutes : certaines sont plus ou moins efficaces.

Le piège est de commencer immédiatement par définir soi-même les critères de ciblage en utilisant les audiences par intérêt, alors que d'autres types sont plus efficaces.

1. **Audiences *remarketing*.** Il s'agit de cibler les audiences ayant déjà interagi avec les différents médias de l'entreprise, en particulier son site. Ce genre de campagne peut être utilisé pour fidéliser les clients existants, ceux ayant déjà effectué un achat sur le site ou ayant hésité à acheter un produit. C'est pour cela que tu vois parfois s'afficher sur Facebook des publicités pour des marques dont tu as visité le site récemment. Ce sont les audiences au meilleur ROI (retour sur investissement) en général.
2. **Audiences similaires.** Il s'agit de cibler des audiences similaires à d'autres audiences pré-existantes. On prend la base de ceux qui ont déjà visité le site et on construit une audience qui a des caractéristiques similaires (*lookalike*). On peut structurer ces audiences en fonction du degré de similarité qu'on souhaite atteindre (1 %, 5 %, 10 %, etc.). Ces campagnes ont un bon ROI, en général meilleur que les audiences par intérêt. Ces audiences sont sensibles à la qualité du trafic entrant que l'on a : si on acquiert beaucoup de personnes mal ciblées, alors l'audience *lookalike* sera mal ciblée elle aussi.
3. **Audiences par intérêt.** Facebook permet de cibler des critères sociodémographiques : H/F, âge, statut marital, etc. Si on connaît extrêmement bien sa cible, on peut affiner son audience à l'aide de ces critères.
4. **Audiences basées sur des données externes.** Des sociétés tierces expertes dans la constitution d'audiences (comme Axciom) peuvent fournir des bases de personnes à cibler. Le résultat est souvent assez aléatoire.

La règle dans le domaine des audiences est le *test & learn* ! On ne sait pas vraiment ce qui peut marcher avant de l'avoir testé, il s'agit de faire des tentatives et de mesurer les résultats. On a parfois des grandes surprises (les amateurs de chasse et pêche achètent plutôt un certain produit, par exemple).

« Pense à cibler les audiences des pages concurrentes, car cela peut s'avérer très payant ! »

Il faut également penser à combiner ou exclure les audiences. La fonction « AND » permet de sélectionner des intersections d'audiences. On cible alors avec des audiences plus restreintes, mais très précises.

Les exclusions sont également très utiles. Une société qui édite des jeux vidéo doit par exemple cibler les hommes de 15 à 35 ans. Cependant, il faut exclure de cette base ceux qui sont parents : le ROI est alors trois fois supérieur.

MAL *DESIGNER* TES ANNONCES

Il est important d'avoir des belles annonces car elles augmentent la conversion, et donc le ROI. Petite explication : Facebook facture au CPM (coût par mille impressions, c'est-à-dire afficher 1 000 fois l'annonce). Le CPC (coût par clic) est donc une fonction directe du taux de clic (*click-through ratio*, ou CTR) sur ces 1 000 impressions. Plus les annonces sont belles et percutantes, plus le taux de clic est élevé plus le CPC est faible. Quelques conseils simples permettent de s'améliorer :

- **Il faut à tout prix éviter les photos de banques d'images** (type Shutterstock) qui donnent un côté très factice et artificiel à l'annonce. Si tu n'as pas d'autre choix, il faut au minimum les *customiser* et ajouter du texte, des *call-to-action*, etc.
- **Le mieux est de partir d'une vraie identité de marque** et d'avoir des partis pris affirmés que l'on sait raconter. Les créations spécifiques à la campagne sont ensuite déclinées avec les graphistes.
- **Il faut tester les annonces.** Tu peux partir de deux ou trois créations et voir celle qui convertit le mieux. Il y a beaucoup de formats et d'emplacements différents (*instant article*, carrousel, Messenger, *canvas*, etc.). L'idéal est de tout tester et de voir ce qui fonctionne le mieux.
- **Le format vidéo donne les meilleurs résultats**, mais coûte cher à produire (10 à 15 000 €). Si ta startup passe sur BFM TV ou une autre émission, tu peux réutiliser la vidéo en format court, cela crée de la crédibilité.

NE PAS PRENDRE LE TEMPS D'ANALYSER LES RÉSULTATS

Le *reporting* et les *analytics* sont cruciaux car ils permettent de déceler des tendances, de détecter des problèmes et de prendre des décisions en ayant toutes les cartes en main.

Exporter toutes les données vers Excel et créer des tableaux de suivi qui permettent de voir l'évolution des indicateurs dans le temps est un minimum nécessaire.

> Un des clients d'Étienne dépensait 40 000 € pour des emplacements publicitaires en dehors de Facebook. Il avait en apparence un CPC très faible sur ces emplacements, sauf que l'analyse des chiffres a permis de voir que le taux de conversion était également très faible. Il faut être très analytique pour se rendre compte de ces erreurs rapidement et corriger.

LES CHOSES À FAIRE EN FACEBOOK ADS

BIEN DÉFINIR TES OBJECTIFS

En fonction des objectifs fixés, Facebook propose différents formats de campagne. Les plus fréquents sont :

- le *Website Conversion* qui permet de mesurer l'accomplissement d'un objectif sur le site à la suite d'un clic sur la publicité Facebook ;
- le *Lead* pour trouver un *prospect* ;
- la publicité locale (pour les boutiques physiques) ;
- le catalogue produit (pour les e-commerçants).

En général, on crée une campagne par objectif que l'on se fixe, puis on teste différentes audiences par campagne.

TE POSER DES QUESTIONS PLUS LARGES SUR TA STRATÉGIE D'ACQUISITION

Il faut savoir déterminer d'où provient le trafic actuel et se demander s'il n'y a pas des leviers plus performants ou plus adaptés. Google convient bien aux *business* avec un fort volume de recherche et des mots-clés bien identifiés. Facebook est plus pertinent pour les services innovants pour lesquels il n'y a pas vraiment de mots-clés identifiés mais où l'audience potentielle est très large (un objet connecté pour permettre de mieux s'endormir, par exemple).

Il ne faut pas non plus être trop dépendant d'un seul canal d'acquisition. Si on mise tout sur la publicité Facebook, le CPM augmente et la rentabilité des campagnes baisse : diversifier ses sources de trafic est essentiel.

BIEN SUIVRE LES DONNÉES

Facebook Pixel permet de suivre tous les événements de manière très précise (clics, *scrolls*, etc.). Quand on a plusieurs leviers d'acquisition, il faut un système d'*analytics* solide et des solutions pour suivre efficacement les indicateurs importants. Attention aussi à ne pas tomber dans l'excès inverse et suivre trop de données. Il y a une différence entre la disponibilité des données (que l'on peut regarder pour comprendre un phénomène observé ou pour mettre en place une stratégie précise) et le suivi des données (les indicateurs pertinents qui permettent de juger si l'objectif est atteint).

BIEN SEGMENTER TES AUDIENCES

Même dans les audiences très efficaces de *remarketing*, c'est une bonne idée que de faire des segments, par exemple en fonction de leur intention d'achat :

- l'intention basse concerne tous les visiteurs du site ;
- l'intention moyenne concerne ceux ayant visité la page d'un produit ;
- l'intention forte concerne ceux qui ont mis un produit dans leur panier.

OPTIMISER ET SIMPLIFIER LA GESTION OPÉRATIONNELLE

On peut simplifier la gestion de ses publicités Facebook en automatisant l'activation/la désactivation des annonces en fonction d'un CPA (coût par action) maximal. Se fixer des règles est la meilleure manière d'être sûr de ne pas trop dépenser pour une campagne.

On peut également tester différents types de stratégies d'enchères[1]. Laisse-t-on à Facebook le soin d'optimiser la conversion (et le coût est alors variable) ? Fixe-t-on une limite de CPC (et la conversion peut alors être diminuée) ?

AVOIR UN ÉTAT D'ESPRIT DE *TEST & LEARN*

Il faut avoir en permanence une liste de choses à tester pour optimiser ses campagnes. On travaille en priorité avec ce qui peut avoir le plus gros impact rapidement. On teste, on voit les résultats puis on teste à nouveau.

LES LEÇONS DU CAS

> Facebook Ads est un canal d'acquisition efficace si on en maîtrise les subtilités. Il faut savoir se fixer un objectif clair, aligner un budget en conséquence, cibler les bonnes personnes et mesurer les résultats régulièrement pour créer des campagnes avec un bon ROI.

> Pour les startups, il s'agit d'un canal privilégié au sein d'une stratégie de croissance diversifiée. Facebook permet de cibler des audiences larges qui pourraient être intéressées par ton produit ou ton service sans qu'il y ait nécessairement de mots-clés définis. Il ne faut pas en devenir trop dépendant toutefois et penser à explorer d'autres leviers d'acquisition.

1. Facebook met en concurrence les différents annonceurs et affiche à un instant donné celui qui fournit le plus de valeur totale. Il ne s'agit pas seulement d'être le meilleur payeur, mais aussi d'avoir un objectif possible à atteindre et d'être pertinent pour l'utilisateur final de Facebook. Facebook prend en compte ces trois critères (l'investissement, la probabilité d'action et la pertinence) pour déterminer qui gagne l'enchère.

THE FAMILY
CONTENT WRITING : LA RÉDACTION DE CONTENU EN STARTUP

LE PROF

Kyle Hall,
***Copywriter* chez The Family**

Kyle est très certainement le plus européen de tous les Américains. Après des études en histoire de l'Europe et un doctorat en littérature italienne à Harvard, il lance une entreprise dans le tourisme pour organiser des circuits au pays de Dante basés sur des chefs-d'œuvre littéraires.

Il rejoint The Family en 2016 pour superviser sa stratégie de contenu en anglais et pour aider les entrepreneurs du portefeuille à raconter les histoires de leurs startups de manière claire et efficace.

LA PROBLÉMATIQUE DU CAS

Kyle le dit lui-même, *I'm not a writer, I just write a lot*[1]. Il est tout à fait possible de développer une stratégie de contenu de qualité et de le distribuer correctement sans formation particulière à ceci.

Dans cette étude de cas, Kyle donne les grands principes qui permettent d'appréhender le travail de *Content Manager* et de précieux conseils pour rédiger ses articles et les diffuser.[2]

1. Je ne suis pas écrivain, mais j'écris beaucoup.
2. Si tu souhaites approfondir le sujet, Kyle a rédigé en anglais un guide sur l'art et la manière d'écrire pour une startup : bit. ly/Write4Startups

LA RÉDACTION DE CONTENU EN STARTUP

LES GRANDES RÈGLES

PERSONNE N'ATTEND TON CONTENU

Internet a permis de rendre disponible tellement de contenu spécifique et adapté aux goûts de chacun que se démarquer dans cet océan est devenu extrêmement compliqué. Le coût d'opportunité que représente le temps de consommer ton contenu plutôt qu'un autre est très élevé.

Pour t'en persuader, tu peux te représenter le *Netflix value test*[1] : le contenu que tu proposes à tes utilisateurs leur apporte-t-il autant de valeur qu'un épisode de leur série préférée sur une plateforme qui dépense 8 milliards par an[2] pour créer du contenu original ?

Pour convaincre, ton contenu doit avoir une valeur ajoutée particulière. Il ne suffit pas d'écrire pour écrire : chaque article doit mériter le temps que les lecteurs vont y consacrer.

SAVE THE CAT

Ce principe provient des scénaristes hollywoodiens (et du titre d'un livre de Blake Snyder[3]). Les cinq premières minutes d'un film sont cruciales pour susciter de la sympathie envers le héros : c'est le moment de lui faire réaliser une action qui crée une connexion émotionnelle avec le public (par exemple, sauver un chat). Cette connexion donne envie de suivre le personnage.

De la même manière, la création de contenu demande d'accrocher les lecteurs dès les premiers instants et de leur fournir une raison de suivre ton histoire, un petit déclic qui leur donnera envie d'aller jusqu'au bout.

UN ARTICLE = UN MESSAGE

En débutant, on a souvent tendance à vouloir tout expliquer d'un seul coup et à amalgamer des informations qui n'ont pas de rapport – ce qui crée plus de confusion que de compréhension chez le lecteur. Il vaut mieux publier plusieurs articles ayant chacun un message unique : cela apporte davantage de clarté et multiplie la présence de nouveau contenu.

---

1. The Netflix Value Test, Kyle Hall, 11 septembre 2017, salon.thefamily.co.
2. *Netflix plans to spend $8 billions on new content in 2018*, TechRadar, 28 février 2018, www.techradar.com.
3. Snyder B., *Save The Cat ! The Last Book on Screenwriting You'll Ever Need,* Michael Wiese Productions, 2005.

SOIS CONSCIENT DE TES LIMITES

Écrire est un travail solitaire. Quand on n'en a pas l'habitude, s'isoler dans son coin peut être très nocif : on n'a aucun retour sur la qualité ou la pertinence de ce qu'on écrit, on peut se retrouver bloqué dans une idée, etc.

Comme tout ce qui se passe en startup, confronter rapidement au regard extérieur et recevoir du *feedback* est primordial. Ici, la différence est que cela doit se passer avec les membres de ton équipe. Il s'agit d'un travail collaboratif, il faut savoir demander à être relu avant de publier, même quand on a l'habitude de rédiger du contenu.

PEOPLE DO JUDGE A BOOK BY ITS COVER

La version anglaise de l'expression « l'habit ne fait pas le moine » raconte littéralement qu'on ne juge pas un livre à sa couverture. Et pourtant ! Mike Markkula est un *business angel* d'Apple et le second CEO de l'entreprise. Il a décrit très simplement la philosophie *marketing* de la firme de Cupertino en utilisant trois valeurs[1] : *empathy, focus, impute*. La troisième valeur, qui n'a pas de traduction littérale, veut dire qu'Apple est tout le temps conscient que l'entreprise et ses produits seront jugés par les signaux qu'ils envoient. Le visuel doit refléter la valeur du produit.

Peu importe ce que l'on vend, la forme est aussi importante que le fond, cela est aussi vrai pour le contenu. On peut avoir le meilleur contenu du monde, s'il contient des erreurs, des fautes de frappe ou que le titre n'est pas attrayant, personne n'aura envie de s'y plonger.

LE PARCOURS D'UN EMPLOYÉ EN CONTENU

AVANT L'ÉCRITURE, LA PRÉPARATION

Suivre les tendances du secteur ou de l'industrie où la startup évolue est un préalable indispensable. Un bon article s'inscrit dans la tendance, voire la précède.

« Tenir à jour une liste de sujets potentiels auxquels on a plus ou moins réfléchi ou qu'on aimerait explorer est une bonne idée : il suffit de puiser dans cette liste pour affiner les objectifs et l'audience. C'est également une bonne chose à faire dans une stratégie de contenu à long terme. »

Connaître précisément l'histoire de la startup, des fondateurs et du produit est important. Il y a trois raisons à cela :

- on s'inscrit dans une cohérence de ton et de valeurs par rapport à ce que la startup veut refléter et au reste de sa production ;

1. Apple's Simple Marketing Manifesto

- cela permet de distiller savamment les éléments importants lors du récit pour accrocher les lecteurs ou insister dessus;
- cela évite des âneries ou des arguments hors de propos.

Définir un objectif et une audience clairs est nécessaire: que va raconter cet article ? À qui s'adresse-t-il?

Il faut ensuite adapter son langage à l'audience que l'on cherche à viser: on ne s'adresse pas de la même manière à un ingénieur qu'au patron d'un grand groupe.

Dès le moment où l'on a réfléchi au sujet, il faut anticiper la question des réseaux de distribution: comment cet article va-t-il toucher sa cible? Chaque plateforme (Medium, Wordpress, Facebook, LinkedIn, Twitter) a ses propres règles. Il faut constamment se renseigner sur les meilleures techniques d'écriture, d'optimisation du contenu, et ce, même lorsqu'on les utilise régulièrement.

PENDANT L'ÉCRITURE

La première chose à faire pendant l'écriture est de passer en «mode éponge». Il faut s'imprégner de toutes les publications de la startup (articles, e-mails, contenu interne) pour en comprendre la voix et le ton. Il faut aussi lire un grand nombre d'articles récents et liés au sujet que l'on souhaite traiter. Ainsi, par exemple, en travaillant avec Agricool[1], Kyle a passé beaucoup de temps à discuter avec le fondateur – à l'écrit et en face-à-face – pour comprendre, au-delà du contenu à faire passer, la voix à donner au message. Il existe deux cas de figure: soit la startup est incarnée, soit le fondateur incarne l'image de la startup.

Chacun a ses techniques d'écriture: détailler son plan, rédiger un brouillon à la main, lister ses grands arguments, écrire d'une seule traite puis corriger, etc.

Quand on débute, partir d'une architecture d'article simple et logique permet d'éviter les faux pas: tu es alors sûr de l'enchaînement de tes arguments, de bien couvrir tout ce dont tu voulais parler et de ne pas digresser.

Chaque type d'article, qu'il s'agisse de la présentation d'une nouvelle fonctionnalité, d'une note sur le secteur, de l'annonce d'une levée de fonds et des ambitions liées... répond à un ensemble de règles précises: des passages obligés, une structure plus ou moins contrainte, etc. Il faut comprendre ces règles et s'y adapter.

Tu as le ton, la structure, ta façon de t'organiser pour écrire et les règles de base pour ton article: il ne te reste plus qu'à le rédiger! Il ne faut pas oublier de demander des avis extérieurs sur ce que tu écris (y compris à l'état de brouillon), car cela t'apporte un regard extérieur sur le contenu et te permet de t'assurer que le message est bien passé. Surtout, ne pense pas que tout le travail intellectuel doit venir de toi: en échangeant avec des personnes extérieures, tu peux trouver d'autres moyens de présenter tes arguments pour les rendre plus pertinents, de diversifier tes sources ou d'ajouter de nouvelles idées. En ce sens, ton article est un récit dont tu n'es que le héraut.

1. https://agricool.co

APRÈS L'ÉCRITURE

Une fois que tu as relu et fait relire plusieurs fois ton article et que tu l'as agrémenté de quelques visuels, arrive le moment de le publier. Beaucoup restent psychologiquement bloqués à cette étape, mais il faut se souvenir des principes de base en startup : confronter rapidement à son public, apprendre et itérer est la seule manière d'avancer dans la bonne direction.

Il faut également penser à la diffusion de l'article : un *tweet* ou un *post* sur ton mur Facebook ne suffisent pas. Il faut *a minima* demander à tes collègues de le partager pour atteindre un maximum de personnes. Le mieux reste de repérer des influenceurs dans ton secteur et/ou dans ton réseau et de les cibler avec des messages personnalisés pour qu'ils partagent ton article.

Une fois l'article publié, mesure l'engagement (deux semaines environ après parution, l'impact du contenu s'estompant vite par la suite) et n'hésite pas à le considérer comme quelque chose de vivant : édite-le pour en corriger les erreurs, ajoute un exemple, etc.

Outils

Pour corriger tes erreurs, des outils comme Grammarly[1] ou Ludwig[2] sont très utiles.

EN PRATIQUE

Le contenu a toujours une raison d'être. Il faut se demander pourquoi tu écris ce texte, pour qui et comment. Ton contenu doit également s'adapter pour épouser les valeurs et le ton de l'entreprise, mais aussi pour parler convenablement à sa cible : une startup B2B n'écrit jamais de la même façon qu'une startup B2C. Ainsi, Kyle écrit souvent pour chacun des trois fondateurs de The Family (Alice Zagury, Oussama Ammar et Nicolas Colin). Ils ont des caractères et des manières de rédiger très différentes et pourtant il y a une cohérence forte dans les messages qu'ils font passer et les valeurs qu'ils véhiculent. Chaque élément de contenu chez The Family montre que l'éducation est au centre de la philosophie de l'entreprise. Lorsque Kyle écrit pour l'un d'entre eux, il se demande toujours : est-ce que je les entends parler en me relisant ?

1. https://www.grammarly.com
2. https://ludwig.guru

Garde en tête qu'il ne s'agit pas de ton blog personnel. Si laisser transparaître ta personnalité et ton expérience dans les articles est une bonne chose, il faut rester vigilant car :

- Il ne faut pas changer constamment de registre ou de ton entre les articles : la cohérence est clé.
- Il ne faut pas s'emmêler les pinceaux entre les comptes personnels et les comptes professionnels (sur Twitter ou sur Instagram notamment).

Par ailleurs, il faut se conformer à quelques règles :

- **Chaque plateforme de publication est différente**. Il faut se tenir à jour et s'adapter à chacune d'entre elles
- **Les *hashtags* sont à utiliser avec parcimonie**. En utilisant le *buzzword* du jour, ton contenu risque de se noyer rapidement dans la masse.
- **Les visuels comptent pour attirer l'attention des lecteurs.** Faire des références à la *pop culture* peut fonctionner dans beaucoup de cas, mais il faut toujours qu'il y ait une justification à la sélection des images et ne pas surcharger (éviter les *gif*, surtout ceux de *Friends* et de *Game of Thrones* qui sont vus et revus).
- **Définis des objectifs et des KPI pour les mesurer**. Attirer le maximum de vues ou de *likes* n'est pas forcément le meilleur objectif : il faut préférer des gens qui vont apprécier le contenu et trouver des *metrics* d'engagement (lecture complète, partage avec commentaire, etc.) appropriées.
- **Le contenu se travaille au quotidien**. Quand on travaille sur un article, il ne faut pas forcément écrire tous les jours, mais au moins y réfléchir et le relire quotidiennement pour affiner les idées.

LES LEÇONS DU CAS

> Le contenu peut apporter beaucoup de visibilité à une startup, à condition d'avoir de la valeur ajoutée pour son audience. Pour chaque article, il faut être capable d'expliquer pourquoi on l'écrit, à qui il s'adresse et quel ton on veut employer.

> La bonne diffusion de l'article est tout aussi importante que sa qualité intrinsèque. Le meilleur contenu du monde, si on néglige de le présenter convenablement et de le partager *via* les bons canaux, restera inexploité.

> En startup, le contenu est une stratégie à long terme. Un article individuel changera rarement (voire jamais) la donne sur la notoriété de l'entreprise. En revanche, une publication régulière d'articles bien pensés sur le secteur permet d'asseoir son *leadership* intellectuel sur le sujet et d'engranger de la visibilité et de la crédibilité.

LA PART DU LION

Les études de cas de ce chapitre montrent différents aspects de la palette du *growth hacker*, mais elles se rejoignent toutes sur un point : la croissance n'est pas un livre de recettes, mais un système pensé de façon stratégique.

Établir une stratégie de croissance pérenne est la première chose à faire pour un *growth hacker*. Celle-ci dépendra du *business model* de la startup ainsi que de son état d'avancement. Prendre les choses dans l'ordre et par étape est le premier défi.

Pour chaque nouveau canal d'acquisition envisagé, l'approche doit être systématique : segmenter, tester, mesurer, optimiser et saturer. Tel est le pain quotidien du *growth hacker*.

Les canaux d'acquisition à envisager sont divers, il peut s'agir de SEO (Flat), d'e-mailing, de création de contenu ou encore de publicité payante (Junto). Pour chacun d'eux, les techniques et outils sont spécifiques : à toi de comprendre les fondamentaux, d'approfondir et de te tenir au courant des nouveautés une fois que tu auras trouvé le canal qui fonctionne pour ta startup.

Quoi qu'il en soit, la chose la plus importante à détenir pour être un bon *growth hacker* est l'état d'esprit : avoir envie de tester et d'apprendre. En cela, c'est sûrement le poste en startup qui a le plus de similitudes avec le travail de l'entrepreneur : imaginer quelque chose, le confronter à une audience, mesurer si cela fonctionne et prendre une décision rapide.

Le côté analytique du *growth hacker* est crucial : comprendre les différents *metrics*, suivre les KPI, avoir les bons outils de pilotage à ses côtés n'est pas qu'une aide quantitative à la décision, mais un véritable guide de la marche à suivre.

Reste que le *growth hacker* est également un créatif, un fin connaisseur de son audience capable d'imaginer et de tester des textes, des messages, des canaux pour les atteindre. C'est un poste dans lequel tu pourras t'exprimer pleinement.

CHAPITRE 7

LES MEILLEURES TECHNIQUES DES *SALES*

« LUNDI, J'VENDS
MARDI, J'VENDS
MERCREDI, J'VENDS »

PNL

Les startups vivent et meurent par les ventes qu'elles sont capables de réaliser. Elles peuvent bien avoir le produit le plus ergonomique du marché, la technologie la plus avancée, et même le plus grand nombre d'utilisateurs ; si elles souhaitent monétiser les actifs qu'elles ont construits, il faut les vendre.

L'enjeu pour un vendeur (un *sales*) est d'une simplicité extrême : connaître ses produits, trouver des clients potentiels et les faire acheter. Pourtant, cette tâche est plus subtile et compliquée qu'il n'y paraît : quel est le meilleur canal pour contacter un client ? Que faire si le client attend quelque chose que l'on n'est pas en mesure de délivrer ? Jusqu'à quel point insister ? Tant de questions qui constituent le quotidien d'un *sales*.

Son rôle est d'ailleurs doublement intéressant dans la startup :

- le plus souvent au contact des clients, il remonte les *feedbacks* terrain aux équipes produits, support et relation client ;
- aucun autre rôle n'a d'impact si évident sur les résultats de la startup. Tous les jours, chaque membre de l'équipe *sales* sait à quel point il a contribué à la réussite de son entreprise.

Les cinq études de cas qui constituent ce chapitre dressent un panorama des bonnes techniques pour optimiser les ventes et pour devenir un *closer* de rêve :

- **Github #1 :** *Becoming a sales ninja,* par Victoire Mulliez.
- **Github #2 :** *Mastering Lead Generation :* prospecter efficacement, par Victoire Mulliez.
- **Github #3 :** *Scaling Sales* : faire croître sa machine de vente, par Victoire Mulliez.
- **Pathfinder :** vendre aux grands comptes, par Miguel de Fontenay.
- **Side :** entretiens avec un vendeur, par Pierre Mugnier.

GITHUB
THE SALES TRILOGY

LA PROF

Victoire Mulliez,
API Sales Manager chez iBanFirst

Victoire est une ex-entrepreneure (New York) reconvertie dans la vente pour les startups *tech* B2B. Ce qui la passionne ? Les applications web et logiciels qui *challengent* les acteurs historiques d'une industrie.

Après un an et demi passé chez GitHub à superviser la stratégie de vente *midmarket* pour l'ensemble de l'Europe du Sud, Victoire a rejoint début 2017 la startup iBanFirst afin de s'occuper des ventes grands comptes et des besoins spécifiques de ces clients en termes d'API.

LA STARTUP

GitHub est une plateforme de collaboration pour développeurs au destin extraordinaire. Elle rassemble la plus grande communauté d'ingénieurs et de développeurs au monde autour d'outils qui facilitent leur travail en équipe, sur des projets propriétaires ou *open source*.

La startup est initialement totalement *bootstrappée* : en moins de quatre ans et sans lever d'argent, elle a réussi à réunir des centaines de milliers de développeurs autour de plusieurs millions de projets. Une levée de 100 millions de dollars en 2012 avec le légendaire fonds Andreessen-Horowitz lui permet de voir ses ambitions à la hausse. En 2015, GitHub effectue un nouveau tour de financement de 250 millions de dollars. En 2018, c'est avec 28 millions d'utilisateurs et pour 7,5 milliards de dollars que Microsoft la rachète[1].

TROIS PROBLÉMATIQUES CLÉS

Forte d'une expérience incroyable dans une startup qui a su grandir rapidement et construire une véritable machine de vente, Victoire nous propose non pas un, mais trois précieux cours pour comprendre les bases de la vente B2B :

1. Microsoft buys GitHub for $7.5bn, *Andreessen-Horowitz*, 4 juin 2018, https://a16z.com/.

- ***Becoming a Sales Ninja :*** comment se transformer en un vendeur hors pair ?
- ***Mastering Lead Generation :*** un aperçu des bonnes pratiques de prospection pour startup.
- ***Scaling Sales :*** comment construire une machine de vente au bon rythme ?

BECOMING A SALES NINJA

LE MALAISE FRANÇAIS DU COMMERCIAL

En France, le métier de commercial a mauvaise presse. Instinctivement, on pense au personnage de Jean-Claude Convenant dans *Caméra Café :* un costume mal taillé, une petite serviette pleine de publicité, des blagues lourdes et un ton insistant pour nous vendre un produit dont nous n'avons pas besoin.

Ce tabou n'existe pas aux États-Unis, où vendre est quelque chose de très naturel pour tout le monde dès le plus jeune âge : les enfants américains vendent des *cookies* ou de la limonade dans leur quartier, ils sont plus à l'aise pour parler en public et mettre en valeur une idée. Culturellement, les Américains ont une fibre commerciale que nous n'avons pas. Cela ouvre donc de superbes opportunités, en France, de développer ces qualités. En effet, toutes les entreprises ont besoin de talents pour vendre leurs produits, qu'il s'agisse des startups ou des géants. Si tu es bon commercial, tu trouveras toujours un bon job. Cette expérience sera toujours utile et valorisée. Et le salaire, généralement indexé sur les performances, garantit une certaine équité pour celui qui réussit bien.

En parallèle, une nouvelle génération de commerciaux est train d'émerger en France. Elle aime vendre mais aussi apporter de la valeur en termes de stratégie, de vision et d'esprit d'équipe ; réussir individuellement, mais aussi participer à une aventure collective, rendre la vente de toujours plus intelligente et moderne. Les clients sont mieux renseignés, mieux connectés, plus à même de comparer et souvent moins libres en termes de budget. Les nouveaux vendeurs qui savent s'adapter à ce contexte sont des *A-players* qui deviennent de plus en plus indispensables aux entreprises. Raison de plus pour développer ce talent.

Comment donc savoir si ce métier est fait pour toi ? Il faut savoir détecter les signaux faibles : si tu aimais passer des après-midi sur la plage à vendre des coquillages étant enfant, si tu négocies des gestes commerciaux ou des remises dès que tu en as l'opportunité, ou encore si tu achètes et revends des objets pour réaliser une belle plus-value sur LeBonCoin ; il est fort probable que tu aies la fibre commerciale. Si tu as ce talent, cultive-le !

LES GRANDES NOTIONS À MAÎTRISER

LES DIFFÉRENTS STADES DU *CLOSING*

Closer signifie faire signer un contrat à un client. Avant cela, il y a plusieurs étapes dans l'acquisition client qu'il faut connaître et maîtriser :

1. **Le *lead*** est un client potentiel : il est venu de lui-même ou on a trouvé son contact, mais on n'a pas encore qualifié son intérêt réel pour notre produit. Il s'agit simplement d'un contact potentiellement intéressé par ce qu'on a à vendre. Littéralement, d'ailleurs, le *lead* est une piste.
2. **Le *prospect*** est un *lead* qualifié : on sait qu'il peut être intéressé par notre produit. Chez GitHub, on considère qu'un *lead* est qualifié s'il correspond à l'un des *persona* (une typologie de cible) que l'on sait servir.
3. **L'opportunité**. Il s'agit d'un *lead* converti en une option tangible. La définition de conversion varie selon les startups (à partir du moment où le *prospect* définit un projet et un budget, chez GitHub). Rien n'est encore fait, mais les éléments concrets commencent à se mettre en place. Un besoin exprimé, un budget existant, un cahier des charges ou un calendrier permettent d'estimer que l'on passe au stade d'opportunité. Attention, c'est là que tout se joue : il ne faut pas crier victoire trop vite.
4. **Un champion** est un ambassadeur interne, un *fan* de notre produit chez le *prospect*. C'est lui qui peut aider à convertir l'opportunité en vente réelle, en évangélisant ses collègues et sa hiérarchie.
5. **Un client** est une opportunité *closée*. Le contrat est signé, le produit est acheté. C'est la fête !

LES DIFFÉRENTS POSTES EN *SALES*

Les postes en *sales* ne requièrent pas les mêmes qualités ni les mêmes compétences. Choisir l'un plutôt que l'autre dépend vraiment de ta personnalité.

- **Le Sales Development Representative (SDR) : le chasseur**. Il gère les *leads* pas encore qualifiés et tente de les faire passer au stade de prospects. Ces *leads* proviennent de deux canaux :
  - *L'inbound.* Les *leads* sont venus spontanément, de manière organique, par intérêt par la solution, parce qu'ils en ont entendu parler dans la presse ou sur Internet par exemple.
  - *L'outbound.* Le SDR est allé chercher les *leads* lui-même. Par exemple, en prospectant dans des bases de données, sur LinkedIn…

  Le SDR est généralement rémunéré à chaque fois qu'un *lead* est converti en opportunité.
- **L'*Account Executive* (AE)/*Sales Representative* (SR)/*Business Development Representative* (BDR) : le *closer*.** Son objectif est de faire signer le client : faire passer les *prospects* qualifiés par le SDR au stade d'opportunité puis d'utilisateur. Il a des quotas à respecter, des objectifs chiffrés (en général

un montant de chiffre d'affaires annuel à atteindre). Dans la majorité des cas, l'AE ne fait pas de prospection, sauf si la startup est encore au stade d'*inception*.

- **Le *Sales Engineer/Solution Engineer* : aussi appelé avant-vente.** Lorsque le produit de l'entreprise est très technique, ces profils à la croisée des chemins entre des vendeurs et des ingénieurs sont là pour répondre aux questions du client sur la technologie et le fonctionnement du produit.
- **Le *Customer Success Manager* (CSM) : le *farmer*.** Son rôle est de gérer la relation avec les clients existants. On l'envoie pour savoir si les clients sont satisfaits de la solution, s'ils ont des retours particuliers ou des suggestions. Le CSM peut également être chargé de déclencher la vente de produits complémentaires (*cross-selling*) ou d'augmenter le business existant (*upselling*).

La segmentation des clients en B2B

- SMB (*Small & Medium-sized Businesses*) : les TPE/PME, < 1 000 employés.
- *Mid-market* : entre 1 000 et 5 000 employés.
- Grands comptes/entreprise : > 5 000 employés.

LES PRINCIPAUX OUTILS DU *SALES*

Pour travailler efficacement, voici quelques-uns des outils clés de la fonction *sales* :

- **LinkedIn**. C'est l'outil incontournable pour faire de la prospection, pour étayer son réseau ou pour contacter directement les gens (si on a le bon discours).
- **Un logiciel de CRM (*Customer Relationship Management*)**. Le plus connu de tous est Salesforce, mais d'autres existent (comme HubSpot[1] ou PipeDrive[2]). Il permet de stocker toutes les données récupérées sur ses clients : quand on l'a contacté pour la dernière fois, à quel interlocuteur précis on a parlé, ce qu'on a dit, à quelle échéance on doit les relancer.
  Le panel de contrôle permet en outre de suivre et d'analyser un nombre incalculable de données très utiles, comme le temps moyen de conversion d'un client selon sa taille, son pays ou son secteur d'activité ; ou encore qui vend le mieux dans l'équipe et qui aurait besoin d'un coup de pouce.
- **Les *plug-ins***. Une montagne d'outils existe pour simplifier la vie du *sales* au quotidien et gérer l'automatisation entre LinkedIn, son CRM et sa boîte e-mail. Victoire utilise Yesware[3], outil de campagne e-mail qui s'intègre à Gmail et qui permet de créer des campagnes depuis Salesforce, de suivre

1. https://www.hubspot.com
2. https://www.pipedrive.com/fr
3. https://www.yesware.com

les taux d'ouverture des e-mails et le détail de qui a lu quoi et combien de fois. Cela permet d'effectuer des relances efficaces, car beaucoup mieux ciblées.

Marketing et *sales* : je t'aime, moi non plus

On oppose souvent le *marketing* et les *sales*. En réalité, les deux sont indissociables : le *marketing* nourrit les *sales*, les *sales* répondent au *marketing*. Il n'est pas possible de vendre son produit sans *marketing*, voilà pourquoi il faut en maîtriser les notions clés :

- ***L'inbound marketing***. Trouver des méthodes pour générer des *leads* entrant de manière organique : articles, blogs, contenu, presse, vidéos, etc.
- ***L'outbound marketing***. Aller chercher des clients *via* des campagnes Google Adwords ou Facebook Ads. Ce *marketing* est plus traditionnel.
- **Le *marketing* automatisé**. Ce terme rassemble toutes les actions de *marketing* qui peuvent être automatisées : un e-mail de remerciement après l'achat d'un produit par exemple. Dans toutes les sociétés qui vendent des SaaS, la période d'essai est un très bon exemple : tous les clients qui essaient le produit entrent leurs informations et deviennent *de facto* des *leads* utilisables par les SDR.
- **Le *marketing* terrain**. Les événements, la distribution de *flyers*, toutes les occasions physiques de rencontrer des *prospects* font partie du *marketing* terrain.

LES QUALITÉS DU BON *SALES*

DO'S : LES BONS RÉFLEXES

- **Le *sales* écoute plus qu'il ne parle**. Vendre, c'est avoir une conversation avec quelqu'un. Le métier consiste aussi à poser beaucoup de questions afin de savoir sous quel angle on peut vendre le produit, en cherchant le problème auquel l'interlocuteur est confronté. Un *sales* ne parle pas plus de vingt minutes en rendez-vous selon Victoire.
- **Le *sales* croit en son produit**. Être *sales* est difficile : il faut être résilient face aux multiples refus. Pour surmonter les moments de doute, il faut être totalement convaincu par son produit.
- **Le *sales* identifie les frictions**, c'est-à-dire toutes les raisons qui pourraient faire que le *prospect* ait besoin de ton produit. Poser des questions et écouter les problématiques du potentiel client permet d'adapter le discours et de personnaliser l'argumentaire. Cela augmente considérablement les chances de réussir à le convertir.

- **Le *sales* détermine le profil de son interlocuteur**. Il faut être attentif à la typologie des *prospects* : des gens qui ont des postes différents mais qui peuvent tous acheter le produit. Chez GitHub, quelques types de *persona* sont identifiés comme le jeune développeur qui publie déjà son code personnel sur GitHub ou le DSI (directeur des systèmes d'information) plus *senior* qu'il faudra convaincre différemment. On ne parle pas de la même façon à ces deux types de personnes.
- **Le *sales* noue une relation humaine avec le *prospect*.** Cela demande plus de répartie et de concentration qu'on pourrait le croire. Le but est d'amorcer une conversation pertinente et sincère.
- **Le *sales* sait passer à autre chose**. Après 60 relances, il faut savoir s'arrêter. Si le *prospect* ne veut pas signer, il faut s'en aller. L'opportunité n'est pas là.

DON'TS : LES MAUVAIS RÉFLEXES

- **Le mauvais *sales* ne sait pas entamer une belle discussion avec son *prospect*.** Il n'arrête pas de parler, il ne regarde pas et n'écoute pas son *prospect*.
- **Il n'est pas toujours convaincu de l'efficacité du produit qu'il vend**.
- **Il ne cherche pas à répondre aux besoins du client,** mais à vendre à tout prix. Il ne s'adapte pas et emploie des mots compliqués. Il ne s'engage pas avec le client sur un plan humain et émotionnel.

LE BON *PITCH* DE VENTE N'EN EST PAS UN

Le bon *pitch* de vente est assez rapide : pas plus de dix minutes. Le but est de lancer des pistes pour ensuite entamer une discussion. Ensuite, il s'agit d'établir une stratégie adéquate au cas devant lequel on se trouve.

Par conséquent, le bon *pitch* n'est jamais le même pour deux clients différents ou même deux moments différents. Le *pitch* mène toujours à une étape suivante, il faut toujours avoir cet objectif en tête (par exemple, qui souhaite-t-on rencontrer dans l'entreprise lors du prochain rendez-vous pour avancer).

Le *pitch* appartient au *sales* : s'il ne se l'approprie pas, il ne sera pas crédible. On peut bien sûr recevoir des directives, des éléments de langages ou encore des présentations toutes faites, mais ce n'est pas toujours pertinent. Il faut trouver sa manière de faire et être à l'aise avec.

LES LEÇONS DU CAS

> Pour être un ninja des *sales*, il faut avoir le bon tempérament. Aimer vendre, négocier, relancer, convaincre sont les indicateurs d'une bonne attitude commerciale. Il faut les cultiver pour étoffer sa palette de compétence en tant que vendeur.

> Il faut bien choisir où l'on se place : la réalité du métier de *sales* est plurielle. Un SDR dans une startup avancée qui vend à des grands comptes n'aura pas du tout le même quotidien qu'un AE dans une startup en *inception* dont les clients sont des TPE/PME.

> Pour être un véritable ninja, il faut avoir l'obsession du client : l'écouter avec empathie, comprendre les problèmes de son organisation, rencontrer l'humain derrière l'interlocuteur commercial, penser sincèrement que la solution que l'on vend va l'aider...

MASTERING LEAD GENERATION : PROSPECTER EFFICACEMENT

E-MAILING : LE MEILLEUR ET LE PIRE

L'e-mail est un outil décisif pour le *sales*, dont la maîtrise est indispensable. Il permet de sensibiliser ses *prospects* cibles à un produit dans le cas d'un premier contact, ou d'échanger avec lui pour avancer vers le *closing*.

Victoire revient sur ce qui existe de pire et de meilleur dans l'*e-mailing*, en s'appuyant sur des e-mails tests envoyés par les Lions. Ceux-ci devaient s'entraîner à rédiger un e-mail d'*outbound* à un cadre exécutif d'un groupe du secteur bancaire afin de prendre un premier contact.

LES FAUX PAS

UN E-MAIL MAL FORMATÉ

Beaucoup des e-mails reçus étaient trop longs. Un bon e-mail de *sales* doit être concis, clair, aéré et relativement court (quatre ou cinq paragraphes courts). Les e-mails courts sont efficaces car ils captent l'attention du lecteur et font passer un message fort : la négociation sera claire, rapide et intelligente.

Les liens hypertextes ne sont jamais insérés en entier au milieu du texte. Il est préférable de les apposer directement sur un mot ou un groupe de mots. Attention à ne pas en abuser : trop de liens et l'e-mail finira en *spam*.

La ponctuation compte aussi pour beaucoup dans le format de l'e-mail. Attention aux points d'exclamation qui ne sont pas professionnels.

DES FORMULATIONS ABRUPTES OU MALADROITES

Avec le nombre d'e-mails que reçoivent les *prospects* au quotidien, les formulations bateau sont à proscrire : elles te décrédibilisent et ne seront même pas lues. Oublie les « cette solution va changer votre vie » et autres formules du genre.

Les phrases coercitives sont également à prohiber : « j'attends votre réponse en retour » par exemple. Donner des ordres à un *prospect* n'est pas efficace, voire agressif.

Une phrase peut également paraître abrupte du fait de sa familiarité. Si tu vends à des grands comptes, évite d'employer les prénoms. Si les clients sont des startups, en revanche, c'est plutôt pertinent. Il faut savoir adopter les codes du client que l'on cible.

UN E-MAIL SANS *CALL-TO-ACTION*

On n'envoie pas d'e-mail sans proposer plusieurs créneaux de rendez-vous précis (jour, lieu, heure, durée). L'idée est de minimiser le nombre d'e-mails échangés si le *prospect* répond, pour ne pas perdre de temps.

LES BONNES PRATIQUES

UN E-MAIL PROFESSIONNEL

Un e-mail est l'occasion de montrer que ta startup, bien que naissante, est déjà professionnelle : le ton employé, un titre non pompeux, une signature complète (avec adresse physique et numéro de téléphone), etc. sont des éléments qui rassurent.

Certains détails peuvent faire mouche : « j'ai rencontré votre collègue… à l'occasion d'un salon de l'innovation et il m'a conseillé de vous contacter » par exemple. Ces éléments montrent que l'équipe est déjà opérationnelle et habituée à traiter avec des clients.

On peut également utiliser la pression concurrentielle comme un argument d'autorité. Par exemple, si l'on a pour client existant une banque nationale, il est intéressant de le mentionner d'emblée si on prospecte chez sa concurrente.

UN E-MAIL DIDACTIQUE

Un bon e-mail explique clairement et simplement les apports d'une solution, en évitant les lieux communs comme « innovation » ou « transition digitale ». Dans le cas de GitHub, Victoire explique aux *prospects* que coder sera plus simple au quotidien et que la communication des équipes de développeurs sera améliorée. Il est difficile de connaître *a priori* le niveau de connaissance d'un *lead* : pour cela, autant partir de choses simples et entrer dans les détails complexes lors d'un appel ou d'un rendez-vous.

Identifier dès cette étape les enjeux et problématiques du client permet de montrer comment la solution va aider à les résoudre. Par exemple, le développement dans les grands groupes ne va jamais assez vite ; GitHub explique alors dans ses e-mails que sa solution fait gagner en moyenne X % de temps de développement.

UN E-MAIL DANS LE BON *TEMPO*

Optimiser le choix du créneau horaire d'envoi de l'e-mail permet de multiplier les chances de réponse. Concrètement, tu peux oublier le lundi matin et le vendredi après-midi, car ton e-mail va se retrouver noyé dans la masse. Certains mois sont aussi à éviter, tout comme les périodes de vacances scolaires ou certaines saisons entières selon la saisonnalité de l'industrie de ton client (si tu t'adresses à des hôtels de montagne par exemple).

Bonus : l'e-mail gagnant chez les Lions du cours

Monsieur,

Je me permets de vous contacter de la part de vos collaborateurs Messieurs XXX et XXX, développeurs seniors, rencontrés la semaine dernière à l'événement Devoxx France, pour vous présenter GitHub Enterprise ❶. Familiers de cet outil, ils considèrent que son utilisation leur permettrait de développer vos logiciels de manière plus rapide, moins coûteuse et plus collaborative, le tout dans un environnement entièrement sécurisé ❷.

En effet, nous favorisons le développement logiciel avec une approche d'*open source* interne permettant de valoriser le patrimoine de code, mais également d'automatiser et d'industrialiser les développements ❸. C'est pour cette raison que nous accompagnons quotidiennement les développeurs de Goldman Sachs, JP Morgan, Société Générale et Axa ❹ avec GitHub Enterprise.

Afin de vous faire part des meilleures pratiques de nos clients et de répondre à toutes vos questions, je vous propose de nous rencontrer en vos bureaux mardi 29 novembre à 11 heures, mercredi 30 à 15 heures ou vendredi 2 décembre à 10 heures ❺.

Bien cordialement,

Nous avons en ❶ un argument d'autorité, en ❷ les avantages de l'outil, une explication basique de la technologie ❸, des exemples pertinents de concurrents l'utilisant déjà ❹ et la préparation de l'étape suivante avec un *call-to-action* ❺.

LES BONS CONSEILS POUR UNE PROSPECTION EFFICACE ET ORIGINALE

ADIEU *COLD CALLING*

Aujourd'hui, le vecteur principal des *sales* est incontestablement l'e-mail. La stratégie traditionnelle du *cold call* – coup de fil de premier contact avec un *lead* – se perd de plus en plus au profit d'échanges asynchrones, moins engageants et plus efficaces.

DES MESSAGES PERSONNALISÉS

« Smart e-mailing is the new cold calling.[1] »

À chaque fois que l'on prospecte, il est primordial d'ajouter un maximum de personnalisation dans le texte. On peut par exemple faire référence à l'actualité du *prospect* pour l'interpeller : « j'ai lu dans Les Échos du 4 juin que vous venez de publier une étude sur vos performances informatiques » ; « j'ai écouté avec attention l'interview que vous avez récemment donnée sur BFM », etc.

Le contenu et le ton que l'on emploie ne sont pas le même selon les interlocuteurs :

- **Selon le secteur** : on met l'accent sur la sécurité en parlant à une banque et sur la flexibilité technologique en parlant à une startup ;
- **Selon la position hiérarchique** : on commence son mail par « Bonjour Monsieur » quand on s'adresse à un DSI de 45 ans et par « Bonjour Julie » pour une ingénieure sortie d'école.

UN RYTHME MAÎTRISÉ

C'est au *sales* de contrôler le *tempo* de la discussion et des échanges avec ses *prospects*. On identifie deux rythmes différents :

- **La campagne.** Le calendrier général d'un *sales* est rythmé par les campagnes, généralement menées par les SDR. Chaque campagne est pensée pour un secteur d'activité et un type d'interlocuteur. Une campagne doit être restreinte dans le temps et analysée *a posteriori* pour en évaluer le succès.
- **Les relances.** La relance est spécifique à chaque *prospect* et à sa position dans le tunnel de conversion. C'est une stratégie d'*e-mailing* régulière qui consiste à conduire le client vers la vente du produit. Le rythme des relances dépend de l'intérêt affiché par le *prospect* lors des premiers contacts, en général d'une semaine à l'autre. Encore une fois, le calendrier des relances doit être déterminé en avance pour assurer une bonne organisation, et permettre d'évaluer le taux de succès.

1. L'e-mail intelligent est le nouveau coup de fil de prospection.

DES PETITES ATTENTIONS QUI SORTENT DE L'ORDINAIRE

Quand on prospecte, il est parfois intéressant d'essayer des techniques un peu alternatives. Leur taux de succès est variable mais peut générer de très bonnes touches. On peut par exemple envoyer des *goodies*[1] : tasses, stickers, t-shirts, *tote bags*, etc. Un autre exemple est de rédiger des lettres manuscrites, qui représentent une forme d'attention et de personnalisation particulière. Victoire a eu son meilleur taux de réponse avec une campagne de ce type destinée à des chefs d'entreprise.

LE RÉSEAU

Faire jouer ses connaissances reste une excellente stratégie pour prendre contact avec un *prospect*. Activer son réseau personnel et professionnel assure des résultats et une crédibilité sans égal.

LES TROIS GRANDES RÈGLES POUR VENDRE

CONTRÔLER LE RYTHME DE LA DISCUSSION

Contrôler le rythme signifie autant avoir la discipline d'un calendrier régulier de relances au *prospect* que de garder le contrôle sur son propre emploi du temps vis-à-vis de lui afin de conserver à chaque étape sa capacité de persuasion. Le bon *sales* est organisé et sait exactement quand il doit recontacter son *prospect*.

APPORTER DES RÉPONSES EXHAUSTIVES

Le bon *sales* approfondit le niveau de discussion au fur et à mesure que celle-ci avance. Cela signifie apporter au *prospect* du contenu toujours plus complexe et des réponses pertinentes. Par exemple, si celui-ci a posé une question technique, on y répond en allant plus loin. On donne des exemples concrets de la manière dont les équipes de telle entreprise utilisent la fonctionnalité en question et ce que cela a changé pour eux concrètement.

IDENTIFIER CE QUI VA FAIRE GAGNER LE CONTRAT

Tous les contrats ne sont pas *closés* de la même manière. Parfois, c'est un ambassadeur en interne qui va faire gagner la vente. Parfois, c'est une défaillance au niveau du produit du client. Dans tous les cas, il faut savoir analyser rapidement la situation et identifier les éléments qui vont faire vendre.

1. La startup Kymono permet de se doter facilement de toute cette panoplie ;)

LE CAS PARTICULIER DE LA PÉRIODE D'ESSAI

Le *sales* accorde souvent une période d'essai gratuite du produit vendu à l'entreprise ou à une personne cible identifiée au sein de celle-ci. Durant toute cette période, le *sales* accompagne son client dans l'utilisation du produit pour le convaincre de son utilité et de la plus-value apportée.

Les clients réclament souvent une extension de la période d'essai, voire un *discount* sur le prix du produit. Victoire recommande dans ce cas de l'étendre uniquement sous certaines conditions, par exemple un engagement de contrat à la fin de ladite période. Attention, la remise ne fait pas gagner les *deals* : c'est un facteur d'accélération mais jamais de décision.

LES LEÇONS DU CAS

> L'e-mail est l'outil par excellence du *sales*. Savoir rédiger un bon e-mail est un atout en or pour dénicher de nouvelles opportunités et les convertir. Il faut que les messages soient concis, clairs, professionnels, crédibles et qu'ils invitent le *prospect* à passer à l'étape suivante (*call-to-action*).

> Une bonne prospection doit être pertinente et originale. Il faut donner l'impression au maximum que les messages au *prospect* sont tous personnalisés pour sortir du lot. Surtout, il faut garder un rythme soutenu de contact et trouver des prétextes pour relancer la discussion.

Pour bien vendre, il faut être en contrôle :

> du *timing* : savoir quand relancer et quand se rendre disponible ;

> de son produit : pouvoir répondre directement et efficacement à toutes les questions ;

> de la situation : identifier les éléments qui vont peser dans la balance pour signer le contrat.

SCALING SALES : FAIRE CROÎTRE SA MACHINE DE VENTE

CONSTRUIRE UN REVENU PRÉDICTIBLE

La croissance et la vente sont des vases communicants. Les *sales* ne créent pas la croissance, ils y répondent. Ainsi, il n'est pas possible de doubler sa croissance en doublant le nombre de *sales*.

Le revenu prédictible[1] est un modèle établi pour créer de la visibilité et de la croissance dans les ventes futures sans tâtonner au petit bonheur la chance. Il explique notamment que le nombre de *sales representatives* dans l'équipe n'impacte pas directement la croissance. En effet, si on augmente l'effectif d'AE/SR/BDR (chargés de relation client) sans augmenter celui des autres équipes intervenant dans le processus de *sales* (*growth hackers*, *marketing*, SDR, etc.), les performances vont stagner, voire diminuer, car l'équipe va rapidement se trouver en pénurie de *prospects* entrants.

Il est primordial de trouver l'équation *sales* adaptée à sa startup. Avant donc de chercher à *scaler* son équipe commerciale, il faut définir la formule qui transformera l'équipe en une véritable machine de vente.

Les éléments de l'équation *sales*

On peut voir l'équation sales comme un entonnoir (ou *funnel* en anglais) qu'il faut analyser avec attention :

- nombre et taux d'e-mails qui sont convertis en *leads* (*growth*, *marketing* ou SDR) ;
- nombre et taux de *leads* qui sont convertis en opportunités (SDR) ;
- nombre et taux d'opportunités *closées* (AE/SR/BDR).

En plus de cette vision en entonnoir, d'autres données sont primordiales à suivre :

- volume moyen des contrats (ACV, le prix moyen des contrats que l'on signe) ;
- *sales cycles*, c'est-à-dire le temps moyen pour passer d'un *lead* à un contrat *closé ;*
- *sales enablement* ou en combien de temps un nouveau *sales* est formé.

On peut utiliser Salesforce ou Hubspot[1] pour suivre toutes ces données. Il faut travailler à l'optimisation de chacun de ces éléments. Une fois ceux-ci optimisés, on peut commencer à *scaler* la machine.

1. Ross A. & Tyler M., *Predictable Revenue : Turn your business into a sales machine with the $100m best practices of Salesforce.com*, Pebblestorm, 2011.

TROIS RÈGLES AUTOUR DU REVENU PRÉDICTIBLE

TROUVER D'ABORD L'ÉQUATION GAGNANTE

Dans chaque startup, la réalité du cycle de vente est différente : parfois il faut 200 *leads* pour parvenir à *closer* un seul contrat. Dans ce cas, il faut assez de *growth hackers* et de SDR pour avoir un volume entrant suffisant de *prospects* que les *sales* puissent traiter. Dans d'autre cas, le cycle est très long, et il faut établir un calendrier de campagnes et de relances régulier pour optimiser le temps de travail des *sales*. Chaque situation est unique. La première chose à faire est de trouver ce qui fonctionne dans cette situation et l'optimiser.

IMPOSER DES CRITÈRES DE SÉLECTION DRASTIQUES DES OPPORTUNITÉS

Il arrive (souvent) que les *prospects* soient intéressés par la solution, mais qu'ils ne correspondent pas vraiment à un *persona* que l'on est déjà en mesure de servir. Le SDR est alors face à une alternative : poursuivre la relation avec ce client potentiel en sachant qu'il faudra probablement attendre avant que son produit corresponde à ses besoins ou abandonner le *deal*. Sans hésitation, il faut choisir la seconde option.

Le rôle des *managers* dans ce cas précis et de déterminer selon quels critères on transforme un *lead* en opportunité ou on passe son chemin. Les SDR étant rémunérés sur cette étape, ils auront toujours envie de convertir les *leads*, mais ce sera au détriment des commerciaux qui se retrouveront avec des opportunités de très mauvaise qualité. Un cercle vicieux s'enclenche alors, dans lequel on perd du temps sur de la quantité, au lieu de travailler avec des *leads* de qualité.

EVERYONE MUST WIN

Le travail du *sales* peut paraître très solitaire par rapport à d'autres postes en startup. Chaque jour, le *sales* sait combien de contrats il a *closé* et quelle a été sa contribution au succès de l'entreprise. Pourtant, vendre est aussi un travail d'équipe : sans le travail de prospection, de conversion des *leads*, etc., il est impossible de signer les contrats. Aussi, les *closings* doivent être vus comme des victoires des équipes tout entières.

Les *deals* rapportés doivent être rémunérés à leur juste valeur. Si l'entreprise se porte bien, les *sales* doivent être récompensés et valorisés. C'est ici que le *team building* et les valeurs humaines sont cruciaux pour créer une équipe de vente soudée et loyale.

---

1. http://hubspot.com

LES LEÇONS DU CAS

> Pour construire un revenu prédictible et *scaler* ses ventes, il faut construire un système basé sur une compréhension fine de son *funnel* de conversion, du volume moyen d'un contrat et du cycle de ventes. Une fois ces éléments compris, on peut les optimiser et les systématiser.

> Une fois le système au point, il ne faut pas en sortir et s'imposer des critères clairs de sélection des opportunités. C'est ainsi que l'on sera performant.

> Un contrat signé est une affaire d'équipe : il faut diffuser la culture *sales* et célébrer les victoires commerciales à l'échelle de l'entreprise tout entière.

PATHFINDER
VENDRE AUX GRANDS COMPTES

LE PROF

Miguel de Fontenay,
fondateur et CEO chez Pathfinder

L'oreille attentive, la poignée franche, le contact facile : Miguel est un vendeur né. Pas étonnant qu'il ait passé une grande partie de sa carrière à gérer des grands comptes, créer et faire croître des cabinets de *consulting*.

Après avoir travaillé chez Capgemini et chez EDS aux États-Unis, Miguel a dirigé la *practice* Conseil du cabinet EY. Il a co-fondé le cabinet Kurt Salmon et a ensuite développé les activités de conseil de Mazars dans le monde. Fin 2014, il a rejoint The Family pour y développer Pathfinder.

LA STARTUP

Pathfinder crée des ponts stratégiques entre les grands groupes et le monde des startups. Initialement, le concept était d'aider les entreprises traditionnelles à trouver et mettre en œuvre leurs futurs relais de croissance en montant des startups à la recherche de nouveaux *business models*, dans leur industrie, ensuite accompagnées au sein de l'infrastructure The Family.

Pathfinder a aujourd'hui pris son envol de The Family et propose de créer les modèles d'affaires de demain, ainsi qu'un ensemble de services destinés aux grands groupes pour leur permettre de trouver une démarche plus entrepreneuriale dans le cadre de leur transformation et de redéfinir leur stratégie à l'ère numérique. L'équipe compte désormais six membres et continue de grandir.

LA PROBLÉMATIQUE DU CAS

Miguel a passé des années à développer et diriger des métiers de services et de conseil et, ce faisant, à démarcher, prospecter, conduire des ventes, établir des relations commerciales à haut niveau et suivre des clients au sein de grands groupes à travers le monde.

Dans ces environnements touffus, hiérarchiques, au processus internes rigides et lents, il est parfois difficile de se repérer, et encore plus de savoir comment se frayer un chemin pour signer *le* contrat. Pourtant, les ventes sont souvent les plus lucratives à court et long terme dans ces contextes complexes. La vente aux grands comptes doit faire partie du *playbook* d'un bon *sales*.

Heureusement, Miguel passe pour nous en revue toutes les connaissances à avoir et les techniques à connaître afin de devenir meilleur dans la vente aux grandes entreprises.

VENDRE AUX GRANDS COMPTES

UN GRAND GROUPE EST UNE ORGANISATION PYRAMIDALE

Pour beaucoup de collaborateurs de grand groupe, un objectif de carrière est de devenir *manager*. C'est presque une fin en soi. Or, le *management* est devenu une fonction de l'entreprise à part entière et cette fonction tend à ralentir la prise de décision.

« Ne te laisse pas berner par les titres : dans beaucoup d'organisations, les VP (Vice President)/SVP (Senior VP)/EVP (Executive VP) n'ont pas forcément beaucoup de pouvoir de décision. En revanche, il est rare qu'un CEO prenne une décision contraire à l'avis de ses subordonnés. »

Identifier les *managers* permet de comprendre ce qu'ils font et surtout de savoir s'ils sont décisionnaires et s'ils ont un budget entre les mains. La question pour la startup est donc de savoir à qui s'adresser pour ne pas perdre son temps.

La résultante de ce désir absolu de devenir *manager* est une organisation pyramidale. L'organisation est devenue au fil du temps le moteur des grands groupes et a remplacé la stratégie. Les organisations sont complexes, ce qui leur permet d'ailleurs de mieux réagir aux facteurs exogènes (les crises, la concurrence, le marché, etc.).

Dans une organisation complexe et pyramidale, il y a beaucoup de coordinateurs. Ils n'ont pas de pouvoir de décision ni de budget, ils se contentent de faire le lien entre les différentes unités géographiques et opérationnelles. Ils travaillent par influence et ne sont pas les personnes qui vont faire avancer un projet rapidement.

Un cabinet de conseil pour lequel Miguel a travaillé a par exemple collaboré avec une personne du Comex d'une grande banque pour vendre sa solution. Cet interlocuteur laissait penser qu'il avait un vrai pouvoir de décision, or ce n'était pas le cas. Après six mois de négociation, le jour de la réunion de *closing*, il a fini par avouer qu'il n'avait ni le budget, ni le personnel pour assurer le *deal* et a invité le cabinet à aller vendre son projet à chacune des *business units* concernées ! Ceci n'est pas un cas isolé.

Anticiper et se renseigner sur l'organisation d'un grand groupe évite de se retrouver à la case départ. Dans cette optique réaliser une cartographie des personnes susceptibles d'être rencontrées permet de gagner un temps précieux. Pour faire face au *turnover* des interlocuteurs, il est utile de dédier entièrement une personne à la relation avec un grand compte. Cette personne développe sa connaissance de l'organisation du groupe. Elle s'adapte aux nouvelles têtes et peut même anticiper les changements de certains *managers*. Ceci est un atout majeur dans le processus de vente.

Le président d'un grand groupe de services a un jour confié à Miguel : « Miguel, je ne prononce jamais le mot coordination, c'est un faux métier ». Les personnes qui clament « je vais coordonner cela » au sein d'un groupe sont à contourner soigneusement. »

Attention

Un compte ou une relation n'appartient à personne. La rétention d'information ou de réseau au motif que l'on « gère » un grand compte est toxique pour ta startup.

VENDRE AUX GRANDS COMPTES : MISSION IMPOSSIBLE ?

STARTUPS ET GRANDS GROUPES, LES EXTRÊMES OPPOSÉS

« Les grands groupes n'incluent pas seulement les groupes traditionnels. Les géants technologiques américains (ex : Apple, Amazon) sont aussi difficiles à pénétrer que les grands groupes traditionnels. »

La notion du temps est différente en startup et en grand groupe. Une startup est flexible et réactive, elle vit dans l'urgence. Au sein d'un grand groupe, les réactions et le changement sont lents. C'est normal, le grand groupe est guidé par une stratégie globale dont il ne peut s'écarter facilement.

Il existe une différence de capacité à prendre des décisions chez les employés des deux structures. Une startup qui souhaite interagir avec un grand groupe se retrouve face à un géant. Elle doit trouver un point d'entrée et le bon *timing*. Elle doit identifier les décideurs dans l'organisation. En startup, chaque employé est relativement autonome et peut prendre les décisions (figure 7.1).

FIGURE 7.1. LA PRISE DE DÉCISION

En grand groupe — En startup

Il y a une différence fondamentale de *mindset* entre les deux types d'entités. Les grands groupes ont trop souvent la conviction d'être invincibles, pourtant l'histoire montre que tous les empires ont fini par s'écrouler. Une startup sait qu'elle a au moins autant de chances de mourir que de réussir... et qu'elle n'a rien à perdre. En outre, un grand groupe a des obligations de rentabilité vis-à-vis de ses actionnaires tandis que la startup a pour seule obsession de satisfaire le client.

La décision du CEO d'un grand groupe est toujours contrôlée par l'actionnaire

Il est plus facile de démarcher un groupe familial qu'un groupe contrôlé par un fonds de capital-investissement ou qu'un groupe coté en Bourse : l'actionnariat et l'exécutif sont rassemblés et les décisions sont prises plus rapidement.

Cette asymétrie est difficile à gérer : les notions de temps, de décision, de risque ne sont pas les mêmes. Cela donne une force considérable aux startups. Un entrepreneur vit le risque tous les jours tandis qu'un grand groupe fait tout pour le limiter. Stratégiquement, les startups sont bien placées pour prendre les positions dominantes du futur.

COMMENT PÉNÉTRER CES FORTERESSES : L'APPEL D'OFFRES

Les grands groupes fonctionnent sur un mode dit de gestion de projet. Parmi les étapes essentielles de ce projet, on trouve :

1. la définition de l'objectif;
2. la rédaction obligatoire d'un *business plan* qui justifie le projet;
3. la mise en place d'un budget, d'un calendrier, d'une équipe.

Pour sélectionner les prestataires ou fournisseurs de solutions, le groupe va les mettre en concurrence, afin de limiter les risques. C'est l'appel d'offres, qui essaie de faire entrer les startups en mode gestion de projet. Le rôle du *sales* est de tenir bon et d'expliquer que la startup ne fonctionne pas ainsi. Cependant, il n'y a parfois pas d'autres moyens d'entrer dans la forteresse.

Appel d'offres : les attitudes possibles

- **Ne pas répondre**. C'est parfois l'attitude la plus sage.
- **Répondre en suivant les procédures**. C'est l'attitude de bon élève : répondre à l'appel d'offres du mieux possible. Pour la startup, cela comporte des risques élevés : risque financier, perte de temps, besoin d'adaptation du produit, mise en déséquilibre, etc. Mais en cas de gain, ce peut être un *booster* déterminant.
- **Répondre comme un pirate**. Cette solution peut être efficace. Il suffit de partir du principe qu'on a une relation suffisamment forte avec le client pour répondre à côté de l'appel d'offres, en expliquant pourquoi le groupe n'obtiendra pas le meilleur par des voies traditionnelles et que c'est ta solution qui fonctionnera. Cela demande de la confiance de la part du *prospect*, une conviction absolue que ton produit est le meilleur et un peu d'audace.

AFFRONTER LE GROUPE : GAGNER DES BATAILLES POUR GAGNER LA GUERRE

FACILITER LA PRISE DE DÉCISION

Le réflexe plus ou moins conscient d'un collaborateur en grand groupe est de protéger sa réputation. On peut donc se retrouver face à un interlocuteur qui est *a priori* en capacité de prendre des décisions, mais qui ne veut pas le faire sans être assuré de couvrir les risques liés à sa décision. Dans ce cas, très fréquent, il faut arriver à convaincre la personne qu'elle est légitime pour prendre la décision.

Comment convaincre quelqu'un qu'il peut prendre une décision ? L'enjeu est de démystifier le poids du risque. Dans les grands groupes, c'est souvent la réputation qui importe. Il faut créer suffisamment de relation avec son interlocuteur pour lui faire comprendre que :

- il prend un risque infime si le partenariat ne fonctionne pas, mais a des perspectives de succès qui lui apporteront gloire et lauriers si le partenariat fonctionne;
- la non-prise de décision est la mauvaise solution.

GAGNER DES BATAILLES POUR GAGNER LA GUERRE

Vendre à un grand compte est un travail de longue haleine. Il faut faire la différence entre transaction et relation. La meilleure gestion de comptes est de chercher la récurrence car on crée du *business* pour plusieurs années. Il faut chercher à gagner sur chaque transaction (gagner la bataille) pour faciliter la relation à long terme. Cependant, il faut également savoir suspendre une transaction qui n'avance plus et se dire qu'on saura la réactiver au bon moment.

Les risques du processus de vente

La négociation avec un grand groupe présente trois grands risques :

- **La noyade**. On se retrouve bringuebalé entre différents niveaux hiérarchiques, entre différentes *business units*, entre différents interlocuteurs, etc.
- **La défocalisation**. On ouvre des discussions avec le groupe sur un trop grand nombre de sujets à la fois. Les « on pourrait aussi envisager de faire cela ensemble » sont souvent le signe que le processus de vente en cours a du plomb dans l'aile.
- **L'abandon**. Lorsque le grand groupe ne répond plus et/ou que l'opportunité est perdue.

DÉPLOYER SA TACTIQUE MILITAIRE

Il n'y a pas de magie dans la vente. La tactique pour une startup qui démarche un grand groupe est de penser d'abord au bénéfice pour le client. Les questions suivantes se posent : le client voit-il une valeur réelle dans le produit ? Le produit apporte-t-il un bénéfice à l'organisation dans son ensemble ? L'interlocuteur doit avoir l'impression d'évoluer grâce à l'apport de la startup.

Si l'apport client n'est pas évident, il peut être plus judicieux de s'arrêter et de ne pas perdre de temps. Parfois, un grand compte contacte une startup simplement pour avoir un levier susceptible de faire baisser les prix du concurrent et en réalité la startup n'a absolument aucune chance de gagner. Pour détecter ce genre de situations, il faut apprendre « à lire » son client.

CHOISIR SES BATAILLES

On ne peut pas être partout. Un plan de prospection permet de sélectionner ses *prospects* et de dire non aux cas qui sont trop éloignés des compétences de la startup ou qui demandent de retravailler le produit en donnant trop d'importance au cas particulier du *prospect*.

ADAPTER SON ATTAQUE

Dans l'idéal, il est préférable pour une présentation à l'oral d'éviter les Powerpoint et les plaquettes. On privilégiera la discussion engagée avec le *prospect*, quitte à envoyer des éléments commerciaux plus tard.

Parfois, c'est impossible et le client exige des présentations formelles. Dans ce cas, il n'y a pas de magie, que du travail. On travaille sur la forme et le fond, c'est l'objet du *dry run*: on s'entraîne et on répète jusqu'à ce que tout soit parfaitement rodé.

LE *SALES PITCH* : DEVIENS UN SUPER HÉRAUT

Certaines petites techniques peuvent te transformer en un magicien de la vente et de la négociation avec des grands comptes. Apprends à les maîtriser.

« Quand tu appelles quelqu'un, il faut qu'au bout de dix secondes il ait envie de te poser une question. Quand tu t'assieds en face de la personne, il faut qu'en trois phrases elle ait envie de passer plus de temps que prévu avec toi. »

SIMPLE ET PRÉCIS

Au premier contact, il s'agit de dire peu de choses mais de donner les bonnes informations. L'interlocuteur n'a pas besoin de trop de détails initialement pour passer à l'étape d'après, il faut juste l'intéresser suffisamment pour qu'il ait envie d'en savoir plus.

AGENT PROVOCATEUR

« N'hésite pas à interpeller un dirigeant quand tu le contactes sur des sujets dont tu sais qu'ils sont critiques pour son groupe. Son rôle est d'être à l'écoute de toute solution lui permettant d'être plus efficient et plus profitable. »

On n'a pas d'impact si on caresse les gens dans le sens du poil. Choquer – dans la limite de ce qui est professionnel – c'est créer les conditions d'une discussion, affirmer des convictions, favoriser l'écoute. Tu peux questionner la stratégie du groupe ou les moyens entrepris pour la satisfaire et montrer ainsi que ton *prospect* est en difficulté, appuyer là où cela fait mal. Cela fait de toi quelqu'un d'intelligent qui a compris la situation, que l'on a envie d'en entendre davantage et qui propose des alternatives nouvelles. Il faut étonner.

L'ASSISTANT EST TON MEILLEUR AMI

Dans les grands groupes, les assistants des *managers* connaissent tout de leur vie : habitudes, manies, préférences, emploi du temps, etc. Ce sont aussi eux qui choisissent ce qui est traité en priorité. Ils constituent la première garde pour accéder à ton interlocuteur. Au lieu de les considérer comme un mal nécessaire avec lequel composer, fais-en tes meilleurs alliés ! Un simple mot sympathique ou un e-mail de remerciement peut t'attirer leurs faveurs et te faire gagner un temps précieux.

UN OBJECTIF EN TÊTE

Avant chaque relance, chaque appel et chaque rendez-vous, il faut que tu saches quelle est la prochaine étape et ce vers quoi tu veux amener ton client. Progressivement, tu veux le faire avancer dans le *funnel* de conversion.

MAÎTRISE LE *SMALL TALK*

Établir une conversation informelle avec le *prospect* est la première étape pour gagner sa confiance. Pour cela, il faut faire preuve d'empathie et s'intéresser sincèrement à la personne en face de soi.

ÉCOUTE ATTENTIVEMENT

Pour que la conversation soit fructueuse, il faut être dans une écoute active et totale. Ce sont parfois les détails - un mot ou une expression qui reviennent - qui font comprendre ce qu'attend vraiment le *prospect*.

FAIS DE TON INTERLOCUTEUR UN AMBASSADEUR

Donne des éléments à ton contact afin qu'il puisse convaincre et vendre en interne. Tu peux vite retourner la situation à ton avantage. L'objectif est de faciliter la vente et la décision.

CONTOURNE LES INTERLOCUTEURS TOXIQUES

Si tu n'arrives pas à trouver d'atomes crochus avec un interlocuteur, contourne-le. On n'ose pas le faire la plupart du temps. On ne s'en sent pas la légitimité. Pourtant, quelqu'un qui ne peut pas te voir en peinture (et cela arrive) ne t'apportera aucune aide effective et ne te mettra jamais en relation avec son collègue qui, lui, a le pouvoir décisionnel.

Si tu décides de le faire, préviens-le tout de même que tu vas aller voir quelqu'un d'autre et *bypasse* ! Il ne pourra pas te reprocher de l'avoir fait. La transparence paie toujours.

NE LÂCHE RIEN

Personne n'est jamais « installé » chez un client : on peut toujours se faire sortir jusqu'à la dernière minute. La seule chose à faire est de ne rien lâcher. Tant que le client n'a pas signé, tout est encore possible. Un *closing* n'est réel qu'après que l'encre a séché.

« Attention aux dangers de l'accord oral : la véritable clôture de la négociation a lieu à la signature du contrat. »

RESPECTE TES ADVERSAIRES

Critiquer ton concurrent n'a pas de sens et te décrédibilise auprès de tes *prospects*. Si tu expliques en revanche que ce qu'il fait est génial en général mais ne correspond pas à ce que ton client recherche ici, et que ce que tu as à proposer est très différent et parfaitement adapté, tu deviens crédible. Évite les comparaisons. Critiquer un concurrent est très dangereux.

ÉVALUE CORRECTEMENT TON *PRICING*

On peut difficilement faire machine arrière sur le *pricing* pour le relever. Un prix trop bas donne une impression de service bas de gamme. Il vaut mieux partir sur un *pricing* un peu plus élevé initialement, quitte à le baisser par la suite.

DEVIENS LE MAÎTRE DU TEMPS

Il ne faut pas se laisser dicter le calendrier par les *prospects*, mais imposer son propre *tempo*. Savoir quand relancer, quand rester silencieux et mettre les interlocuteurs en situation d'action est le moyen le plus efficace pour avancer.

LES LEÇONS DU CAS

- La vente aux grands comptes est complexe à cause de nombreuses asymétries entre les startups et les entreprises traditionnelles : l'horizon de temps, la vision du risque et le mode de prise de décision sont différents. Les grands groupes essaieront de te happer dans leur système : ne te laisse pas faire !
- Le grand groupe est une organisation complexe qu'il faut décortiquer : ton but est de « naviguer » dans la hiérarchie et de trouver les personnes capables de te faire avancer et/ou celles en mesure de prendre des décisions.
- Archimède disait qu'avec un point fixe et un levier assez grand, il pouvait soulever le monde. Pour être un vendeur hors pair, il te faudra utiliser l'effet de levier : retourne les faiblesses du grand groupe à ton avantage, appuie avec toutes tes forces et sois aussi flexible qu'il le faut. Tu pourras faire basculer l'organisation et closer tes contrats.
- Il n'y a pas de magie : beaucoup de travail, de l'intelligence de situation, de la préparation, de l'ambition, de l'humilité et ne rien lâcher sont les éléments essentiels d'une vente grand compte.

SIDE
ENTRETIEN AVEC UN VENDEUR

LE PROF

Pierre Mugnier,
cofondateur et CEO de Side

Alors qu'il est étudiant et peine à trouver des petits boulots qui s'insèrent facilement dans son emploi du temps, Pierre se rend compte que pour les étudiants, il est difficile, en France, de travailler.

Armé de sa détermination et d'une vision du futur du travail, il fonde Side avec deux amis d'HEC et un étudiant de 42.

LA STARTUP

La mission de Side est de favoriser l'expérience du travail pour les étudiants et les jeunes diplômés en les mettant en relation quasi-instantanément avec des milliers d'entreprises à la recherche de main-d'œuvre flexible. Sélection, facturation, contrats, assurances, paiement : tout se passe directement sur l'application mobile pour les étudiants.

Après plusieurs levées de fonds dont une de 5 millions en 2017, la startup sert une communauté de plus de 20 000 étudiants et 1 000 entreprises lui font régulièrement confiance.

LA PROBLÉMATIQUE DU CAS

Les élèves de Lion ont eu l'occasion d'échanger avec Pierre à propos de ses techniques de vente et de lui poser des questions sur tous les sujets liés aux *sales*.

Ce cas propose une restitution des meilleures questions et réponses de cette session unique en son genre.

ENTRETIENS AVEC UN VENDEUR

LA STRUCTURE DE L'ÉQUIPE *SALES* CHEZ SIDE

En début de chapitre, le cas Github – *Scaling Sales* parlait de l'équation *sales* spécifique à chaque startup et de la structure de *funnel* optimale pour une équipe. Voici comment Side gère ses ventes :

- **Un *sales development representative* (SDR)** s'occupe de générer des *leads*. Toutes les semaines, le SDR lance une nouvelle campagne d'environ 200 e-mails de prospection. Il utilise l'outil Yesware[1] qui permet d'envoyer ces campagnes avec des *templates* personnalisables et de suivre l'ouverture de chacun des e-mails.
- **Deux *sales*** assurent le *closing* des dossiers. Il s'agit de l'étape naturelle après la *lead generation* (prospection), c'est-à-dire la partie commerciale où l'on rencontre le client et où on le convainc jusqu'à la signature ferme. Ces *sales* s'occupent également du *lead nurturing*, la relance des opportunités au bon moment : après une nouvelle levée de fonds, au moment d'une actualité comme un lancement de ville pertinent, à la sortie d'une fonctionnalité produit attendue par ce *prospect*, etc.
- **Trois *account managers*** entretiennent les comptes et tentent de faire de l'*upsell* (vendre plus du même produit – ici plus de missions dans la même catégorie) et du *cross-sell* (vendre d'autres produits – ici des missions dans des catégories nouvelles pour ce client). Chez Side, un *account manager* commence toujours par découvrir son utilisateur en profondeur. Son rôle est, en effet, de faire remonter le besoin identifié au sein d'un segment pour que les équipes en *lead generation* mettent cette friction identifiée au cœur de leur prospection et que les équipes produits en tiennent compte dans leur *roadmap*.

Ainsi, Side a besoin de trois *account managers* et deux *sales* pour chaque SDR de l'équipe.

SELL THE WHY : VENDS TA MISSION

Les entreprises et les startups sont remplies de commerciaux trop « rentre-dedans » qui tentent de vendre leur produit ou leurs services en axant leur discours sur les fonctionnalités sans réfléchir à la raison d'être profonde de la startup. Pour Pierre, il est important de vendre le *why*, la raison pour laquelle on veut vendre un produit ou un service donné à un client donné dans un contexte particulier.

1. https://www.yesware.com

Pierre prend l'exemple d'un grand groupe du luxe à qui il a expliqué les menaces qui pesaient sur ses ressources humaines dans les dix prochaines années. Faire comprendre à ses clients que le futur du travail sera différent de ce qu'ils ont connu et qu'engager, former et retenir des talents sera de plus en en plus compliqué est un argument très efficace dans la vente. La raison d'être de Side est justifiée et le client veut en savoir plus.

LES QUESTIONS DES LIONS

Comment identifies-tu tes principaux types de clients ?

Side a fait un gros effort de segmentation pour identifier les besoins profonds dans chaque industrie. Nous avons compris qu'il y avait plusieurs secteurs qui rencontraient des problématiques communes : le *retail* (vente au détail), les logisticiens comme Uber ou Deliveroo, les startups *foodtech*. Pour chacune, l'utilisation de Siders va être différente. Pour nous, il s'agit de voir si on sera en mesure de répondre correctement à leur besoin, et si oui, de tenter de couvrir le maximum d'entreprises dans ce secteur. Sinon, on se concentre sur autre chose. Il faut comprendre que l'activité de Side s'applique à différentes industries qui n'ont rien à voir entre elles mais qui ont un besoin proche. Il y a une stratégie *inbound* ciblée et les clients atypiques sont gérés au cas par cas.

Avez-vous mis en place des bonnes pratiques pour la prospection ?

Plusieurs, oui. Quand on envoie des e-mails en masse aux entreprises, on peut très vite se faire classer en *spam* et alors le point de non-retour est franchi. On a créé le domaine getside.co pour envoyer les campagnes d'e-mailing, parce qu'il est très risqué de le faire avec son domaine principal.

Créer un domaine secondaire pour les campagnes d'e-mailing permet de préserver son domaine principal.

On fait également appel à une agence qui nous fournit des *leads* en masse. C'est une agence sérieuse, le taux de *bounce* (e-mails qui ne fonctionnent pas) est très bas, aux alentours de 5 %. Avec d'autres agences, on était parfois à près de 30 % ! L'astuce consiste à faire sa propre *due diligence* et à demander à ses contacts ou directement aux clients de l'agence ce qu'elle vaut.

Comment travaillent les SDR chez Side pour qualifier un *lead* ?

Le *framework* qu'utilisent nos SDR pour la qualification est le modèle BANT. Il nous permet de rapidement savoir si on peut faire entrer ce client dans notre modèle de revenu prédictible.

Le modèle BANT

- *Budget :* le *prospect* dispose-t-il du budget pour déployer notre service ?
- *Authority :* notre interlocuteur est-il décisionnaire ?
- *Need :* le besoin est-il réel chez ce *prospect* ?
- *Time :* à quelle échéance peut-on déployer le service chez ce *prospect* ?

Qui est le sales idéal ?

Le *sales* idéal ne lâche jamais rien, il s'implique émotionnellement dans le produit et va donner au client le petit plus (l'*extra-mile*) pour *closer* un *deal*.

Chez Side, le modèle de rémunération d'un *sales* est d'ailleurs composé d'une base fixe et d'un variable qui n'est ni linéaire, ni plafonné. Sans plafond, les *sales* sont encouragés à la surperformance car il y a une accélération du bonus s'ils dépassent vraiment leurs objectifs.

Comment gérer les cas où il faut dire non au client ?

Cela s'apprend. Par exemple, on n'autorise pas les clients à proposer des missions où le physique est un critère de sélection. Dans ces situations, le *sales* doit dire non. Ce n'est pas un non au *deal*, mais un non à la demande du client. L'offre doit être extrêmement cadrée et claire pour éviter les abus.

Côté étudiants, comment Side gère-t-il l'acquisition ?

Presque toute l'acquisition se fait par *referral* (bouche-à-oreille), donc c'est complètement gratuit. Nous sommes quand même en train de mettre en place une acquisition payante qui nous permettra de définir un CAC (*customer acquisition cost*, ou coût d'acquisition client) et d'avoir plus de contrôle sur ce côté de notre *marketplace*.

Comment les Siders sont-ils sélectionnés ?

La sélection des Siders se fait par un questionnaire en ligne et des vidéos, suivis d'entretiens téléphoniques. Un système de badge permet d'être qualifié et de travailler sur certains événements spécifiques. Pour cela, il faut avoir suivi une formation vidéo ou répondu à un questionnaire spécifique.

Comment ne pas te faire court-circuiter si les entreprises et les étudiants gardent contact pour travailler ensemble ?

Side propose des avantages clairs qui permettent de créer de la rétention côté Siders et de ne pas se faire court-circuiter. Les Siders bénéficient d'une assurance, d'une gestion administrative simplifiée, d'un paiement très rapide. Nous sommes aussi là pour les accompagner si quelque chose se passe mal dans la relation avec l'entreprise.

LES LEÇONS DU CAS

> L'équation des *sales* est quelque chose de spécifique à chaque startup. Il faut comprendre son *funnel* d'acquisition et l'optimiser afin de pouvoir accélérer et *scaler* les ventes.

> Plutôt que de vendre directement sa solution et ses fonctionnalités, il faut vendre sa mission au client. On lui explique ainsi la raison profonde qui fait qu'il a besoin de nous et on assoit son expertise sur le sujet.

> Pour vendre dans une marketplace, il existe des techniques spécifiques du côté offre et du côté demande. Les questions/réponses montrent bien que Side utilise des procédés différents pour vendre aux clients (les entreprises) et pour acquérir des Siders (les étudiants).

LA VENTE EST UN ART BIEN PARTICULIER

En France, peu de personnes considèrent correctement la vente. Pour savoir si tu as la fibre d'un bon commercial, il faut lire les faibles signaux du quotidien : l'amour de la négociation, le plaisir à raconter une histoire, la capacité à convaincre, la détermination à conclure.

Le bon vendeur est à l'écoute et fait preuve d'énormément d'empathie envers son *prospect* : il tente de comprendre sa situation stratégique, la structure de son organisation, la personnalité de l'interlocuteur et d'identifier le besoin réel du service qu'il vend. Ce n'est qu'à la lumière de tous ces éléments que la vente pourra être conclue.

La vente est un processus par étapes : d'une pile de *leads* vont émerger quelques opportunités qu'il faut suivre avec plus de détermination jusqu'à la signature du contrat, le *closing*. Elle ne s'arrête pas là, puisque maintenir la relation avec son client et suivre son utilisation du service est primordial.

Chaque startup, dans ce processus, doit trouver l'équation de vente optimale. Il s'agit de savoir, à chaque étape du *funnel*, combien de ressources sont nécessaires pour avancer de manière fluide. Pour cela, il faut suivre de très près ses taux de conversion, le volume moyen acceptable d'un contrat et le temps qu'il faut pour *closer* une vente.

Comme la vente se fait par étapes, il s'agit d'un travail d'équipe. Le vendeur n'est pas un loup solitaire qui flaire les opportunités, les traque et les chasse. Il dispose d'un ensemble de personnes en amont (les SDR et les équipes *marketing*), durant la vente (les *Sales Engineers*) et en aval (les *Account Managers*) qui l'aident à performer.

Le vendeur efficace est en contrôle. Il est en contrôle du *timing* de sa vente et sait quand il doit relancer et quand se rendre disponible. Il est en contrôle de son produit et peut répondre aux questions que se pose le *prospect* pour achever de le convaincre. Il est en contrôle de l'organisation à laquelle il s'adresse et a déterminé les bons interlocuteurs, décisionnaires, pour être en mesure de signer. Il est en contrôle des opportunités face à lui et sait lesquelles poursuivre et lesquelles laisser de côté. Il est en contrôle de la situation et connaît les éléments qui vont peser dans la balance pour *closer*.

Le bon vendeur fait preuve d'une détermination sans faille et sa devise est sans aucun doute : *always be closing* (ABC).

CHAPITRE 8

LES MEILLEURES TECHNIQUES DES *DEVS*

« DÈS QUE J'SUIS ÉLANCÉ
TU FLIPPES, (…) J'GRATTE
ET JE DÉVELOPPE
DES PENSÉES MULTIPLES »

Jazzy Bazz

Parmi toutes les tâches critiques qu'une startup doit effectuer, développer des produits efficaces est l'une des plus importantes. Si « le logiciel dévore le monde »[1], les startups et leur ambition débordante ont besoin d'en maîtriser le langage et les codes. Toutes les startups n'en ont pas forcément besoin au moment de se lancer, mais le logiciel est devenu le moyen absolu de *scaler* une solution pour toucher des millions d'utilisateurs. C'est la raison pour laquelle le rôle de développeur est si important dans le monde des startups.

Le développeur est un bâtisseur ; lui seul est capable de donner une réalité matérielle au produit. Pour autant, il ne doit pas devenir une diva qui dicte sa loi sous prétexte qu'il détient la connaissance technique. Au contraire, il doit faire tout ce qu'il peut pour travailler efficacement au sein du reste de son équipe technique et avec les autres services de la startup. Il porte à ce titre une triple casquette :

- il développe le produit, que ce soit la partie visible pour les utilisateurs (le *front-end*) ou la partie immergée de l'iceberg (le *back-end*) ;
- il en corrige les *bugs* et erreurs et met à jour le produit ;
- il aide l'équipe à automatiser certaines tâches récurrentes lorsqu'il n'y a plus lieu de les traiter à la main.

Les cinq études de cas sélectionnées ici montrent l'étendue de ce qui peut être attendu d'un développeur en startup, sans trop entrer dans le côté technique des choses[2] :

- **Doctrine :** action/réaction, le développement en startup, par Raphaël Champeimont
- **Le travail en équipe distribuée,** par Gilles Barbier
- **Chaintrust :** Git & GitHub : les *workflows* techniques en startup, par Pierre Hersant
- **Box :** *scaler* une équipe technique, par Florian Jourda
- **Automatise ta startup,** par Côme Courteault

1. *Why software is eating the world*, *The Wall Street Journal*, 20 août 2011.
2. Le but des études de cas n'est pas de transmettre des *hard skills* aux développeurs : nous serions mal placés pour le faire et des formations spécifiques existent déjà. L'objectif est de donner des indications quant à l'état d'esprit à adopter dans le poste de développeur.

DOCTRINE
ACTION/RÉACTION : LE DÉVELOPPEMENT EN STARTUP

LE PROF

Raphaël Champeimont, fondateur et CTO chez Doctrine

C'est alors qu'il est étudiant en licence de mathématiques, que Raphaël s'aperçoit que l'informatique l'intéresse. Plus tard, il constate que c'est en fait l'informatique appliquée à un domaine spécifique qui l'attire. Il effectue son M2 en bioinformatique et biostatistique, puis rédige une thèse sur la combinatoire des mutations génétiques.

Il débute sa carrière en *freelance* en tant que *Data Scientist* pendant un an, puis devient CTO de Doctrine.

LA STARTUP

Doctrine est le « Google du droit ». Son premier outil est un moteur de recherche parcourant une base de données de jurisprudence qui permet aux professionnels du droit de trouver rapidement et efficacement des décisions de justice en entrant des mots-clés liés à leur recherche. De plus, Doctrine affiche l'actualité juridique et constitue un annuaire des avocats en France.

Lancée en février 2016 en référençant 10 000 décisions de justice, ce sont aujourd'hui plus de 7 millions d'arrêts que l'on trouve sur Doctrine (le plus grand nombre en France). Après avoir levé 2 millions d'euros en 2016 et 10 millions à l'été 2018, l'équipe compte aujourd'hui plus de 50 personnes et affiche des ambitions débordantes.

LA PROBLÉMATIQUE DU CAS

Doctrine opère un moteur de recherche, exploite une base de données de décisions de jurisprudence alimentée par *open data*, par *scraping* et par reconnaissance de caractères et trie les décisions grâce à des techniques de *machine learning* et d'intelligence artificielle.

Comment mettre en place une machinerie technique aussi complexe au sein d'une startup et proposer tout de même à ses clients un produit performant ? Raphaël explique qu'il faut comprendre la science du développement en startup. Dans cette étude de cas, il balaie donc les grands principes du développement technique en startup et donne des conseils pour faire les bons choix.

ACTION/RÉACTION : LE DÉVELOPPEMENT EN STARTUP

TROUVER LE JUSTE MILIEU

ÉVITER DE DÉVELOPPER COMME DANS UN GRAND GROUPE

Si on n'a pas vraiment d'idée à propos de la manière d'aborder le développement dans une startup, on peut se dire que coller aux façons de faire conventionnelles d'un grand groupe est une bonne chose. On commence alors par écrire un cahier des charges, à la suite de quoi on conçoit des spécifications (API, objets, tables, UML, etc.). On écrit la documentation, puis on développe, on teste le code, et on le fait ensuite tester par des bêta-testeurs avant de le déployer. L'itération se fait à partir de ces bêta-testeurs, avant d'étendre à l'ensemble des utilisateurs.

Un tel mode de développement présente des avantages certains : engagement contractuel précis, division planifiée du travail dans le temps, documentation précise, etc. Cependant, le problème majeur est qu'il prend beaucoup trop de temps. Développer en startup demande une vitesse d'exécution supérieure.

NE PAS FAIRE AU PLUS VITE

Verser dans l'excès inverse amène à choisir la méthode barbare, celle qui fait perdre le moins de temps, en allant le plus vite possible pour construire une première version du produit.

On risque alors de se retrouver avec un code dupliqué, incompréhensible, non fiable, non pérenne et difficilement *scalable* (*bugs* multiples, sacs de nœuds techniques, etc.). Ce n'est pas la bonne solution.

DÉFINIR SES OBJECTIFS POUR TROUVER LE JUSTE MILIEU

La solution pertinente pour une startup consiste à trouver le bon équilibre entre la structure dans les éléments techniques à développer et la capacité à travailler vite et de manière agile. Pour cela, il faut définir ses objectifs clairement.

- **La fiabilité**. Pour Doctrine, la fiabilité est essentielle. Il est primordial de veiller à ne jamais être en maintenance en journée, y compris le weekend. La philosophie est celle du *no downtime*: pas d'interruption du système. Il ne s'agit pas que de maintenance ou d'erreurs: lorsque la base de données met plus de 30 secondes à charger une page, on a là également un *downtime*. Cela entraîne certains choix techniques. Par exemple, Doctrine a choisi d'héberger ses serveurs chez Amazon Web Services (AWS) pour sa fiabilité.
- **L'ergonomie**. Proposer à l'utilisateur une interface fluide et intuitive fait partie des objectifs principaux de Doctrine. C'est un avantage concurrentiel certain, car leurs compétiteurs proposent des outils vétustes et difficiles à prendre en main pour les utilisateurs.
- **Les coûts**. Les coûts liés au développement doivent être optimisés, mais pas rognés:
  - **Le temps de développement humain.** On peut déléguer une tâche si besoin, mais on ne l'externalise pas pour que cela coûte moins cher. Chez Doctrine, le produit est au cœur de l'entreprise et le développement reste en interne – on préfère externaliser la gestion administrative des RH et la comptabilité.
  - **Les coûts de serveur**. Doctrine dépense plusieurs dizaines de milliers d'euros par mois chez AWS. Cela peut paraître cher, mais cela reste en fait moins cher que le temps de Doctrine et donc rentable. C'est également rentable de rester chez AWS plutôt que de changer de fournisseur régulièrement en économisant des crédits d'un an qui seraient vite engloutis par le temps de travail passé par le CTO sur le changement de serveurs.

Une fois ces objectifs définis, on sait alors comment orienter son effort de développement.

SUPPRIMER LE CODE INUTILE

Le temps de maintenance finit toujours par excéder la durée de développement initial. Tout code est modifié plus de fois que l'écriture initiale: il faut se méfier du temps de maintenance, facteur limitant de la vitesse qu'on peut atteindre en développement.

Doctrine avait par exemple développé une fonctionnalité très belle – un graphique d'évolution des contentieux par année lors de chaque recherche – mais dont les utilisateurs ne se servaient pas (1 % d'utilisation). Plutôt que de passer du temps inutile à la maintenir, Doctrine a décidé de la supprimer.

> **« Il ne faut pas être amoureux de son code et ne pas hésiter à s'en séparer. "Maintenant que la *feature* est écrite, elle est là, ça ne coûte plus rien": ce n'est pas vrai, elle coûte du temps en maintenance. Pour optimiser son code et donc le temps passé en maintenance, il faut en avoir moins et jeter ce qui est inutile. »**

STRUCTURER LE CODE

Pour garder un bon niveau d'information et assez d'agilité, il est recommandé d'éviter les longues documentations non maintenues. À celles-ci, il est préférable de spécifier le comportement des fonctions avec de simples commentaires dans le code si leur nom n'est pas assez explicite (pour les fonctions complexes).

Dans la majorité des cas, les noms des fonctions et des variables constituent une documentation en soi, c'est-à-dire que l'on comprend ce que fait une fonction en lisant son nom. De la même manière, la structure du code et l'organisation des fichiers doivent parler d'elles-mêmes.

NE GÉNÉRALISER QUE LORSQUE NÉCESSAIRE

La recommandation suivante est contre-intuitive par rapport à la capacité à *scaler*, et pourtant importante. Plutôt que d'écrire du code général qui pourrait être réutilisé sur une fonctionnalité future, mieux vaut commencer par un code spécifique qui traite uniquement la fonctionnalité en question. Cela s'avère moins coûteux et prend moins de temps. La généralisation ne se fera que dans le futur, si nécessaire.

Doctrine a par exemple développé le premier filtre de son moteur de recherche selon les juridictions, puis d'autres filtres (selon la solution des décisions, les domaines du droit ou les publications). Il se trouve que le filtre de juridiction est très différent des autres, car les juridictions ont un mode de fonctionnement particulier. Si Doctrine avait développé un code générique pour les filtres, ils auraient écrit un code beaucoup trop complexe, long et coûteux à développer et à maintenir. Le code de juridiction spécifique était donc la bonne solution. En revanche, les autres filtres ayant un fonctionnement similaire, ils ont créé un code générique.

ÉVITER LE CODE TRÈS ASTUCIEUX MAIS ILLISIBLE

Un code doit être rapidement lisible. Un code écrit en une ligne est certes astucieux, mais il est incompréhensible à la lecture.

Comment arbitrer entre un code lisible mais lent, et un code astucieux et rapide ? Même si ces situations ne sont pas fréquentes, quand elles se présentent, il faut *a minima* préciser ce que l'on fait à l'aide d'un commentaire pour qu'une autre personne de l'équipe (qu'elle ait ou non de l'ancienneté) puisse comprendre sans difficulté.

AVOIR UN CODE PERFORMANT

Comment faire pour que Doctrine soit rapide et remplisse son objectif d'ergonomie? Il faut un code performant, mais il est difficile de connaître d'emblée les éléments qui vont prendre du temps à être exécutés.

Monitorer en permanence les performances permet de voir les modifications de l'application qui la ralentissent. Cela passe par le *monitoring* des temps d'accès en base de données, mais aussi par le temps que prend chaque requête au moteur de recherche. Autrement dit, il est important de mesurer le temps de traitement du serveur *et* la performance finale (traitement serveur + transfert HTTP).

LES SERVEURS

Il est impossible de savoir de façon théorique si une fonction sera chronophage dans son exécution, il faut donc le mesurer de manière empirique en testant, puis en itérant. Monitorer les ressources utilisées *via* un *dashboard* d'utilisation des serveurs de l'infrastructure est recommandé. Doctrine mesure en permanence le temps que met une recherche à être exécutée. Certaines optimisations peuvent multiplier les performances par 100 quand on sait où sont les problèmes.

LE *FRONT-END*

Côté client, il faut suivre les *bugs* chez l'utilisateur pour comprendre les performances de son code. Doctrine utilise le logiciel Rollbar[1] pour cela, et cette information s'avère cruciale. Par exemple, 15 % des clients de Doctrine utilisent Internet Explorer, alors qu'aucun des employés ne l'a installé sur son ordinateur. Sans Rollbar, il serait impossible de quantifier les *bugs* affichés sur Internet Explorer.

« Dans tes statistiques, mesure la médiane plutôt que la moyenne. Cela permet d'éliminer l'impact des cas absurdes comme celui des gens qui se connectent dans le métro et qui passent 30 minutes à charger une page. »

RELEASE EARLY, RELEASE OFTEN

Déployer les nouvelles fonctionnalités rapidement et régulièrement a plusieurs avantages. En plus d'être gratifiant pour les développeurs, cela permet d'optimiser le produit en écoutant les avis des utilisateurs et d'avancer plus rapidement qu'un grand groupe.

1. https://rollbar.com

Quand Doctrine a lancé les pages de profil pour les avocats, les fonctionnalités étaient limitées. Ils ont ensuite développé de nouvelles *features* rapidement, suite aux retours des utilisateurs. Rien ne vaut le *feedback* de l'utilisateur qui paie vraiment pour le produit/service. Aujourd'hui Doctrine a assez de clients payants pour avoir des retours pertinents.

Tous les utilisateurs (payants ou non) peuvent contacter directement Doctrine *via* un système de *chat* sur le site, animé par l'équipe de *sales* qui remonte ensuite l'information aux développeurs. Lorsqu'une fonctionnalité demandée par un client a été développée, ce dernier est recontacté pour l'avertir de sa mise en ligne. Écouter ses utilisateurs est la chose la plus importante et justifie le fait de mettre les fonctionnalités en ligne très rapidement.

Dans le cadre d'une startup B2B, tu peux commencer par trouver des bêta-testeurs volontaires et leur offrir ensuite un an d'abonnement sur le produit.

FAKE IT UNTIL YOU MAKE IT

Le code permet d'automatiser beaucoup de choses, mais avant de se lancer dans l'écriture du code, il faut s'assurer que le produit répond à une attente du client. Doctrine n'automatise les tâches que lorsque celles-ci sont trop souvent répétées manuellement. Par exemple, la startup a voulu vendre aux avocats une solution pour indexer leurs blogs. Cette fonctionnalité n'a jamais rencontré son succès et a été supprimée. Heureusement l'équipe n'avait pas implémenté le système de paiement pour ce service et réalisait au début le paiement à la main. Le temps de créer le système automatique et de le maintenir aurait coûté très cher pour une fonctionnalité finalement inutile.

ÉVITER LA COMPLEXITÉ INUTILE

Il est important de réduire autant que possible la complexité du code et de ne surtout pas mettre en place de nouvelles mécaniques plus complexes sans en avoir un réel besoin (par exemple, en réduisant le nombre de langages utilisés).

Les hypothèses que l'on teste manuellement peuvent facilement être déléguées à des indépendants sur Malt[1] ou Upwork[2].

Cependant, un ajout de complexité apporte une valeur ajoutée. Dans le cas de Doctrine, un service Redis stocke toutes les données temporaires et les données à

1. https://www.malt.fr
2. https://www.upwork.com

garder en cache. Cette technologie augmente certes la complexité du code, mais le gain généré est suffisamment élevé pour que cela soit intéressant. AWS Elastic Beanstalk[1] (pour éviter les *downtimes*) et la duplication de toute l'infrastructure pour les tests DevOp sont d'autres exemples de technologie apportant de la complexité utile.

Grâce à cette recherche de simplicité, seulement un quart du code a subi des tests unitaires chez Doctrine. Ce quart n'est pas choisi au hasard: les tests unitaires ne sont développés que sur les parties extrêmement complexes de l'application.

FAIRE DES TESTS

Il est conseillé de créer des tests unitaires ou fonctionnels. Chez Doctrine, les premiers tests réalisés ont été ceux sur le moteur de recherche, car il y a tellement de règles sur la recherche qu'une nouvelle fonctionnalité risquait de casser quelque chose d'existant. De plus, le produit est testé à la main lors de revues hebdomadaires et est soumis à des tests automatiques sur Github.

LIMITER LES RÈGLES DE PROGRAMMATION

Certains développeurs ont une passion malsaine pour les règles de programmation. Il ne faut toutefois pas en abuser pour ne pas faire perdre de temps à l'équipe. Chez Doctrine, les seules règles obligatoires sont une indentation correcte, l'interdiction d'inclure des modules non utilisés ou de créer des variables non utilisées.

LES LEÇONS DU CAS

- Le bon développement en startup recherche l'efficacité. Il ne s'agit pas de tout faire le plus vite possible, ni de tout structurer et d'optimiser initialement. Il faut adopter une démarche pragmatique mais qui permet tout de même d'éviter les erreurs et de remplir ses objectifs vis-à-vis des utilisateurs.
- Développer est un travail collaboratif. Les tours de passe-passe et astuces qui font gagner du temps mais sont illisibles ou incompréhensibles par d'autres font perdre plus de temps sur le long terme qu'ils n'en font gagner.
- Le code est subordonné aux objectifs du *business*. Il faut définir ce que l'on attend du produit par rapport aux utilisateurs et faire ses choix techniques en fonction de ces objectifs spécifiques.

1. https://aws.amazon.com/elasticbeanstalk/

LE TRAVAIL EN ÉQUIPE DISTRIBUÉE

LE PROF

Gilles Barbier, fondateur et CEO chez Zenaton

C'est avec plaisir que l'on retrouve Gilles (*cf.* chapitre 6, étude de cas intitulée « Maîtriser ses *metrics* et Google Analytics »). Cette fois-ci, il exploite sa longue expérience de CTO pour nous parler de la manière dont les équipes distribuées peuvent fonctionner.

LA PROBLÉMATIQUE

La plupart des entreprises fonctionnent avec des équipes locales. Tous les employés sont dans le même bureau et travaillent ensemble. Principalement héritage des méthodes traditionnelles, le travail local présente l'avantage de la communication. Tout le monde travaille côte à côte et ceci permet par exemple de coder ensemble la même fonctionnalité. Aujourd'hui, un nouveau modèle se démarque : le travail distribué. Les équipes distribuées sont géographiquement dispersées dans le monde entier, et cela présente de nombreux avantages et *challenges*. Comment faire fonctionner une équipe distribuée ? Gilles revient ici sur les principes élémentaires du travail en *remote*.

LE TRAVAIL EN ÉQUIPE DISTRIBUÉE

LES GAINS POUR L'ENTREPRISE

RECRUTER LES MEILLEURS

Recruter une équipe locale, c'est diviser par 10 000 le nombre potentiel de développeurs avec qui on pourrait travailler. Ouvrir son esprit et accepter de recruter des gens qui vivent plus loin augmente ses chances de réussite. À besoin en recrutement constant, cela permet d'augmenter son niveau d'exigence envers les personnes que l'on recrute.

RÉDUIRE LES COÛTS

Avoir une équipe distribuée présente des avantages financiers. D'une part, il n'est pas nécessaire d'investir dans des bureaux, et la base de coûts fixes diminue. D'autre part, le pouvoir d'achat et les dynamiques de marché n'étant pas les mêmes dans les différentes parties du monde, le salaire des développeurs peut être moins onéreux dans une équipe distribuée.

COUVRIR DAVANTAGE DE TERRAIN

Pour beaucoup de logiciels, l'interruption de service est inacceptable. Pour les utilisateurs, le fait que l'équipe soit répartie sur plusieurs fuseaux horaires permet de régler un problème plus rapidement et facilite le support client.

ATTIRER LES MEILLEURS

Les équipes distribuées sont la tendance du moment et attirent plus facilement les développeurs. On peut citer plusieurs entreprises à succès fonctionnant selon ce modèle : Automattic, Zapier, Basecamp, Buffer, Invision, Baremetrics ou encore GitHub.

LES GAINS POUR L'EMPLOYÉ

Être développeur dans une équipe distribuée permet de vivre plus facilement dans de très bonnes conditions. Le travail distribué donne la possibilité aux employés de vivre où ils veulent - pas nécessairement dans des appartements exigus et trop chers en ville -, de voyager souvent et d'avoir une meilleure maîtrise de leur emploi du temps.

POURQUOI CELA PEUT CAPOTER

Malgré les nombreux avantages que présentent les équipes distribuées, elles restent tout de même difficiles à gérer.

SAVOIR TRAVAILLER EFFICACEMENT DE CHEZ SOI EST UN TALENT

Tout le monde n'est pas fait pour le travail à distance. Conserver une discipline assez forte est donc un élément essentiel pour réussir. En effet, il est parfois dur de rester motivé toute la journée lorsqu'on est seul. On peut également se noyer dans le travail car la frontière entre vie professionnelle et vie personnelle dans cette situation semble s'effacer. De ce fait, acquérir de l'expérience (en faisant du *freelance* par exemple) avant de se lancer dans le travail à distance est fortement conseillé.

LA COMMUNICATION DEVIENT DIFFICILE

En entreprise, la communication est la clé de voûte du travail. En mode local, les échanges avec les collègues sont constants ; mais en distribué, ces interactions disparaissent. Il faut donc y être attentif et donner des informations régulièrement, quitte à avoir l'impression de surcommuniquer. Il est très facile de commencer à écrire du code qui n'était pas demandé ou d'oublier de réaliser certaines tâches. Faire de la communication un élément essentiel dans le travail est donc très important, en particulier si tu es de nature introvertie.

Il est en revanche déconseillé de travailler à distance avec une équipe non distribuée. Dans ce cas particulier, les décisions peuvent être prises par l'équipe sans que le travailleur à distance ait son mot à dire et celui-ci peut manquer une grande partie de la communication entre les intervenants locaux, car elle est souvent intangible (verbale, visuelle, etc.). Lorsque toute une équipe travaille à distance, le fonctionnement est meilleur et tout le monde se situe sur un pied d'égalité.

LA CULTURE D'ENTREPRISE

Pour fonctionner correctement en équipe distribuée, il faut adapter la culture de l'entreprise. Il est difficile de revenir en arrière une fois que l'on choisit d'avoir une équipe distribuée. En effet, relocaliser tout le monde peut s'avérer très compliqué. Souvent, il faut repartir de zéro et tout reconstruire localement. Ce choix est donc très engageant pour une startup.

FAIRE EN SORTE QUE CELA FONCTIONNE

Il faut recruter en vue du fonctionnement distribué. Recruter des développeurs qui ont de l'expérience en tant que *freelancers* est recommandé, car ils ont l'habitude de travailler individuellement.

Pour travailler à distance, savoir si tu aimes travailler seul est indispensable. Être capable de trouver ta motivation, aimer résoudre des problèmes, aimer le produit sur lequel tu travailles et surtout l'amour du travail bien fait sont des qualités requises car personne ne sera là pour te motiver. Par ailleurs, aimer écrire est également important car le seul moyen de communication du travailleur à distance est l'écriture.

PRENDRE SOIN DE SOI

Si tu travailles à distance, il faut faire en sorte d'avoir une hygiène de travail saine. Avoir des activités et des loisirs évite de se faire complètement happer par le travail. Se fixer des horaires, faire du sport tous les jours, bien manger et prendre des pauses fréquentes est essentiel.

TOUT LE MONDE AU SUPPORT

Que l'équipe soit locale ou distribuée, le support offre l'occasion d'être au contact du client et de comprendre ses besoins. Se dire qu'une fonctionnalité qu'on a mise en place ne marche pas « car l'utilisateur est stupide » est impensable. Dans une startup, tout le monde est concerné par les besoins des clients, et les développeurs davantage encore puiqu'ils portent le produit. Faire du support permet de comprendre à quel niveau de l'expérience client se trouvent les problèmes pour pouvoir ensuite améliorer le produit.

Dans une équipe distribuée, tu seras parfois seul au support (selon ta zone géographique). Cela implique de savoir faire le tri entre les priorités des utilisateurs et tes tâches de plus long terme, mais aussi d'être capable de répondre à tous les types de questions ou de réparer les *bugs* sur les parties techniques que tu maîtrises moins.

DÉLIVRER

La communication étant plus compliquée au sein d'une équipe distribuée, optimiser ses méthodes de travail est fondamental. Il est conseillé de réaliser l'implémentation des *features* de manière rapide et par petits blocs. Pour cela, le travail se découpe en petites tâches (des tickets). Des outils de déploiement et d'intégration continus (tels que Gitlab[1], Bitbucket[2] ou Jenkins[3]) peuvent changer la culture technique de la boîte.

DÉFINIR ET STANDARDISER L'ENVIRONNEMENT DE TRAVAIL

DÉFINIR L'ENVIRONNEMENT ET PARTAGER L'HYGIÈNE DE CODE

Standardiser tous ses environnements de développement fait gagner du temps. Il en va de même pour les règles de code. Se mettre d'accord sur un style de code est une bonne habitude à prendre pour que tout soit homogène en termes de présentation et de lisibilité.

> **« Rassembler ces informations dans un document simple facilite la lecture du code, le débogage et l'*onboarding* des nouvelles recrues. »**

Les revues de code améliorent la qualité du travail : avant qu'une fonctionnalité ne soit définitivement implémentée, un autre développeur relit le code pour en assurer l'homogénéité. Le *peer-programming* peut aussi se faire à distance, avec du partage d'écran pour des travaux plus collaboratifs.

1. https://about.gitlab.com
2. https://bitbucket.org
3. https://jenkins.io

DÉFINIR CE QU'EST UNE TÂCHE ACCOMPLIE

En travaillant à distance, il est important de se mettre d'accord sur ce que l'on considère comme une tâche achevée. Les critères de développement d'une fonctionnalité doivent être clairement explicités. Par exemple, les tests doivent-ils être fournis ? À quoi doit ressembler le rendu ? Le risque est de perdre du temps lors de la revue, des tests ou du déploiement.

METTRE EN PLACE UNE CULTURE DU *FEEDBACK*

Des réunions hebdomadaires permettent à chacun de dresser un compte-rendu de son travail, de dire ce qui va et ce qui ne va pas. Des entretiens individuels mensuels et des rassemblements annuels en présentiel de toute l'entreprise sont nécessaires pour maintenir la motivation et l'esprit d'équipe dans une startup qui travaille à distance.

« Quand tu développes, ne te contente pas de traiter ce qui est attendu, mais sois sensible à l'UI, l'UX et l'expérience client en général. Cherche à aller plus loin : le but ultime est de satisfaire le client. »

LES LEÇONS DU CAS

> Le travail en équipe distribuée est tendance et présente de nombreux avantages pour l'entreprise comme pour les employés. Il permet à la startup d'attirer plus de talents, de recruter les meilleurs développeurs et de maîtriser ses coûts. Pour les employés, il est synonyme de belle vie : choix de son lieu de résidence, organisation flexible, etc.

> Pour le faire fonctionner, il faut apprendre à collaborer : communiquer régulièrement, efficacement, mettre en place des pratiques communes et une éthique de travail qui guide les efforts de chacun.

> Si tu travailles à distance, assure-toi d'être autonome. Aimer le travail solitaire, maintenir ta motivation ou savoir communiquer à l'écrit sont autant de conditions pour être efficace en équipe distribuée. Pour cela, il faut te fixer un rythme de vie sain et équilibré entre ton travail et ta vie personnelle, sans écart dans un sens ni dans l'autre. Pour savoir si ce mode de travail te convient, essaie en étant *freelancer* pendant quelque temps.

ChainTrust

GIT & GITHUB : LES *WORKFLOWS* TECHNIQUES EN STARTUP

LE PROF

**Pierre Hersant,
cofondateur chez Chaintrust**

Pierre est l'archétype du prof que nous adorons : entrepreneur depuis son plus jeune âge, il s'est formé tout seul en suivant la formation Lion et en apprenant à coder au Wagon[1].

Après ces formations, il a rejoint la startup Hostnfly – une conciergerie Airbnb qui garantit un revenu aux propriétaires – en tant que développeur web avant de créer Chaintrust à l'été 2018.

LA STARTUP

Chaintrust accélère et sécurise la saisie comptable. Les utilisateurs n'ont qu'à déposer leurs différentes pièces pour que Chaintrust les reconnaisse, les analyse puis fasse la saisie et l'importation dans le logiciel de comptabilité. Chaintrust a été lancée en juillet 2018 par un ancien auditeur (Mikaël Gandon), un doctorant en astrophysique reconverti dans l'IA (Pierre Chopin) et Pierre Hersant.

LA PROBLÉMATIQUE

Savoir s'organiser est essentiel lorsque l'on est développeur. Le travail fondamental du développeur est de modifier des fichiers pour écrire du nouveau code, résoudre des *bugs* ou maintenir à jour le code existant. Pour éviter les erreurs, il vaut mieux travailler avec des sauvegardes et différentes versions.

1. https://www.lewagon.com

Un fichier a donc une vie avec des événements divers : la création, la modification, un test sur une ligne en particulier, etc. qui peuvent donner lieu à beaucoup de versions différentes et autant de problèmes dans l'organisation de son travail.

Git[1] est un logiciel *open source* qui permet de gérer les versions des différents fichiers que l'on modifie. Pierre nous explique comment l'utiliser et l'exploiter pour s'organiser au mieux.

Ce cas est une initiation pour les personnes n'ayant pas réellement de compétences techniques et souhaitant découvrir la manière de fonctionner d'une équipe de développeurs.

Ce cas est issu de l'atelier *Git and GitHub for Beginners* du Wagon

Le Wagon est une formation de développement web de neuf semaines, qui apporte des compétences techniques à tous ceux qui souhaitent créer leur startup ou se réorienter vers une carrière *tech*. À l'issue de ce programme intensif, les élèves savent développer un produit technologique, de l'idée aux premiers utilisateurs (*design*, prototypage, programmation et mise en ligne). En quelques années d'existence, Le Wagon a permis à des milliers de personnes de changer de vie en devenant développeurs, *product managers*, ou en créant leur propre projet.

GIT & GITHUB : LES *WORKFLOWS* TECHNIQUES EN STARTUP

LA FIN DU CASSE-TÊTE DES VERSIONS : L'INTÉRÊT DE GIT

En informatique, lorsqu'on modifie un fichier, on écrase la précédente version existante de celui-ci. C'est pour cette raison que tu as sans doute déjà eu un dossier rempli de fichiers au doux nom de Fichier_1.doc, Fichier_2.doc, Fichier_Final. doc, Fichier_Final_2.doc, Fichier_Final_Final. doc, etc. Pas très esthétique, mais surtout pas très pratique pour s'y retrouver.

De plus, pour travailler à plusieurs, on s'envoie les fichiers entre collègues, et différentes versions du même document se retrouvent perdues sur des disques durs

1. https://git-scm.com

et des clés USB. Ce n'est pas une façon efficace de travailler et cela peut entraîner des erreurs importantes si l'on oublie une information en faisant la synthèse des différentes versions.

En tant que développeur, avant de travailler sur un fichier, on veut savoir quand celui-ci a été modifié, ce qui a changé, pourquoi cela a changé et qui a fait le changement. Voilà précisément ce à quoi sert Git.

CHOISIR GIT POUR UN TRAVAIL DÉCENTRALISÉ

Logiciel libre ou *open source*[1], Git a été créé par le célèbre Linus Torvalds, auteur principal du noyau Linux utilisé dans les systèmes d'exploitation Linux, Android ou ChromeOS. Historiquement, il a donc été pensé par son auteur pour aider les développeurs à mieux collaborer.

Git n'a bien sûr pas inventé ces systèmes de gestion de versions. Le grand système de *versioning* avant Git s'appelait Subversion. La principale différence entre ces deux solutions, et la raison de son succès actuel, est que Git permet d'opérer de manière décentralisée :

- Subversion fonctionne en mode centralisé, les changements effectués par les utilisateurs sont envoyés à un serveur avec lequel les autres utilisateurs se synchronisent pour récupérer les changements.
- Avec Git, la gestion est décentralisée, c'est-à-dire que les utilisateurs peuvent se synchroniser entre eux et qu'il n'est pas nécessaire d'avoir un serveur maître pour l'utiliser (même si dans les faits, on peut en définir un). Grâce à la décentralisation qu'offre Git, tu peux tout à fait continuer à travailler sur ton code en prenant le train[2] et sans connexion à Internet.

PREMIERS PAS AVEC GIT

Une fois Git installé[3], la prise en main est très rapide :

1. Ouvre un nouveau terminal de commande.
2. Définis ton nom : `config --global user. name «Mowgli Delajungle»`.
3. Crée un nouveau dossier : `mkdir nomdudossier`.
4. Lance la commande `cd nomdudossier` pour te rendre dans ce dossier.
5. Lance la commande git init pour initialiser le dossier.

À partir de cette étape, la commande `git status` te permet de savoir à tout instant ce qui se passe sur ton projet, chaque fichier et ses différentes versions seront suivis :

1. Lance la commande `touch page.html` pour créer un fichier intitulé `page.html` dans ton dossier. Tu peux maintenant l'ouvrir et le modifier comme tu souhaites afin d'obtenir une page HTML basique.

1. Le créateur autorise et souhaite la modification par d'autres utilisateurs.
2. C'est un entrepreneur adepte des voyages en bus plutôt qu'en Eurostar qui m'a soufflé cette perspective. Il se reconnaîtra.
3. Depuis https://git-scm.com/book/fr/v1/Démarrage-rapide-Installation-de-Git

2. Crée ton premier *commit:* tu t'engages à apporter une modification que tu vas spécifier. Avec la commande `git add page.html`, tu t'engages à modifier le fichier `page.html`.

La commande suivante est `git commit --message "Ton message ici"`. La partie `commit` de la commande permet de capturer le dossier local en l'état. Le message te permet de préciser ce que tu vas faire, par exemple « ajouter logo sur page.html ».

TABLEAU 8.1. LE JARGON DE GIT

Commit	Photographie d'un fichier à un moment donné et sous un angle donné (le tien). Prends-le comme une sauvegarde. L'auteur de la modification, la date de la modification et un commentaire sont enregistrés.
Master	Fichier initial sur lequel tu travailles. Souvent, il s'agit du fichier déjà en production.
Branche	Copie du *master*, permettant à chaque développeur de tester ou d'effectuer des changements et d'avoir plusieurs versions en même temps.
Hash	Identifiant d'un *commit*. Il s'agit d'une suite de caractères qui permet de différencier un *commit* d'un autre.

Bonne pratique

Le *commit* commence toujours par un verbe. On doit pouvoir comprendre ce que tu vas faire en ajoutant mentalement « ce *commit* va... »

Liste des commandes basiques pour Git

La page https://gist.github.com/aquelito/8596717 recense les principales commandes de Git. Grâce à elles, tu peux gérer les différentes versions de tes fichiers de code sans aucun souci.

Il ne s'agit pas uniquement de retrouver tes anciennes versions, mais également d'être capable de paralléliser plusieurs versions du même projet, par exemple lorsque tu travailles sur une nouvelle fonctionnalité qui ne doit pas encore être intégrée au logiciel final ou à l'application.

Git sert également de documentation complète, puisque chaque nouveau *commit* (et donc chaque nouvelle modification de code) est accompagné d'un message avec une date de modification, apportant du contexte sur la manière dont le code a été écrit et modifié dans le temps.

TRAVAILLER À PLUSIEURS SUR UN PROJET GRÂCE À GITHUB

Malgré tout l'intérêt des fonctionnalités qu'il propose, il n'est pas facile de travailler à plusieurs sur un projet avec Git. C'est ici que GitHub entre en scène. Surcouche de Git, Github permet aux développeurs de travailler conjointement sur un même projet en hébergeant les dossiers (appelés *repositories* ou *repo*) créés à l'aide de Git.

Git est donc l'outil de gestion de versions et GitHub le service permettant de les partager et de les exploiter à plusieurs.

Repositories gratuits ou payants ?

GitHub a un *business model* tourné vers l'*open source* : les *repositories* publics sont gratuits tandis que les privés sont payants.

Committer son projet sur GitHub pour le rendre accessible à d'autres développeurs et commencer à collaborer est plutôt simple. Il suffit de créer un nouveau *repo* sur Git. Une fois créé, GitHub donne les lignes de commandes nécessaires pour partager son *repo* local et il suffit de copier-coller ces lignes dans son terminal de commande.

Astuce

Si tu n'es pas familier avec les lignes de commande en question, tu peux utiliser GitHub Desktop[1].

1. https://desktop.github.com

FAIRE LES BONS CHOIX GRÂCE À GITHUB

Github présente deux types de page dont l'étude est mine d'information quand on se renseigne sur un développeur ou que l'on doit choisir une technologie :

- **La page profil.** Chaque utilisateur de GitHub possède une page profil. Le grand intérêt est qu'elle permet d'évaluer les projets antérieurs d'un développeur. C'est l'équivalent du portfolio pour un *designer* ou d'une page LinkedIn plus pragmatique. En effet, on peut voir directement les projets auquel le développeur a contribué, avec qui, dans quelles proportions, à quelle fréquence, avec quel langage de programmation, etc.
- **Les pages *repo*.** Tout comme les utilisateurs individuels, chaque *repo* (donc chaque projet) possède sa propre page. On peut y voir la date des derniers *commits*, le nombre total de *commits*, le nombre de contributeurs et beaucoup d'autres indicateurs intéressants.
  Lors du choix d'une technologie en particulier ou d'une bibliothèque *open source*, il est important de se renseigner en étudiant le *repo* pour voir la fiabilité des développeurs qui contribuent ou la durabilité du projet dans le temps.

LES LEÇONS DU CAS

> Procéder par étapes et savoir gérer les différentes versions de ses fichiers est une hygiène de base pour les développeurs. Pour tous les autres postes en startup, adopter la même philosophie et mettre en place des outils collaboratifs (comme Google Drive ou Dropbox) font partie des méthodes de travail indispensables.

> Une fois de plus, il faut souligner l'aspect collaboratif du travail du développeur : le grand intérêt des systèmes de *versionning* est de fournir un moyen simple de contribuer à plusieurs à un même projet. Git et GitHub ne sont que des outils facilitant la collaboration : l'important est d'avoir la discipline d'écrire du code documenté et compréhensible par tous les membres de l'équipe.

> GitHub est un élément important dans la carrière d'un développeur : comme un CV ou un profil LinkedIn, il permet de suivre les projets auxquels tu as contribué. Il n'est pas déclaratif (ce n'est pas toi qui décides de ce que tu racontes) mais objectif puisqu'il se base sur les *commits* réels. Utiliser GitHub est donc pratiquement un pré-requis pour avancer dans ta carrière.

BOX
SCALER UNE ÉQUIPE TECHNIQUE

LE PROF

Florian Jourda, septième employé de Box et Head of Product chez Bayes Impact

Naturel en toutes circonstances, bienveillant et toujours prêt à partager ses connaissances, tels sont les premiers mots qui viennent à l'esprit quand on pense à Florian : les dix années qu'il a passées dans la Silicon Valley lui ont donné cette saveur propre aux Californiens.

Arrivé dans l'équipe technique au tout début de l'aventure Box en tant que premier développeur, il a vécu la croissance et l'expansion de l'entreprise jusqu'à son entrée en Bourse en 2015.

Florian est aujourd'hui Advisor pour les startups du portefeuille de The Family et *Head of Product* de l'organisation à but non lucratif Bayes Impact qui tente d'inventer les services publics du futur.

LA STARTUP

Box est une plateforme sécurisée de partage de fichiers et de contenu en ligne. Elle permet aux équipes de partager des documents (textes, images, vidéos, etc.), de les sauvegarder en toute sécurité dans le *cloud* et de les éditer de manière collaborative.

Fondée en 2005 par quatre étudiants de la Silicon Valley, Box compte aujourd'hui plus de 300 000 entreprises clientes et plus de 30 millions d'utilisateurs. Elle a été introduite en Bourse en 2015 et affiche une capitalisation boursière de près de 3,7 milliards de dollars[1].

LA PROBLÉMATIQUE DU CAS

Florian a pu observer de l'intérieur la croissance fulgurante d'une startup, et plus particulièrement l'expansion de l'équipe technique d'une startup très orientée produit.

1. Fin août 2018.

L'histoire technique de Box est celle d'un pionnier du *cloud*, d'un pivot brut d'un modèle B2C à un modèle B2B qui a obligé à adapter le produit et d'une dette technique accumulée pendant des années où les développeurs ne faisaient ni tests unitaires, ni revues de code.

Comment passer d'un mode de travail chaotique à celui plus structuré d'une entreprise mature et cotée en Bourse tout en affrontant les défis que pose la croissance? Florian partage ici ses meilleurs conseils et astuces pour *scaler* une équipe technique.

SCALER UNE ÉQUIPE TECHNIQUE

LES *MINDSETS* DE LA CROISSANCE

Pour *scaler* dans de bonnes conditions, la première exigence est d'adopter l'état d'esprit qui convient. Quelques principes peuvent te guider dans cette quête.

L'ABONDANCE PLUTÔT QUE LA RARETÉ

Commençons par une distinction fondamentale:

- **le *mindset* d'abondance (*growth mindset*)** est celui qui te donne envie de toujours t'améliorer et d'apprendre;
- **le *mindset* de rareté (*fixed mindset*)** limite ton développement personnel.

Un exemple très simple permet de comprendre en quoi le *growth mindset* change ta vision de la performance: supposons que tu as eu une mauvaise note en math. Si tu te dis que tu es mauvais en math et que tu n'y peux rien, tu t'enfermes dans le *fixed mindset.* Tu supposes alors que ton talent atteint un certain niveau et que tu ne peux rien y changer. Si, au contraire, tu te dis que tu feras mieux la prochaine fois et que tu essaies de comprendre comment t'améliorer, tu adoptes le *growth mindset*: tu peux développer tes talents et il s'agit d'une progression proportionnelle à ton travail.

As-tu fondamentalement envie de progresser? As-tu envie d'entendre ce que tu aurais pu mieux faire? Si tu hésites, tu auras du mal à faire partie d'une équipe en startup.

CROÎTRE, C'EST UN *WIN-WIN*

Scaler consiste à créer de la valeur à partager par toutes les parties prenantes de l'entreprise: fondateurs, investisseurs et employés. Il faut bien intégrer cette situation *win-win* dans son état d'esprit: on fait grossir le gâteau pour que tout le monde en profite.

La culture d'entreprise française est féodale. Dans l'imaginaire collectif, un employé peut occuper le même poste pendant dix ans et ne progresse dans la hiérarchie qu'en prenant la place de quelqu'un qui s'en va ou qui part à la retraite.

L'état d'esprit en startup est différent, plus anglo-saxon et plus entrepreneurial : il y en aura pour tout le monde. Si on joint nos forces, on aura accès à plus de choses tous ensemble. La croissance de l'entreprise et la croissance de l'employé dans sa carrière arrivent toujours parce que de nouvelles opportunités se présentent et de nouveaux projets commencent. Il faut se tenir prêt à relever ces défis quand ils se présentent et accepter de ne pas savoir ce qui va se passer, ni si on sera à la hauteur, mais se frotter à la tâche avec ambition.

LE *MANAGER* EST UNE RESSOURCE AU SERVICE DE L'ÉQUIPE

Loin du chef de projet qui prend les décisions seul, le *manager* moderne donne de la liberté d'action à son équipe et tente de se rendre le moins utile possible. C'est un *leader* qui communique énormément, automatise les tâches et donne des objectifs de croissance très clairs pour que la startup continue à grandir et que les employés continuent à progresser.

Son rôle est plus proche de celui d'un chef d'orchestre que de celui d'un décideur ou d'un opérateur.

Si l'on regarde comment cela se traduit du côté de l'exécution, on voit que le *manager* tente de transmettre son savoir aux autres plutôt que de chercher à montrer qu'il est meilleur que les autres. Mettant son égo de côté, un bon *leader* se place plutôt en-dessous de son équipe pour l'aider à mieux avancer.

Un développeur extraordinaire écrit du code très simple, limpide et bien commenté. Un code compliqué et très technique est inutile : si personne ne le comprend, cela limite l'équipe et la collaboration.

LE *FEEDBACK* PORTE SUR LES ACTIONS, NON SUR LA PERSONNE

Le gros avantage en startup n'est pas de mieux maîtriser la technologie, mais de pouvoir commettre des erreurs fréquemment et de se rattraper pour s'améliorer ensuite. La culture du *feedback* est centrale en startup : on confronte le produit au marché, on apprend et on améliore. On utilise la même méthode pour la façon de travailler.

En France, on a tendance à prendre les remarques comme des critiques sur notre identité alors qu'aux États-Unis, on se détache des choses et on les considère comme des faits. Il faut cesser de prendre le *feedback* comme un jugement sur soi pour le voir comme un jugement portant sur ses actions.

Plutôt, le *feedback* est un jugement sur les interactions : on ne juge pas vraiment la valeur absolue des actions, mais l'interaction entre deux acteurs. Par exemple, si tu as écrit un code parfait mais que tu n'as pas mis la personne qui en a besoin au courant que c'était fait, le problème ne porte pas sur la qualité de ton travail ou le fait qu'il soit fait, mais bien sur ta façon d'interagir avec une personne qui en a besoin. En déroulant le fil des interactions, en se demandant ce dont la personne en face de toi a besoin, tu arrives à isoler le problème et à t'améliorer.

Le bon *feedback* est récent, factuel, sans accusation et actionnable[1].

LES TECHNIQUES POUR *SCALER* EFFICACEMENT

> « Le *feedback* est toujours un cadeau – même s'il est mal emballé. Cependant, en général un cadeau se prépare (il est réfléchi à l'avance), on soigne sa présentation et on choisit son moment pour l'offrir (en temps et en heure, c'est-à-dire rapidement et pas plusieurs mois après). »

GARDER LE *FOCUS*

Spontanément, on aurait envie de faire le plus de choses possible à la fois pour croître plus rapidement. En fait, lancer plusieurs projets en parallèle ne fait pas avancer les choses plus vite, au contraire. Si tout le monde est occupé sur des tâches trop différentes, personne ne peut s'entraider et n'a de compréhension générale de l'avancée du produit.

Il est beaucoup plus efficace de se focaliser sur un ou deux projets avec des équipes dédiées et les terminer entièrement (c'est-à-dire, les tester, les déboguer et les déployer aussi) avant de passer à l'étape suivante.

TOUT METTRE PAR ÉCRIT

Un des moyens de rester concentré et de ne pas perdre son *focus* est de tout mettre par écrit : objectifs stratégiques, *roadmap* produit, spécifications fonctionnelles, *design* technique (objectifs techniques, contraintes, solution retenue, solutions alternatives, etc.), ainsi que tous les autres éléments pouvant aider à la compréhension et à la répartition du travail.

Tu peux penser qu'en startup la rapidité est le plus importante et que tout devrait se dire à l'oral. Au contraire, tout écrire signifie mettre l'information à disposition de tout le monde. Si les *managers* font l'effort de tout partager avec les autres employés, alors chacun n'a plus qu'à se saisir de cette information pour exécuter et peut y revenir en cas de doute. On perd un tout petit peu de temps à formaliser et préciser ce dont on a besoin pour en gagner beaucoup dans l'exécution et en évitant des erreurs.

1. Pour approfondir ce qu'est un bon *feedback*, Florian recommande d'exploiter la méthode DESC et de lire *Les 5 langages de l'amour* de Gary Chapman, 2008, Leduc. s Éditions.

METTRE EN PLACE DES *MEETINGS* DE RÉTROSPECTIVE

Les *meetings* de rétrospective donnent l'occasion d'améliorer collectivement la façon de fonctionner de l'entreprise. Ces réunions hebdomadaires permettent à tout le monde de réfléchir ensemble aux *process* de l'entreprise. Le bon, le mauvais, ce qu'il faudrait améliorer : chacun donne son ressenti et sa perspective. On donne du *feedback* et on se remet en question.

Cela permet de libérer les frustrations et d'améliorer l'entreprise de manière collective. La barre doit se fixer très haut sur ce sujet : chacun doit être impliqué au point de sentir que cette entreprise est la sienne[1] !

RÉSOUDRE LES PROBLÈMES RELATIONNELS GRÂCE À DES *ONE-ON-ONE*

S'entretenir en privé avec son *manager* de temps en temps est profitable. Dans ces moments, on ne parle pas uniquement du projet en lui-même, mais aussi des relations humaines dans l'équipe.

Il faut vraiment faire preuve d'empathie, se parler d'humain à humain et essayer de comprendre ce que l'on peut faire pour se sentir mieux et pour aider les autres à se sentir mieux. Il ne faut pas laisser traîner les émotions négatives qui te gangrènent : en parler permet de crever l'abcès et de commencer à chercher une solution.

« Dans ces moments, le *manager* partage et s'ouvre également : il faut oser montrer ses faiblesses et ses doutes, pour apprendre au *managé* à donner du *feedback*. »

RECRUTER LES MEILLEURS TALENTS

Il faut ne faut recruter que les meilleurs talents grâce à un processus de recrutement implacable : l'objectif pour un *manager* est de recruter des personnes meilleures que soi !

Le choix des futurs employés est un travail méticuleux : on cherche ce qu'une personne peut apporter à l'entreprise et on vérifie son adhésion aux valeurs de celle-ci avant de l'engager.

Il est assez efficace pour un recrutement technique d'évaluer quelqu'un sur quatre ou cinq heures d'affilée plutôt que sur plusieurs entretiens étalés. Faire naviguer le candidat entre différents services et le mettre en situation pour résoudre un problème de manière collaborative permet de mesurer ses réactions en équipe.

1. Abrashoff M., *It's Your Ship : Management Techniques from the Best Damn Ship in the Navy*, 2006, Grand Central Publishing. Par ailleurs, Florian recommande de lire *The 5 Dysfunctions of a Team*, de Patrick Lencioni, 2002, Wiley.

FAIRE GRANDIR LES TALENTS GRÂCE AUX REVUES DE PERFORMANCE ET À DES PROMOTIONS JUSTES

Les revues de performance permettent de conseiller les employés et de garder un œil sur l'avancement de chacun. On peut observer les capacités techniques pures, bien sûr, mais il faut également surveiller la capacité à collaborer, la productivité, la qualité du travail fourni, l'esprit d'équipe, les initiatives et la créativité, l'impact, la courbe d'apprentissage, etc. Faire monter progressivement la barre de chaque employé en fonction de la manière dont il se révèle capable de progresser sur chacune de ces catégories est primordial.

Pour la promotion, il faut expliquer clairement les différents niveaux et le système de fonctionnement : chez Box, la promotion d'un employé a lieu quand on constate que celui-ci est capable de produire les résultats attendus à l'échelon hiérarchique supérieur au sien pendant trois mois consécutifs.

Dans une équipe technique, il existe souvent deux parcours de promotion :

- Le *track manager* fait prendre de la responsabilité dans la gestion des équipes techniques (de plus en plus de personnes sous gestion directe ou des pans plus importants du produit).
- Le *track* contributeur individuel fait prendre de la responsabilité technique sur un aspect particulier du produit.

Dans un cas, on devient responsable des équipes et dans l'autre, on devient expert du produit. Il est important que la progression soit rétribuée de la même manière dans les deux *tracks* pour ne pas pousser des personnes qui auraient souhaité développer leur expertise produit dans des positions *managériales* où elles seraient mécontentes et mauvaises.

LES LEÇONS DU CAS

> Le défi technique est moins pressant que le défi humain quand on cherche à *scaler* une équipe – technique ou non. On parviendra toujours à contourner les difficultés si on dispose d'employés qui se sentent portés, qui ont envie de progresser, que l'on aide à s'améliorer et que l'on recrute de manière exceptionnelle.

> *Scaler* signifie apprendre à gérer les talents. C'est l'effet croisé des bonnes manières de *manager,* des *process* mis en place et affinés collectivement, de *feedback* régulier et de qualité, et d'empathie réelle avec les équipes qui permet une gestion optimale.

> La culture du *feedback* est centrale en startup. De la même manière que l'on confronte son produit aux utilisateurs pour l'améliorer, on confronte ses manières de travailler et ses actions au reste de l'équipe pour perfectionner ses qualités techniques et ses capacités de collaboration.

AUTOMATISE TA STARTUP

LE PROF

Côme Courteault, co-fondateur chez CitizenPlane

Eh oui, revoilà Côme ! En plus d'avoir dirigé l'équipe de *Growth Hacking* de The Family (*cf.* chapitre 6, étude de cas intitulée « Définir sa stratégie de croissance »), Côme a aidé de nombreux entrepreneurs à automatiser des tâches essentielles de leur activité avec des petites astuces techniques simples et efficaces.

LA PROBLÉMATIQUE

Quand une startup débute sur son marché, faire des choses à la main est un bon réflexe. Cela permet de comprendre la manière dont les utilisateurs interagissent avec le produit, les tâches qui ont une valeur ajoutée et celles qui n'en ont pas, ou simplement d'optimiser un *process* particulier.

Avec la croissance, il devient critique d'automatiser un grand nombre de ces tâches pour pouvoir gérer un volume plus important et se concentrer sur d'autres problématiques.

Plusieurs questions se posent alors : quelles tâches automatiser ? Comment le faire ? À partir de quel moment ? Côme nous donne les astuces pour bien automatiser son travail.

AUTOMATISE TA STARTUP

C'EST QUOI L'AUTOMATISATION ?

Automatiser une tâche revient à passer d'une exécution manuelle à une exécution qui ne requiert aucune intervention humaine.

L'aspect le plus évident à automatiser est le cœur de métier. Si ta startup met en relation des étudiants avec des entreprises (comme Side[1]), l'une des briques importantes de ton produit sera un algorithme qui apparie automatiquement (qui *matche*) les deux parties de la transaction en fonction des besoins. Si tu croîs au-delà de plusieurs centaines de transactions par semaine, tu seras de toute façon incapable de le faire à la main. Pour préparer la croissance, il faut donc automatiser cette partie centrale du travail.

Cependant, l'automatisation concerne aussi les tâches du quotidien remplies par tous les employés : envoi d'e-mails, remplissage de tableurs ou de bases de données, réponse à un utilisateur sur la *chatbox*, etc.

LES BIENFAITS DE L'AUTOMATISATION

Il existe plusieurs bénéfices à l'automatisation de ta startup :

- **L'automatisation te libère du temps.** Il y a toujours plus de travail que de temps disponible en startup. Aussi, chaque gain de temps est un gain de productivité : tu peux te concentrer sur un aspect plus important que celui de répéter des tâches rébarbatives.
- **C'est une condition nécessaire pour *scaler* :** ton but ultime est de servir toujours plus d'utilisateurs et d'avoir un volume entrant en croissance exponentielle. Si tu n'as pas automatisé les tâches essentielles, tu seras dans l'impossibilité de supporter la montée en charge.
- **C'est un gain d'argent :** automatiser la gestion de tes e-mails et de ton calendrier avec un assistant en intelligence artificielle te permet par exemple d'économiser le coût du secrétariat.

« Dans les faits, les tâches sont souvent semi-automatisées en startup : les outils et algorithmes proposent un résultat qui est validé ou invalidé par les employés. Le contrôle de la qualité est primordial avant de passer à une automatisation complète (celle-ci est même parfois impossible). »

À PARTIR DE QUAND AUTOMATISER ?

L'automatisation est une arme à double tranchant. Si tu automatises mal une tâche, tu perdras beaucoup plus de temps et d'argent que si tu n'avais rien fait. Il faudra alors déconstruire ta solution, essuyer les plâtres et passer à nouveau du temps à construire une automatisation fonctionnelle.

1. https://side.co

Il faut la considérer comme un investissement : tu passes du temps à construire une solution automatisée pour économiser du temps dans le futur. Comme pour tous les investissements, il faut donc t'assurer que ton ROI est positif.

S'il n'y a pas de règle sur quand automatiser une tâche, il existe toutefois une bonne hygiène d'automatisation à adopter :

- **N'automatise pas trop tôt.** Il y a une grande vertu dans la réalisation manuelle des tâches : cela te permet de comprendre ce qu'attendent vraiment tes utilisateurs, de voir où se trouve la valeur ajoutée de ton travail, d'optimiser la manière de réaliser une tâche, etc. En automatisant trop tôt, tu risques de faire fausse route et d'accumuler une dette technique très lourde.
- **Teste toujours avant d'automatiser.** Quand tu as réellement compris comment fonctionne une tâche et qu'elle est optimisée, tu peux construire une solution automatisée. Essaie par exemple de décrire le *process* que tu veux automatiser sur une feuille de papier, puis teste-le à la main. Cependant, avant de faire une transition complète, il faut que tu contrôles le bon fonctionnement de ton automatisation.
- **Assure-toi que c'est la meilleure solution.** Cela coûte parfois moins cher d'externaliser une tâche en recrutant un travailleur indépendant sur une plateforme plutôt que de passer des semaines de temps humain à créer une solution automatisée.
- **Définis les priorités.** Tu ne peux pas tout automatiser d'un seul coup. Quelle est ta priorité ? Gagner du temps sur tes tâches quotidiennes ? Être prêt à *scaler* ? Prends les choses dans l'ordre et automatise petit à petit.

AUTOMATISER LA PRISE D'INFORMATION

Quel que soit ton poste en startup, tu auras régulièrement besoin de te tenir au courant de certaines choses : du nouveau contenu spécifique à ton domaine d'expertise, des alertes sur certains mots-clés, les messages de ta communauté, etc.

SURVEILLER TOUS LES SITES D'UN COUP D'ŒIL

Feedly[1] te permet de regrouper toutes ces informations dans un tableau de bord unique et de les trier par centres d'intérêt. Tous les journaux, blogs, chaînes YouTube, comptes Twitter, alertes Google ou flux RSS qui comptent pour toi peuvent y être centralisés. Au lieu de passer des heures à naviguer entre différents onglets et perdre du temps, tu peux bénéficier d'une prise d'information quotidienne rapide grâce à cet outil.

1. https://feedly.com

AUTOMATISER LES RÉSEAUX SOCIAUX

Rien de pire que de rester des heures planté devant son écran à devoir attendre le bon moment pour poster un lien sur Facebook. Buffer[1] permet de programmer tes *posts* à l'avance et de centraliser la gestion de tes différents comptes, en plus de te donner un ensemble de *metrics* intéressants pour mesurer l'engagement et comparer la performance des *posts* dans le temps.

AUTOMATISER LES ACTIONS DE BASE

IFTTT[2] est une solution qui permet de faire communiquer simplement tes applications web entre elles. L'acronyme veut dire *If This, Then That*, soit littéralement « si ceci se passe, alors fais cela ». Tu comprends donc l'énorme intérêt de cet outil. Tu peux par exemple utiliser IFTTT pour dire que si quelqu'un remplit ton formulaire Typeform, tu reçois alors un message pour t'avertir dans Slack et un document Google se remplit automatiquement avec les informations de cette personne. Les possibilités sont infinies, et qui plus est, il n'y a pas besoin de savoir coder !

Apprends à coder

Il existe beaucoup d'automatisations de base accessibles à tous les employés en startup sans nécessairement savoir coder. Ceci dit, acquérir un vernis de connaissances élémentaires dans des langages de base comme le JavaScript, le HTML ou le CSS peut s'avérer extrêmement utile au quotidien. C'est comme les mathématiques : tout le monde n'a pas besoin de comprendre ce qu'est un endomorphisme nilpotent (sic), mais il est indispensable de savoir effectuer des opérations de base comme des divisions ou des pourcentages.

AUTOMATISER LES INTERACTIONS CLIENTS

DIALOGUER AVEC LES UTILISATEURS

Un utilisateur s'est perdu sur ton site ? Sa session est en cours depuis plus de 15 minutes mais il n'a toujours pas acheté le produit ? Grâce à Crisp[3], tu peux activer automatiquement l'apparition d'une *chatbox* après une certaine durée de session. Pratique pour convertir les utilisateurs qui se posent des questions ou qui hésitent !

1. https://buffer.com
2. https://ifttt.com
3. https://crisp.chat/

LES CAMPAGNES D'E-MAILS

Relancer les utilisateurs est une nécessité fréquente pour les équipes de *sales* et de *growth hacking*. Des outils comme Mailchimp[1] ou Mixmax[2] te permettent de mettre en place des séquences pré-enregistrées d'e-mails (appelées campagnes *drip*) qui s'arrêtent (ou non) lorsque tu reçois une réponse.

« Pour trouver le délai parfait entre les envois d'e-mails dans une campagne *drip*, il faut utiliser la suite de Fibonacci : 1 jour de délai, puis 2, puis 3, 5, 8, 13, etc[3]. »

LA SEGMENTATION ET L'ENGAGEMENT

Intercom[4] est un outil CRM qui permet d'envoyer des e-mails ou des notifications spécifiques en fonction de certains comportements des utilisateurs avec ton application ou ton produit. Cela te permet d'automatiser en partie la segmentation de ta base utilisateurs et l'engagement de ces différents segments.

AUTOMATISER LES MOTEURS DE CROISSANCE

Dans les grandes lignes, tu as trouvé un canal d'acquisition qui est est liquide (le volume de personnes que tu peux toucher est élevé), accessible (il ne coûte pas trop cher en temps ou en argent) et il convertit. L'automatisation passe alors par la conjonction de trois éléments simples : les cibles, le moment et l'endroit. Il faut savoir toucher la bonne cible, au bon moment et à travers le bon canal.

Remarque

Tu peux lire les études de cas du chapitre 6 à ce sujet.

1. https://mailchimp.com
2. https://mixmax.com
3. On trouve les termes suivants de la suite de Fibonacci en sommant les deux derniers termes entre eux. La raison pour laquelle on l'utilise est que le rapport des termes consécutifs tend à l'infini vers le nombre d'or : le rapport mathématique parfait.
4. https://www.intercom.com

L'AUTOMATISATION CÔTÉ DÉVELOPPEURS

INTÉGRER DES APPLICATIONS

Zapier[1] est un outil indispensable pour intégrer des services et applications web entre eux. Pour prendre une image connue, c'est l'application pour les gouverner toutes. On peut l'utiliser avec pratiquement toutes les API et il est très simple de définir les éléments déclencheurs et leurs effets.

Tu peux par exemple utiliser Zapier pour notifier l'équipe support dans Slack dès qu'une requête client est reçue, ou pour afficher dès qu'un développeur effectue un *commit* sur un ticket. Encore une fois, les possibilités sont infinies.

AUTOMATISER LES *WORKFLOWS*

Quel que soit ton cœur de métier, tu as probablement des *workflows* spécifiques à ton produit. Dans le cas de Nestor, il faut par exemple enregistrer une commande, incrémenter le nombre de repas vendus dans la même zone géographique, déterminer l'heure du prochain départ, notifier le livreur, etc. Et tout cela ne représente que le début d'un cas simple. Zenaton[2] te permet d'orchestrer tes *workflows* : tu automatises des briques de *process* très rapidement en les codant simplement et dans tous les langages de programmation. Cela te permet d'être prêt à *scaler* et de disposer d'un outil analytique très granulaire sur la manière dont fonctionne ton *business*.

LES MACROS

Les macros te permettent d'automatiser les tâches répétitives qui se passent sur ton navigateur. Tu peux enregistrer des actions (clics, remplissage de formulaires), extraire des données ou automatiser des tests.

RÉFLEXIONS SUR L'AUTOMATISATION

Ton rôle dans l'équipe *dev* est probablement de veiller à l'implémentation de la *roadmap* produit et à la correction des *bugs* qui pourraient surgir. L'automatisation du service est la partie centrale des produits, elle est donc au cœur de ton travail. Bien respecter l'hygiène d'automatisation décrite au début de ce cas est essentiel, en particulier le fait de tester manuellement les solutions et d'être sûr de leur optimisation avant d'automatiser. Tu ne veux pas te retrouver avec une dette technique, un produit inutilisable ou *inscalable* parce que tu t'es lancé dans l'automatisation sans trop réfléchir.

1. https://zapier.com
2. https://zenaton.com

Il est inutile de « recoder la roue » : tout construire soi-même est chronophage et peu efficace. Accepter d'utiliser des outils comme Zapier ou des bibliothèques *open source* fait gagner un temps fou.

Tu peux aussi être une ressource pour les autres équipes. Aider les équipes opérationnelles à construire les outils dont ils ont besoin pour avancer et automatiser leurs tâches au quotidien peut être aussi bénéfique à la startup que construire le produit. Si des *process* sont trop spécifiques pour qu'un SaaS ou une solution existante fonctionne, l'investissement dans l'automatisation peut être payant.

LES LEÇONS DU CAS

> L'automatisation apporte de nombreux bénéfices à une startup, mais c'est une arme à double tranchant. En automatisant, on gagne du temps, de l'argent et on se prépare à une croissance forte. En revanche, c'est un investissement de temps qu'il faut maîtriser : être sûr de son coup est un prérequis.

> On n'automatise que quand on a réalisé suffisamment de tests pour comprendre une tâche dans son ensemble. Il y a des vertus à exécuter les tâches à la main pendant un moment, notamment savoir où se trouve la valeur ajoutée et optimiser l'exécution.

> On peut automatiser un grand nombre de tâches assez simplement en utilisant des outils basiques. Les développeurs peuvent contribuer à fournir à l'équipe des outils spécifiques pour automatiser leurs tâches quotidiennes, mais le plus important n'est pas là. Pour tous les employés, il est bénéfique d'avoir des notions de code afin d'être autonome dans l'automatisation et de gagner du temps et de la productivité. C'est comme cela que la startup avance.

LA PART DU LION

Le but de ces études de cas était d'établir quelques vérités contre-intuitives pour les développeurs en startup.

La première est que les choix technologiques sont subordonnés aux choix stratégiques de l'entreprise. Les startups ont pour objectif de croître et c'est la partie *business* de l'entreprise qui définit la stratégie de croissance. Cela crée un ensemble de contraintes technologiques que les choix de l'équipe technique doivent épouser. Le but n'est pas forcément de travailler avec des technologies de pointe mais avec des solutions adaptées, flexibles et maîtrisées.

La seconde, conséquemment, est que le code est un sous-produit du métier du développeur. Ton but n'est pas d'en écrire le plus possible, ni d'écrire le code le plus compliqué ou le plus astucieux qui soit. Ton but ultime est de rendre un produit fonctionnel et conforme aux attentes du *business*. Pour cela, rédiger du code limpide, bien commenté et facile à comprendre pour les autres personnes de l'équipe est le *nec plus ultra*.

La troisième est que le plus gros défi des équipes de développeurs n'est pas la technique pure, mais la collaboration. Savoir travailler à distance, être capable de collaborer à plusieurs sur les mêmes projets sans s'emmêler les pinceaux, savoir faire grandir son équipe sont des *challenges* autrement plus délicats que les seules erreurs dans le code et défis techniques posés par un produit.

Enfin, il faut aussi se rendre compte que les développeurs sont des ressources extrêmement versatiles : leur but n'est pas uniquement de coder. Faire intervenir les développeurs au support est bénéfique, car ce sont eux qui construisent le produit et peuvent corriger les *bugs* immédiatements. Confronter les développeurs aux autres équipes permet de mettre en place des outils internes qui automatisent les tâches rébarbatives et mettent la startup sur la voie de la croissance. Transformer certains développeurs en *managers* permet d'améliorer la qualité de l'équipe technique en *scalant*. Enfin, dans tous les autres postes existant en startup, il n'est jamais inutile de savoir coder (pour *scraper* ou automatiser des tâches du quotidien).

Développeur est un métier passionnant qui exige de la rigueur et de la créativité et qui permet d'évoluer dans pratiquement toutes les disciplines existantes en startup. Si tu sais coder, tu as le choix du roi. Si ce n'est pas ton cas, ça ne coûte rien d'apprendre. ☺

CHAPITRE 9

LES MEILLEURES TECHNIQUES DE *PRODUCT MANAGEMENT*

« ON TAFFE LA PROSE
JUSQU'À C'QUE L'PRODUIT TUE,
C'EST SEULEMENT LÀ
QU'ON SORT DU NAUTILUS »

Alpha Wann

Le produit est au cœur de la proposition de valeur des startups. C'est à la fois l'interface de contact avec les utilisateurs, l'argument de vente, et surtout la manière de parvenir à achever sa mission.

Le *product manager* (ou *product owner*) est à la fois :

- un visionnaire capable d'éclairs de génie ;
- un stratège qui alloue les bonnes ressources dans le temps pour suivre sa *roadmap* ;
- un chef d'orchestre capable de gérer des équipes pluridisciplinaires ;
- un artiste obsessionnel attentif au moindre détail.

Pour autant, ce n'est pas un poste où l'on peut se permettre de se terrer dans un garage pour construire une solution parfaite. L'idée fixe du *product manager* est de fournir au client un meilleur produit tous les jours. Pour cela, il doit être à l'écoute des attentes du client, mais aussi anticiper ses besoins. La compréhension du client se fait de manière qualitative, quantitative et également instinctive.

De concepteur du produit, qui gère les priorités, à stratège, qui gère les ressources, en passant par gestionnaire du lancement et des améliorations, les missions du *product manager* sont variées, comme les six premières études de cas sélectionnées dans ce chapitre le montrent :

- **ManoMano :** la paranoïa constructive pour devenir un employé clé, par Chloé Martinot
- **Qonto :** lancer une bêta qui envoie, par Alexandre Prot
- **RogerVoice :** *Tech for Good*, un produit pour le bien commun, par Barbara Vogel
- **PayPlug :** *Product Development 101*, de l'idéation au lancement, par Camille Tyan
- **Side :** comprendre et interagir avec le produit, par Hugo Michalski
- **Comet :** MVP, les outils de la débrouille, par Charles Thomas

Tu retrouveras également en fin de chapitre deux études de cas qui parlent de l'identité et de son expression, aspect important qui doit se ressentir non seulement dans le produit, mais aussi dans toute la startup :

- **Le Slip Français :** les startups et le *branding*, par Antoine Clemenceau
- **The Family :** les quatre règles du *design* en startup, par Camille Dubreuil

MANOMANO
LA PARANOÏA CONSTRUCTIVE POUR DEVENIR UN EMPLOYÉ CLÉ

LA PROF

Chloé Martinot,
User Researcher chez ManoMano

Chloé compte parmi les tout premiers employés de ManoMano. Cette passionnée d'équitation, de startups et de l'univers de la maison a vécu la croissance de l'entreprise de 7 à 350 salariés puis a créé et développée le département produit.

Jamais en reste, Chloé s'est trouvé une nouvelle mission dans sa startup et entreprend maintenant de comprendre le plus finement possible les attentes des utilisateurs.

LA STARTUP

ManoMano est une *marketplace* de produits de bricolage et de jardinage lancée en 2013. La mission de cette startup, déjà présente dans six pays, est d'enchanter le bricolage pour tous ses utilisateurs, spécialistes ou amateurs.

ManoMano comptabilise plus de 2 millions de produits dans son catalogue, a déjà servi 5 millions de clients en Europe et a atteint un volume d'affaires de 250 millions d'euros en 2017. Une levée de fonds de 60 millions d'euros auprès du fonds General Atlantic en 2017 lui permet de voir encore plus grand pour les années à venir.

LA PROBLÉMATIQUE DU CAS

Il existe une caractéristique commune à toutes les startups qui ont réussi à devenir un empire: la capacité à se réinventer en permanence. Qu'il s'agisse de Steve Jobs[1], Mark Zuckerberg[2] ou Jeff Bezos[3], les patrons des plus grandes entreprises technologiques ont toujours utilisé la paranoïa comme un moteur pour pousser les ambitions de leur organisation.

1. « Si tu ne te cannibalises pas, quelqu'un d'autre le fera. »
2. « Si nous n'inventons pas le produit qui tue Facebook, quelqu'un d'autre le fera. »
3. « Le plus dangereux, c'est de ne pas évoluer, de ne pas se réinventer. »

Comment se réinventer quand tout va bien? Dans cette étude de cas, Chloé nous montre que la méfiance - imaginer ce qui pourrait tuer la startup dès demain - est très constructive pour l'entreprise et peut permettre à un employé de se démarquer au sein de l'équipe.

LA PARANOÏA CONSTRUCTIVE POUR DEVENIR UN EMPLOYÉ CLÉ

La paranoïa est une méfiance excessive à l'égard de menaces réelles ou imaginaires. Pour une startup, les menaces sont les mouvements de marché, la concurrence ou tout simplement les éléments qui peuvent tuer la startup demain. En se méfiant de tous ces éléments, on peut se prémunir face à des problèmes qui ne sont pas encore là, et même innover de manière efficace.

L'IMPORTANCE (VITALE) D'ÊTRE PARANO EN STARTUP

Le manque de paranoïa a déjà tué un grand nombre d'entreprises qui étaient pourtant bien établies: Kodak[1], Blackberry[2], Toys R'Us, etc. Le cas de Kodak est même un cas d'école: malgré une analyse interne visionnaire qui avait prédit l'avènement de la photographie numérique dès 1981, l'entreprise n'a pas su réorienter son activité basée sur la vente de pellicules.

Plus simplement, si on a la chance de vivre l'hypercroissance, il faut avant tout se demander pourquoi cela marche. Par exemple, ManoMano n'a rien développé en 2016 car il y a eu un an de refonte technique, et pourtant la croissance a été multipliée par deux cette année-là. Comment l'expliquer? D'une part, tout le travail mené auparavant a payé: les bons canaux d'acquisition ont été identifiés et exploités, le catalogue correspondant aux attentes des consommateurs a été mis en place et élargi. Mais d'autre part, la traction du marché est importante: le marché du bricolage a une valeur de plus de 30 milliards d'euros en France et connaît une forte croissance. Comme un surfeur qui trouve une vague géante, ManoMano a été emporté par son marché. Alors, la croissance est-elle due à un bon produit ou simplement au marché? Il ne faut pas attendre de le découvrir et se remettre en question.

Pour une startup, savoir se remettre en question est un sujet de vie ou de mort.

1. *How Kodak failed*, *Forbes*, 19 janvier 2012, www.forbes.com.
2. *Blackberry's success led to its failure*, *The Verge*, 30 septembre 2016, www.theverge.com.

LA RÉSISTANCE À LA PARANOÏA : LE POIDS DES HABITUDES

Face à la paranoïa de certains employés, les personnes avec le plus d'ancienneté dans l'entreprise réagissent avec la force de l'habitude : « on a toujours fait comme ça », ou encore « on a déjà essayé, ça ne marche pas ».

Pourtant, l'habitude, l'autorité ou même les idéaux ne devraient pas dicter la marche à suivre dans les startups[1]. Deux raisons l'expliquent facilement : d'une part, le contexte change, et les conditions de marché peuvent s'altérer ; d'autre part, si de nouveaux employés remettent sur le tapis une idée qui a déjà été débattue par le passé, cela vaut le coup de s'y intéresser à nouveau et de voir s'il y a d'autres solutions à identifier.

Comment contourner le poids des habitudes ?

- **Passer du temps sur les problèmes** et ne pas se jeter sur les solutions : Chloé organise des réunions de *brainstorming* où au moins la moitié du temps est consacrée à la définition d'un problème.
- **Retenir plusieurs solutions et étudier leur viabilité** plutôt que de foncer bille en tête sur la première qui paraît sensée. Il ne faut pas s'approprier le problème : d'autres personnes sont peut-être plus pertinentes pour le résoudre.
- **Profiter du regard neuf des nouveaux arrivants** et leur poser des questions pour remettre ses *process* en perspective (ManoMano accueille 20 à 30 nouveaux employés tous les 15 jours)

RATIONALISER LA PARANOÏA

SE RÉINVENTER QUAND TOUT VA BIEN

Chez ManoMano, 2019 est l'année choisie pour transformer l'expérience utilisateur de tous les bricoleurs et enchanter le monde du DIY (*do it yourself*). Pourquoi vouloir changer alors que tout semble avancer comme sur des roulettes ? La réalité est que certains éléments de l'activité fonctionnent très bien : les canaux d'acquisition fonctionnent très bien, le comparateur de prix également, le catalogue est extrêmement large et plaît aux clients qui y trouvent de bons prix, ManoMano bénéficie également de la confiance des marchands. Pourtant, d'autres éléments ne marchent pas. Par exemple, contrairement aux statistiques des magasins de bricolage, les clients de ManoMano n'achètent

1. *Three thinking patterns that are dangerous for startups*, Oussama Ammar, 12 avril 2017, salon.thefamily.co.

que deux articles en moyenne. Il faut savoir se questionner quand on réussit pour continuer à avancer[1].

> « **Plus ce cycle de *feedback* est court, plus on peut itérer sur le produit, plus efficace sera la bêta.** »

LISTER LES MENACES

Plusieurs réponses sont possibles à la question de ce qui pourrait tuer ManoMano :

- un nouvel acteur qui simplifierait le bricolage et l'expérience des utilisateurs ;
- Amazon qui se mettrait à livrer de l'encombrant tout fait et réduirait les besoins de bricolage ;
- un profil-cible (les bricoleurs) déjà saturé ;
- le *bypass* : si les consommateurs décidaient d'acheter directement chez les marchands au lieu de passer par ManoMano ;
- le nouveau bouton Google Express qui permettrait de commander directement depuis les résultats de recherche et répondrait à la volonté de Google d'internaliser au maximum l'expérience client...

Les possibilités sont nombreuses et diverses et l'on n'est jamais trop imaginatif dans les menaces qui peuvent peser sur sa startup.

EXPLOITER LA PARANOÏA

UN *FOCUS* : SIMPLIFIER L'EXPÉRIENCE

Pour une startup, la simplification est un véritable enjeu : on peut rapidement construire un produit usine à gaz dont les fonctionnalités sont inutiles pour la majorité des utilisateurs. Cela ouvre des interstices à des concurrents pour se développer et fournir un produit plus simple. Par exemple, Trello a développé une version plus simple et gratuite du logiciel Jira, développé par Atlassian, et a pu cibler des utilisateurs que cette entreprise n'avait pas comme clients. Atlassian a fini par racheter Trello pour 450 millions d'euros. Quand un produit dépasse les attentes de son marché, cela crée des boulevards pour l'innovation : il peut être simplifié.

Dans le cas de ManoMano, les attentes du marché sont très élevées en termes de simplification, étant donné la complexité du bricolage : les matériaux sont rarement aux bonnes dimensions, les surfaces ne sont pas exactement lisses, les outils dont on dispose ne sont pas toujours appropriés, etc. Le marché du bricolage aujourd'hui est comparable à celui de l'informatique dans les années 1980, où il fallait acheter les composants et tout faire soi-même : il faut encore

1. Chloé recommande la lecture des *Vertus de l'Échec* de Charles Pépin (Allary Éditions, 2016), notamment l'exemple des confrontations entre Rafael Nadal et Richard Gasquet.

se renseigner sur des forums, parcourir une quinzaine de rayons dans les magasins, etc. Il y a donc fortement besoin d'un acteur qui ne propose pas de vendre de la peinture et des pinceaux, mais qui propose un kit « peindre 10 m^2 », voire de trouver le bricoleur qui va réaliser les travaux.

ManoMano a commencé par simplifier l'accès à l'offre : élargir le nombre de produits auxquels les consommateurs pouvaient avoir accès. Aujourd'hui, avec 2 millions de références au catalogue, il est possible d'envisager une approche par intention finale de l'utilisateur : « poser de la moquette », « remplacer un fusible » ou encore « nettoyer la toiture ». Le service SuperMano va dans ce sens, en permettant aux utilisateurs de trouver un bricoleur passionné pour réaliser leurs travaux à domicile, avec un prix en général moins cher qu'en passant par un professionnel.

APPROFONDIR LA CONNAISSANCE DE SES UTILISATEURS... EN COMMENÇANT PAR LES EMPLOYÉS

Chloé a réalisé un sondage en interne pour savoir pourquoi certains employés n'utilisaient pas ManoMano. Florilège : « je n'en ai pas besoin », « je suis locataire », « je ne bricole pas ». Ce n'est pas une fatalité, au contraire : avoir des employés qui ne bricolent pas permet de faire en sorte que le service épouse les besoins de profils divers, et donc d'élargir la proposition de valeur. D'ailleurs, les salariés très bricoleurs ne questionnent pas suffisamment leur marché, ce qui est un gros inconvénient : ils ne pouvaient pas voir le côté crucial du kit de bricolage pour les personnes qui ne bricolent pas.

« Pour mieux comprendre les attentes des utilisateurs, il est très efficace de se mettre dans leur peau en situation concrète d'utilisation de la plateforme. Les nouveaux employés peuvent ainsi mettre en lumière les axes d'amélioration du produit. »

Pour lisser la compréhension du produit de tous les salariés, Chloé a construit un faux cas Customer Shoes à partir d'une expérience de bricolage qui lui est réellement arrivée : réparer sa salle de bains après un dégât des eaux. Les réparations lui ont pris une semaine et Chloé a connu l'incertitude des travaux : fissures, bâchage, poussière d'enduit, pose de papier peint, etc.

Aujourd'hui, tous les nouveaux collaborateurs de ManoMano vivent la même expérience lors de leur *onboarding* : des équipes de trois employés, connaissant les dimensions de la salle de bains et avec 400 € de budget, ont 30 minutes pour trouver l'intégralité des outils nécessaires à la réparation sur ManoMano. Au départ, aucun des nouveaux arrivants ne parvenait à trouver l'ensemble des références. À présent, grâce à des améliorations de la plateforme au niveau de l'UX, ils y arrivent mieux. Chloé leur demande également de noter leur expérience de recherche sur ManoMano : sur 10, elle ne dépasse pas 7 ou 8 pour les meilleures notations, ce qui montre qu'il existe encore une marge d'amélioration.

LE PLAN D'ACTION POUR PARTAGER TA PARANOÏA

SÈME LE DOUTE

Il est impossible de se transformer si on ne trouve pas des alliés qui pensent eux aussi que le changement est nécessaire au sein de la startup. En août 2018, Chloé a créé les sessions Popcorn Time pour que les équipes de ManoMano regardent les parcours utilisateurs en *live* sur le site (grâce au logiciel Hotjar[1]) tout en mangeant du pop-corn. L'idée est de regarder toute l'interaction d'un utilisateur avec la plateforme et de voir s'il ajoute des produits au panier, ou s'il commande. Un suspense palpable.

> **« Viens avec des problèmes, pas des solutions. Si le problème est évident, tu pourras convaincre tes collègues qu'il faut faire quelque chose. La solution consiste ensuite à chercher collectivement. »**

Chloé a lancé une invitation à 300 personnes de l'entreprise. Les *project managers* et les développeurs sont venus en masse. Ces sessions ont montré que les utilisateurs peinaient sur le site. Pour ceux qui les ont visionnés, cela a créé beaucoup de stress : leur travail est de faire en sorte que les utilisateurs n'hésitent pas et aient la meilleure expérience possible. Naturellement, le doute s'est semé dans leur esprit et Chloé les a ralliés à sa cause.

SOIS RÉALISTE

Il faut faire des choix : les ressources sont limitées et il est impossible de traiter tous les problèmes. En deux mois, 209 sessions de Popcorn Time ont été vues, 72 employés se sont déplacés, 47 *feedbacks* ont été traités (sur une centaine), mais seulement 8 évolutions sont passées en production. C'est normal, car le fait de faire remonter un problème, trouver la meilleure façon de le traiter, tester la solution et la mettre en place vient bousculer la *roadmap* en cours.

Être réaliste et choisir des priorités est donc essentiel pour résoudre les problèmes qui comptent.

STRUCTURE LA RÉFLEXION DE L'ÉQUIPE

Tu connais l'histoire du garçon qui criait au loup. Personne n'aime les gens qui amènent des problèmes s'ils n'aident pas à trouver la solution de la meilleure manière qui soit.

C'est à ce moment qu'il faut quitter ta posture de paranoïaque pour passer en mode gestion de stress : « relax, tout va bien se passer ». Il faut savoir décortiquer

1. https://www.hotjar.com

le problème, repérer la première étape de résolution et orchestrer le travail de toute l'équipe. Sans cette étape essentielle, tu risques d'entamer ton potentiel crédibilité et tes alertes de paranoïa seront de moins en moins écoutées.

NE LÂCHE JAMAIS LE PROBLÈME

Comme les choses se passent bien chez ManoMano, les ateliers de recherche d'idées sont difficiles à mettre en place : personne n'en voit la nécessité. Pourtant il existe des leviers d'amélioration sur beaucoup de sujets.

Chloé et cinq employés ont par exemple identifié 70 problèmes en une heure sur le thème de la livraison. S'emparer d'un thème, le découper en sous-problèmes et ne pas les laisser de côté tant qu'ils ne sont pas résolus permet de faire avancer la startup.

DEVENIR UN EMPLOYÉ CLÉ

Un employé clé est un employé capable de faire bouger le plan d'action des fondateurs. En effet, plus l'activité grossit, plus les fondateurs tendent à s'éloigner de la réalité de leur *business* : ils deviennent meneurs d'équipe mais n'ont plus le nez dans le guidon.

L'employé clé est capable de présenter des arguments solides qui expliquent pourquoi telle ou telle action n'est pas la plus judicieuse pour remplir la mission de la startup.

> **« Quand la culture est forte, on peut avoir la certitude que tout le monde saura quoi faire. Les gens peuvent être indépendants et autonomes. Ils peuvent avoir l'esprit entrepreneurial. Et si l'on a une entreprise dont l'esprit est entrepreneurial, on sera capable d'avancer à pas de géant. »**
>
> **Brian Chesky, CEO d'Airbnb**

LA CONFIANCE COMME MOT D'ORDRE

Pour faire en sorte que les employés puissent devenir clés, il faut une culture qui les mette en confiance et qui les invite à proposer de nouvelles choses.

Une startup de quelques personnes ressemble au départ à un groupe de musique amateur : la confiance dans chacun des membres du groupe et les moyens du bord permettent une exécution harmonieuse.

Avec 400 personnes, c'est beaucoup plus compliqué ! Pourtant, il faut que chaque nouvel arrivant se sente autant capable de faire des propositions que les fondateurs. Pour cela, il faut une culture de la confiance.

INVESTIR EN SOI

L'article *Law of Startup Physics*[1] explique que les startups ont une croissance exponentielle, mais que les humains n'ont qu'une croissance linéaire : il est difficile pour un employé de suivre la croissance de sa startup. La seule personne qui échappe à cette loi immuable est le fondateur, car il sort progressivement de l'exécution et se penche sur la vision. Sa croissance est exponentielle, comme celle de l'entreprise.

En lisant cet article, Chloé s'est demandé pourquoi elle avait quitté son poste de CPO. Sa problématique principale était de *scaler* l'équipe technique et les *process*, alors qu'elle était passionnée par l'expérience utilisateur. Utiliser sa paranoïa comme moteur lui a permis de penser comme un fondateur, de croître exponentiellement et de créer son nouveau poste dans l'entreprise.

Les conseils de Chloé

- Investir en toi te donne une vision qui peut décaler ta courbe de croissance vers celle de l'entreprise et faire de toi un employé clé.
- Crée ton propre job au sein de ta startup : un poste qui te plaît et qui est nouveau au sein de l'entreprise.
- Avant 9 heures et après 18 heures, sors de l'exécution et travaille sur toi-même.
- Rencontre les nouveaux arrivants de l'équipe et apprends de leur regard extérieur.
- Note les émotions ressenties sur les différentes tâches que tu fais au quotidien, pour savoir réellement ce qui te plaît ou non.
- Fixe-toi des KPI personnels.
- Remets les choses en question, tout ne va pas de soi.

1. *Hypergrowth and the Law of Startup Physics*, juin 2018, firstround.com.

LES LEÇONS DU CAS

- Dans une startup en hypercroissance, remettre en question les habitudes et faire preuve de paranoïa est le meilleur moyen d'éviter les erreurs et d'avancer plus rapidement.
- Pour faire de la paranoïa un moteur efficace, il faut un plan d'action rigoureux : trouver des alliés, rester pragmatique et définir des priorités, orchestrer la réflexion et le travail d'équipe et surtout toujours revenir au problème.
- Un employé clé est capable de dévier le plan d'action des fondateurs par sa compréhension plus fine de l'activité. Pour le devenir, il faut être force de proposition, travailler efficacement pour développer tes propres compétences et trouver (ou créer) le poste où tu pourras pleinement t'épanouir.

QONTO
LANCER UNE BÊTA QUI ENVOIE

LE PROF

Alexandre Prot, cofondateur et CEO de Qonto

Alexandre est un entrepreneur déterminé et multitâche qui sait relever des *challenges* toujours plus ardus. Diplômé de prestigieuses écoles, il commence sa carrière dans le conseil en stratégie avant de bifurquer vers l'entreprenariat.

Dans des domaines aussi divers que la location de logements de courte durée ou les cigarettes électroniques, Alexandre étoffe sa panoplie de compétences entrepreneuriales avec succès. Frustré de sa relation avec les banques dans ses startups, il se lance un nouveau défi : dynamiter le marché bancaire, avec son associé Steve Anavi.

LA STARTUP

Qonto est la néobanque des entrepreneurs et des indépendants. Elle propose une offre de services bancaires fluides et adaptés aux besoins des startups et des entreprises numériques.

En deux ans, la startup a su se tailler une part de lion dans le paysage bancaire français et européen. Après trois levées de fonds (dont une série A de 10 millions d'euros puis une série B de 20 millions d'euros avec Valar Ventures, le fond de Peter Thiel et Alven Capital), la *FinTech* compte déjà plus de 20 000 clients satisfaits, une équipe de plus de 80 personnes et un produit performant qui mêle une technologie avancée, des fonctionnalités optimisées, une ergonomie fluide et un service client de classe mondiale.

LA PROBLÉMATIQUE DU CAS

Réussir son lancement est un pari. Du cerveau de l'entrepreneur au MVP (*minimum viable product*, la première version utilisable) et du MVP au produit lancé, les erreurs possibles se cachent à tous les tournants.

Cependant, dans un marché aussi régulé que celui des *FinTech*, la marge d'erreur est très ténue : impossible de perdre l'argent des clients ou de ne pas savoir retracer un paiement. Comment limiter la casse ? La version bêta est là pour faire tester le produit par des utilisateurs avant de le lancer.

Faire de sa bêta un succès nécessite également une philosophie, une culture et des outils adaptés. Alexandre nous donne un tour d'horizon de cette question.

LANCER UNE BÊTA QUI ENVOIE

DU *MINIMUM VIABLE PRODUCT* (MVP) À LA BÊTA

VALIDER LE POTENTIEL DE L'IDÉE

Alexandre et son associé Steve travaillent en 2016 sur leur projet de cigarettes électroniques Smokio quand ils se frottent à la complexité de gérer leurs comptes bancaires. Convaincus qu'il y a là un réel problème pour les entrepreneurs en France, les témoignages de chefs d'entreprise à qui ils parlent en direct ou sur Internet – « les banques, c'est l'enfer » – achèvent de les pousser à se lancer dans une révolution de l'industrie bancaire.

Rompu aux méthodes d'analyse de marché du conseil en stratégie, Alexandre fait les constats suivants :

- **Le contexte technique est favorable.** De nombreuses briques (API) pour construire une banque en ligne sont déjà disponibles.
- **Le contexte réglementaire est favorable.** Le Parlement européen a adopté une directive fin 2015[1] clarifiant la régulation applicable aux établissements de paiement électronique. Qonto se chargera donc des paiements (la partie orientée client des transactions), tandis qu'un partenaire bancaire régulé gèrera les risques inhérents à l'activité bancaire.
- **Le marché est gigantesque.** Non seulement le nombre de TPE/PME en Europe est élevé, mais il ne fait que croître tous les ans.
- **Les clients sont demandeurs.** La satisfaction client dans le domaine bancaire est au plus bas et les leviers d'amélioration sont multiples.

LA GÉNÈSE DU MVP QONTO

Après avoir interviewé pas loin de 100 PME et startups, Qonto se lance dans la livraison de son MVP. Initialement, le développement d'une plateforme n'est pas obligatoire, et même contre-productif. Qonto choisit de travailler avec des *mockups* et des *wireframes* (des maquettes) en utilisant le logiciel InVision. La maquette du produit, qui nécessite le travail de deux *designers*

1. La Directive sur les services de paiement 2 (DSP 2).

et d'un illustrateur, est testée auprès d'utilisateurs. Leurs retours permettent d'itérer sur l'UX et le *design* de la plateforme sans avoir encore commencé à la construire.

Pour formaliser sa vision du produit, Qonto utilise cette maquette graphique pour guider les développeurs. Il s'agit de leur donner les bonnes spécifications et les règles métier adaptées pour que le produit fonctionne comme les entrepreneurs le souhaitent.

Qonto commence le développement de sa plateforme. Le travail est découpé en petites tâches et l'équipe de six développeurs fonctionne par itération.

CHOISIR SES BÊTA-TESTEURS

Suite à la première levée de fonds en janvier 2017, Qonto lance une communication sommaire qui suffira à attirer des testeurs potentiels. Ceux-ci sont sélectionnés au compte-gouttes : l'essentiel est d'obtenir un groupe d'utilisateurs divers, curieux et susceptibles de faire des retours pertinents.

Qonto utilise une méthode simple : Squarespace leur permet de créer une *landing page* (page de renvoi spécifique) sommaire et efficace. Sur celle-ci, un *call-to-action* (une phrase ou un bouton qui pousse les utilisateurs à agir) bien placé leur permet de collecter les e-mails des *prospects* et de créer une liste d'attente, grâce à l'outil KickoffLabs. Ensuite, Qonto crée un classement des *prospects via* un formulaire envoyé par e-mail et créé avec Typeform.

En utilisant les bons outils, le coût de regrouper tous les bêta-testeurs n'a pas dépassé la centaine d'euros.

OUVRIR AU PUBLIC

Qonto opère dans l'industrie bancaire, où la sécurité est primordiale, et ne peut pas se permettre de proposer un service bancal. Plutôt que de proposer une masse de fonctionnalités mal configurées, Qonto fait le choix d'un service de qualité et de ne proposer que quelques *features* de qualité assez marquantes pour ses bêta-testeurs.

METTRE EN PLACE UN SERVICE CLIENT BIEN HUILÉ

Lors d'une bêta, il est important de répondre très précisément et très efficacement aux testeurs. Qonto a pour cela mis en place un cycle entier de résolution et de support où les outils sont intégrés et la remontée d'information automatique ou semi-automatique. Ce cycle fonctionne comme suit :

1. Les bêta-testeurs envoient leurs retours (*bugs* repérés ou demande de nouvelles fonctionnalités) *via* réseaux sociaux, e-mail ou téléphone.
2. Tous ces *feedbacks* sont agrégés, synthétisés et organisés sous forme de tags dans le SaaS de gestion de la relation client Zendesk.

3. Des tickets correspondants à chacun de ces tags sont créés pour les développeurs, dans le logiciel Jira pour les bugs et dans le logiciel Trello pour les suggestions.
4. Des alertes et notifications sont automatiquement envoyées dans Slack.
5. Quand des *bugs* sont résolus ou de nouvelles fonctionnalités sont développées, le système envoie automatiquement l'information au testeur pour le prévenir.

« Plus ce cycle de *feedback* est court, plus on peut itérer sur le produit, plus efficace sera la bêta. »

DO'S & DON'TS DE LA BÊTA

DO'S : LES BONS RÉFLEXES

Les bonnes pratiques avérées à ce stade sont :

- Collecter un maximum de retours de la part des utilisateurs pour constituer un *backlog* des fonctionnalités (une liste des fonctionnalités à développer) et **hiérarchiser ces fonctionnalités selon leur priorité**.
- Faire tester l'ensemble des fonctionnalités pour **faire ressortir le plus de problèmes de conception et les *bugs***.
- **Affiner sa connaissance du client** (par exemple, en construisant des *personas*, c'est-à-dire des profils-type), afin d'élaborer sa stratégie *marketing*.

DON'TS : LES MAUVAIS RÉFLEXES

Voici les écueils qui menacent :

- **Confondre version bêta et *soft launch*** (lancement à une audience restreinte). Les utilisateurs doivent être mis au courant qu'ils font partie d'un groupe de bêta-testeurs qui a un accès privilégié au produit. Cela les encouragera à partager plus de retours et les rendra plus indulgents et compréhensifs face aux *bugs* et lacunes du produit.
- **Courir après le *buzz* ou la croissance.** Un groupe significatif d'utilisateurs solides et prompts à faire des retours est à ce stade beaucoup plus important que chercher à rassembler le plus d'utilisateurs possible.
- **Surestimer la patience des utilisateurs**. Il ne s'agit pas de vendre la lune en promettant aux utilisateurs des fonctionnalités trop ambitieuses trop rapidement. Savoir gérer la priorité des fonctionnalités veut aussi dire être au clair avec ce qu'on est capable de faire rapidement.

LES LEÇONS DU CAS

> *Fake it until you make it.* Avant de se lancer dans le développement d'une plateforme, y compris pour la version bêta, des maquettes que l'on fait passer aux futurs utilisateurs permettent d'itérer sur l'ergonomie et l'expérience utilisateur plus rapidement.

> Il faut bien choisir ses bêta-testeurs : un groupe d'utilisateurs pertinents, divers, qui sont informés de leur situation et qui ont envie de faire des retours sur le produit. Mieux vaut en avoir peu de bonne qualité que trop.

> La bêta est efficace si on met en place un cycle très court d'itérations successives. Pour cela, faire remonter les informations des utilisateurs est une priorité, et bâtir un support client efficace et automatisé ou semi-automatisé est indispensable.

RogerVoice

Tech for good : construire un produit pour le bien commun

LA PROF

Barbara Vogel,
***VP Product* de RogerVoice**

Barbara a passé quatre années dans les départements d'innovation produit de Voyages-sncf.com. Alors qu'elle organise un événement sur le thème de la reconnaissance vocale, Barbara découvre RogerVoice. La startup utilisait la reconnaissance vocale pour un usage inattendu : faire qu'une personne malentendante puisse téléphoner. Pour elle, ce fut une révélation, car depuis toujours, Barbara téléphonait à la place de sa maman qui est sourde. La mission d'aide à la personne de RogerVoice l'a attirée.

LA STARTUP

L'application RogerVoice permet aux personnes malentendantes ou sourdes de téléphoner. Elle sous-titre les appels téléphoniques en temps réel, 24 h/24 et 7 j/7.

Créée par Olivier Jeannel, un Franco-Américain devenu sourd à l'âge de deux ans suite à une méningite, RogerVoice est disponible dans plus de 80 langues et change la vie de plusieurs milliers d'utilisateurs actifs par mois.

LA PROBLÉMATIQUE DU CAS

RogerVoice tente de résoudre un problème spécifique pour un marché de niche, mais avec un véritable enjeu. Ici, la mission se superpose totalement au défi technique : la solution RogerVoice doit changer le quotidien de milliers de personnes.

Comment construire un produit performant lorsque le bien-être d'autant de personnes en dépend ? Comment le maintenir à jour et le faire évoluer dans la bonne direction ? Autant de questions auxquelles Barbara apporte des éléments de réponse dans cette étude de cas.

TECH FOR GOOD : CONSTRUIRE UN PRODUIT POUR LE BIEN COMMUN

COMMENT CONSTRUIRE UN PRODUIT ?

Commençons par un peu théorie. La construction d'un bon produit repose sur quatre piliers.

UNE VISION

Lorsque l'on construit un produit, il faut se poser la question du pourquoi. Quel est le but visé par ce qu'on crée ? Le cas du téléphone est intéressant. Alexander Graham Bell, son inventeur, est né dans une famille de chercheurs sur l'élocution et la parole (son grand-père, son père et son frère). De plus, sa mère et sa femme étaient toutes deux sourdes. Son contexte familial a grandement influencé sa carrière, l'emmenant dans la recherche sur l'audition et la parole. À force d'expériences pour construire un outil utile aux malentendants, il a fini par inventer le téléphone.

Le téléphone est donc un objet inventé pour les malentendants, mais que les malentendants ne peuvent plus utiliser aujourd'hui. L'intuition, le grand principe derrière RogerVoice est de faire retrouver sa fonction à cet appareil : faire communiquer un entendant et une personne malentendante ou sourde.

UN PROBLÈME

70 millions de malentendants dans le monde ne peuvent pas téléphoner. Tu peux te dire qu'avec les réseaux sociaux, les SMS, les messageries en ligne, cela devient de moins en moins grave. Pas vraiment, si on a besoin de prendre rendez-vous chez un médecin, de régler un problème de livraison, de contacter son chauffeur Uber ou un besoin urgent d'assistance, il faut encore téléphoner.

RogerVoice répond à un véritable problème : d'autres solutions existent mais elles ne permettent pas d'être autonome (car elles demandent l'aide d'une personne tierce) et ne sont pas disponibles en permanence.

DES CIBLES

Les cibles sont à regrouper par *persona*, les différentes catégories de personnes qui vont utiliser l'application. Pour RogerVoice, on discerne:

- **Les personnes avec une audition normale.** L'application s'adresse aussi à eux puisqu'il ne s'agit pas que d'être un canal entre malentendants mais de rendre possible la communication entre un malentendant et une personne avec une audition normale.
- **Les personnes atteintes de surdité légère.** Ce sont près de 5,4 millions de personne en France: le professeur Tournesol, ton grand-père, etc.
- **Les personnes atteintes de surdité profonde.** Cette catégorie représente 500 000 personnes en France, dont Olivier Jeannel, le CEO de RogerVoice.
- **Les personnes atteintes de surdité totale.** Ce sont 80 000 personnes en France, qui utilisent principalement la langue des signes pour communiquer.

UNE SOLUTION

RogerVoice est la première application qui sous-titre les conversations téléphoniques en temps réel, sans intermédiaire, 24 h/24 et 7 j/7. L'application est disponible dans plus de 80 langues, sur Android et iOS.

RogerVoice propose un ensemble de fonctionnalités et détails innovants pour les malentendants:

- Une *feature speech-to-text* qui permet de retranscrire un appel téléphonique grâce à la reconnaissance vocale (celle de Google).
- Pour ceux qui ne savent pas parler, RogerVoice peut aussi restituer à l'oral ce qui est écrit pour la personne ayant une audition normale. C'est la *feature text-to-speech*.
- Seule la personne malentendante a besoin de télécharger l'application, la surcouche est invisible pour la personne ayant une audition normale: il n'y a aucune différence avec un appel normal.
- RogerVoice garantit la sécurité et la confidentialité des appels téléphoniques.
- La personne malentendante dispose d'un numéro RogerVoice pour recevoir tous ses appels. Cependant, elle peut conserver le numéro de son opérateur et transférer son numéro RogerVoice.

La théorie dit donc qu'avec une vision pour le produit, une compréhension du problème rencontré par ses utilisateurs, une connaissance fine de ceux-ci, on peut aboutir à une solution ayant les fonctionnalités qu'il faut pour satisfaire les clients. C'est la vision qui guide tout le reste.

ADAPTER LA THÉORIE À LA RÉALITÉ

Dans la pratique, la théorie de développement produit doit être adaptée pour se conformer à la vision qu'on a du produit. Ceci est particulièrement vrai quand on développe une technologie pour le bien commun.

Chez RogerVoice, le MVP n'était pas une option viable. Il fallait que le produit fonctionne correctement avant de le lancer, parce que les conversations des utilisateurs ne pouvaient pas être hachées ou erronées. Dans ce cas, RogerVoice a dû faire les tests en interne pour s'assurer du fonctionnement correct de l'application.

En outre, il était impossible de baser les décisions de fonctionnalités uniquement sur des critères statistiques. La *feature text-to-speech* concerne uniquement les 80 000 personnes en France qui ne peuvent pas répondre à l'oral à leurs interlocuteurs. Forcément, avec un marché aussi restreint, cette fonctionnalité est très peu utilisée aujourd'hui. Cependant, RogerVoice ne l'a pas supprimée. Pourquoi ? La théorie dit que si les KPI montrent qu'une fonctionnalité est peu utilisée, alors on peut la supprimer. C'est ce qui a été fait. Par la suite, RogerVoice a reçu de nombreux retours d'utilisateurs qui avaient besoin de cette *feature* de manière critique. Il n'existe aucun autre moyen d'appeler par soi-même si on ne peut pas oraliser. La fonctionnalité a été conservée à cause de son caractère indispensable.

LE PRODUIT ET SON ÉVOLUTION

PREMIÈRE VERSION

Ce sont des levées de fonds qui ont permis de sortir la première version du produit. La première en *love money*, puis avec des *business angels*, complétée par une aide de la BPI. L'approche MVP n'étant pas la bonne pour RogerVoice, il a fallu lever de l'argent pour recruter une équipe, qui est rapidement montée à 12 personnes.

LES INNOVATIONS À VENIR

RogerVoice travaille sur plusieurs fonctionnalités dont les utilisateurs ont besoin ou selon les opportunités qui se présentent pour compléter son *business model* :

- Une *feature* capable de reconnaître les intonations de la voix, car le *speech-to-text* ne permet pas aux malentendants de saisir les nuances et les émotions dans la voix de leurs interlocuteurs. Reconnaître les nuances permet de contextualiser la conversation : « ça va ? » et « ça va ! » ne veulent pas dire la même chose.
- Faire changer les voix de robots par des voix humaines pour la *feature text-to-speech*. Encore une fois, cela ne concerne qu'une toute petite minorité

des utilisateurs, mais le produit leur est également dédié et la vision prend le pas sur l'approche analytique.

- RogerVoice travaille sur un nouveau produit B2B. Une nouvelle législation impose aux entreprises de plus de 250 millions d'euros de chiffre d'affaires en France (soit 4 000 entreprises) d'avoir un service client accessible aux malentendants. En un mois, RogerVoice a été en mesure de fournir un *widget* fonctionnel à ses clients : deux lignes de code qui s'intègrent à leur système de support existant.
  En passant du B2C au B2B, RogerVoice veut trouver un *business model* viable tout en conservant une application gratuite pour les malentendants (rappelle-toi qu'une startup est toujours en recherche de *business model*).
- RogerVoice pourrait travailler sur un grand nombre d'opportunités, par exemple en permettant aux personnes ayant une audition normale de communiquer avec des personnes dans n'importe quelle langue. RogerVoice pourrait devenir un langage universel.

LES LEÇONS DU CAS

> Construire un produit pour le bien commun exige d'avoir une vision produit très forte qui guide les choix de *roadmap* et qui impose des contraintes techniques.

> On peut laisser de côté les analyses purement statistiques pour construire le produit qui sera réellement efficace pour ses utilisateurs. Le développement *KPI-driven* n'est pas le meilleur dans tous les cas.

> Les opportunités de monétisation et de création d'un *business model* viable apparaissent le long du chemin et ne se décident pas *ex ante*.

PayPlug

PRODUCT DEVELOPMENT 101 : DE L'IDÉATION AU LANCEMENT

LE PROF

Camille Tyan,
fondateur et CEO de PayPlug

Harvard Business School, McKinsey, Google… Le parcours académique et professionnel sans fausse note de Camille témoigne de son niveau d'ambition et d'exécution.

Pourtant, c'est bien en tant qu'entrepreneur que Camille peut révéler tous ses talents : en 2012, il fonde PayPlug pour s'attaquer au marché *FinTech*. Un défi à sa hauteur.

LA STARTUP

PayPlug est une solution qui permet aux PME et micro-entreprises d'accepter les paiements en ligne sur leur site e-commerce, sans avoir de compétences techniques. Lancée en 2012 par Camille et son associé Antoine Grimaud, PayPlug se distingue par l'ergonomie des pages de paiement, personnalisables et *responsive* sur mobile, ainsi que par la simplicité de ses outils de lutte contre la fraude.

Avec plus de 12 millions d'euros de fonds levés depuis 2012, la startup *FinTech* a été rachetée par Natixis en 2017 et compte aujourd'hui une cinquantaine d'employés.

LA PROBLÉMATIQUE DU CAS

Construire un produit – n'importe lequel – de sa conception à son lancement demande de passer par certaines étapes imposées et mobilise des compétences diverses.

Pour quelqu'un qui souhaite devenir *product manager*, comme pour tous les autres membres de l'équipe en startup, comprendre les différentes phases de développement d'un produit est important pour savoir comment mieux vendre, comment mettre en place un *marketing* plus adapté, comment améliorer les opérations, etc. Camille nous propose un tour d'horizon complet d'un développement produit, de son idéation à son lancement.

PRODUCT DEVELOPMENT 101 : DE L'IDÉATION AU LANCEMENT

Le processus de développement d'un produit comporte quatre phases : la conception, le *design*, le développement et le lancement.

LA CONCEPTION

LA RECHERCHE

L'étape préliminaire de la création d'un produit est celle de la recherche et de l'étude de marché. Les *product managers* juniors négligent souvent cette étape et n'observent pas avec assez d'acuité ce qui existe sur le marché et les alternatives possibles. Le but n'est pas de copier ou de prendre ces produits en tant que *benchmarks*. Cette étape permet de définir son positionnement : quelle va être la valeur ajoutée du produit par rapport au marché ?

Il est également primordial d'identifier et de comprendre en profondeur l'utilisateur-cible. PayPlug a tâtonné pendant plusieurs mois avant de réussir à identifier ses véritables cibles, qui sont les TPE/PME.

Par ailleurs, il faut comprendre les besoins et les problèmes spécifiques de sa cible. Dans le cas de PayPlug, les problématiques ne sont pas les mêmes lorsque l'on s'adresse à un grand groupe qui a des volumes importants ou à une PME.

L'IDÉATION

Une fois le travail de recherche effectué vient le moment de développer les fonctionnalités essentielles que doit avoir le produit. Il faut savoir prendre en compte les attentes des utilisateurs, mais également faire confiance à son instinct.

En développant PayPlug, Camille souhaitait que le produit soit aussi simple et épuré que possible. Cependant, certains utilisateurs se demandaient si le produit était bien sécurisé et avaient besoin d'être rassurés : sur une page de paiement, on s'attend à trouver de manière visible des icônes de cadenas, les principaux logos d'établissements bancaires, un message rassurant qui annonce que la transaction est 100 % sécurisée, et bien d'autres choses.

Il faut savoir faire la part des choses entre ce que le client demande parce qu'il se réfugie dans quelque chose de connu et ce vers quoi on veut aller. De plus, il faut discerner les typologies de clients (les *personas*) pour définir des *user stories* : « en tant que X, j'ai besoin de Y pour Z ». Le choix final chez PayPlug s'est porté sur une page de paiement ergonomique et simple, *mais* qui rassure.

LE *DESIGN*

Après la conception du produit vient le moment de le *designer*, c'est-à-dire de lui donner une forme physique et visuelle.

Il faut ici distinguer deux disciplines connexes, mais différentes :

- **L'UX (*User Experience*, ou expérience utilisateur)**. Elle concerne les interactions de l'utilisateur avec le produit. C'est une question de mise en page, de clics, de moments qui vont transformer la façon dont le client se comporte face au produit.
- **L'UI (*User Interface*, ou interface utilisateur)**. On détermine alors l'univers visuel, la charte graphique, les couleurs, les illustrations ou les effets visuels.

Le travail des *designers* est grandement facilité si les *user stories* ont été correctement établies à l'étape précédente.

LE DÉVELOPPEMENT

Le développement se déroule en trois étapes dont deux peuvent être réalisées en parallèle et une est subséquente.

LE *FRONT-END* : LA PARTIE VISIBLE

Le développement *front-end* concerne tout ce qui est visible par l'utilisateur. Il s'agit de transcrire et d'intégrer l'UI dans un langage adapté (souvent HTML/CSS) et intégrer les transitions et les visuels (souvent en JavaScript ou jQuery).

Il faut savoir anticiper les besoins en données : le texte affiché dépend de la langue du navigateur, ou dans le cas de PayPlug, le type de cartes proposées dépend du pays de l'utilisateur final.

LE *BACK-END* : LA PARTIE INVISIBLE

Le *back-end* est la partie logicielle hébergée dans les serveurs de la startup qui exécute les fonctions métier ou qui concerne les interactions entre les différents services et bases de données.

Chez PayPlug, c'est par exemple la récupération et le traitement sécurisé des numéros de cartes bancaires puis leur envoi sur le réseau interbancaire pour effectuer le paiement.

PLANIFIER LE DÉPLOIEMENT

Une fois le développement *front-end* et *back-end* terminé, il faut planifier le déploiement du produit, c'est-à-dire prévoir sa mise à disposition des utilisateurs finaux. Cette phase est probablement la plus complexe et la plus lourde. L'étape d'après explique pourquoi.

LE LANCEMENT

On ne peut pas intégrer du code tout juste fini directement sur son produit, il faut plusieurs batteries de tests successives avant de le rendre disponible. Sans rentrer dans les détails, on cherche à vérifier que l'on ne va pas déstabiliser une partie du produit ou tout le produit en intégrant une nouvelle fonctionnalité, que l'on ne va pas créer de *bugs* dans l'infrastructure, etc.

« La bonne astuce consiste à faire tester le produit à des employés qui n'ont pas eu la tête dans le guidon sur le produit ou à des proches. »

On teste d'abord la rectitude du code seul ou d'une portion du code (test unitaire), puis on réalise des tests fonctionnels dans une réplique de l'environnement déjà déployé (préproduction), puis un ensemble de tests (E2E, ou *end-to-end*) pour déterminer si tout fonctionne bien comme on l'avait prévu. Il convient ici de tester tous les scénarios possibles, même les plus absurdes : tu ne sais pas de quoi l'utilisateur est capable. Cela veut aussi dire tous les types d'appareils (Android, iOS, web, etc.), tous les navigateurs, toutes les versions disponibles.

Une fois cela fait, on choisit l'architecture IT qui convient au produit que l'on a construit. On fait ce choix selon le type d'audience, le volume prévu, la nature des données à traiter (notamment si elles doivent être sécurisées ou pas).

Enfin, on peut mettre en production et rendre le produit disponible aux utilisateurs.

Un travail d'équipe

À chacune des phases précédentes correspondent des métiers spécifiques. La possibilité de pouvoir y faire appel ou d'en avoir dans son équipe dépend bien sûr du stade d'avancement de la startup. Au début de la vie de la startup, l'équipe fondatrice doit être capable de maîtriser toutes ces étapes.

Ensuite, le rôle des membres de l'équipe dépend de l'étape en question :

- **Le *Product Manager*.** Il est présent tout au long du processus, mais son rôle est surtout important lors de l'étape de conception. Si la startup compte plusieurs PM, un *Head of Product* se chargera de la stratégie globale du produit, tandis que les PM se concentreront en général sur une fonctionnalité.
- ***UX/UI designers* et graphistes.** Leur rôle principal a lieu lors de la phase *design*, même s'ils doivent comprendre le concept de façon limpide et également expliquer certains choix aux développeurs.
- **Les développeurs.** Ils interviennent dans la phase de développement, avec une distinction entre développeur *front-end* et *back-end* (éventuellement des développeurs *full-stack* qui font les deux dans les startups qui débutent). Les développeurs peuvent également effectuer les tests et le déploiement si des postes dédiés n'existent pas. Dans les startups de plus grande envergure, des équipes DevOp gèrent la phase de déploiement.

LES LEÇONS DU CAS

> Créer un produit de A à Z fait intervenir une batterie de métiers et de compétences différentes qu'il faut maîtriser de bout en bout. Les pièges sont nombreux.

> Avant toute chose, il faut définir le concept de son produit : quel est son principe moteur ? Quelles seront ses spécificités ? Sa différenciation ?

> Le rôle du *Product Manager* est de superviser l'ensemble des étapes de création et de s'assurer que toutes les équipes intervenant dans le processus collaborent de manière efficace.

SIDE
COMPRENDRE ET INTERAGIR AVEC LE PRODUIT

LE PROF

Hugo Michalski,
cofondateur et CTO de Side

La galère de l'étudiant, Hugo la connaît bien. Tour à tour étudiant en médecine et en mathématiques, travaillant en France et au Japon, il sait à quel point il est difficile de trouver un petit job pour arrondir ses fins de mois.

C'est à l'école 42 qu'il rencontre ses futurs associés (trois étudiants d'HEC) et qu'ensemble ils décident de fonder Side.

LA STARTUP

La mission de Side est de transformer l'expérience du travail pour les étudiants et les jeunes diplômés en les mettant en relation quasi-instantanément avec des milliers d'entreprises à la recherche de main-d'œuvre flexible. Sélection, facturation, contrats, assurances, paiement : tout se passe directement sur l'application mobile pour les étudiants.

Après plusieurs levées de fonds dont une de 5 millions d'euros en 2017, la startup sert une communauté de plus de 20 000 étudiants et 1 000 entreprises lui font régulièrement confiance.

LA PROBLÉMATIQUE DU CAS

Side est une startup très orientée produit et ses quatre cofondateurs ont une appétence forte pour la construction d'un produit efficace. L'une des valeurs de l'entreprise est même *be obsessed about the experience*, qui suppose que l'expérience des utilisateurs comme de l'équipe doit toujours être formidable. Sur la plateforme en ligne, cela veut dire une interface fluide, une UX ergonomique. Sur l'expérience hors ligne, c'est-à-dire la mise en relation des *freelancers* avec les entreprises et les missions, tout doit se passer pour le mieux.

Pourtant, la relation de l'ensemble d'une équipe avec le produit est parfois nébuleuse. Pour les personnes en dehors de l'équipe produit, comprendre ce qui s'y passe est souvent complexe. Même au sein d'une équipe produit, les pièges sont nombreux dans la collaboration à mettre en place pour être efficace. Comment améliorer cette relation ?

Hugo revient sur les défaillances possibles d'une équipe produit et les bonnes pratiques à mettre en place pour comprendre et interagir avec le produit.

COMPRENDRE ET INTERAGIR AVEC LE PRODUIT

QUAND LES CHOSES TOURNENT AU VINAIGRE

Les difficultés potentielles quand on interagit avec une équipe produit sont nombreuses et peuvent provenir de trois sources différentes : un manque de visibilité, une difficulté à se faire entendre ou l'impression d'un manque d'impact.

LE MANQUE DE VISIBILITÉ

L'un des gros problèmes du produit, que l'on soit à l'intérieur ou à l'extérieur de l'équipe, est le manque de visibilité sur l'ensemble du processus de construction. Il donne lieu à des pathologies produit dangereuses pour l'entreprise (tableau 9.1) :

TABLEAU 9.1. DESCRIPTION DES PRINCIPALES PATHOLOGIES PRODUIT

La *black box* boîte noire	C'est le fait de ne pas savoir qui fait quoi sur le produit et, par extension, sur les chantiers en cours de celui-ci. Si les rôles de chacun ne sont pas clairement définis ou pas compris, il faut fixer les missions de chaque membre de l'équipe et savoir les expliquer.
L'inertie	Lorsqu'on pense qu'une fonctionnalité va sortir rapidement mais qu'elle n'arrive pas, c'est l'inertie qui entre en jeu. Pour s'assurer de la délivrabilité d'un produit, la visibilité est nécessaire.
L'anarchie sous le capot	Il existe beaucoup de mécaniques internes spécifiques à un produit. Lorsqu'elles sont obscures et compliquées à expliquer de manière intelligible, la visibilité de toute l'équipe baisse et on a l'impression d'une anarchie dans le produit. Il faut pouvoir tout expliquer facilement : ce que l'on conçoit bien s'énonce clairement.

La dette technique	Construire un produit nécessite de faire des choix techniques. Ces choix techniques sont faits en fonction des besoins du moment, mais doivent aussi anticiper une montée en charge des volumes et l'évolution du produit. Si ce n'est pas le cas, les personnes arrivant dans l'équipe ne comprendront pas le choix technique qui a été fait et qui n'est plus adapté. *A minima*, il faut documenter les choix historiques et être capable de les expliquer pour donner de la visibilité à tous.
La dette produit	Cet élément est moins connu que la dette technique mais tout aussi critique. Le produit résulte d'une succession de choix liés au contexte ou à la vision d'un moment *t*. Une startup est nécessairement dotée d'un produit imparfait et en constante évolution pour répondre à un nouveau type d'utilisateurs ou à une nouvelle opportunité *business*. Les ressources étant limitées et le passif s'accumulant, il est vital de connaître son produit pour maintenir la cohérence entre les usages d'hier et ceux de demain.

Une équipe qui construit un produit avec un manque de visibilité devient vite frustrée et moins performante.

LES PROBLÈMES DE COMMUNICATION

Au sein des équipes produit, mais aussi entre elles et les autres équipes, les difficultés de communication peuvent endommager davantage la compréhension du produit par tous :

- **Pas de *process*, trop de *process*.** Si aucune procédure n'est fixée, que les canaux de communication n'existent pas, que les équipes produit et technique sont silotées, les choses vont mal se passer. À l'inverse, si trop d'étapes intermédiaires et de validations partielles brident la communication directe entre deux membres de l'équipe, c'est aussi dommageable. Il faut trouver un juste milieu dans les *process*.
- ***Roadmap vs* besoin urgent.** La *roadmap* est le plan de l'évolution du produit dans les prochains mois, qui prend en compte sa vision complète et toutes les nouvelles fonctionnalités. *A priori*, l'équipe travaille selon la *roadmap*. *A priori* seulement puisqu'il y a souvent des besoins urgents à traiter.
  En tant que membre de l'équipe élargie, les *challenges* sont de faire remonter ces besoins urgents au bon moment (les communiquer) et de savoir avec quelle priorité les traiter par rapport au plan fixé pour l'équipe produit.
- **Comment savoir si je me fais entendre ?** Valable dans et hors de l'équipe produit. Si je fais une demande au reste de l'équipe, comment savoir si celle-ci est prise en compte ? Comment être notifié de l'avancée de ma demande ? Il faut apprendre à relancer et garder une relation proche avec tous les membres de l'équipe pour être tenu au courant.

- **Qui est-ce que je contacte ?** Quand la taille de l'équipe produit augmente, difficile de savoir à qui demander quoi. Est-ce qu'on doit agréger les demandes et les besoins et les répartir automatiquement ensuite ? Comment construire cette répartition automatique ? Attention également aux interlocuteurs privilégiés : les membres d'une équipe produit sont interdépendants et perturber une des personnes peut mettre en péril le travail de toute l'équipe. Mieux vaut faire valider sa demande par une personne qui dispose de la vision d'ensemble.

LE MANQUE D'IMPACT

De l'extérieur, on peut facilement avoir l'impression que l'équipe produit manque d'impact :

- **Le produit est en retard.** Le produit a toujours du retard sur le *business*. Normal, ce sont les besoins et les demandes des utilisateurs qui l'orientent. Les problèmes arrivent quand un membre de l'équipe support ou vente fait une demande d'amélioration produit qui n'est pas prise en compte, trop spécifique, pas considérée comme urgente ou pas dans la *roadmap*.
- ***Bugs* et erreurs.** Tout le monde sera confronté aux difficultés techniques du produit dans l'entreprise : le vendeur qui fait une démonstration, la personne au support avec un client mécontent, le CEO devant ses investisseurs... on fait vite porter le chapeau à l'équipe produit dans ces moments.
- **« C'est juste un bouton ».** Parfois, on se dit qu'un changement ne devrait pas prendre beaucoup de temps – c'est juste histoire de changer la couleur du bouton, de modifier une page ou une autre. La réalité technique est parfois plus complexe, mais on a du mal à discerner les cas où c'est normal et ceux où ça ne l'est pas.

La mission du produit est d'apporter une solution *scalable* à un besoin *business*. C'est un mélange de vision et de réaction. Si on se cantonne au *feedback*, le meilleur produit n'existera jamais, car il faut proposer des choses aux utilisateurs. Si on reste uniquement dans l'implémentation de la *roadmap*, on construit un produit que personne ne va utiliser. En trouvant l'équilibre entre les deux, on crée de l'impact produit.

En outre, l'équipe produit doit donner de la visibilité sur son travail, les autres doivent veiller à la bonne communication.

COMMENT AMÉLIORE-T-ON CELA ?

Il existe plusieurs leviers pour améliorer la compréhension du produit qu'ont les employés de la startup :

- Il faut se rendre compte que derrière le produit, il y a une équipe. Il est nécessaire de construire des ponts entre elle et le reste des employés, et d'établir une communication claire et continue.

- Il faut réaliser ce que l'on appelle l'éducation produit de chaque personne lors de son *onboarding*.
- Il est important de ne pas s'enfermer dans les *process* et de rester à l'écoute.

LE PRODUIT, UNE AFFAIRE PERSONNELLE

L'un des enjeux est de comprendre les différences culturelles entre les membres de l'équipe. Lorsque Side débutait, les employés étaient des *juniors* en contact direct avec le produit. Aujourd'hui, des employés arrivent de grands groupes et ont besoin de s'acculturer. Il est nécessaire de s'adapter à cette réalité.

Pour établir une meilleure compréhension de la part de tous, il est très efficace de mettre en place une culture produit forte dans l'entreprise. Si tous comprennent que le moyen de réussir la mission est d'avoir un produit supérieur et ce que cela implique concrètement dans le fonctionnement, alors chacun fera du produit une affaire personnelle. Ce que cela veut dire, c'est remonter les *bugs* rapidement, savoir à qui s'adresser pour l'améliorer, dans quel *tempo* suggérer, etc.

PAS DE RECETTE MIRACLE, MAIS DES SOLUTIONS CONCRÈTES

Par des initiatives pragmatiques, Side a réussi à mettre en place une bonne hygiène de compréhension du produit dans toute l'équipe :

- **Présentation produit hebdomadaire.** Chez Side, un point d'équipe est organisé tous les lundis matins à 10 heures où chaque équipe présente ses avancées et ses *challenges*.
- **E-mail fonctionnalité.** Dès qu'une nouvelle fonctionnalité sort, un e-mail est envoyé à toute l'équipe pour expliquer en détail comment elle fonctionne. Chacun est ainsi averti des nouveautés sur le produit et peut donner son avis, poser des questions ou *challenger* les choix faits.
- **Une priorité *business* pour l'équipe produit.** Tous les trois mois, Side décide d'une priorité *business :* l'acquisition, la rétention, etc. C'est une priorité commune à toutes les équipes : les opérations, la vente et le produit travaillent sur la même chose, et cela facilite le dialogue.
- ***Onboarding* produit.** Chaque nouvel arrivant a le droit à un tour d'horizon du produit et de son fonctionnement. Il n'est pas nécessaire de rencontrer chaque membre de l'équipe produit, mais il faut comprendre comment le produit marche. Ainsi, si l'on oublie quelque chose dans son travail quotidien, on sait que la ressource existe et est stockée quelque part.
- **POC et bêta ouvertes à tous.** Toute l'équipe doit pouvoir tester les nouvelles fonctionnalités avant qu'elles soient mises en production et donner son *feedback*.
- **Partager la *roadmap*.** Side utilise Asana pour montrer à tous ce qui est fait, ce qui est en train d'être réalisé et ce qui va être fait. Pour ceux qui le souhaitent, de la documentation est disponible pour avoir plus d'informations.

LES LEÇONS DU CAS

> Les dysfonctionnements entre le produit et l'équipe de la startup existent et sont nombreux. Ils provoquent des frictions importantes pour le *business* et pour toute l'entreprise. Souvent, ils proviennent d'un manque de visibilité et de communication entre les équipes, ou de l'impression extérieure d'un manque d'impact.

> Pour contrer ces dysfonctionnements, il s'agit de faire un effort mutuel de compréhension. D'un côté, communiquer plus clairement sur ce que l'on fait et sur la manière dont on travaille. De l'autre, chercher à acquérir un savoir sur la manière dont le produit fonctionne. Pour cela, l'équipe doit partager une culture produit forte.

> De manière pragmatique, il s'agit de mettre en place les éléments de communication et de visibilité systématiques qui permettront à tous de se sentir impliqués et d'être au courant. Il s'agit également d'aligner ses objectifs pour faciliter le dialogue et la collaboration.

COMET
MVP, LES OUTILS DE LA DÉBROUILLE

LE PROF

Charles Thomas, fondateur et CEO de Comet

Chez Lion, on adore Charles. Non seulement parce que c'est un *alumni* de la toute première saison, mais surtout parce que son ambition et sa jovialité sont aussi pures que le bleu de ses yeux.

Après quatre années passées dans des SSII, Charles s'est rendu compte que la manière dont les *freelancers tech* trouvaient des missions en entreprise pouvait être révolutionnée. Comet était née.

LA STARTUP

Comet met en relation les meilleurs travailleurs indépendants spécialisés en *tech* et en *data* avec des entreprises qui ont besoin de ces compétences précieuses. Celles-ci déposent leurs besoins sur le site et se voient recommander le profil le plus adapté en moins de 48 heures.

Comet a fédéré une communauté de plus de 3 000 *freelancers* techniques depuis son lancement et a permis de lancer près de 500 missions pour plus de 150 clients en France. La startup vient de boucler une levée de fonds de 11 millions d'euros en 2018 pour accélérer le développement de son produit, le recrutement et s'étendre sur de nouveaux marchés.

LA PROBLÉMATIQUE DU CAS

Comet est aujourd'hui un produit très technique qui utilise des algorithmes maison pour *matcher* les travailleurs indépendants avec les missions soumises par les entreprises clientes. Cependant, il n'en a pas toujours été ainsi. Lorsque Charles et ses associés se sont lancés, ils n'avaient ni les compétences techniques, ni la validation du marché pour se lancer dans la construction d'un produit complexe. Pour avancer, ils ont choisi de suivre la philosophie du MVP (*Minimum Viable Product*) : bidouiller rapidement, prouver son concept, vendre avant de faire. Ils sont même arrivés à 400 000 € de chiffre d'affaires mensuel sans écrire une ligne de code !

Comment se lancer dans les meilleures conditions ? Tout un panel d'outils et de techniques efficaces existent, et Charles nous explique comment faire émerger rapidement un MVP sans nécessairement avoir de compétences techniques.

MVP, LES OUTILS DE LA DÉBROUILLE

L'idée du MVP est assez simple : avant de lancer un produit, il faut voir s'il y a un problème en face. Aussi, l'objectif est de construire la brique la plus simple pour que le client puisse cerner la proposition de valeur et comprendre si un marché existe réellement.

Charles distingue quatre grands principes à adopter pour intégrer la philosophie du MVP. Ceux-ci vont de pair avec l'utilisation des bons outils et surtout de la bonne vision – l'étoile polaire qui te guide si tu doutes.

FAKE IT UNTIL YOU MAKE IT[1]

Il s'agit de prétendre que quelque chose existe avant même que ce soit réellement le cas. En tant qu'utilisateur, l'important est que l'entreprise en face de toi réponde à ton besoin, pas la manière dont elle le fait : il n'y a pas besoin de l'algorithme miracle dès le départ.

En démarrant Comet, Charles allait démarcher directement les clients. Il a même réussi à négocier son premier contrat sans même avoir déposé les statuts de l'entreprise. Pendant plusieurs mois, lui et ses associés faisaient la sélection des candidats eux-mêmes, pour s'assurer de la satisfaction des deux parties. C'est important de réaliser ces tâches ingrates soi-même au départ (contacter des développeurs sur LinkedIn, faire des centaines d'entretiens avec eux) pour comprendre clairement leurs attentes.

Les objectifs sont multiples : valider qu'un marché existe, ne pas perdre de temps, apprendre très vite ce qui fonctionne et ce qui ne fonctionne pas, et enfin passer d'une conviction personnelle à des faits appuyés par des données chiffrées.

1. À force, cela va finir par te rentrer dans la tête.

Les outils à utiliser à ce stade sont simples :

- **La *landing page***. C'est une page de redirection qui diffère un peu de la page d'accueil du site. Elle s'adresse à une audience spécifique, avec un message particulier et un objectif précis (le *call-to-action*). C'est l'outil le plus important à cette étape. On peut la créer en utilisant des outils comme Strikingly[1], Squarespace[2] ou Mailchimp[3]. Wordpress est aussi une solution envisageable, qui pâtit toutefois d'une atmosphère plus « usine à gaz » que les autres.
- **L'acquisition client**. Pour promouvoir la solution à bas coût (dans une industrie B2B), il est intéressant d'utiliser les crédits offerts par Google Adwords, Facebook Ads et LinkedIn Ads afin de propager rapidement sa solution.
- D'autres outils, comme Kickofflabs[4] pour construire une liste d'attente virale ou Bubble[5] pour développer des applications sans savoir coder, peuvent s'avérer très utiles à cette étape.

Chez Comet, les fondateurs ont commencé par créer un simple *landing page* qui expliquait ce qu'ils faisaient avec un *call-to-action* pour les indépendants et pour les entreprises (« inscrivez-vous »). Ils ont ensuite dépensé 50 € pour acheter le nom de domaine et, en utilisant des crédits offerts sur les services de publicité en ligne, ont récolté 800 inscriptions d'indépendants en une journée.

En faisant le tri parmi ces 800 inscrits (qui comprenaient des boulangers, des artisans), ils ont extrait une liste de 500 *prospects* à qui ils ont simplement envoyé un questionnaire pour mieux comprendre qui ils étaient.

Cette première *landing page* a par la suite souvent été modifiée pour la rendre plus performante. L'offre pour les entreprises et pour les *freelancers* a été détaillée, puis Charles et ses associés ont décidé de construire deux pages séparées pour ces cibles différentes. Aujourd'hui, il existe une trentaine de *landing pages* différentes chez Comet.

Du côté des entreprises clientes, les fondateurs de Comet ont utilisé Bubble pour construire un module d'inscription et de dépôt de mission (le tout sans une ligne de code). Quand un client déposait une mission, un message lui annonçait qu'un algorithme travaillait pour trouver le meilleur indépendant. En réalité, Charles et ses cofondateurs faisaient la sélection à la main.

---

1. https://www.strikingly.com
2. https://www.squarespace.com
3. https://mailchimp.com
4. https://kickofflabs.com
5. https://bubble.is

Les actions incontournables à ce stade sont :

- **Créer une *landing page* :** exprimer sa proposition de valeur et inviter la cible à effectuer une action précise, comme s'inscrire (call-to-action).
- **Générer du trafic :** en utilisant Google Adwords, Facebook Ads, LinkedIn Ads, des campagnes d'e-mail ou d'autres techniques d'acquisition (*cf.* chapitre 6).
- **Mettre en place l'analyse statistique de son site :** en utilisant Google Analytics, Heap Analytics ou encore Mixpanel[1] (*cf.* chapitre 6).

Tout cela permet de prendre des décisions *business* : comment avance-t-on ? Que change-t-on ?

VENDS AVANT DE CODER

Être au contact du client en permanence permet d'affiner sa proposition de valeur et de savoir ce que le client veut exactement. Comet a par exemple réalisé rapidement que l'important pour les entreprises n'était pas d'avoir un *freelancer* disponible dans l'heure, mais de proposer un *freelancer* qui corresponde parfaitement à leur besoin.

« La croissance est la raison d'être d'une startup ; elle arrive quand on vend ! »

À une époque, Comet (qui s'appelait alors Skillee) avait 50 clients actifs, 500 *freelancers* dans sa communauté et atteignait un chiffre d'affaires mensuel de 30 000 € avec pour seul coût logiciel un abonnement Bubble à 80 €. Joseph Wiel, le CPO (*Chief Product Officer*) passait alors ses journées sur Bubble à optimiser l'enchaînement des tâches - car qui dit produit standardisé, dit performance moindre - tandis que Charles enchaînait les rendez-vous clients et que Valentin Cordier (COO) était aux petits soins avec les indépendants. Chaque soir, les trois se concertaient pour savoir comment améliorer la plateforme selon les attentes des utilisateurs.

Les actions nécessaires ici sont :

- **Vendre :** affiner son *pitch* de vente, rédiger la documentation commerciale, rencontrer des clients.
- **Animer sa communauté :** *via* un groupe Facebook, une *newsletter*, un Slack dédié.
- **Délivrer le service :** donner aux clients ce qu'ils attendent, quitte à le faire à la main.

Il faut voir les choses en grand, mais commencer petit.

1. https://heapanalytics.com ; https://mixpanel.com

SOIS TON PROPRE CLIENT

C'est important de vivre soi-même l'expérience que l'on propose à ses clients. Une fois par mois, Comet réalise des *hackathons* avec des travailleurs indépendants afin de créer des nouvelles fonctionnalités sur leur plateforme. En faisant cela, non seulement ils améliorent leur produit, mais en plus ils savent ce que valent les indépendants qu'ils proposent à leurs clients. En outre, en discutant avec eux et en faisant des enquêtes régulières sur leurs préférences, ils ont réussi à dresser une typologie des *freelancers*, et ces *personas* les aident au quotidien.

« Il faut se mettre dans la peau du client, vraiment : utiliser son propre service pour comprendre les priorités d'un client, s'imprégner des problèmes et des frictions de ses propres utilisateurs, sentir la valeur de ce qu'on offre sur le terrain. »

Le même travail a été entrepris côté *freelancer*. Les fondateurs ont eux-mêmes créé des statuts d'auto-entrepreneur pour comprendre ce qu'on vit vraiment en tant que travailleur indépendant. Ils se sont ainsi rendu compte que l'*onboarding* était souvent une partie compliquée des missions. Ils créent régulièrement des événements pour animer leur communauté d'indépendants et faire que ceux-ci s'entraident et leur remontent des informations utiles à la construction du produit.

Surtout, Comet travaille en permanence avec une quinzaine de *freelancers* pour ses besoins internes et les trouve en utilisant son propre produit. Le CTO vit l'expérience client de la plateforme au quotidien.

BOOTSTRAPPE TOUT !

Le *bootstrapping* renvoie à une idée de bidouillage, de bricolage. La frugalité avec laquelle on doit composer lorsque l'on n'a pas d'argent impose de trouver des solutions alternatives qui fonctionnent tout de même. C'est précisément cela, l'esprit du *bootstrap*.

Savoir faire levier des bons outils est essentiel pour être un bon *bootstrapper* :

- **Zapier**[1] a été utilisé par Comet comme un fil à coudre qui s'intègre dans toutes les applications et les relie entre elles, sans avoir besoin de développer quoi que ce soit. Pendant longtemps, quand un client s'inscrivait, Charles recevait directement un SMS pour pouvoir organiser un rendez-vous dans les plus brefs délais. Cette connexion entre le système d'inscription et le système de messagerie en ligne a été réalisée simplement avec Zapier. Une alternative à Zapier est le service IFTTT[2].

1. https://zapier.com
2. https://ifttt.com

- **Trello**[1] est la version digitale du *Post-it*. C'est un outil de gestion de tâches puissant et collaboratif qui permet à une équipe de suivre l'avancée d'un ou de plusieurs projets en simultané. Il a également été intégré grâce à Zapier.
- **Invoicely**[2] permet de générer des factures automatiquement.

LES LEÇONS DU CAS

> Plus qu'une prouesse technique, le MVP est une philosophie : être capable de mettre en place les solutions les plus simples pour pouvoir s'adresser au client, confronter sa vision au marché, apprendre des retours du terrain et améliorer le produit.

> Peu importe, au fond, que le MVP soit codé, soit une simple *landing page*, une vidéo, un groupe Facebook ou que tout soit fait à la main : il faut être capable de tester son service rapidement.

> Maîtriser les bons outils permet d'économiser du temps, de l'argent et de gagner en visibilité analytique sur l'avancée de son produit.

1. http://trello.com
2. https://invoicely.com

LE SLIP FRANÇAIS
LES STARTUPS ET LE *BRANDING*

LE PROF

Antoine Clemenceau,
***Head of Brand* chez Netatmo**
et *Partner* chez Le Slip Français

Antoine est un esprit curieux et créatif qui met toute sa passion au service des marques qu'il accompagne pour les aider à exprimer leur identité.

En huit ans dans l'agence de communication BETC – au sein de l'entité dédiée aux startups – Antoine a pu aider des dizaines d'entrepreneurs à créer et à affirmer leur identité et la communiquer au mieux.

Ami d'enfance de Guillaume Gibault, il l'a aidé à construire la marque et à créer du contenu pour Le Slip Français.

LA STARTUP

Le pari du Slip Français est simple: réinventer la fabrication textile en France. Guillaume Gibault et ses équipes mettent un point d'honneur à faire dessiner, tricoter, confectionner et emballer leurs produits par des entreprises et artisans locaux. 100 % *made in France*!

Aujourd'hui, Le Slip Français représente près d'un million de pièces fabriquées, 100 employés, 14 boutiques en France et de nombreux revendeurs à travers le monde!

LA PROBLÉMATIQUE DU CAS

Antoine est un expert de la problématique du *branding* pour les startups. Pour lui, la plupart d'entre elles ont tendance à se saisir du sujet un peu tardivement. Pourtant, définir une image de marque et une identité forte dès le début d'une aventure permet de se donner des repères qui aident à prendre des décisions, à se développer et à grandir.

Dans cette étude de cas, Antoine explique l'intérêt de créer une marque pour les startups et parcourt les stratégies pour la déployer efficacement.

LES STARTUPS ET LE *BRANDING*

STARTUPS ET MARQUE : LE MALENTENDU

POURQUOI LES STARTUPS DISENT (PARFOIS) *F**K* AU *BRANDING*

Quand on aborde la question de la marque avec une startup, les commentaires sont souvent similaires : « ça coûte trop cher », « c'est pour les grosses entreprises », « c'est du *bullshit* », etc.

Pourtant, comme tu l'as vu à de nombreuses reprises dans les chapitres précédents, la différence fondamentale entre une startup et une PME est l'ambition de devenir un géant. Là où les petites entreprises qui souhaitent rester petites peuvent faire l'impasse, la marque est au contraire un actif à construire dès le départ pour les startups. Il ne s'agit pas que des éléments de communication classiques (slogans ou publicités). Un ensemble de choses constitue une identité présente dans tout ce que fait la startup : prise de parole des fondateurs, ton des *newsletters*, etc.

L'UTILITÉ DE LA MARQUE POUR UNE STARTUP

Quand on commence à réfléchir à l'identité de sa marque, on est vite assailli par un vocabulaire compliqué qui donne l'impression que c'est un élément difficile à mettre en place.

En réalité, cela ne l'est pas : une marque est un raccourci entre une entreprise et son audience. Le *branding* est la construction de ce raccourci. Il faut qu'à terme la marque devienne l'argument qui convainc les clients d'acheter le produit.

La question de la marque se pose à chaque étape du développement de l'entreprise. Elle fixe un cap et permet d'éviter de se perdre : la marque est en fait l'expression de l'ambition de la startup et de sa mission. Il y a une relation intime entre ces trois éléments :

1. la mission reste la même ;
2. mais le niveau d'ambition augmente progressivement ;
3. donc la marque reste cohérente mais se transforme petit à petit pour épouser le niveau d'ambition.

> **« Une marque est la conjonction de trois éléments : qui l'on est, ce à quoi on sert et quelle relation on propose à son audience. Ces éléments définissent une personnalité. Une fois cette personnalité fixée, il faut rester constant et cohérent sur chaque aspect. »**

Pour les startups, l'étape difficile est souvent de passer du récit d'une idée (l'histoire de l'entrepreneur et de comment il s'est lancé) à celui d'un service qui entre dans la vie de ses utilisateurs.

D'une manière générale, le public est de plus en plus exposé à des messages commerciaux, à des publicités et à des propositions de valeur. Faire un effort de présentation et d'explication, créer une identité forte permet de faire ressortir sa singularité et de se démarquer.

Avoir une marque forte peut également permettre de montrer qu'on a une communauté engagée derrière soi ou de continuer à se développer dans d'autres cœurs de métier (Virgin, Amazon).

Une marque est un actif financier intangible important. Au bilan de Coca-Cola, le *goodwill* (c'est-à-dire l'écart entre la valeur comptable et la valeur réelle de la marque) est de plusieurs milliards de dollars.

La marque est utile au *business*

Pour un ensemble de raisons, définir une marque forte très tôt est pertinent pour une startup : non pas pour le pur plaisir de faire de la communication, mais parce que la marque permet au *business* d'avancer plus vite.

DÉPLOYER SA STRATÉGIE DE MARQUE

Pour construire une marque qui dure longtemps, il faut avant tout se poser les bonnes questions, dont la plus importante est sans doute la suivante : quel est ton rôle dans la vie des utilisateurs ?

Airbnb, par exemple, n'est pas une plateforme de location d'appartements entre particuliers, c'est ta seconde maison quand tu n'es pas chez toi. La force de cette approche est de se donner tout de suite une fonction identifiée et engageante pour les utilisateurs.

Le cas du Slip Français est intéressant. La marque a commencé comme un pari entre amis : on peut tout vendre si l'on a un bon produit *made in France*, même des slips ! La France est en effet une formidable marque, avec une aura internationale. Plus tard dans l'histoire du Slip Français, la France a d'ailleurs été l'argument qui a facilité l'implantation au Japon ou aux États-Unis. Pour le lancement aux USA, au lieu d'une campagne de pré-commande classique, ils ont décidé de raconter une histoire rigolotte en vidéo[1]. Cette histoire est cohérente avec la marque et ses valeurs et dépasse le simple sujet de l'ouverture à un nouveau pays.

1. http://bit.ly/SlipVideo

TROUVER L'*INSIGHT*

Un *insight* est une vérité humaine qui permet de construire une marque qui dure. Il s'agit d'un principe indicible, ineffable, qui va au-delà de la simple observation. Un bon *insight* met en relation l'humain et la marque : c'est l'équation parfaite entre la vérité du produit (ce qu'on offre) et la vérité des gens (ce qu'ils reçoivent).

On sait qu'on l'a trouvé quand les utilisateurs commencent à utiliser des phrases comme « wouah, cette marque me comprend vraiment » ou « je ne l'avais jamais pensé comme ça, mais c'est vrai ».

ÉCRIRE UN MANIFESTE

Pour bien définir sa marque, il est utile de rédiger un manifeste de sa startup. Il doit recouper plusieurs points :

- **les origines :** ce qui t'a donné l'envie de te lancer, les raisons d'être profondes de la startup ;
- **la vision du marché :** ce que ta startup voit et que les autres ne voient pas ;
- **l'identité :** qui tu es, ta marque et ce que tu fais concrètement ;
- **l'impact :** ce que ton produit va changer dans la vie des gens ;
- **l'ambition :** où va la startup, ce qu'elle sera dans le futur.

Une fois cet exercice fait, il faut essayer de raccourcir chaque réponse au maximum pour en extraire toute la substance dans une phrase courte, significative, percutante et assumée.

Les points à retenir selon Antoine

- **Prends la marque au sérieux :** il n'y a pas de distinction entre la stratégie de marque et la stratégie du *business*.
- **Ne sois pas trop sérieux dans la communication :** selon ton audience, un ton plus détaché et des idées originales fonctionnent parfois mieux.
- **Sois malin :** ne paie pas pour des illustrations ou des idées que tu pourrais faire ou avoir toi-même.
- **Écris un manifeste** pour définir l'identité de ta marque.

LES LEÇONS DU CAS

> Le *branding* apporte énormément aux startups qui le prennent au sérieux. Il s'agit d'une continuation des priorités *business* qui permet de croître plus vite.

> Pour déployer sa stratégie de marque, il faut avant tout définir le lien humain qui unit l'entreprise et ses utilisateurs. Une fois celui-ci fixé, on peut être créatif et le décliner sous différents formats, dans diverses campagnes, tout en gardant une cohérence forte.

THE FAMILY
LES 4 RÈGLES DU *DESIGN* EN STARTUP

LA PROF

Camille Dubreuil,
Graphic Designer chez The Family

Les chats à paillettes, les emojis scintillants et tous les autres éléments tropicalo-baroques du site de The Family ? C'est elle ! Comment Camille s'est-elle retrouvée à faire partie de la *team swag* d'une société d'investissement en startups ?

C'est simple. Après son diplôme de l'ESAG Penninghen (l'école d'arts graphiques), elle a travaillé en agence de *design*, mais la lenteur des projets l'ennuyait. Elle a donc lancé son propre magazine : *Dissemblances*. Après quelque temps, un ami lui a parlé d'une ouverture de poste chez The Family. L'harmonie a été immédiate avec Alice, elle a rejoint l'équipe en 2015.

LA PROBLÉMATIQUE

En plus de se charger de la création des visuels de The Family, Camille accompagne les entrepreneurs du portefeuille dans la recherche de leur identité graphique dans les contenus, la création de logos, les sites web ainsi que la communication visuelle.

Grâce à cette expérience, elle sait précisément comment rechercher et définir son identité graphique et a pu découvrir les règles générales qui s'appliquent à tous ceux qui veulent créer du contenu visuel pour leur startup.

Dans cette étude de cas, Camille revient sur ce qui constitue une bonne identité visuelle. Elle explique ensuite les quatre grands principes du *design* dans les startups et partage ses secrets pour être plus efficace au quotidien.

LES 4 RÈGLES DU *DESIGN* EN STARTUP

QU'EST-CE QU'UNE IDENTITÉ VISUELLE ?

L'identité visuelle est ce qui fait que l'on reconnaît une marque ou un produit. C'est un univers qui met en valeur le produit de façon à prolonger son expérience. Il ne s'agit pas que de *design* : cette identité visuelle constitue un avantage concurrentiel qui permet de se distinguer dans la masse. Chez The Family, l'identité visuelle est très forte : elle se retrouve dans chaque facette de l'activité et elle soutient le discours ainsi que les valeurs de l'entreprise. En effet, l'iconographie se veut radicale, chaleureuse et ambitieuse.

L'identité visuelle doit avoir du sens, il ne s'agit pas uniquement d'esthétique. C'est un gage de confiance, de pédagogie et de simplicité.

DÉCOUVRIR SON IDENTITÉ VISUELLE

Avant de plonger dans la partie visuelle, il est important de faire un travail de préparation en amont pour faire ressortir les valeurs de la startup.

Chez The Family, les entrepreneurs qui recherchent leur identité visuelle remplissent un *swag doc,* questionnaire qui fixe les idées des fondateurs et retranscrit les valeurs, le problème et la solution de la startup. Grâce à ce document, il est facile de voir si les fondateurs de la startup sont personnellement alignés avec leur vision et cohérents avec les valeurs qu'ils portent. Le *swag doc* ne se concentre pas uniquement sur la startup : un portrait chinois permet de retranscrire les images mentales des fondateurs.

Les quatre grandes parties abordées dans le *swag doc* sont :
- les fondateurs ;
- les valeurs ;
- le produit ;
- le portrait chinois.

Parmi les questions posées, on trouve notamment :
- Quels sont vos croyances et vos combats ?
- Quel problème résout votre startup ?
- Si vous étiez un plat, un animal… : votre portrait chinois et celui de votre startup.
- Qui utilise votre produit ?
- Quelles sont les prochaines étapes du développement, etc.

L'entrepreneur réalise ensuite un *mood board* pour sa startup : une sélection d'images qui l'inspirent et qui retranscrivent les messages (ou une partie des messages) qu'il souhaite véhiculer. Ce *mood board* permet de mettre en image les éléments conceptuels ayant émergé lors du travail de préparation : il crée un vocabulaire de formes et de couleurs qui traduisent les éléments identifiés dans le *swag doc*. Le *mood board* permet de *briefer* correctement une agence de *design* ou un graphiste.

> **« Cette étape doit nécessairement être réalisée par les fondateurs de la startup, car ce sont eux qui portent le projet et leurs valeurs qui doivent transparaître. Ce sont aussi eux (souvent le CEO) qui auront la responsabilité finale de trancher et faire des choix sur l'identité. »**

CONSTRUIRE SON IDENTITÉ

Bootstrapper ou payer, telle est la question. Soit la startup a les moyens de payer un *designer* ou une agence (qu'il faut alors savoir *briefer*), soit une personne de l'équipe exécutera le *design* tel que décrit auparavant.

Chez The Family, si l'entrepreneur fait le choix d'exécuter lui-même, l'équipe de Camille fournit des directions assez précises : couleurs, polices, formes à utiliser, etc. En revanche, si la tâche est confiée à un professionnel, il faut rester en retrait dans les directives pour ne pas le borner et brider sa créativité.

La construction de l'identité est une étape primordiale. On la décline ensuite dans divers éléments : le logo, la police de caractères, les couleurs utilisées, le site web, les réseaux sociaux, les *newsletters*, la signature des e-mails, etc.

Camille a participé à la recherche de l'identité de la startup Kymono[1], dont la proposition de valeur est précisément d'habiller l'identité et la culture des entreprises. Les valeurs de cette startup sont la joie, le partage, la transparence, l'honneur et l'exigence. Les fondateurs de Kymono les ont fait ressortir en répondant au *swag doc*, puis le *mood board* de Kymono a traduit les réponses à ces questions en couleurs : très coloré, esprit japonais, samouraï. Le logo et le site internet ont ensuite été construits, puis l'identité a été déclinée sur les réseaux sociaux. L'univers est cohérent : des contenus sont publiés tous les jours avec des employés de startups habillés par Kymono.

LES 4 RÈGLES DU *DESIGN* EN STARTUP

SWAG DOESN'T JUST MEAN BEAUTIFUL

Chez The Family, le terme *swag* est employé pour désigner une startup qui a une identité qui se démarque. Le mot d'ordre est la cohérence entre le *design*

1. https://kymono.co

et les valeurs de la startup. L'esthétique ne suffit pas : le fond et la forme doivent être en parfaite harmonie et se compléter.

En *design*, tout n'est jamais parfait du premier coup : itérer et prendre du *feedback* assez régulièrement permet de s'orienter dans la bonne direction.

LA PIRATERIE N'EST JAMAIS FINIE

Pour être *designer* en startup, il faut apprendre à naviguer dans le chaos et être à l'aise avec les méthodes pirates des entrepreneurs. Réaliser des visuels avec les moyens du bord et s'approprier des éléments qui existent déjà sont deux rouages essentiels pour travailler efficacement. Camille cite deux exemples :

- La toute première vidéo de présentation de The Family[1] était un *patchwork* réalisé avec de nombreux extraits de films existants. La raison de ce choix est simple : par faute de moyens, l'entreprise ne pouvait pas se payer un vidéaste. Cette vidéo a donc été constituée avec des références et des visuels divers que The Family a recherchés et qui sont en cohérence avec ses valeurs, pour faire passer un message précis.
- La startup Trusk a créé une vidéo à partir d'un extrait d'*Astérix et Obélix : Mission Cléopâtre*. Dans cette vidéo, Obélix bouge un canapé sans effort à la place du bloc de pierre qu'on voit dans le film. Trusk a donc pris les visuels du film et les a transformés pour refléter son identité.

Trouver la vidéo du moment et la détourner peut être une idée payante, à condition que cela soit bien fait. Les nombreux *bad buzz* sur Internet proviennent sûrement d'entreprises qui n'ont pas intégré la philosophie du *feedback*.

LA CULTURE : TRANSMETTRE L'ADN DE LA STARTUP

La culture d'une startup est partout : elle se retrouve dans le discours, dans l'identité visuelle, dans la décoration d'un lieu. Une culture très forte doit être alimentée en permanence par un lien évident entre le fond et la forme.

Merci Handy transmet bien sa culture dans ses créations visuelles. L'univers coloré, les odeurs fleuries et acidulées dans les produits traduisent l'état d'esprit de la startup. L'entreprise poursuit une campagne *marketing* continue en basant sa communication sur des licornes (*cf.* l'étude de cas Merci Handy du chapitre 5). Ils présentent un univers assez *girly*, rempli d'émoticônes et de paillettes, et donc en parfaite cohérence et alignement avec leurs valeurs.

L'EFFICACITÉ : CRÉER DANS L'URGENCE

Lorsqu'elle travaillait en agence, Camille réalisait des projets en six mois. Aujourd'hui, elle les réalise en un mois chez The Family. Pour y parvenir, il s'agit d'aller directement au concret : il n'y a pas de multiplication dans les décisions. La seule décisionnaire est Alice Zagury, la CEO.

1. http://bit.ly/Video1TF

Réaliser un projet en un mois peut s'avérer un véritable défi, mais on y arrive en itérant rapidement et en récoltant du *feedback* le plus tôt possible pour éviter de perdre du temps et partir dans la mauvaise direction. Pour fêter les cinq ans de The Family, Alice a décidé de réaliser une bande dessinée retraçant tout le parcours des trois associés et toutes les rencontres faites pendant cette période. Le délai pour le faire : un mois et demi. Camille et Alice on fait une retraite d'une semaine afin de réfléchir au meilleur moyen de retracer ces cinq ans d'histoire. Alice a commencé à faire des croquis pour raconter l'histoire de The Family. Camille, elle, était chargée de raconter l'histoire de certaines des startups du portefeuille en visuel, ainsi que de la couverture du livre. Grâce à leur travail d'équipe et leur organisation, Alice pour la réalisation des croquis, Camille pour les retouches et les startups, Kyle (*cf.* l'étude de cas *Content Writing* du chapitre 6) pour la correction des fautes d'anglais, la BD a pu sortir dans les délais[1].

BONUS – CRÉER LA SURPRISE : QUAND LE *DESIGN* SERT LE *BUSINESS*

Créer un effet de surprise à travers son identité visuelle est important car cela permet de rendre un problème mémorable et de sortir des tendances du moment.

La grosse difficulté dans l'univers des startups réside dans le fait qu'elles se ressemblent toutes : toutes les *FinTech* utilisent du bleu, par exemple. Sortir du cadre permet de se différencier de la concurrence.

Pour sortir des tendances et trouver des éléments de différenciation dans son *design*, il est utile de chercher des références en se rendant dans des musées, dans des expositions, en s'imprégnant d'une culture locale lors d'un voyage, etc. S'ouvrir au monde est le meilleur moyen pour se renouveler et trouver de l'inspiration : art, films, expositions, photographies, affiches, tout peut être inspirant et fonctionner.

Les astuces de Camille

Pour son inspiration, Camille passe beaucoup de temps sur Pinterest : elle constitue des tableaux qu'elle range en fonction de grandes thématiques.

Sur Instagram, elle suit des magazines mais aussi des agences dont elle apprécie l'univers. Elle visite également beaucoup Google Arts & Culture ou Behance pour découvrir de nouveaux artistes.

1. Elle n'a été tirée qu'à 1 500 exemplaires et a été offerte à des proches de The Family : employés, entrepreneurs, investisseurs, partenaires, etc.

Ses six principes de *design* préférés sont la postérité de Dieter Rams, légendaire *designer* de produits pour la marque Braun :

- un bon *design* est innovant ;
- un bon *design* rend un produit utile ;
- un bon *design* est esthétique ;
- un bon *design* rend un produit compréhensible ;
- un bon *design* est discret ;
- un bon *design* est honnête.

Pour finir, le tableau 9.2 récapitule quelques outils incontournables.

TABLEAU 9.2. OUTILS À CONNAÎTRE POUR LE *DESIGN*

Pinterest	Pour trier ses inspirations.
Suite Adobe	Pour exécuter les créations graphiques : Illustrator pour les logos, Photoshop pour les visuels.
Colorhunt	Pour trouver des palettes de couleur originales.
Google Fonts	Pour les polices d'écriture.
The Noun Project	Pour les icônes.
Malt	Pour trouver un *designer* en *freelance*. Il faut prendre le temps de se renseigner et d'étudier les *portfolios* des *designers* que l'on repère. Pour une identité visuelle de qualité, il faut compter environ 1 500 €.

LES LEÇONS DU CAS

> Le *design* en startup répond aux valeurs de l'entreprise, c'est une transcription matérielle de celles-ci. Il faut qu'il y ait une symbiose, une harmonie, une cohérence entre le fond et la forme.

> En tant qu'employé, on ne demande pas à tout le monde d'être *designer*, mais de savoir s'emparer des bons outils pour créer des visuels rapidement et en adéquation avec les valeurs de la startup. La partie technique n'est pas la plus importante, on peut s'en sortir avec des tutoriels en ligne. Il s'agit d'oser détourner des références tout en restant cohérent avec l'identité définie.

« JE HAIS LES VOYAGES ET LES EXPLORATEURS »

Claude Lévi-Strauss

CHAPITRE 10

JOYEUX TROPIQUES : COMMENT S'INSPIRER DES MEILLEURES STARTUPS

LA PART DU LION

Tu as dû constater de fortes similitudes dans les études de cas proposées dans ce chapitre. C'est bien normal : la façon de construire un produit en startup est établie.

Il s'agit de trouver et d'affiner un concept conforme à sa vision, en faisant confiance à son instinct produit, aux retours de ses clients ou aux données statistiques d'utilisation. Souvent, les trois sources doivent être mobilisées.

Ce concept doit rapidement être confronté à des utilisateurs pour être validé. C'est ici que le rationnel *business* prend tout son sens : on ne crée pas des fonctionnalités ou des produits par plaisir, mais parce qu'ils servent un besoin des clients.

Selon les cas, on peut devoir sortir un produit plus avancé et fonctionnel (RogerVoice, Qonto) ou, au contraire, très basique, pour le tester (Comet). Encore une fois, ce sont les besoins *business* qui guident les choix à faire dans le produit.

Ces choix sont inscrits dans une *roadmap*, qui est une carte de la vision que l'on veut avoir du produit sur les mois à venir, mais pas un guide inflexible auquel on doit obéir absolument. Trouver l'équilibre entre la réactivité face aux *feedbacks* du terrain et l'implémentation volontaire de fonctionnalités à long terme, tel est le défi du *product manager*.

Son rôle est également complexe, car il doit organiser la collaboration de personnes aux compétences très différentes, dans une équipe où la confusion peut se créer rapidement. Savoir trouver les bons outils, mais aussi les bonnes façons de travailler sont les clés de la réussite – et elles dépendent intrinsèquement de la startup et de son état d'avancée.

Ce qui est certain, c'est qu'il est toujours bénéfique que l'ensemble de l'équipe partage la culture du produit : l'envie de le tester régulièrement, de se mettre dans la peau des utilisateurs, de les comprendre, de chercher à améliorer le service par tous les moyens et de trouver le diable dans les détails.

Enfin, il ne faut pas négliger l'aspect essentiel de l'identité de la marque. Celle-ci doit s'exprimer non seulement au travers du produit, mais plus largement dans toute la startup. C'est cette identité qui rendra la startup unique aux yeux des utilisateurs.

Tout le paradoxe du travail de l'ethnologue est contenu dans le célèbre *incipit* du chef-d'œuvre de Claude Lévi-Strauss[1]. Si l'expédition lui est nécessaire pour aller étudier d'autres peuples, « l'aventure n'a pas de place dans [sa] profession ». En effet, Lévi-Strauss explique que l'ethnographe n'est ni à la recherche d'exotisme, ni en chasse d'anecdotes mondaines. Son but n'est ni plus ni moins que de comprendre l'homme par le prisme de la connaissance de sociétés diverses, y compris les plus éloignées de la nôtre.

Pourquoi est-ce intéressant pour nous, te demandes-tu ? Parce qu'il y a toujours deux niveaux de lecture à la découverte d'une jungle, et notamment à celle qui nous a occupés dans ce livre.

Le premier niveau de lecture est celui du voyage et de l'exploration. Pendant neuf chapitres, nous nous sommes promenés dans l'univers des startups, relevant des anecdotes intéressantes, griffonnant des constats dans nos carnets d'exploration. Toutes ces remarques seront très utiles à ceux qui vivent ou veulent vivre dans la jungle : les employés de startup. C'est bien à eux que ce livre s'adresse.

Cependant, il existe un second niveau de lecture : celui de l'analyse introspective. Le tour d'horizon que nous avons entrepris explique une partie de la réalité du monde du travail et de ses évolutions. Il peut permettre de réévaluer ou de relativiser sa propre situation pour ceux qui sont en dehors de la jungle : employés dans d'autres types de structures, entrepreneurs, indépendants.

Les tropiques de Lévi-Strauss sont tristes parce que la rencontre entre deux sociétés les altère : le regard d'analyse porté sur un objet social transforme sa nature même, il marque son deuil. Aussi le « contact » entre deux mondes différents provoque un choc irréversible et triste en ethnologie.

Pour nous, la rencontre de mondes différents est joyeuse : elle permet à tous les types d'agents économiques de s'inspirer des règles de la jungle pour améliorer leurs conditions et méthodes de travail au quotidien.

Ce chapitre propose, en fonction des grands types de situations professionnelles en France[2], une relecture des enseignements contenus dans ce livre. Que tu souhaites rester dans ta situation actuelle ou faire la transition vers le monde des startups, tu y trouveras des réponses éclairantes.

1. Lévi-Strauss C. (1955). *Tristes Tropiques.*
2. Il est malheureusement impossible de traiter toutes les catégories socio-professionnelles. Nous nous concentrerons donc sur celles que nous voyons le plus souvent chez Lion.

LES LEÇONS POUR LES EMPLOYÉS DE GRANDS GROUPES

Si tu travailles dans une grande entreprise, la lecture de ce livre a dû t'étonner par endroits. Les startups et les grands groupes ont en effet des caractéristiques diamétralement opposées. Pourtant, la polarisation n'est pas si évidente que cela puisque le but d'une startup est précisément de devenir une grande entreprise.

Cet effet d'attraction-répulsion entre ces deux types d'entités propose des leçons intéressantes aux employés de grands groupes.

PIMP MY JOB : COMMENT UTILISER LES ACQUIS

Tu t'es peut-être rendu compte au fil de ces pages que le travail en startup n'était pas fait pour toi : trop risqué, trop chaotique, incompatible avec ton mode de vie, etc. Les raisons sont nombreuses et légitimes de vouloir continuer à travailler au sein d'une grande structure : les moyens sont plus importants, l'expertise dans un domaine industriel particulier est plus approfondie, les *process* internes sont clairs et définis, la position de *leader* du marché permet de travailler sur des technologies de pointe, etc.

En revanche, les grands groupes manquent d'agilité, et y insuffler un esprit startup peut permettre de répondre à plusieurs de leurs problématiques décisives :

- Les grands groupes sont confrontés à un défi stratégique à l'ère numérique. Leurs positions sont menacées par des acteurs nouveaux, plus dynamiques. Ils sont mis en danger par des innovations technologiques, mais aussi par des innovations de *business model*. Ces acteurs nouveaux sont les startups, qui mettent toutes les filières industrielles sous pression en déplaçant la valeur au plus proche des consommateurs.
- Les grandes entreprises sont des mille-feuilles incroyablement complexes avec des échelons hiérarchiques nombreux et des *process* obstruants qui asphyxient partiellement les collaborateurs cherchant à prendre des initiatives.
- Les méthodes de travail changent rigoureusement et les employés attendent plus de liberté et de sens dans leurs missions quotidiennes. La difficulté qu'ont les grandes entreprises à leur fournir un tel cadre de travail rend de

plus en plus laborieux pour elles le recrutement, l'engagement et la rétention des talents.

- Le poids de l'organisation crée également une pesanteur, une lenteur d'action nocive pour le groupe comme pour ses employés.

L'étude des startups permet en partie de répondre à ces problématiques. Face aux défis stratégiques, il faut mobiliser des employés adaptables. Face à la complexité de l'organisation, il faut se rebeller. Face à la pesanteur, il faut trouver des manières astucieuses d'avancer.

DEVIENS UN EMPLOYÉ ADAPTABLE

Apprendre à apprendre. Cette maxime qui se dessine en filigrane dans les études de cas est primordiale pour être un employé efficace en grand groupe à l'ère numérique.

Il est facile de comprendre pourquoi. Au niveau de l'entreprise, il est nécessaire de se doter d'une stratégie numérique pertinente pour répondre aux assauts des nouveaux entrants dans sa chaîne de valeur. Cependant, la meilleure stratégie ne vaut rien si elle n'est pas exécutée par des agents qui comprennent son importance. Il faut que la culture numérique infuse à tous les niveaux de l'entreprise.

Cette culture numérique n'est cependant pas statique ; elle est mouvante et change vite. Il y a fort à parier que de nombreuse techniques et astuces décrites dans ce livre deviendront obsolètes dans quelque temps. Ce qui reste permanent malgré toutes ces transformations - le substrat - est l'état d'esprit d'adaptabilité.

Remettre en question les façons de faire dans l'entreprise, te tenir au courant et engranger de nouvelles connaissances seront tes meilleures armes dans le grand groupe.

REBELLE-TOI

Face à une organisation qui aliène ses collaborateurs, la seule démarche à adopter est celle de la rébellion. Attention, cela ne veut pas dire jeter des verres d'eau à la figure de ton supérieur hiérarchique à la moindre remarque ou agir à l'encontre des intérêts de l'entreprise. À l'inverse, cela signifie prendre les initiatives qui te permettront de faire avancer le groupe plus rapidement et de progresser dans ta carrière.

Le chapitre 4 (*Management Hacking*) donne un ensemble d'outils et de techniques pour qu'un employé de startup puisse prendre en main la construction de son parcours d'employé. Les mêmes techniques peuvent être déployées dans un grand groupe. Demande-toi comment tu peux améliorer l'impact de ton travail et ta productivité en trouvant les bonnes ressources et le bon *feedback* en interne.

Surtout, retrouve la liberté d'action. La tendance de l'organisation est de freiner l'action par des *process* et des atermoiements qui permettent de limiter le risque et d'atteindre le consensus. Pendant longtemps, ces manières de faire étaient un gage de résilience. Aujourd'hui, elles posent d'une part un problème stratégique (ne rien faire est le plus grand risque) et elles conduisent d'autre part les employés vers la sortie. Si tu n'es pas libre d'agir, au fond, tu seras peut-être mieux ailleurs.

TEST & LEARN

Le problème évident de donner un champ d'action trop large aux employés du groupe est de faire courir des risques énormes à l'entreprise. Pas nécessairement, nous montre l'étude des startups. Pour tout ce que l'on peut envisager d'innovant, service ou produit, les études de cas nous montrent qu'il existe des moyens rapides et presque gratuits pour les développer et les tester.

L'image de marque du groupe n'a même pas besoin d'être engagée lors de ce type de tests : on peut tout à fait créer une fausse marque et un faux site en quelques heures. Si cela paraît de la science-fiction à certains, il faut voir que beaucoup de groupes sont déjà prêts à franchir le Rubicon.

La condition est que les groupes parviennent à passer d'une culture de la planification à une culture de l'expérimentation. Pour cela, soit on attend que ce changement vienne d'un déclic chez les décisionnaires, soit on fait confiance aux employés pour l'implémenter.

Chez Lion, nous penchons sans surprise pour la seconde solution. Le ciment de notre pédagogie est d'ailleurs d'utiliser l'exemple des entrepreneurs pour inspirer les employés et opérer une transformation culturelle. Des startups, les employés peuvent adopter la posture et les principes d'action, et cela rend le groupe plus entrepreneurial[2].

Il existe, en outre, un cas particulier au sein des grands groupes : celui des intrapreneurs qui cherchent à trouver de nouveaux *business models* et des relais

L'équipe Unskippable Labs de Google a tenté de pousser un nouveau produit publicitaire aux annonceurs pendant des mois[1]. Tout le monde était d'accord sur le potentiel du produit, mais personne n'arrivait à se lancer pour faire des tests. Unskippable Labs a donc créé de toutes pièces une marque de pizza, avec un site, un logo, un nom et des photos libres de droits pour tester son produit. « L'équipe s'est soudain retrouvée avec un rafraîchissant droit à l'erreur ». L'expérience a été un succès et a permis de vendre le produit à des annonceurs.

1. Google created a fake pizza brand to test out creative strategies for YouTube ads, *TechCrunch*, 21 août 2018
2. Comment transformer les grandes entreprises en s'inspirant des entrepreneurs, Béatrice Rousset & Philippe Silberzahn, *Harvard Business Review*, 19 avril 2018.

de croissance depuis le cœur de l'organisation. Si le sujet t'intéresse, nous avons chacun écrit un article pour décrire à la manière dont les intrapreneurs peuvent réemployer les connaissances des startups[1].

FAIRE LA TRANSITION VERS LES STARTUPS

L'autre décision que tu peux prendre est de rejoindre une startup. Si ce monde fascinant t'attire, nous espérons que la lecture de tous les éléments précédents t'aura été utile pour t'orienter. Cependant, il peut te rester quelques interrogations :

- **Que puis-je apporter à une startup ?** Les startups ont pour ambition de devenir des grandes entreprises. L'apport évident de quelqu'un qui connaît ce monde est d'aider l'équipe à se structurer et à définir des *process* qui soient rigoureux sans pour autant freiner l'action.
- **À quel stade de développement vaut-il mieux arriver ?** Rejoindre une startup en phase de croissance ou de maturité paraît le choix le plus simple : c'est précisément à ce moment que ces entreprises ont besoin de structure. Tu peux cependant faire le choix inverse et découvrir le chaos d'une startup en phase d'*inception*. Tu te plongeras alors dans une aventure très mouvementée !
- **Quelles compétences puis-je réemployer ?** Quel type de poste dois-je rechercher ? Il y a là deux manières de réfléchir. Tu considères que :
  - **ton expertise est principalement fonctionnelle :** si tu sais faire du *marketing* dans un grand groupe, tu pourras exploiter tes compétences en *marketing* dans une startup (et donc apprendre les ficelles du *growth hacking* pour compléter ta panoplie),
  - **ton expertise est industrielle :** tu as travaillé dix ans dans l'assurance, tu connais bien ce secteur et tu as envie de participer à l'élaboration de nouveaux *business models*.

Le plus important reste de choisir une startup parce que sa mission te correspond. L'apport fonctionnel, industriel ou organisationnel que tu pourras donner est important, mais moins que le fait d'être emporté par la mission.

Pour réaliser ta transition, il faudra surtout désapprendre un certain nombre de réflexes inadaptés aux startups : cloisonnement des tâches, attente de permission ou de consignes, communication orale, etc. Le chapitre 3 sera ton ami dans ce changement.

1. Intrapreneurs, survivez dans la jungle, Younès Rharbaoui, 18 avril 2018, https://medium.com/.
Intrapreneurs, bienvenue chez Lion, Annabelle Bignon, 4 juin 2018, https://medium.com/.

LES LEÇONS POUR LES CONSULTANTS

Rappelons que les activités de conseil ne se bornent pas au conseil en stratégie. Il peut en réalité s'agir d'audit, de banque d'affaires, de cabinet d'avocats, de conseil en systèmes d'information, en *management*, en RH ou en technologie.

PIMP MY JOB : COMMENT UTILISER LES ACQUIS

AUPRÈS DES CLIENTS

La plus remarquable des réutilisations des leçons de ce livre se fera non pas au profit direct de ton cabinet, mais au profit de tes clients. Tu sais probablement déjà que l'un des principaux défis stratégiques des grandes entreprises est de se doter de capacités numériques efficaces. Il ne s'agit pas que d'outils et de technologie, mais aussi de stratégie et de ressources humaines. De fait, beaucoup de cabinets se dotent de *practices* digitales et de *Chief Digital Officers* pour conseiller les clients sur cet aspect important de leur activité ; certains se spécialisent même sur ce créneau du numérique.

Ce livre montre que le numérique est avant tout une culture partagée au sein de chaque startup. Personne ne se pose la question de la transition numérique ni ne pense à la cantonner à une fonction de l'entreprise. Ton rôle de consultant est donc de faire comprendre à tes clients que leur but ultime est de rendre leur département digital obsolète en opérant un changement d'état d'esprit et de culture dans chaque fonction de l'entreprise :

- **en stratégie,** en conciliant l'optimisation du *business model* existant et la recherche de nouveaux modèles en rupture, par la compréhension des enjeux et des techniques de l'ère numérique par tous les collaborateurs ;
- **en RH,** en diversifiant les profils des employés recrutés et en transformant les façons de travailler ;
- **en conseil juridique ou financier,** en comprenant plus finement les dynamiques des startups, tu comprendras l'apport des opérations de rachat et la sensibilité à apporter à l'intégration post-acquisition.

Les exemples sont nombreux et divers, mais la généralité est claire : avoir baigné dans l'univers startup t'aidera à mieux orienter tes clients à l'ère numérique.

AU SEIN DE TON CABINET

Dans ta manière de travailler au quotidien, trois types de transformation peuvent être opérées en t'inspirant des startups :

- **compléter les études de marché par des tests** en situation réelle. Si tu cherches à prouver le bénéfice d'une nouvelle solution ou la pertinence d'un nouveau marché, tu peux créer une *landing page* avec une marque fictive, mettre un petit budget publicitaire et mesurer les résultats afin d'avoir un argument analytique supplémentaire ;
- **s'ouvrir à des profils plus variés**. Les parcours en conseil sont souvent standardisés : les *juniors* arrivent d'écoles cibles et les *seniors* sont recrutés dans d'autres cabinets et/ou pour leur expertise d'un secteur particulier. L'ère numérique justifie le besoin de typologies de compétences plus variées : développement, *design* UI, rédaction de contenu, *community management*, *growth hacking*, etc. Ces profils typiques des startups auront de plus en plus d'expertise à apporter aux clients en complément des grilles d'analyse classiques ;
- **se démarquer dans ses produits**. Les livrables des cabinets de conseil (les fameux *slides*) sont d'un format si standardisé qu'ils en deviennent un *running gag* pour beaucoup de clients. Apporter l'expertise produit d'une startup dans cet univers peut te permettre de penser à de nouveaux formats différenciants et efficaces. Il suffit d'oser et de tester.

FAIRE LA TRANSITION VERS LES STARTUPS

TES ATOUTS

Tu as l'habitude de conseiller des grandes entreprises et de les accompagner dans la résolution de problématiques structurantes. C'est le moment d'utiliser cette capacité de réflexion et de passer à l'action : relever les manches pour implémenter toi-même les choses que tu avais l'habitude de recommander à tes clients. Plusieurs armes te seront utiles dans cette transition :

- **La capacité de travail.** Savoir travailler de manière productive, dépasser ton quota horaire en cas d'urgence et rester calme et efficace dans les situations de stress est un plus indéniable pour quelqu'un qui souhaite travailler en startup.
- **Tes capacités d'analyse *business* seront mises à l'épreuve.** Beaucoup d'entrepreneurs manquent cruellement de connaissances de base en analyse financière ou en contrôle de gestion lorsque leur entreprise décolle. Les horribles histoires de startups forcées à mettre la clé sous la porte à cause de leur incapacité à juguler la croissance sont légion. Tu peux permettre à une startup d'éviter cette situation, puisque tu sais pertinemment que le *cash* est la clé du *business* et que tu passes ton temps à chercher des optimisations de coût pour tes clients.

En outre, un sens pointu et développé du *business* permet de mieux comprendre l'imbrication des différents éléments du *business model* et d'itérer dessus, d'avoir une approche plus structurée des opérations ou de la vente ou de comprendre plus finement la chaîne de valeur de l'industrie et y trouver des points d'entrée. C'est une prise de recul saine par rapport à l'environnement chaotique de la startup.

- **Tu bénéficies d'une certaine légitimité pour entrer au contact des clients.** Avoir fait du conseil est non seulement un atout prestigieux sur ton CV, mais te donne également une posture, une attitude qui atteste de ton sérieux et te rend crédible dans le monde professionnel.

LES QUESTIONS À TE POSER

QUEL TYPE DE POSTE DOIS-JE RECHERCHER ?

Les personnes ayant travaillé dans le milieu du conseil occupent souvent trois grands types de poste en startup :

- **dans les opérations,** pour orchestrer le *business* au jour le jour ;
- **en *sales*,** au contact des clients ;
- **en comptabilité et finance,** si une telle équipe existe.

À QUEL STADE DE DÉVELOPPEMENT VAUT-IL MIEUX ARRIVER ?

Le stade de développement auquel tu peux arriver dépend de ton goût du risque et du type de poste que tu souhaites occuper.

En opérations ou en *sales*, le choix s'offre à toi : tes capacités d'analyse et de structure seront les bienvenues en phase de croissance. Tu peux également faire le choix d'arriver dès la phase d'*inception* pour mettre immédiatement le *business* sur des bons rails ou vendre plus facilement.

Les postes en comptabilité ou en finance n'ont pas vraiment lieu d'être avant que la startup ait levé des fonds de manière conséquente : il n'y en a pas besoin avant un gros tour de *seed* ou une série A (à l'exception évidente des startups *FinTech*).

COMMENT RÉUSSIR MA TRANSITION ?

Le plus important est de mettre les mains dans le cambouis et de passer en mode opérationnel. Toutes les études de cas et le chapitre 3 sur l'état d'esprit d'un bon employé de startup te montrent à quel point il est important d'exécuter et de délivrer. Tu connais déjà cet aspect des choses, sauf qu'il s'agit ici d'actions pragmatiques à mettre en place, plus que de recommandations pour les clients.

Le second point de vigilance est de se défaire d'un ensemble de réflexes malvenus en startup : la passion de la planification, la tendance à vouloir mitiger les risques, la fascination pour les levées de fonds ou la capacité à *manager* assez aléatoire. Pour plus de détails, Younès a écrit un article spécifique sur le sujet[1].

ET SI LE *VENTURE CAPITAL* T'INTÉRESSE ?

L'un des autres débouchés classiques dans l'écosystème startup pour les personnes issues du monde du conseil (notamment conseil en stratégie et banque d'affaires) est le *Venture Capital*.

Il s'agit effectivement d'un monde où les capacités à analyser un marché et ses dynamiques, à accompagner une équipe d'entrepreneurs et à comprendre les logiques financières de levées de fonds sont importantes. Cependant, le VC est également un microcosme en France et d'une manière plus générale en Europe : si le marché grandit, il reste encore confidentiel, avec peu de places et beaucoup de compétition. Trois compétences principales sont à développer pour être un VC efficace :

- La moins importante (contrairement à ce que beaucoup pensent) est de connaître sur le bout des doigts les logiques financières qui sous-tendent ce marché : valorisation d'une entreprise, clauses d'une *term sheet*, levée d'un fonds, *carried interests*, etc. Il s'agit de l'aspect technique du métier, et cela ne devrait pas être un problème pour toi.
- Avoir une bonne vue d'ensemble de l'écosystème des startups, comprendre les tendances et savoir distinguer les bonnes équipes des mauvaises. C'est un mélange de culture générale, de renseignements sur l'actualité des startups et de flair.
- La plus importante est d'avoir les qualités relationnelles nécessaires pour créer de la proximité avec les entrepreneurs et convaincre les meilleurs de lever auprès de toi. Cette compétence est la moins évidente de toutes mais la plus critique pour un investisseur. C'est en créant des liens personnels avec les fondateurs que l'on repère et convainc les équipes vraiment extraordinaires. Les qualités humaines du VC le démarqueront de ses compétiteurs, plus que ses talents techniques à lever des gros fonds ou à négocier des *deals* et plus que sa compréhension des tendances du marché.

Pour parvenir à trouver un poste, le plus important est de développer ton réseau dans le monde du VC, rencontrer des *juniors* et des *seniors* au détour d'événements ou en utilisant des prétextes (une *newsletter*, un *podcast*, etc.). Tu peux également utiliser ton pécule assemblé en conseil pour constituer un portefeuille personnel en investissant de petits tickets dans des startups qui recherchent des fonds en *pre-seed*. Attention néanmoins à ne pas interférer avec la gouvernance de l'entreprise et à conseiller les entrepreneurs uniquement quand ils en ont besoin. Enfin, sois attentif aux fonds qui lèvent des nouveaux *vintages* et à ceux qui s'étendent en dehors de leurs frontières, puisque ce sont souvent ceux qui recrutent.

1. *Can bankers make good entrepreneurs?*, Younès Rharbaoui, 04 avril 2017, https://salon.thefamily.co/.

LES LEÇONS POUR LES ENTREPRENEURS

Une vérité générale dans l'univers entrepreneurial constitue une des valeurs fondamentales de The Family depuis sa création: la montée en puissance de l'écosystème ne passera que par le partage d'expérience entre fondateurs. Qu'on l'appelle *pay-it-forward*, karma ou ROI à long terme importe peu: si le partage du savoir entrepreneurial devient une habitude commune dans l'écosystème, tout le monde en bénéficie. Les études de cas contenues dans ce livre ne sont qu'un exemple de ce que des entrepreneurs peuvent choisir de partager avec les autres.

Cependant, les entrepreneurs devraient aussi se pencher très attentivement sur les conseils donnés aux employés. Si tu es créateur d'entreprise, tu le sais déjà: recruter les bonnes personnes, les aligner avec ta mission, les engager sur le long terme et les faire progresser est le défi le plus critique dans la réussite de ta startup. Même avec toutes les qualités du monde, tu n'iras pas bien loin si tu n'as pas d'équipe prête à te suivre sur ton chemin.

Les chapitres 2, 3 et 4 de ce livre te permettent de décoder les attentes légitimes de tes futurs employés sur différents aspects de leur travail. La rémunération en est une, le droit à être récompensé de la réussite future (l'*equity*) également, mais il y en a aussi d'autres. Voici les moins évidentes:

- Payer les employés au lance-pierres sous prétexte que c'est l'esprit startup est une hérésie. Bien sûr, en te lançant, tu n'auras pas de quoi verser des salaires élevés à tes premiers employés. Ils le savent et font un choix conscient car ils croient en la mission de l'entreprise et sont prêts à accepter ce risque en échange de plus de parts dans le capital.
  Le cas général est tout de même très simple à comprendre: ton but en tant qu'entrepreneur est de croître vite. Pour cela, il faut investir tous tes revenus et les montants levés auprès d'investisseurs dans ta croissance. Le premier déterminant de la croissance est la qualité des membres de ton équipe: tu dois t'entourer des meilleurs. Or, naturellement, la qualité a un prix. Si ton ambition est vraiment de croître, tu as besoin des meilleurs, et ils ne viennent que si la proposition économique est décente.
  L'un des moyens simples de ne pas transformer cela en bras de fer permanent pour négocier des salaires est d'adopter la transparence. En créant une grille de salaires qui prend en compte l'expérience et le poste, tu pourras:
  - avoir des propositions assez satisfaisantes pour tous les candidats qui postulent;
  - expliquer tes choix de rémunération de manière rationnelle à ton équipe;
  - attirer les meilleurs candidats.

- La distribution d'options ou autres mécanismes d'accès au capital à tous tes employés devrait être indiscutable. Si tu veux que tes employés soient alignés avec les intérêts de ta startup et donnent leur maximum au quotidien pour la faire réussir, alors il est nécessaire de leur attribuer une part du gâteau.
  Il ne devrait jamais s'agir d'une récompense ou d'un argument pour attirer un candidat que tu veux vraiment, mais bien d'un droit pour tous les employés. Le montant des options à attribuer à chacun reste bien entendu à ta discrétion, en fonction de l'expérience et de la taille de l'entreprise.
  Si tu t'inquiètes de la structure de ton capital et de la dilution, il s'agit là de faux problèmes. D'une part, les mécanismes de *cliff* et de *vesting* protègent l'entreprise en ne distribuant les options qu'aux employés ayant travaillé pour les mériter. D'autre part, les investisseurs un tant soit peu professionnels veillent à ce qu'un régime d'options soit mis en place lors d'un tour de levée de fonds, et ce spécifiquement pour les distribuer aux employés. Si un investisseur te met en garde contre la distribution d'options, méfie-t'en.
- Dans les méthodes de *management*, il faut avoir assez confiance en tes employés pour leur donner de la liberté d'action. Il y a toujours trop de travail pour trop peu de monde en startup. Chercher à surveiller et *micromanager* chaque employé ne fait que ralentir la productivité de tous : les employés doivent être capables de fonctionner en autonomie. En outre, c'est de la créativité des meilleurs employés que peut venir une fonctionnalité, une technique de vente ou un produit totalement hors du commun[1].
  Bien sûr, la confiance se gagne : ton rôle est de définir des missions, des objectifs et des moyens de les mesurer pour chacun des employés. Au fur et à mesure que tu constates que les objectifs sont bien remplis, tu peux élargir le champ des missions d'un employé et lui donner plus de liberté d'action.

Certains lecteurs pourraient avoir envie de devenir entrepreneurs mais préféreront se familiariser avec le monde des startups en commençant par être employés. Si, comme nous l'expliquons dans le chapitre 2, il n'y a rien de mieux pour devenir entrepreneur que d'être entrepreneur, choisir d'être employé en startup est sûrement ce qui s'en rapproche le plus. Dans ce cas, il faut optimiser son choix pour accumuler le plus de savoir possible le plus tôt possible dans les startups : commencer en phase d'*inception*, dans un poste versatile comme les opérations peut être une bonne idée.

1. Microsoft Excel, Gmail ou encore Nespresso sont des exemples célèbres.

LES LEÇONS POUR LES ÉTUDIANTS

L'éducation à l'entrepreneuriat est problématique en France. Si les initiatives des universités et écoles supérieures tentent d'inciter plus d'étudiants à devenir *créateurs* d'entreprise, la formation des *employés* de startup reste encore inexistante. Deux obstacles majeurs s'opposent au bon apprentissage de la culture startup en France :

- Si l'entrepreneuriat peut s'apprendre, alors ce n'est sûrement pas entre les quatre murs d'une salle de cours. Apprendre à entreprendre est une démarche expérimentale dans laquelle il faut découvrir par soi-même des outils, créer, tester des choses. L'approche pédagogique est radicalement différente de celles des cours magistraux et des exercices standardisés pour tout le monde : chaque aventure entrepreneuriale est unique et mobilise un ensemble tout aussi unique de connaissances et de pratiques, qui se découvre dans le temps.
- Les écoles de *management* et d'ingénieur forment leurs étudiants à devenir salariés dans des grands groupes, mais jamais à être employés de startup.

Cependant, si tu souhaites devenir entrepreneur ou travailler dans une startup, plusieurs caractéristiques de ton statut d'étudiant peuvent t'être utiles :

- Tu peux te permettre d'avoir un goût du risque plus prononcé. En effet, comme nous l'avons montré au chapitre 2, les carrières linéaires n'existent plus vraiment et le fait de lancer ta startup ou d'en rejoindre une ne pénalise en aucun cas ton CV. Surtout, ta situation personnelle ou familiale n'exige pas que tu aies un certain niveau de revenus ou de confort. Tu peux te permettre de conserver ton niveau de vie étudiante pendant quelques mois ou quelques années en échange de l'expérience à accumuler dans une startup en phase d'*inception*.
- Tu as une forte capacité d'apprentissage : le temps dont tu disposes pour apprendre est plus conséquent et tu es déjà stimulé cognitivement par tes différents cours. Si l'entrepreneuriat ne s'apprend pas de manière théorique, lire le plus de sources que tu trouveras à propos de cet univers te permettra tout de même d'étayer ta compréhension et d'affiner tes choix.
  Tu peux également apprendre à maîtriser les différents outils que les employés de startup doivent savoir utiliser. L'un des moyens de le faire sans réel effort est de les mettre à profit dans des projets personnels : tu as une passion en particulier ? Tu fais partie d'une association sportive ? Pourquoi ne pas créer un blog, une chaîne YouTube, un compte Instagram et y employer des techniques de *growth hacking* ?
- Tu as la formidable chance d'être devant une page vierge en ce qui concerne ta carrière. Réaliser des stages en startup peut te donner l'opportunité

d'essayer différents postes et d'accumuler de l'expérience sur le terrain. À ce titre, plutôt que des stages versatiles du type « bras droit du CEO », opte pour des stages plus fonctionnels, en *sales*, en opérations, en *product management*, etc. Cela te permettra de te familiariser avec un type de poste en startup et de voir si cela te convient.

Pour joindre l'utile à l'utile, tu peux même envisager des subterfuges originaux : travailler sur Side[1] te permet par exemple d'arrondir tes fins de mois tout en réseautant avec un grand nombre de startups pour qui tu pourrais aller travailler par la suite.

1. http://side.co

ET POUR LES AUTRES PROFESSIONS ?

Nous avons balayé les façons dont les employés en grands groupes ou en structures de conseil, les entrepreneurs et les étudiants peuvent réemployer au quotidien la connaissance des startups contenue dans cet ouvrage. Il n'est malheureusement pas possible de faire la liste exhaustive des catégories socio-professionnelles et des manières dont la connaissance des startups peut impacter leur travail au quotidien.

Pour un indépendant, cela peut être la compréhension du mode de fonctionnement de ses startups clientes, notamment des dynamiques d'équipe et de l'urgence avec laquelle travailler.

Pour un employé de PME ou d'ETI classique, cela peut être une manière de reprendre le contrôle sur son *management* et de s'épanouir professionnellement.

Pour un investisseur, c'est éventuellement l'occasion de découvrir une nouvelle classe d'actifs (les startups) et de mieux comprendre comment les intégrer dans son portefeuille.

Pour un fonctionnaire, il peut s'agir de la découverte d'un outil ou d'une méthode de travail qui transforme radicalement l'exécution des tâches quotidiennes et stimule la productivité.

Si nous donnons des pistes sur la manière dont les méthodes des startups peuvent être employées dans d'autres types de structures, nous espérons que tu sauras te les approprier et créer des astuces efficaces pour toi au quotidien. Après tout, c'est l'esprit du test et de l'apprentissage qui prime.

Surtout, nous souhaitons que la rencontre de l'écosystème des startups avec ton univers ait été interpellante, inattendue, prolifique et l'inverse de ce qui rend les Tropiques de Lévi-Strauss si tristes : qu'elle ne marque pas le deuil de deux mondes opposés, mais la naissance d'un monde professionnel syncrétique, métissé et coloré au cœur de la jungle.

Maintenant, il faut vous donner la peine (...) d'imaginer seulement l'étonnante existence que Mowgli mena parmi les loups, parce que, s'il fallait l'écrire, cela remplirait je ne sais combien de livres. Il grandit avec les louveteaux (...) et Père Loup lui enseigna sa besogne, et le sens de toutes choses dans la Jungle, jusqu'à ce que chaque frisson de l'herbe, chaque souffle de l'air chaud dans la nuit, chaque ululement des hiboux au-dessus de sa tête, chaque bruit d'écorce égratignée par la chauve-souris au repos un instant dans l'arbre, chaque saut du plus petit poisson dans la mare prissent juste autant d'importance pour lui que pour un homme d'affaires son travail de bureau.

Rudyard Kipling
Le Livre de la Jungle

CARNET D'EXPLORATION

Pfiouh, c'était quelque chose ce tour de la jungle, n'est-ce pas ?

Comme on prend le temps de regarder ses photos à la fin d'un long voyage, voici l'heure de faire le bilan de nos carnets d'exploration :

- En nous enfonçant dans la jungle, nous avons découvert ces empires en construction que sont les startups. Si les entrepreneurs sont les architectes fous qui imaginent de tels empires, les employés sont autant d'ingénieurs, d'ouvriers et de bâtisseurs qui les aident dans leur démarche. Ils sont la clé de voûte de la croissance des startups.
- Dès lors, la loi de la jungle est formelle : les employés doivent faire valoir leurs droits et, en particulier, celui de partager le butin. Si l'empire s'étend suffisamment pour conquérir des trésors, alors les participants de cette aventure peuvent légitimement prétendre à quelques joyaux.
- Reste que, pour subsister, les employés ont besoin d'acquérir un certain nombre de réflexes, valables dans toutes les situations. La survie dans la jungle dépend principalement du mental, de l'état d'esprit.
- Tu as dû te rendre compte que la jungle est truffée de pièges. Pour avancer, les plans les plus détaillés ne te seront d'aucune aide. Tâtonner, tester des choses et faire des expériences est le moyen le plus sûr de comprendre comment aller de l'avant. C'est la philosophie du *test & learn*. Et si tu n'es pas sûr de toi, prends confiance en te disant que tu peux prétendre savoir faire avant de l'apprendre. *Fake it until you make it* : crois avant de croître.
- Pour faire grandir les empires de la jungle, une seule ressource, une seule véritable matière première : les utilisateurs. Les startups doivent construire une alliance solide avec eux et être absolument obsédées par leurs problèmes, connaître leurs habitudes, anticiper leurs besoins, etc. Pour cela, l'interface principale des startups avec les utilisateurs est leur produit. Celui-ci est autant un étendard qui permet de les distinguer qu'un artefact puissant qui permet de capter l'attention des utilisateurs. Comme un joyau brut, le produit doit être poli, raffiné et sans cesse travaillé pour être amélioré.
- Aucun empereur n'a jamais conquis le monde tout seul. Derrière chaque entrepreneur se tient une armée d'employés qui affûtent les outils et qui développent les techniques pour avancer sereinement. L'équipe est l'actif le plus précieux d'une startup, et elle se maintient par la culture d'entreprise.

Terminons par cette lumineuse observation de Charles Darwin : les espèces qui survivent sont celles qui s'adaptent le mieux à leur environnement. Dans la jungle, tout change vite et en permanence. Le seul moyen pour toi de survivre est d'apprendre à apprendre : sois curieux de tout et ne te repose pas sur tes acquis. C'est ainsi que le lion rugit.

REMERCIEMENTS

Nous ne pourrions achever ce livre sans prendre le temps de remercier infiniment tous ceux qui ont contribué à sa parution. De ses prémisses jusqu'à sa sortie, le *Livre de la Jungle* a été une entreprise collégiale, et tout le savoir qu'il contient n'est que le fruit des expériences de nombreux entrepreneurs et employés qui ont eu la gentillesse de les partager avec nous.

Nous souhaitons en premier lieu remercier Alice Zagury, Oussama Ammar et Nicolas Colin pour avoir créé avec The Family le cadre idéal pour que les créateurs de startups en Europe puissent construire des entreprises à la hauteur de leurs ambitions. Nous sommes convaincus que les plus belles pages de cette aventure restent à écrire. Vous pouvez compter sur notre confiance, notre amitié et notre soutien dans cet effort ; nous sommes heureux et fiers de savoir pouvoir compter sur les vôtres.

Nous tenons ensuite à saluer ceux sans qui ce livre n'aurait jamais pu voir le jour : les entrepreneurs et les employés ayant accepté de prêter un peu de leur matière grise pour faire avancer l'écosystème des employés en France. Nous remercions donc vivement Étienne Alcouffe, Sacha Azoulay, Gilles Barbier, Raphaël Champeimont, Antoine Clemenceau, Côme Courteault, Camille Dubreuil, Miguel de Fontenay, Kyle Hall, Pierre Hersant, Florian Jourda, Jonathan Lefèvre, Chloé Martinot, Louis Marty, Hugo Michalski, Damien Morin, Pierre Mugnier, Victoire Mulliez, Alexandre Prot, Pierre Rannou, Charles Thomas, Steven Tordjeman, Camille Tyan, Nicolas Van Rymenant, Sixte de Vauplane et Barbara Vogel pour leur disponibilité, leurs commentaires pertinents et pour la qualité des enseignements qu'ils ont accepté de partager. Il n'est pas facile de s'improviser professeur, mais tous l'ont fait avec brio et générosité.

Pour la qualité et la pertinence de leurs remarques, nous remercions tous ceux qui ont lu et relu avec nous le manuscrit afin de l'améliorer. Nous ne sommes pas des écrivains, aussi avons-nous adopté une méthode de startup pour rédiger ce livre : l'itération. Cependant, la culture du *feedback* n'a de valeur que si les cibles acceptent de jouer le jeu, et nos relecteurs ont plus que satisfait nos attentes. Merci à Serge Alleyne, Oussama Ammar, Hugo Amsellem, Florent Artaud, Hanaë Bossert, Lorenzo Castro, Nicolas Colin, Robin Flamant, Kyle Hall, Alexandre Hamou, Sandrine Lacout, Thibault Leflour, Emilie Maret, Sandrine Paniel, Pierre Rannou, Yamina Rharbaoui, Marion Rousset, Georges Saladin et Chloé Schiltz pour leurs yeux avisés et leurs idées précises.

Produire un livre quand on n'a aucune idée de la manière de procéder n'est pas une chose aisée. Cette tâche nous a pourtant paru extrêmement limpide et agréable grâce à la confiance de notre maison d'édition Dunod, qui a accepté de sortir de sa zone de confort pour que notre projet puisse voir le jour conformément à notre vision. Nous adressons un remerciement particulièrement chaleureux à Chloé Schiltz, qui nous a impeccablement accompagnés dans chaque étape et a fait que nous puissions nous concentrer sur le contenu. Un grand merci également à Sandrine Paniel d'avoir su, d'un projet si peu commun, nous aider à accoucher d'un ouvrage que le plus grand nombre saura apprécier. Enfin, nous souhaitons adresser nos amitiés à Julie Robert, qui a cru déceler un diamant brut dans la boue et a eu l'audace de le ramasser pour le polir et le brosser.

Pour avoir su traduire en une couverture élégante et légère un univers aussi brut et touffu que celui décrit dans ce livre, nous tirons notre chapeau à Camille Dubreuil, dont le *swag* n'a d'égal que le talent. Les géniales illustrations parsemées dans le livre sont l'œuvre de la non moins géniale Alix d'Anselme, que nous remercions vivement. Nous remercions également Alice Zagury et Georges Saladin pour leur aide sur l'inspiration et le positionnement de l'univers graphique.

Ce livre a une genèse toute particulière. Nous remercions l'esprit visionnaire d'Oussama Ammar de lui avoir soufflé l'idée d'une compilation des meilleurs cours donnés chez Lion durant deux ans, et tous les élèves de la septième saison ayant mis du cœur à l'ouvrage pour que ce projet existe. C'est sûrement le plus bel exemple de *fake it until you make it* qu'il nous ait été donné de voir. En particulier, nous remercions Éléonore Imbert, Antoine Jochyms, Camilo Osorio et David Ozdemir pour nous avoir montré de manière chiffrée que la demande pour un tel ouvrage existait.

Les 927 contributeurs à notre campagne de financement Kickstarter ne peuvent être tous cités ici, mais le mériteraient amplement : sans vous, nous n'aurions pas écrit une seule ligne.

Un tel ouvrage n'existerait pas non plus sans la formidable énergie qui émane des élèves et des professeurs de Lion et qui nous pousse à construire l'école des startups et de la culture numérique. Nous remercions Mégane Dreyfuss et Justine Jadaud d'avoir contribué à la création de cette école ; et Hanaë Bossert, Victor Dosne, Julie Harrissart, Valentine Lin-Saingré, Marion Rousset et Khodor Zein de participer à la faire rayonner. Surtout, nous adressons de très chaleureux remerciements à tous les élèves curieux qui nous font confiance chaque semaine pour leur transmettre un état d'esprit pragmatique et aux professeurs d'exception qui acceptent de donner de leur temps pour partager leur savoir.

C'est grâce à eux tous que nous pouvons continuer à mieux armer les employés face aux défis du numérique.

Annabelle remercie bien sûr tous ceux qui l'ont soutenue quand elle a suivi la voie de la jungle, et espère que ce livre les aidera à y trouver leur voie ! Elle adresse aussi des remerciements très particuliers à l'équipe de choix qui est avec elle au cœur de la jungle.

Younès tient à remercier ses parents Yamina et Abderhaman, ses frères Yacine et Sofiane, sa famille et ses amis pour leur patience et leur soutien indéfectible lors de la rédaction de cet ouvrage.

Enfin, nous ne pouvons nous abstenir de remercier Rudyard Kipling, qui en plus d'avoir eu l'idée d'écrire des histoires sur ce qui se passe dans la jungle, nous a permis de trouver un titre très à propos.

Annabelle Bignon et Younès Rharbaoui

78897 - (I) - OFF 90 - 165 - PCA GCO

Imprimerie Chirat – 42540 Saint-Just-La-Pendue

Dépôt légal : janvier 2019